ÉTUDES
SUR LES
TRAGIQUES GRECS

PAR M. PATIN
Secrétaire perpétuel de l'Académie française
Doyen de la Faculté des lettres de Paris

EURIPIDE
TOME II

QUATRIÈME ÉDITION
REVUE ET CORRIGÉE

PARIS
LIBRAIRIE HACHETTE ET Cie
79, BOULEVARD SAINT-GERMAIN, 79

1873
Tous droits réservés

ÉTUDES
SUR LES
TRAGIQUES GRECS

EURIPIDE
TOME II

PARIS. — TYPOGRAPHIE LAHURE
Rue de Fleurus, 9

ÉTUDES
SUR LES
TRAGIQUES GRECS.

SUITE DU

LIVRE QUATRIÈME.

THÉATRE D'EURIPIDE

CHAPITRE TREIZIÈME.

Hercule furieux.

Auprès des *Phéniciennes*, des *Troyennes*, de l'*Hécube*, se place, par le genre de la composition, l'*Hercule furieux*. C'est encore une de ces pièces où Euripide, cherchant un remède à l'épuisement des combinaisons dramatiques, a imaginé de rassembler plusieurs événements distincts sous un même point de vue. Qu'Hercule sauve ses enfants de la mort dont, en son absence, les menaçait un usurpateur cruel; que, plus tard, frappé d'égarement par des divinités ennemies, il les fasse lui-même périr, ce sont là, tout le monde l'a remarqué, des faits indépendants l'un de l'autre, mais que le poëte, qui les rapproche, ramène, par le contraste même, à l'unité. Cette unité, d'un genre particulier, précédemment expliqué et sur lequel il serait superflu d'insister, ressortira, je l'espère, avec évidence, de l'analyse de l'ouvrage.

Hercule, gendre de Créon, roi de Thèbes, a laissé dans cette ville sa femme Mégare et les trois fils qu'il a eus d'elle. Il veut habiter Argos, patrie de ses aïeux ; il veut y rétablir son père Amphitryon, qu'en tient depuis longtemps exilé un meurtre involontaire, et pour qu'Eurysthée consente à leur retour, il s'est soumis à l'accomplissement de tous les travaux que lui imposerait ce tyran. Jusqu'ici, les plus redoutables épreuves ont tourné à sa gloire; mais on doit craindre qu'il n'en soit pas ainsi de la dernière; car, descendu aux sombres bords, pour en ramener Cerbère, il n'a point reparu. Cependant, à la faveur de son absence, des séditieux ont placé sur le trône de Thèbes un Eubéen appelé Lycus, descendant d'un homme de ce nom, époux de l'antique Dircé. L'usurpateur, déjà meurtrier de Créon et de ses frères, veut encore, pour affermir sa nouvelle puissance, mettre à mort ce qui reste de la famille d'Hercule. Le père, la femme, les enfants du héros ont été réduits à se placer sous la protection d'un autel qu'il a autrefois, après une victoire, consacré à Jupiter, devant sa maison. C'est dans ce lieu d'asile que nous les montre, au début de la pièce, dénués de tout, assis, les vêtements en désordre, sur la terre nue, un tableau dont malheureusement le poëte détruit l'effet, si frappant et si pathétique, en se servant, selon sa coutume, d'Amphitryon et de Mégare comme de personnages de prologue, pour informer complaisamment le spectateur de tout ce qui vient d'être rappelé. Peu à peu cependant ils rentrent dans leur vrai rôle, celui de personnages dramatiques, uniquement occupés de leur situation, de leur passion, et aussitôt commencent cette vérité d'accent, cet intérêt pathétique, le plus vif attrait des compositions d'Euripide. Mégare est d'un naturel bien touchant, quand, se reportant aux jours qui ont précédé, elle représente ses jeunes enfants qui l'interrogent sans cesse sur le retour de leur père et, au moindre bruit, la quittent, tout joyeux, pour voler à sa rencontre; quand, plus préoccupée du présent, elle les peint, par une expression d'une hardiesse familière au poëte, comme une tendre couvée vainement réfugiée sous son aile[1]. Car que peut-elle pour les sauver? Ses espérances sont à bout, et elle ne comprend pas celles que conserve encore Amphitryon. Une discussion s'engage entre les deux infortunés, où paraît, sans affectation, le génie philosophique d'Euripide. C'est d'après la nature, curieusement étudiée, qu'il suppose chez la jeune femme, avec une plus vive impatience d'arriver au terme de ses maux, une plus grande résignation à la perte de la vie; tandis qu'au contraire c'est le vieillard qui paraît le plus obstiné à vivre, à compter sur les chances de l'avenir.

MÉGARE.

Que manque-t-il à votre infortune? Aimez-vous donc tant la lumière?

AMPHITRYON.

Elle m'est chère, sans doute, et je tiens à l'espérance.

MÉGARE.

J'y tiens moi-même; mais faut-il, ô vieillard, se flatter de l'impossible?

AMPHITRYON.

Des délais viennent les remèdes.

MÉGARE.

Ils tardent bien, et cependant l'attente me déchire.

AMPHITRYON.

Comptons encore, ma fille, sur quelque vent favorable, pour fuir les maux où nous sommes; comptons sur le retour de mon fils, de ton époux. Allons! reprends tes sens; arrête ces ruisseaux de larmes qui coulent des yeux de tes enfants; console leur douleur par de douces paroles, trompe-les par quelque fable; cruel mensonge! je le sais bien. L'infortune elle-même finit par se lasser; les vents ne gardent pas toujours leur violence; les heureux cessent de l'être; toutes choses

---

1. V. 71. Cf. *Andromach.*, v. 442; *Troad.*, v. 759. Voyez notre t. III, p. 277, 353, 405.

changent et prennent un autre cours. L'homme de cœur est celui qui se fie jusqu'au bout à l'espérance. S'abandonner est d'un lâche [1].

L'arrivée du chœur termine, comme toujours, le prologue. Ce sont des vieillards thébains que les vers lyriques du poëte nous montrent gravissant, avec bien de la peine, courbés sur leurs bâtons, les pentes qui de l'orchestre mènent à la scène. Ils se soutiennent l'un l'autre, dans leur marche chancelante, ainsi que jadis, jeunes combattants, ils se secouraient mutuellement de leurs lances. On devine ce qui les amène, le besoin de consoler dans sa détresse la famille de leurs rois, ne pouvant la défendre. Le vif regard des dignes héritiers d'Hercule les charme, et ils regrettent amèrement les guerriers qu'un tel regard annonce, et dont un acte barbare va priver la Grèce.

Cet acte, Lycus vient devant eux en proclamer la nécessité, en hâter l'exécution. Il a tué Créon; ce n'est pas pour laisser vivre ses futurs vengeurs. Que veut-on en retardant si longtemps leur mort? Hercule ne reviendra pas des enfers pour les défendre; et son nom même, que l'on invoque, ce nom que le mensonge seul a fait grand, ne mérite pas de les protéger. Tel est en substance un discours où Lycus avoue impudemment sa politique sanguinaire, insulte avec une cruauté impitoyable à l'impuissance de ses victimes, et, troublé intérieurement de la pensée qu'il s'attaque au sang d'Hercule, se rassure en rappelant la mort, s'absout en niant la gloire du héros. Un tel discours, bien qu'étranger aux habitudes de notre scène, laquelle ne peint guère des mœurs si franchement atroces, ne manque pas de vérité. Ce qui en manque, c'est la dispute de Lycus et d'Amphitryon sur l'estime due à Hercule, et particulièrement aux guerriers qui, dans les combats, font usage de l'arc [2]. Ce passage,

---

[1]: V. 90-106.
[2]: V. 158 sqq., 187 sqq.

par quelque allusion contemporaine [1], a pu plaire aux Athéniens, amoureux d'ailleurs, je l'ai dit souvent, des débats contradictoires du barreau, et qui les retrouvaient volontiers au théâtre : pour nous, nous jugeons qu'Euripide a trop complaisamment consulté leurs préoccupations présentes et flatté leur goût, quand il a refroidi par une si oiseuse polémique une situation si vive.

Elle se réchauffe et, comme le chœur en fait la remarque [2] pour l'instruction du spectateur, élève naturellement à l'éloquence le langage d'Amphitryon, quand, ne se possédant plus, il reproche à Lycus son lâche attentat, le menace des justes retours du sort, accuse l'ingrate indifférence de Thèbes et de la Grèce qui abandonnent à un faible vieillard le soin de défendre contre lui la vie des enfants d'Hercule. A tout instant il change d'interlocuteur : ce ne sont que véhémentes apostrophes à Lycus, aux Thébains, aux Grecs, à ces enfants délaissés, qui tournent vers leur seul et inutile protecteur leurs regards suppliants. Il n'a plus, hélas! sa force première; la vieillesse fait trembler son bras. Oh! s'il redevenait ce qu'il fut, comme il saisirait sa lance, et, ensanglantant la blonde chevelure du tyran, le ferait fuir, plein de terreur, au delà des bornes de l'Atlas!

Lycus répond par l'ordre d'allumer de grands feux autour de l'autel embrassé par ses victimes, afin qu'elles y périssent étouffées. Cette étrange façon de comprendre le droit d'asile et d'accorder avec le respect des dieux la sa-

---

1. Peut-être, comme on l'a pensé, à la défaite essuyée par un de leurs généraux, Hippocrate, dans le combat de Délos, faute d'hommes de trait, la première année de la LXXXIX⁰ olympiade (Thucyd. V, 90, 94) ; ce qui a été pour quelques critiques une raison de rapporter à la deuxième la date de l'*Hercule furieux*. Voyez Zindorfer, *De chronol. fabul. Euripid.*, 1839; J. A. Hartung, *Euripid. restitut.*, 1844, t. II, p. 19 sqq.; H. Weil, *De tragœdiarum græcarum cum rebus publicis conjunctione*, 1844, p. 37. M. Th. Fix, *Euripid.*, éd. F. Didot, 1843, *Chronol. fabul.*, p. XI, aperçoit bien dans le passage une allusion de ce genre; mais il rapproche ce qui y a donné lieu de la date que, par des raisons particulières, tirées d'autres allusions, comme on le verra plus loin, et de certains détails de versification, il assigne à l'*Hercule furieux*, la première année de la XC⁰ olympiade.
2. V. 235 sq.

tisfaction de sa cruauté, nous l'avons déjà rencontrée chez Euripide[1]. Nous en trouverions des exemples hors de la fable, dans l'histoire elle-même. Il n'y avait pas bien longtemps qu'à Sparte on avait muré les portes du temple où s'était réfugié Pausanias.

Ce n'est pas sans une opposition nouvelle que Lycus s'apprête à consommer son attentat. Les vieillards du chœur, que tout à l'heure il insultait, il menaçait, les traitant outrageusement d'esclaves révoltés, parce qu'ils semblaient ne pas approuver ses fureurs, s'excitent avec colère à leur résister. C'est le roi d'une jeunesse factieuse, ce n'est pas leur roi; ils ne veulent point lui obéir. Tant qu'ils vivront, on ne portera pas la main sur les fils d'Hercule. Qu'attendent-ils pour frapper de leurs bâtons la tête scélérate du tyran? C'est ainsi qu'ils parlent, et puis, comme Amphitryon, ils songent à leur âge, à leur faiblesse; ils se sentent sans force contre l'oppression.

Les choses arrivées à ce point, Mégare accomplit la résolution que nous ont fait pressentir ses premières paroles; elle va d'elle-même, noblement, au-devant du coup inévitable. Il faut ajouter ce personnage à tous ces héros du devoir, de la résignation, du sacrifice, que le contempteur, l'ennemi des femmes, comme on appelait Euripide, a empruntés en si grand nombre à leur sexe. Est-il trop subtil de remarquer que, par un sentiment délicat de sa dignité, Mégare, en cédant à Lycus, ne lui adresse pas la parole? C'est aux vieillards thébains, c'est à Amphitryon, qu'elle parle. Elle remercie les uns de leur zèle généreux, mais les engage à ne pas se compromettre plus longtemps, pour une cause perdue; elle presse l'autre respectueusement d'entrer dans les raisons qui la déterminent à se soumettre. Sans doute, elle aime ses enfants : comment n'aimerait-elle pas ceux qu'elle a mis au monde avec tant de peine? Sans doute, mourir lui paraît cruel : mais la nécessité, contre laquelle il est insensé de se révolter, la contraint. Attendront-ils que les flammes les consument,

---

1. *Andromach.*, v. 257. Voyez notre t. III, p. 274.

pour fournir, mal pire que la mort! un sujet de risée à leurs ennemis? Ils ont à honorer par leur courage, Amphitryon, son ancienne gloire guerrière, Mégare et ses enfants, le titre de femme et de fils d'Hercule. Nul sujet, d'ailleurs, d'espérer encore. Hercule ne sortira pas des lieux d'où aucun mortel ne sort, et Lycus ne se laissera pas fléchir. La pensée lui est bien venue, comme à Amphitryon, de demander l'exil pour ses enfants; mais c'était les condamner à toutes les misères, à toutes les hontes de cette condition; plutôt la mort. Elle fait appel au noble cœur d'Amphitryon pour qu'il s'y résigne avec elle, puisque aussi bien il ne saurait s'y soustraire.

On pourrait demander si ce discours, d'une élévation naturelle, ne tourne pas quelque peu à la déclamation, quand on y entend une mère préférer la mort de ses enfants au froid accueil qu'ils eussent reçu, errants hors de leur patrie, d'hôtes indifférents. Mais, je me l'imagine, si elle parle ainsi de l'exil, c'est par une ruse involontaire de sa fierté et de sa douleur, pour ne pas descendre à solliciter une grâce qu'elle n'obtiendrait pas, pour se consoler de n'y pouvoir prétendre. Je n'aurai pas plus de peine à justifier Mégare de sa dureté gratuite à l'égard d'Amphitryon, quand, lui donnant une leçon de courage, comme s'il en avait besoin, elle l'oblige à lui répondre qu'il n'aime pas lâchement la vie, qu'il ne craint pas la mort, qu'il est prêt à la subir, quelque supplice qu'on lui destine, mais qu'il voulait, qu'il espérait sauver les enfants d'Hercule. Sans doute elle est injuste, et elle l'a déjà été, absolument de même, dans la première scène. Le poëte, je le pense encore, a voulu qu'elle le fût, dût-elle y perdre quelque chose, parce qu'une telle injustice est dans la nature. La jeunesse, qui court, avec une sorte d'empressement orgueilleux, au sacrifice, ne souffre pas sans impatience, et taxe volontiers de timidité, les délais prudents du vieillard qui a appris de l'expérience à attendre et à espérer.

Mais c'en est fait; le père et la femme d'Hercule sont d'accord pour mourir. Ils demandent comme unique grâce ce que Lycus, lui-même, ne peut refuser, l'un qu'on leur épargne, en les immolant les premiers, la douleur de voir mourir leurs enfants ; l'autre, qu'il lui soit permis de les ramener une fois encore dans la maison paternelle, et de les y revêtir, ce sera leur seule part dans leur héritage, de voiles funèbres. Tous s'éloignent, Lycus pour attendre que ses victimes soient prêtes, Mégare et Amphitryon, pour s'occuper de ces tristes apprêts. Amphitryon quitte la scène le dernier, adressant à Jupiter, qui les délaisse dans leur détresse, des reproches où le désespoir s'emporte jusqu'au blasphème[1]. Ceux qui se rappelleront avec quel sérieux, quelle majesté l'auteur du Bouclier d'Hercule[2] retrace l'aventure

1. V. 338 sqq.
2. Hésiod., *Scut. Herc.*, 1 sqq. : « .... Telle encore, quittant la maison de son père, la terre de sa patrie, suivit à Thèbes Amphitryon, ce valeureux guerrier, Alcmène, cette fille du belliqueux roi Électryon. Elle surpassait tout son sexe par la beauté de son visage et la majesté de sa taille : pour la prudence, nulle ne lui en eût disputé le prix, de toutes les filles que des mortelles compagnes ont données à des mortels : de ses cheveux, de ses noires paupières s'exhalait le même parfum que de la tête dorée de Vénus : et toutefois, au fond de son cœur, elle honorait son époux, plus que jamais aucune femme n'honora le sien. Il lui avait ravi son généreux père par un coup malheureux, dans un mouvement de colère, pour des troupeaux ; et forcé de fuir sa terre natale, il était venu à Thèbes en suppliant, implorer la pitié des descendants de Cadmus qui portent le bouclier. Il y trouva un asile et y vécut avec sa noble épouse, mais sans jouir encore de son doux commerce ; il ne devait point être reçu dans la couche de la charmante fille d'Électryon, qu'il n'eût vengé le trépas de ses frères magnanimes et porté la flamme dans les bourgades des héroïques habitants de Taphos et de Télèbe. C'était là sa promesse dont les dieux avaient été témoins. Craignant donc leur courroux, il s'empressa de mettre fin à la grande œuvre que lui imposait un devoir sacré. Avec lui marchaient, avides de guerre et de combats, les Béotiens, cavaliers intrépides, qui ne cachent point leur tête sous leurs boucliers, les Locriens, ardents à combattre de près, les Phocéens au grand cœur. A tous ces peuples commandait le brave, le glorieux fils d'Alcée. Cependant le père des dieux et des hommes tramait en son esprit un autre dessein : il voulait se donner un fils, et aux immortels aussi bien qu'aux humains un protecteur puissant. Il quitte donc l'Olympe, cherchant en lui-même par quelle ruse il s'assurera pendant la nuit la possession de la beauté qu'il désire. Bientôt il est sur le Typhaonius, d'où il s'élance au sommet du Phicius, et là il se repose, rêvant à son œuvre divine. La même nuit, dans la couche et parmi les caresses de la fille d'Électryon, il l'eut accomplie : la même nuit le vaillant, l'illustre hé-

d'Alcmène, mise d'ailleurs d'assez bonne heure en comédie chez les Grecs, par Archippus[1], par Rhinton[2], et devenue depuis si comique chez Plaute, chez Rotrou, chez Molière, ne s'étonneront pas que l'Amphitryon d'Euripide, qui déjà plus d'une fois[3] a rappelé comme un titre d'honneur son *partage avec Jupiter*[4], s'en prévale maintenant pour réclamer le secours, pour accuser l'indifférence du roi des dieux.

Ici se place naturellement, car l'entretien suprême d'une mère avec ses enfants demande quelque temps, un assez long intermède, dans lequel le chœur, repassant toute l'histoire des travaux d'Hercule, en couronne[5] poétiquement sa mémoire. Cet hymne de gloire finit bien tristement : une dernière strophe sur le voyage qui a conduit Hercule aux enfers, pour n'en plus revenir, pense-t-on, qui a privé, à jamais, de son appui sa maison, sert de transition à des vers, où, selon le génie pittoresque de la tragédie grecque, est représenté le tableau frappant qui ramène le drame sur la scène, le tableau de Mégare traînant à la mort, avec le triste Amphitryon, ses enfants, parés par ses mains des ornements du tombeau. Bientôt c'est elle qu'on entend, et à qui le peintre

ros Amphitryon, ayant achevé son entreprise, fut de retour et sans prendre le temps de visiter ses serviteurs et ses bergers, entra d'abord au lit de son épouse ; tant était vif le désir qui pressait ce pasteur des peuples. Comme un homme joyeux d'échapper aux longs ennuis d'une maladie cruelle ou d'un dur esclavage, Amphitryon, quitte enfin de sa pénible tâche, rentrait dans sa maison avec désir, avec amour. Toute la nuit il reposa près de son épouse, et jouit avec elle des dons de la blonde Vénus. De ce double commerce avec un dieu et l'un des premiers parmi les mortels, Alcmène devint mère dans Thèbes, dans la ville aux sept portes, de deux fils bien peu semblables entre eux, quoique frères, de natures bien inégales, du fort, du redoutable Hercule, engendré par Jupiter qui assemble les nuages, d'Iphiclée, issu d'Amphitryon, habile à manier la lance ; postérité diverse, comme devaient être le rejeton d'un homme, d'un mortel, et celui du fils de Saturne, qui commande à tous les dieux. »

1. Meineke, *Hist. crit. comic. græc.*, t. I, p. 208.
2. Athen., *Deipn.* III.
3. V. I, 148, 169. Cf. 338, 352, 780 sqq. 807, 869, 1236 sqq.
4. Molière, *Amphitryon*, acte III, sc. 11.
5. V. 354.

inépuisable de tant de douleurs maternelles prête ces touchantes paroles :

« Eh bien, où est le prêtre, le sacrificateur, le meurtrier qui doit frapper de mort mon âme? Voilà les victimes! elles sont prêtes! qu'on les conduise chez Pluton! Triste cortége, mes enfants! la vieillesse avec le jeune âge, la mère avec ses enfants. Destin malheureux d'une mère, de ses enfants qu'elle ne reverra plus! Je ne vous ai donc donné le jour que pour devenir la risée, le jouet d'ennemis cruels, acharnés à votre perte. Ah! combien elles m'ont abusée les espérances dont m'entretenait votre père! A toi ce père qui n'est plus destinait Argos; tu devais habiter le palais d'Eurysthée, régner sur les fertiles campagnes de la terre des Pélasges; déjà il paraît en idée ta tête de la peau de lion dont lui-même armait la sienne. Et toi, tu devais être le roi de Thèbes, de la ville amie des chars; tu avais obtenu de celui qui t'a fait naître, l'héritage de ta mère; à ta main était réservée, présent trompeur! la massue qui dompta tant de monstres. Toi enfin, c'était OEchalie avec l'arc qui la soumit, qu'il devait te donner. Ainsi tous trois vous élevait sur autant de trônes le noble orgueil d'un père. Et moi, je vous cherchais dans les plus illustres familles, à Athènes, à Sparte, à Thèbes, les plus dignes épouses, afin qu'assurée contre les orages, votre vie eût un cours prospère. Tout cela n'était qu'un songe, maintenant évanoui. La fortune a changé : pour épouses elle vous donne les Parques, et à moi, malheureuse, des larmes en place du bain nuptial. C'est chez Pluton, dont vous serez les gendres, que votre aïeul doit célébrer la triste fête de votre hymen. Oh! qui de vous serrer d'abord contre mon sein? par qui finir? quelles lèvres chercheront d'abord les miennes? oh! que, volant sur toutes, comme l'abeille à l'aile dorée, j'y recueille, dans ces embrassements, un trésor de douleur et de larmes! O cher époux, si une voix de la terre peut se faire entendre jusqu'au séjour des morts, Hercule, je t'invoque. Ton père meurt avec tes fils; je vais périr, moi que les mortels proclamaient heureuse à cause de toi. Secours-nous, viens, parais, ne fusses-tu qu'une ombre. C'est assez de ta présence pour nous sauver. Que sont-ils près de toi, ceux qui veulent tuer tes fils[1]? »

Au nom de la simplicité grecque, il faut peut-être blâmer, dans cette pathétique tirade, certaines figures qui sont plus du poëte que du personnage : quand, par exemple, Mégare reproduit curieusement, sous tant de

---

1. V. 447-492.

formes, ce qu'exprime cette expression proverbiale, à laquelle il fallait se borner, « épouser les Parques ; » quand elle compare, avec une grâce qui n'est pas sans recherche, le partage de ses baisers entre ses fils, au vol de l'abeille sur les fleurs. Qu'Amphitryon, invoquant Jupiter, comme Mégare Hercule, après un dernier et, il le croit, inutile appel à son assistance, prenne congé des vieux amis de sa jeunesse, en leur recommandant (c'est un reproche indirect qu'il adresse aux dieux) de ne plus compter, instruits par son exemple, sur la durée de la fortune et du bonheur, d'égayer le plus qu'ils pourront, sans étendre au delà leur espérance, chacun des jours qui leur restent, je ne le trouve pas mauvais ; mais peut-être insiste-t-il trop, en vers charmants du reste, sur cette moralité.

Il y a des coups de théâtre de plus d'une sorte. Les uns, tout à fait imprévus, plaisent par la surprise ; les autres, au contraire, préparés, désirés, tirent d'une longue attente leur effet. Tel est celui auquel nous amène notre analyse. Mégare tout à coup s'écrie et avec elle Amphitryon ; ils n'en peuvent croire leurs yeux, qui leur annoncent l'approche d'Hercule. C'est bien Hercule en effet, échappé aux enfers, et qui revient vers les siens. Le poëte nous fait connaître plus tard, par souci de la vraisemblance, que frappé, sur son chemin, d'un sinistre présage, et craignant quelque malheur domestique, il s'est dirigé en hâte vers sa maison, sans se montrer à la ville. Il ignore donc tout ce qui s'est passé à Thèbes en son absence, et sa surprise est au comble, à mesure que, s'approchant, il découvre de loin ses enfants, la tête couverte de voiles funèbres, et, au milieu d'une troupe de vieillards consternés, sa femme et son père en larmes. Les sentiments, les mouvements qui naissent d'une telle situation, la joie inquiète des uns, la surprise douloureuse de l'autre, les questions redoublées d'Hercule, auxquelles Mégare et Amphitryon, tour à tour interrogés, s'empressent de répondre, dans leur trouble, à la place l'un de l'autre (si toutefois cette disposition ingénieuse, donnée par les manuscrits, n'est pas, comme on l'a soupçonné, du fait des copistes), tout cela est rendu avec cette vérité naïve, qui jamais ne manque à la tragédie des Grecs.

Quand Hercule sait tout, un violent transport le saisit; il arrache de la tête de ses enfants les voiles qui déjà les séparaient de la lumière des vivants; il s'indigne contre lui-même d'avoir, pour courir à de vains travaux, abandonné sa famille à de tels dangers; il annonce la vengeance terrible qu'il va tirer à l'instant des Thébains qui l'ont trahi, et de leur nouveau roi Lycus. Cependant, sur l'avis d'Amphitryon auquel il se rend avec une prudence qu'on a blâmée[1] d'après des idées modernes, je le crois, il se détermine à ne pas rallier d'abord par sa présence le parti puissant qu'ont fait à Lycus ces hommes, toujours et partout si nombreux, qui ont besoin d'une révolution pour réparer aux dépens du bien d'autrui la dissipation de leur fortune : il agira plus sagement, il en convient, en commençant par enlever à ce parti son chef, que va ramener, sans défiance, le soin d'ordonner un supplice, et qui se livrera lui-même au châtiment. Il rentre donc dans sa maison pour y attendre son ennemi, non sans avoir satisfait, trop complaisamment, la curiosité trop impatiente d'Amphitryon, qui veut savoir si, en effet, il est descendu au séjour infernal, comment il s'y est rendu maître de Cerbère, ce qu'il en a fait, pourquoi Thésée qu'il a ramené sur la terre n'est point avec lui. Ce dialogue a précisément pour objet, je le pense du moins, de préparer de loin l'apparition de Thésée au dénoûment de la pièce. Rien de mieux qu'un pareil soin dont le poëte s'acquitte naturellement, brièvement, mais, il faut en convenir, avec quelque froideur; car, que nous font en ce moment les enfers, Cerbère, Thésée lui-même? En revanche, rien qui soit plus dans la situation, rien qui intéresse, aujourd'hui encore, l'imagination à défaut des yeux, par un plus gracieux et plus riant tableau, qui

1. Prévost.

charme le cœur par l'expression de plus doux, de plus aimables sentiments, que le morceau final de la scène. Hercule, au milieu de sa famille tremblante encore, qu'il s'efforce, sans y pouvoir entièrement réussir, de rassurer, Hercule, cédant de bonne grâce aux tendresses, aux faiblesses du sang, n'y paraît plus, malgré sa peau de lion et sa massue, qu'un père tout comme un autre. Nous possédons un groupe antique[1] qui le représente dans cet héroïque attirail avec le petit Télèphe, son fils, se jouant dans ses bras. Tel à peu près le voit-on ici. L'intention générale du poëte, qu'on lui a reprochée[2] bien sévèrement, comme un oubli de l'idéal, de ramener en certaines choses les héros eux-mêmes au niveau commun de l'humanité, y est non-seulement évidente, mais avouée.

« .... Venez, mes enfants, avec votre père, à la maison. Vous y rentrez plus heureusement que vous n'en êtes sortis. Il faut avoir bon courage; il faut retenir ces larmes qui s'échappent de vos yeux. Et toi, chère femme, reprends tes esprits, ne tremble plus. Pourquoi vous attacher ainsi à moi? je n'ai point d'ailes, je ne veux point échapper à ceux qui m'aiment. Mais, voyez! ils ne me lâchent point; au contraire, ils se suspendent à mes vêtements[3]. Ah! vous étiez, je le comprends, sur le bord du précipice. Eh bien, je vais vous prendre, vous mener, comme un vaisseau de légères barques[4]. Je ne me refuse pas au doux service de mes enfants. En cela, tous les hommes sont égaux : ils aiment tous leurs enfants, les plus illustres, les gens de rien. Par la puissance, par la richesse, ils diffèrent; les uns ont, les autres pas; à tous, leurs enfants sont chers[5]. »

Restés seuls une seconde fois, les vieillards qui forment le chœur, commencent un second intermède, que Brumoy traite, ainsi que le premier, bien durement, quand il les dit également dénués d'intérêt, du moins pour nous. Cela n'est pas même exact; car l'un, revue poétique des

---

1. *Musée des antiques*, n° 450.
2. W. Schlegel.
3. Cf. v. 516.
4. Cf. v. 1399; *Troad.*, v. 575 sqq.
5. V. 618-632.

travaux d'Hercule, devait plaire davantage aux anciens;
l'autre, expression mélancolique d'une des plus grandes misères de la condition humaine, a de quoi plaire encore aux
modernes. Ces vieillards, qui tout à l'heure, condamnés
à voir immoler sous leurs yeux la famille de leurs rois,
sans pouvoir la défendre, ont senti si douloureusement
leur impuissance, s'entretiennent, dans des vers dont
Cicéron s'est souvenu[1], du malheur de vieillir; ils célèbrent, pleins de regrets, la jeunesse, le plus précieux des
biens, si belle avec la richesse, si belle encore dans la
pauvreté; ils la voudraient éternelle; ils souhaiteraient
du moins qu'elle recommençât pour l'homme vertueux,
fournissant par ce renouvellement un moyen facile et sûr
de distinguer les bons et les méchants. Quant à leurs
vieux jours, ils les embellissent, ajoutent-ils, par le culte
des Muses; ils veulent les achever parmi les vers et les
couronnes, chantant jusqu'à leur dernier jour les dieux,
et avec eux Hercule, dont les travaux ont assuré la paix
des mortels. Tel est le dessein de ce morceau[2], qui a souvent le charme des odes philosophiques d'Horace, et dont
Grotius, qui l'a traduit avec une rare élégance, jugeait
certes plus favorablement que Brumoy. Sans doute,
comme bien d'autres du même genre chez Euripide, et
même chez Sophocle, il ne tient pas fort étroitement à
l'ouvrage; mais par quels liens ingénieux, à son point de
départ et à sa conclusion, le poëte a su l'y rattacher! Des
vers gracieux y parlent de jeunes filles qui mènent des
chœurs de danse autour du temple de Délos, en chantant
les louanges des enfants de Latone[3]. Si, comme on l'a
pensé[4], c'est une allusion aux théories envoyées dans
l'île sacrée par les Athéniens, et que cette allusion ait eu
lieu, comme il était assez naturel, vers l'époque où en re-

---

1. *De Senect.*, 2 : « Quæ (senectus) plerisque senibus sic odiosa est, ut onus se Ætna gravius dicant sustinere. »
2. V. 633 sqq.
3. V. 677 sqq.
4. Bergk, *Rel. comœd. Att. antiq.*, p. 38.

commença l'usage¹, c'est-à-dire quelque temps après la fameuse peste d'Athènes², on en pourra tirer une date approximative et probable de la pièce, et la faire à peu près contemporaine de l'*Œdipe Roi*, voisin lui-même, cela a été dit, du même événement³.

Cependant Lycus ne tarde pas, on l'avait prévu, à venir réclamer ses victimes, et, comme Amphitryon se refuse à les lui amener, il entre, sans défiance, pour les prendre lui-même. Amphitryon le suit de près, disant au chœur, avec cette expression de passion vindicative qu'Euripide prête volontiers à ses vieillards et qui leur retire quelquefois de notre intérêt, qu'il veut l'aller voir mourir. Suit une scène où le chœur, se partageant en deux troupes, ou, selon d'autres⁴, faisant parler tour à tour ses quinze personnages, exprime tumultueusement ses vœux, ses espérances, son inquiète attente, jusqu'au moment où les cris de Lycus mourant lui apprennent que les dieux, dont on accusait la longue patience, ont fait justice, et que la rétribution vengeresse est accomplie. Alors il entonne un chant d'allégresse, où il célèbre et invite Thèbes entière, toutes les divinités thébaines, à célébrer avec lui la victoire d'Hercule.

Inutile victoire, aussitôt suivie d'une effroyable calamité⁵! Hercule va devenir le héros d'une seconde tra-

---

1. Bœckh, *Économie politique des Athéniens*. II, 12, 16; *Corpus incrispt. græc.*, pars II, cl. II, n° 159; Bergk, *ibid.*, p. 34 sqq.
2. Troisième année de la LXXXVIII° olympiade. Voyez Thucydid., III, 104; Diod. Sic. XII. 58, etc. Cf. Clinton, *Fast., hellenic.*, p. 70.
3. Voyez t. II, p. 163 sqq. Le même passage rapporté à une autre circonstance, la restitution de Délos à ses habitants (Diod. Sic. XII, 77), a confirmé M. Th. Fix dans l'opinion rappelée plus haut, page 5, note 1, que la date de l'*Hercule furieux* est la première année de la CX° olympiade. Cette date est d'ailleurs celle qui s'accorde le mieux avec l'allusion qu'Euripide, dans les v. 660 et suivants, paraît faire à sa propre vieillesse, de l'aveu de la plupart des critiques, J. A. Hartung, Th. Fix, *ibid.*; Artaud, traduction d'Euripide, 1842, t. II, p. 512; E. Moncourt, *De parte satirica et comica in tragœdiis Euripidis*, 1851, p. 75, etc. Euripide, né la première année de la LXXV° olympiade, aurait eu dans la première année de la XC°, soixante ans.
4. God. Herman, *Præfat. ad Hercul. fur.*
5. V. 866.

gédie, mais bien peu semblable à la première, où ce même père que nous avons vu l'heureux libérateur de ses enfants, nous le verrons leur involontaire et inconsolable assassin. C'est dans le brusque passage de l'une à l'autre, dans le contraste qui en résulte, que le poëte a cherché, et peut être trouvé, je l'ai déjà dit et je dois ici le répéter, l'unité de son drame[1].

Tandis que les vieillards s'abandonnent encore aux mouvements d'une joie délirante, ils aperçoivent tout à coup, avec terreur, planant sur la maison d'Hercule, une affreuse Furie. C'est la Furie de la rage, Lyssa, qu'Iris, par ordre de Junon, a été chercher aux enfers, pour qu'elle trouble l'esprit du héros et lui fasse mettre à mort, dans un transport de frénésie sanguinaire, ces mêmes enfants dont il vient de sauver la vie. L'ordre est si barbare, que la Furie elle-même, touchée de pitié, y résiste d'abord; mais quand Iris l'a répété avec autorité, au nom de la puissante déesse qu'elle représente et au sien, il faut bien que Lyssa, divinité subalterne, s'y soumette; reprenant alors, avec docilité, son caractère farouche, elle annonce, en termes effrayants, quels prodigieux effets vont suivre son entrée dans la demeure d'Hercule. Ils semblent même déjà commencer à se produire à mesure qu'elle parle, et le chœur les déplore, comme accomplis, par un chant de désolation, que l'on a eu l'idée[2] de distribuer, ainsi que d'autres morceaux lyriques de cette pièce, entre plusieurs interlocuteurs, pour ajouter au trouble de la scène.

Avant Euripide, Eschyle avait introduit dans une de ses tragédies, aujourd'hui perdue[3], une Furie portant aussi le nom de Lyssa, et sans doute chargée du même

---

1. M. Hartung, qui s'applique à mettre en lumière cette unité, est bien sévère pour ceux qui ne l'aperçoivent pas; il les appelle *homines vecordes*, et traite assez mal Lessing lui-même à ce sujet, *ibid.*, p. 29, 39.
2. God. Hermann, *Præfat. ad Her. fur.*
3. Dans la pièce intitulée Ξαντρίαι. Voyez Suidas, v. Ὀκτώπουν; Bœckh, *Trag. græc. princ.*, c. III, et plus loin, les premières pages de notre vingtième chapitre.

rôle. Rien de plus ordinaire dans la poésie antique que cette intervention des puissances infernales, comme ministres du courroux, de la haine des dieux, pour frapper d'égarement ceux qu'ils veulent perdre. Ainsi agit, par exemple, Alecton chez Virgile[1], Tisiphone chez Ovide[2]. Il nous faut bien admettre littérairement une théologie contre laquelle notre raison se révolte[3]. Elle ne laisse pas toutefois que de refroidir pour nous une scène qui a en outre l'inconvénient de ressembler à un prologue. Cette Iris, en effet, qui va au-devant des objections du spectateur, en lui expliquant officieusement comment Hercule, sous la garde de la destinée tant qu'ont duré ses travaux, est, depuis qu'ils sont terminés, abandonné par elle à tous les caprices du ressentiment de Junon, paraît une machine poétique sans réalité.

Le récit qui ne tarde pas à faire connaître à quels actes insensés et sanglants la Furie, ministre de Junon, a poussé le malheureux Hercule, se distingue absolument par les mêmes mérites que j'ai eu tant de fois à louer dans les récits du théâtre tragique des Grecs : la précision, le naturel, la variété, l'intérêt des détails, un ton simple, familier même, celui d'un homme de condition médiocre, qui raconte ce qu'il a vu; par intervalle, le mouvement, l'éclat poétique auquel peut l'élever ce qu'il raconte. Il ne faut pas s'étonner, avec Brumoy, que le héros y paraisse *fou à lier*. L'intention du poëte n'était pas assurément qu'il y parût raisonnable. Ce dont je suis plus frappé, c'est de la vraisemblance effrayante donnée par Euripide à cette espèce de logique dépravée, d'après laquelle pense et agit la démence elle-même[4].

Devant la flamme allumée sur l'autel de Jupiter étaient déjà les victimes. On allait purifier la maison, hors de laquelle Hercule avait fait jeter le corps du tyran égorgé. En cercle se tenaient rangés le chœur gracieux de ses fils, et son père et Mé-

1. *Æn.* VII, 323 sqq.
2. *Met.* IV, 468 sqq.
3. Voyez E. Roux, *Du merveilleux dans la tragédie grecque*, 1846, p. 74, 84 sq.
4. Voyez notre t. III, p. 255 sq.

gare; la corbeille sacrée circulait; nous retenions nos voix. Au moment où le fils d'Alcmène allait de sa main droite prendre un tison sur l'autel pour le plonger dans l'eau lustrale, il s'arrêta en silence, et comme il hésitait, ses fils le regardèrent avec étonnement. Il ne semblait plus le même; on avait peine à le reconnaître; ses yeux étaient renversés, ses prunelles sanglantes s'élançaient hors de leurs orbites; l'écume dégouttait sur sa barbe touffue. Tout à coup il s'écria, avec un rire d'insensé : « Mon père, pourquoi songer à des purifica-
« tions, avant d'avoir tué Eurysthée? Pourquoi, pouvant tout
« faire en une fois, m'imposer double peine? Quand j'aurai ap-
« porté ici la tête d'Eurysthée, alors il sera temps de laver
« aussi ce premier meurtre. Allons, faites écouler cette eau;
« jetez cette corbeille; qu'on me donne mon arc, la massue
« dont s'arme ma main! je m'en vais à Mycènes. Il faut em-
« porter des leviers, des instruments de fer, des machines
« pour renverser les murs construits, avec la règle et le ciseau,
« par les Cyclopes. » Et il semblait faire ses apprêts de départ, se figurant monter sur un char et prendre en main le fouet pour frapper les chevaux. Ses serviteurs incertains étaient tentés de rire et en même temps s'effrayaient; se regardant entre eux, ils se disaient : « Assurément notre maître veut
« s'amuser de nous, ou bien il a perdu la raison. » Cependant il parcourt en tout sens sa demeure. Arrivé à la salle où se font les repas des hommes, il croit voir la ville de Nisus, il croit y entrer, s'y étendre à terre, y prendre de la nourriture; puis, repartant, après un moment de relâche, approcher des bois de l'Isthme. Là, se dépouillant de ses vêtements, il lutte contre je ne sais quel adversaire et se proclame vainqueur. Ensuite, il se dit à Mycènes et fait entendre de terribles menaces contre Eurysthée. Son père alors, touchant sa main puissante, lui adresse ces paroles : « Mon fils, qu'as-tu donc? Quel est cet
« étrange voyage? Le sang que tu viens de verser a-t-il troublé ton esprit? » Hercule croit que c'est le père d'Eurysthée, qui, tremblant pour un fils, touche sa main, en suppliant; il le repousse et s'arme de son arc et de ses flèches contre ses propres enfants, qu'il croit ceux d'Eurysthée. Ceux-ci fuient, pleins de frayeur, et cherchent un asile, l'un sous le voile de sa mère, l'autre derrière une colonne, le troisième, comme un oiseau timide, près de l'autel. La mère s'écrie : « Malheureux père! que fais tu? veux-tu donc tuer tes enfants ? » Ainsi crie le vieillard, et aussi les serviteurs. Lui, il poursuit un des enfants autour de la colonne, le rejoint, le précède, et, lui faisant face, d'un trait lui perce le foie. L'enfant tombe à la renverse, et, en expirant, arrose le marbre de son sang. Hercule cependant pousse un cri d'allégresse : Déjà, dit-il, un des rejetons d'Eurysthée, tombé sous ses coups, a payé pour leur

odieux père, et il apprête son arc, le tournant contre celui des enfants qui, tapi contre l'autel, se croyait à l'abri. Le malheureux, d'un élan rapide, se précipite aux genoux de son père, élevant des mains suppliantes : « Mon père chéri, s'écrie-t-il, « ne me tue pas ; je suis à toi ; je suis ton fils ; ce n'est pas le fils d'Eurysthée que tu vas percer. » Hercule attachait sur lui le regard farouche d'une Gorgone, et comme l'enfant se tenait en deçà de l'arc, du bois de l'arme terrible qu'il élève en l'air et fait retomber, ainsi qu'un forgeron le marteau, il brise sa tête blonde. Non content de ces deux victimes, il court à une troisième ; mais la malheureuse mère le prévient, emportant son enfant dans l'intérieur de la maison, où elle s'enferme. Il s'imagine alors qu'il assiége, qu'il abat les murs des Cyclopes ; à l'aide d'un levier il enfonce les portes, et d'une même flèche fait tomber sa femme avec son fils. Il se hâtait déjà pour aller immoler aussi son vieux père, quand parut, on put la voir, sa lance à la main, et sur sa tête son casque orné d'aigrettes, la déesse Pallas. Une pierre qu'elle lança contre la poitrine d'Hercule l'arrêta au moment où il allait commettre un horrible meurtre. Plongé dans un profond sommeil, il tomba sur le sol, heurtant le fût d'une colonne qui s'était rompue et renversée sur sa base, lorsqu'il ébranlait les murs de la maison. Délivrés du soin de le fuir, nous avons alors aidé le vieillard à le lier au tronçon de la colonne, afin qu'il ne puisse, lorsqu'il se réveillera, se livrer à de nouvelles fureurs. Il dort en ce moment, le malheureux, d'un bien triste sommeil, souillé du sang de ses enfants et de sa femme. Je ne crois pas, pour moi, qu'il y ait au monde un mortel plus malheureux[1]. »

Ce récit brille d'une riche et heureuse invention. Il ne faut pas croire cependant que tout ce qu'il retrace ait été imaginé par Euripide : la matière s'en rencontrait probablement, en très-grande partie, chez les poëtes lyriques et épiques qui avaient chanté et raconté cette tragique histoire, comme Stésichore[2], comme Pisandre et Panyasis[3] ; chez les historiens qui l'avaient rappelée, comme Phérécyde[4] ; dans la tradition[5] qui vivait à Thèbes, au-

---

1. V. 904-997. — 2. Pausan., *Bœot.*, XI.
3. Id., *ibid.* Plusieurs critiques ont cru devoir attribuer à l'un ou à l'autre la IVe *Idylle* de Moschus, intitulée : *Mégare femme d'Hercule.*
4. Schol. Pindar. ad *Isthm.*, IV, 104. Phérécyde, avec lequel Euripide n'est point d'accord sur ce détail, racontait qu'Hercule avait jeté dans le feu ses enfants.
5. Beaucoup d'autres sont énumérées par le scoliaste de Pindare,

près du tombeau, honoré de sacrifices annuels[1], des enfants de Mégare, et que Pausanias y retrouva ainsi que le monument[2]. A cette tradition, les paroles de Pausanias permettent de le croire, avait été empruntée la grande et frappante image de Pallas lançant contre Hercule, au moment où il court au parricide, une pierre dont le choc l'abat et l'endort.

Le tableau d'Hercule furieux, que Philostrate[3] dit avoir vu dans une galerie de Naples et à la description duquel il mêle quelques souvenirs de la tragédie d'Euripide, peut être regardé comme un éloge indirect de ce beau récit[4].

Les portes s'ouvrent et font voir Hercule, comme il vient d'être décrit, au milieu de sa famille immolée, lié à un tronçon de colonne, et dormant d'un sommeil pénible. Amphitryon se traîne vers le chœur, qui, de la place qu'il occupe entre l'orchestre et la scène, contemple cet affreux spectacle. Il vient le prier de modérer les éclats de sa douleur, de ne point abréger le moment de calme accordé au malheureux, de ne point hâter, avec son réveil, le retour des fureurs dont ils gémissent. Ses prières sont vaines, et lui-même, emporté par l'excès de son affliction, finit par s'unir aux transports qu'il n'a pu contenir. Quelquefois il rentre pour surveiller les mouvements inquiets de son fils, pour interroger sa respiration haletante, pour s'assurer que ses yeux sont encore fermés, et, de loin, informe les vieillards, qui l'interrogent avec anxiété, de tout ce qu'il remarque. Ces jeux de scène, auxquels devaient répondre ce qu'il faut aujourd'hui deviner[5], l'ordonnance du théâtre, la disposition des acteurs, le partage des strophes entre Amphitryon

---

ibid. Cf. Diod. Sic., IV, 11; Hygin., *Fab.* XXXII; Tzetzes, ad Lycophr., 38, etc.
1. Pindar., *ibid.* — 2. Pausan., *ibid.* Cf. *Att.* XLI. — 3. *Imag.* II, 23.
4. Voyez sur les emprunts faits par les arts à la tragédie grecque, et, en particulier, sur les tableaux décrits par les deux Philostrate, notre t. I, p. 146 sqq.
5. Voyez God. Herman., *Præf. ad Herc. fur.*

et le chœur, entre les divers personnages dont le chœur se composait, préparent avec beaucoup d'art et d'effet le moment, à la fois redouté et désiré par le spectateur, du réveil d'Hercule.

Tout le monde l'a éprouvé : quand cesse le sommeil, il y a un court oubli des souffrances corporelles, des peines morales qu'il avait suspendues, puis un retour successif de ces affections, jusqu'à ce que les sens, que l'âme, complétement éveillés, soient rentrés, pour ainsi dire, en possession de leurs misères. Il en est ainsi pour Hercule, avec cette différence qu'ignorant de sa propre aventure, il fait en lui, hors de lui, dans tout ce qui le touche, de douloureuses, d'étranges, d'inexplicables découvertes. Cette situation a été exprimée par Euripide admirablement, dans un morceau qu'on ne peut louer qu'en le traduisant, et qu'il est bien difficile de traduire.

« Oui, je respire, je vois encore ce que je dois voir, le ciel, la terre, ces traits brillants du soleil.... Mais de quelle tempête terrible a donc été battue mon âme pour que mon souffle s'échappe de ma poitrine si brûlant, si précipité, si inégal?... Ah! des liens, qui attachent, comme le navire au rivage, ma poitrine, mes bras à un débris de colonne. Je suis captif, et dans des lieux voisins sans doute du séjour des morts. Autour de moi sont répandus sur la terre mes flèches ailées, mon arc, ces armes qui, toujours dans mes mains, me défendaient, et que je savais défendre. Serais-je redescendu aux enfers? Eurysthée m'aurait-il forcé de recommencer ce voyage? Mais je n'aperçois point le rocher de Sisyphe, ni Pluton, ni le sceptre de la fille de Cérès. Je ne puis revenir de mon étonnement, je cherche en vain où je suis.... Oh! n'y a-t-il point près de moi, aux environs de ces lieux, quelqu'un de mes amis qui veuille éclairer mon ignorance? Car je ne reconnais aucun des objets auxquels mes sens sont accoutumés[1]. »

Amphitryon se hasarde à se rapprocher d'Hercule, et bientôt, de l'aveu des vieillards qui l'ont généreusement suivi, reconnaissant que le délire du malheureux a cessé, il rompt les liens qui le retenaient. Alors commence,

---

1. V. 1063-1082.

entre le père et le fils, une lutte d'un grand effet dramatique, l'un par des questions pressantes, courant à la découverte d'un secret dont l'autre, par des réponses évasives, retarde le plus qu'il peut la révélation. Il faut bien cependant qu'à la fin Hercule apprenne que ce carnage dont il est entouré, il en est l'auteur; que ses enfants, sa femme, dont il reconnaît les corps sanglants, lui-même les a tués. Désespéré, il ne songe plus qu'à s'ôter la vie, quand tout à coup l'arrivée de Thésée donne à ses pensées un autre cours. Fuyant les regards de son ami et voulant aussi le préserver de la souillure des siens, il s'enveloppe, il se voile la tête de ses vêtements.

Thésée est venu, avec une troupe d'Athéniens qui l'ont suivi jusqu'aux bords de l'Asopus et y attendent ses ordres, offrir à Hercule son secours contre l'usurpateur Lycus. Ce qu'il voit et qui le frappe d'une douloureuse surprise, lui persuade d'abord qu'il est arrivé trop tard; mais bientôt il apprend d'Amphitryon, condamné, pour le plaisir du spectateur, à renouveler des révélations qui tout à l'heure lui ont tant coûté, dans quelles disgrâces nouvelles et sans remède la haine de Junon a précipité le héros. Alors, avec le zèle, la patience, l'adresse de l'amitié, il s'occupe de consoler celui qu'il accourait défendre. Le tableau de ses tendres soins, celui du retour d'Hercule à des sentiments de résignation courageuse, sont le sujet d'une longue et dernière scène, qui, selon le génie grec, repose l'âme des émotions déchirantes, révoltantes quelquefois, de cette tragédie, par la contemplation du beau moral, y corrige l'excès du pathétique et de l'horreur par l'admiration. Ajoutons que cette scène offrait aux Athéniens une autre sorte de soulagement. Elle détournait à la fin leur pensée sur ce dont ils aimaient surtout à être entretenus, sur ce que leurs poëtes dramatiques mêlaient, nous l'avons vu[1] et le verrons encore, à tous les sujets, sur ces vertus généreuses qui, de tout temps, avaient fait d'Athènes le recours et l'asile des

---

1. T. II, p. 227 sq., 246 sq.

malheureux, et qu'exprimait, comme un type consacré, l'antique, l'héroïque personnage de Thésée.

« Quel est, dit à Amphitryon Thésée, parmi tous ces morts, cet homme respirant encore, et dont la tête est voilée ? » On lui répond, il l'avait pressenti, que c'est Hercule, qui rougit de se montrer. Thésée veut qu'il se découvre à son ami, venu pour partager sa peine; il l'en fait prier, mais vainement, par le vieillard; il l'en presse lui-même, avec des paroles bien persuasives et auxquelles Hercule ne résiste point :

« Infortuné, qui t'obstines à garder cette triste attitude, je te le demande à mon tour, laisse voir ton visage à tes amis. Il n'est point de ténèbres assez profondes pour cacher ton malheur. Pourquoi me montrer de la main ces corps sanglants? Crains-tu pour moi le contact de tes paroles? Ah! il ne m'en coûtera pas de m'associer à ta peine. J'ai bien partagé ton heureuse fortune. Ma pensée doit se reporter au temps où tu m'as tiré des enfers, ramené au jour. Je hais ces faux amis chez qui vieillit la reconnaissance, qui prennent leur part du bonheur, mais, le malheur venu, vous laissent seul achever le voyage. Allons, lève-toi, découvre cette tête malheureuse, lève les yeux sur nous. Tout généreux mortel doit supporter, doit accepter les maux que lui envoient les dieux[1]. »

Admirons encore la savante économie des Grecs, qui, mettant en valeur des situations simples, leur fait rendre tout ce qu'elles contiennent. Que de formes prend, chez Euripide, la douleur d'Hercule! D'abord emportée, furieuse, elle court au suicide; puis, sous le voile dont s'enveloppe le héros, elle tombe dans une morne immobilité, dans un farouche silence; la voilà maintenant qui se laisse voir, qui se fait entendre, qui accepte le combat contre les raisons de l'amitié, et, par cette concession, se prépare une inévitable défaite. Un dialogue commence, où se développe admirablement cet art que révèle la véritable affection, de gagner la confiance par la sympathie, et d'acquérir ainsi le droit de gourmander le désespoir, de lui faire entendre avec autorité ces vérités austères, que le

---

1. V. 1187-1201.

malheur est la condition des hommes, se soumettre à la volonté des dieux le devoir commun, lutter contre la douleur et la vaincre la gloire des grandes âmes.

HERCULE.

Thésée, tu as vu quel combat j'ai livré contre mes enfants?

THÉSÉE.

On me l'a dit, et le malheur dont tu me parles est sous mes yeux.

HERCULE.

Pourquoi donc m'as-tu forcé de montrer ma face au soleil?

THÉSÉE.

Et pourquoi la cacher? Profanerais-tu, mortel, la divinité?

HERCULE.

Fuis, malheureux! la contagion de mes crimes.

THÉSÉE.

Un ami n'a rien à craindre de la part de son ami.

HERCULE.

Sans doute, et je t'ai rendu service, je ne le nie pas.

THÉSÉE.

Et moi, par reconnaissance, je te plains.

HERCULE.

Je suis bien à plaindre : j'ai tué mes enfants!

THÉSÉE.

Je pleure sur ton infortune, et sur d'autres en même temps.

HERCULE.

En connais-tu de plus grandes?

THÉSÉE.

L'infortune est partout sous le ciel.

HERCULE.

Aussi, suis-je prêt à mourir.

THÉSÉE.

Penses-tu que les dieux s'inquiètent de tes menaces?

HERCULE.

Ils me bravent, je les veux braver.

THÉSÉE.

Arrête : ne vas pas, par ces discours orgueilleux, ajouter à tes maux.

HERCULE.

A mes maux! j'en regorge, il n'y a plus place pour d'autres[1].

THÉSÉE.

Que veux-tu donc faire? Où se laisse emporter ton esprit?

HERCULE.

Je veux mourir, retourner au lieu d'où je viens, sous la terre.

THÉSÉE.

Tu tiens le langage d'un vulgaire mortel.

HERCULE.

Hors de l'infortune, me reprendre t'est bien facile[2].

THÉSÉE.

Est-ce Hercule qui parle ainsi, lui qui supporta tant d'épreuves?

HERCULE.

Jamais de telles. Il y a des bornes à la souffrance et au courage.

THÉSÉE.

Le bienfaiteur des mortels, leur ami!

HERCULE.

Ils ne peuvent rien pour moi; Junon l'emporte.

THÉSÉE.

Non, la Grèce ne souffrira pas qu'une funeste erreur te coûte la vie[3].

---

1. Voyez, *Traité du Sublime*, ch. xxxii, l'éloge que fait Longin de ce vers ainsi traduit, assez faiblement, par Boileau :

> Tant de maux à la fois sont entrés dans mon âme,
> Que je n'y puis loger de nouvelles douleurs.

Ovide avait dit, avec plus de précision et d'élégance :

> Non habet in nobis jam nova plaga locum.
> (*Ex Ponto*, IV, xvi, 52.)

2. Cf. Æschyl., *Prometh.*, 271 sqq.
3. V. 1202-1227.

A ces rapides et frappantes répliques et à d'autres de même sorte, s'entremêlent, comme souvent dans le théâtre grec, et dans la nature son modèle, des raisons, de part et d'autre plus continûment déduites. Hercule, dans une longue et éloquente tirade, reprenant toute l'histoire de sa pénible vie, cherche à convaincre Thésée qu'un mortel si malheureux, même avant que de naître, eût dû ne jamais voir le jour, et qu'il doit se hâter d'y renoncer. Car enfin n'est-il pas banni désormais et de Thèbes et d'Argos? Les autres villes de la Grèce, épouvantées, ne se fermeront-elles pas devant lui? Bien plus, la terre, la mer, les eaux des fleuves, ne le repousseront-elles pas avec horreur? Tombé de si haut, que ferait-il encore de la vie? Il mourra, il donnera cette joie à l'odieuse Junon. Elle peut maintenant triompher à l'aise de sa ruine.

Que, dans son désespoir, Hercule insulte à Junon, cela est très-légitime, très-naturel ; mais on ne comprend pas aussi bien le dédain avec lequel, dans ce même morceau, il s'est auparavant exprimé sur le compte de Jupiter, disant de lui :

« Jupiter, quel que soit le dieu qu'on appelle ainsi, m'a condamné en me donnant le jour à la haine de Junon [1]. »

Ce scepticisme n'est pas d'Hercule assurément, mais du poëte, qui prête ensuite ces paroles à Thésée :

« Point d'homme, à qui ne se fassent sentir les atteintes de la fortune ; point de dieux même, à moins que les poëtes ne mentent. N'ont-ils pas formé entre eux des unions que nulle loi n'autorise? n'ont-ils pas, pour régner, chargé leurs pères de liens honteux? et, cependant, ils continuent d'habiter l'Olympe, supportant la pensée de ce qu'ils ont fait [2] ; »

du poëte, qui lui fait répondre :

« Non, je n'ai jamais cru, je ne croirai jamais que les dieux se plaisent en des nœuds illégitimes, qu'ils se donnent mutuel-

---

1. V. 1236.
2. V. 1287-1292

lement des chaînes, qu'il y ait chez eux des vainqueurs et des vaincus. Quel besoin un dieu, s'il est vraiment tel, a-t-il d'un autre dieu? Ce sont là de misérables contes inventés par les poëtes[1]. »

De toutes les réclamations que le disciple d'Anaxagore, l'ami de Socrate, a osé, non sans danger, élever sur la scène même, contre les absurdités consacrées du polythéisme[2], il n'en est point, je crois, de plus explicite, de plus hardie. Mais qu'elle semble singulièrement placée dans une pièce dont le principal personnage est né précisément d'un adultère de Jupiter, où l'on voit Junon, et sous ses ordres Iris employer au plus odieux ministère une divinité subalterne! Cette réclamation honore le philosophe ; mais on peut la reprocher, comme une étrange inconséquence, au poëte dramatique, qui devait respecter la religion du théâtre.

Euripide rentre, et il n'en sortira plus, dans l'esprit du sujet, quand son Hercule, décidé, pour ne pas paraître fuir la douleur, à attendre courageusement la mort, accepte, d'un seul mot, avec une héroïque cordialité, ce qu'avec une effusion généreuse lui a offert Thésée, un asile à Athènes, le partage des biens que le vainqueur du Minotaure tient de la reconnaissance de ses concitoyens, enfin, après la vie, des monuments et des sacrifices.

Il lui reste encore à subir une épreuve qui lui coûte, à lui jusqu'alors impassible au milieu des disgrâces, des larmes dont il s'indigne, s'écriant avec un sourire amer, et la même expression[3] précisément que la tragédie grecque a fournie, pour blasphémer la vertu, à Brutus, après Philippes[4] : « Résignons-nous à être désormais l'esclave de la fortune. » Il faut qu'il se sépare de ces tristes et chères dépouilles dont il est entouré ; qu'il confie à son vieux père le soin pieux dont sa main souillée ne pourrait se

---

1. V. 1314-1319.
2. Voyez t. I, p. 43 sqq.
3. V. 1331.
4. Voyez t. I, p. 140.

charger, de les ensevelir ; qu'il prenne pour toujours congé de cet infortuné vieillard. On ne peut imaginer rien de plus pathétique, rien qui donne l'idée d'une action plus véhémente, que ces adieux, lesquels, pourtant, ne seront pas les derniers.

« .... Vieillard, je dois m'exiler de ces lieux. Je suis, tu le sais, tu l'as vu, l'assassin de mes enfants. Fais ce que je ne puis faire, la loi me le défend ; ensevelis-les, porte-les au tombeau, honore-les d'un tribut de larmes ; replace-les sur le sein, dans les bras de leur mère ; rétablis ces liens, que j'ai brisés, malheureux ! hélas ! sans le vouloir. Quand tu auras déposé dans la terre ces morts chéris, continue d'habiter cette ville, bien tristement sans doute, mais enfin, tâche de résoudre ton âme à supporter mes malheurs. O mes enfants ! celui qui vous a fait naître, qui vous a donné le jour, votre père vous a tués ; vous ne deviez pas recueillir le fruit de ses travaux, jouir de cette gloire qu'il vous préparait, au prix de tant de peines. Et toi, épouse infortunée ! tu as été bien mal payée de ta fidélité à ma couche, du long et pénible exercice de tes vertus domestiques. Ma femme ! mes enfants ! malheureux époux ! malheureux père ! je vais donc m'arracher à vous ! Douceur amère de ces derniers embrassements ! amère nécessité de vivre encore en compagnie de ces armes cruelles ! Dois-je les emporter, ou plutôt les laisser, elles qui sembleront me dire, quand je les sentirai retomber sur mon flanc : « Par nous « tu as fait périr tes enfants et ta femme ; tu portes en nous « leurs meurtriers. » Et ma main les reprendrait ? qui pourrait m'y contraindre ? Mais, cependant, me dépouiller de ces armes avec lesquelles j'ai accompli tant de hauts faits dans la Grèce, c'est me livrer à mes ennemis, m'exposer à une mort honteuse. Non, je ne puis les abandonner ; quoi qu'il m'en coûte, je les garderai.... O terre de Cadmus ! ô peuple de Thèbes ! rasez vos têtes ; couvrez-vous de deuil ; suivez au sépulcre ces enfants, pleurez-les et moi avec eux ; comme eux je ne suis plus ; tous nous avons été frappés du même coup par la haine de Junon[1]. »

J'ai retranché de ce beau passage quelques vers[2] dans lesquels Hercule prie Thésée de l'accompagner à Argos, auprès d'Eurysthée, de qui il doit aller réclamer le prix du dernier de ses travaux. C'est là un détail bien froid.

1. V. 1332-1367.
2. V. 1360-1362.

Nous trouvions, précédemment[1], qu'Amphitryon prenait mal son temps pour s'informer de Cerbère : que dire d'Hercule qui s'en souvient en un pareil moment? Peut-être le poëte a-t-il voulu faire entendre qu'après ce trouble passager le héros reprendrait le cours de sa vie aventureuse; mais la résolution qu'il lui prête, de ne point partir sans ses armes, le disait assez.

La veine pathétique d'Euripide est véritablement inépuisable. A tout instant il en jaillit de nouvelles sources d'émotion. Hercule ne quittera pas la scène sans répandre, sans avoir fait répandre bien des larmes encore, quoique son ami blâme l'excès de sa douleur et que lui-même s'efforce de la contenir.

THÉSÉE.

Lève-toi, malheureux! c'est assez de larmes.

HERCULE.

Je ne puis : mes membres s'y refusent.

THÉSÉE.

Les plus forts, le malheur les abat.

HERCULE.

Oh! que ne suis-je comme cette pierre, insensible, sans souvenir!

THÉSÉE.

Cesse et, me donnant ta main, accepte le service d'un ami.

HERCULE.

Crains que le sang qui me souille ne s'attache à tes vêtements.

THÉSÉE.

Essuie ce sang, tu le peux; je ne m'en mets point en peine.

HERCULE.

J'ai perdu mes enfants, mais tu es pour moi comme un fils.

THÉSÉE.

Ta main autour de mon cou; je veux te soutenir, te guider.

---

1. V. 606 sqq. Voyez, plus haut, p. 12.

HERCULE.

Aimable joug de l'amitié! Mais que l'un de ceux qui le portent est malheureux! O vieillard, c'est ainsi qu'il faut avoir un ami.

AMPHITRYON.

Heureuse est la patrie qui compte de tels enfants[1]!

Quelle vive expression du désespoir? quelle noble image de l'amitié! comme se mêlent et se corrigent mutuellement l'attendrissement et l'admiration! et que ces émotions confuses se compliquaient heureusement pour les Athéniens du sentiment de l'orgueil national! Je l'ai déjà remarqué en commençant l'analyse de cette grande scène, et crois devoir y insister encore en la finissant.

Mais puis-je la finir sitôt! Le dialogue, qu'on croyait à son terme, reprend tout à coup d'une manière inattendue. Hercule, entraîné par Thésée, s'arrête, se retourne, veut qu'on le ramène; il a besoin de revoir ses enfants, de presser une dernière fois son père contre son sein. Ce sont de nouveaux adieux que Thésée, par les conseils, les représentations d'une amitié courageuse, a bien de la peine à abréger. Le poëte, arrivé sans fatigue au bout de sa carrière, trouve encore des traits comme ceux-ci:

. . . .

THÉSÉE.

Qu'est devenu le grand Hercule?

HERCULE.

Mais toi-même, qu'étais-tu, au temps de ton malheur, dans les enfers?

THÉSÉE.

Ah! le plus faible des hommes.

HERCULE.

Pourquoi donc me reproches-tu ma faiblesse?

---

1. V. 1368-1379.

THÉSÉE.

Allons ! viens.

HERCULE.

Vieillard ! adieu.

AMPHITRYON.

Adieu, mon fils !

HERCULE.

Ensevelis, comme je te l'ai demandé, mes enfant

AMPHITRYON.

Et moi, mon fils, qui m'ensevelira [1]?

. . . .

Je n'ai pas dissimulé les défauts de l'*Hercule furieux*, défauts ordinaires à Euripide. J'ai marqué, au passage, certains détails oiseux et froids, quelques discussions sophistiques, des hardiesses philosophiques en contradiction avec la mythologie, qui fait le fond de l'ouvrage. J'ajouterai qu'il s'y trouve trop de choses qu'on a vues ailleurs, chez Eschyle, chez Sophocle, chez Euripide lui-même. Ainsi, la situation de Mégare, réfugiée près d'un autel avec ses enfants, et, sur la menace d'y être étouffée par les flammes, se livrant à ses ennemis, est exactement celle dans laquelle l'auteur a placé ailleurs Andromaque [2]. Ainsi le secours impuissant que prêtent les vieillards thébains à la famille d'Hercule, les insultes qu'ils adressent, oubliant leur faiblesse, à Lycus, rappellent, exactement aussi, la douleur noblement séditieuse prêtée par Eschyle aux vieillards d'Argos, en présence des meurtriers d'Agamemnon [3]. Amphitryon, près de mourir, recommande à ses vieux amis d'égayer de quelque joie une vie si traversée par les vicissitudes de la fortune, à peu près comme fait, encore dans une pièce d'Eschyle, dans sa tragédie des *Perses* [4], l'ombre de Darius prenant congé des *Fidèles*. Quand Lycus se laisse attirer dans la maison

---

1. V. 1388-1393.
2. Voyez t. III, p. 273 sqq.
3. Voyez t. I, p. 329 sq.
4. Voyez t. I, p. 235.

où il doit trouver son châtiment, et qu'à ses derniers cris répondent de la scène les transports joyeux du chœur, c'est avec d'autres noms le dénoûment des *Choéphores* d'Eschyle, des deux *Électre* de Sophocle et d'Euripide [1]. Qu'on se transporte à la scène dans laquelle Amphitryon cherche inutilement à obtenir que le chœur retienne ses gémissements et ses cris pendant le sommeil d'Hercule, et l'on trouvera matière à un nouveau rapprochement avec des scènes, soit des *Trachiniennes* [2] de Sophocle, soit de l'*Oreste* [3] d'Euripide, où un vieillard, où Électre cherchent de même, pendant qu'Hercule et Oreste reposent, à faire taire l'intérêt trop bruyant l'un d'Hyllus, l'autre d'une troupe de jeunes Argiennes. On peut continuer le parallèle et on sera frappé, comme l'a été un des traducteurs d'Euripide[4], du rapport frappant que présente la peinture du réveil d'Hercule dans la pièce qui nous occupe avec celle du réveil d'Oreste dans cette même tragédie à laquelle il a donné son nom. Le morceau par lequel s'expriment les sentiments de trouble, de surprise, de curiosité pénibles qui assaillent le héros quand il ouvre les yeux, me semble aussi n'être pas sans ressemblance, pour le ton, le mouvement, avec le monologue de Prométhée enchaîné sur sa montagne [5]. Un détail évidemment emprunté au souvenir non pas du *Prométhée enchaîné*, mais du *Prométhée délivré*, est cette figure frappante par laquelle Hercule, lié à un tronçon de colonne, dit de lui-même qu'il est comme la barque attachée au rivage. Chacun se rappelle, à défaut du texte perdu d'Eschyle, l'énergique traduction de Cicéron [6] :

. . . . Navem ut horrisono freto
Noctem paventes timidi adnectunt navitæ.
Saturnius me sic infixit Jupiter. . . . . . .

1. Voyez t. I, p. 355; II, 332 sq., 357 sqq.
2. Voyez t. II, p. 81.
3. Voyez t. III, p. 246 sq.
4. Prévost, *Examen de l'Hercule furieux*.
5. Voyez t. I, p. 264 sq.
6. *Ibid.*, p. 291.

Est-ce tout? Non : on ne peut se refuser à reconnaître encore que l'égarement d'Hercule, l'éclaircissement et la résolution désespérée qui le suivent, reproduisent en partie ce que Sophocle a si bien peint dans son *Ajax*[1]. Sans doute nous ignorons la date de l'*Hercule furieux*, et par conséquent pouvons supposer qu'à cette pièce appartient la priorité de quelques-unes des situations, des peintures qui viennent d'être passées en revue. Mais elle restera chargée d'assez d'emprunts divers pour que son originalité en soit fort compromise. Et toutefois, par un habile emploi de ces espèces de matériaux tragiques, par la nouveauté de certaines inventions qui s'y mêlent, par la construction hardie de l'ensemble, par l'intérêt de plusieurs rôles, l'effet entraînant de bon nombre de scènes, cette pièce se place assez près des compositions les plus pathétiques et même les plus élevées d'Euripide. Elle ne méritait pas d'être négligée des critiques comme elle l'a été généralement, sans doute parce qu'elle se prêtait moins que d'autres à l'imitation des modernes, et qu'ils ne l'ont pas, je crois, reproduite. Elle ne justifie pas surtout le mépris que lui prodigue La Harpe, lequel n'y voit que « d'extravagantes horreurs, » et la juge seulement « un peu moins ridicule que les *Bacchantes;* » mépris tout gratuit au reste, car le critique n'a pas lu, je ne dirai pas ce qu'il analyse, mais ce qu'il parodie. Lycus est pour lui « un certain Lycas! » Mégare, d'après une faute d'impression du livre de Brumoy, il l'appelle quelque part « Alcmène! » Enfin, ce qu'Euripide a mis judicieusement en récit, la folie d'Hercule, il le place, lui, « sur la scène! » La Harpe conclut en disant : « Si jamais Euripide n'avait écrit que dans ce goût, on ne l'aurait pas comparé à Sophocle. » Nous pouvons dire avec plus de raison : si l'auteur du Cours de littérature n'eût jamais jugé qu'avec cette légèreté les productions de l'esprit, son livre ne mériterait pas d'être ouvert.

Rien n'est plus propre à mettre en lumière le mérite de

1. Voyez t. II, p. 15 sqq.

l'*Hercule furieux*, que de le comparer à la pièce du même titre qui fait partie du théâtre de Sénèque. C'est le même sujet, et aussi à peu près le même plan. Mais quelle différence dans l'exécution! Ce que touche légèrement Euripide, ce qui n'est que son point de départ, je veux dire l'histoire fabuleuse d'Hercule, devient pour le déclamateur latin le sujet d'interminables lieux communs. En revanche, il n'y a pas trace chez lui, parmi toutes ses exagérations, tous ses raffinements, ses descriptions, ses déclamations, ses maximes, de ces traits de nature, d'une expression si vraie, si naïve, par lesquels le poëte grec a ramené à l'humanité, c'est-à-dire à l'intérêt dramatique, un sujet merveilleux. Cette différence fondamentale, qui se retrouve dans chaque détail, faisons-la ressortir par une analyse rapide de l'*Hercules furens*. Aussi bien est-ce la dernière pièce du même recueil que nous rencontrerons sur notre chemin.

Sénèque, qui n'imite guère d'Euripide que ses défauts, n'avait garde de ne pas lui emprunter l'usage de ces prologues si peu dramatiques, qu'on lui a justement reprochés. Il y a peu de ses pièces que n'ouvre, par un morceau de ce genre, quelque divinité. Ici, c'est Junon qui, dans cent vingt-quatre vers, pleins, comme tout le reste d'ailleurs (il ne faut pas insister là-dessus), d'emphase et de recherche, entretient sa haine pour Hercule par le souvenir des inutiles épreuves auxquelles elle l'a soumis, et, désespérant de le vaincre autrement que par lui-même, annonce l'intention de recourir aux Furies pour égarer sa raison. Le premier acte se complète par un morceau de quatre-vingts vers où un chœur de Thébains s'amuse à peindre, avec le lever du jour, les soins divers qu'il ramène à la campagne et à la ville, la vie inquiète de l'ambitieux, le calme, le bonheur que donne une condition médiocre. Ce morceau bien composé, ingénieux, élégant, n'est qu'un lieu commun de morale, souvent reproduit par l'auteur, et qui sans doute avait son prix au temps de l'Empire, mais sans rapport aucun avec le sujet. Il ne s'y rattache qu'au moyen d'une équivoque, par le rapprochement de cette impatience funeste qui fait courir les mortels au-devant de la destinée, déjà si prompte[1], et de l'audace aventureuse qui a conduit Hercule aux enfers.

Avec Mégare qui entre sur la scène au second acte, il semble que le drame lui-même devrait enfin y paraître. Mais il est encore comme ajourné par une revue nouvelle, toujours fort ampoulée, fort prétentieuse, des travaux d'Hercule. Ce n'est qu'après plus de quarante vers, donnés à cette amplification obligée, à ce thème successivement traité par tous les acteurs de la pièce, que Mégare achève l'exposition en faisant connaître à quelle oppression l'absence d'Hercule a laissé en butte sa famille. Elle se rassure, avec une complète déraison, par la pensée que le héros qui autrefois, séparant l'Olympe et l'Ossa, ouvrit un passage au Pénée, saura bien s'en frayer un à lui-même, à travers la terre, pour revenir des enfers. La Mégare d'Euripide n'avait pas assurément de ces idées-là. L'inconséquence des caractères, et des caractères de femmes surtout, on l'a pu voir par les étranges contradictions que prête arbitrairement Sénèque, par exemple à sa Clytemnestre, à sa Médée, à sa Phèdre, est un des principes de sa poétique. Cette même femme qui tout à l'heure avait tant de foi dans le retour, par voie d'éruption volcanique, pour ainsi dire, de son époux, cesse tout à coup d'y compter, surtout lorsque Amphitryon s'applique à la rassurer. Il se fait une sorte d'échange capricieux entre les deux personnages, qui débattent subtilement, non-seulement les raisons qu'ils peuvent avoir d'espérer ou de craindre, raisons parmi lesquelles il s'en trouve qui ajoutent un nouveau chapitre à l'histoire des travaux d'Hercule, mais encore les maximes contraires de la confiance et du découragement. Cela est encore bien loin du naturel, de la vérité, de la profondeur philosophique, qui nous ont frappés dans les scènes correspondantes d'Euripide. Arrive Lycus, auquel Sénèque a retiré sa noble

1. V. 183 sqq.

origine, et par conséquent les droits apparents que lui avait donnés, sans doute d'après la tradition, le poëte grec. Le Lycus latin est sans aïeux, et, dans l'intérêt de sa nouvelle puissance, il voudrait en acquérir par un mariage avec Mégare. Je ne blâme pas cette invention de Sénèque[1], tout à fait semblable à ce qui s'est vu depuis dans l'Héraclius de Corneille, dans la Mérope de Voltaire; mais une proposition aussi délicate que celle de devenir l'époux d'une femme dont on a fait périr récemment le père et les frères, demandait à être ménagée avec plus d'adresse, ce n'est pas assez dire, avec moins de brutalité que n'en apporte Lycus à cette négociation. Mégare la repousse avec une indignation à laquelle ôte beaucoup de son effet son exagération subtilement déclamatoire. Il ne faut rien outrer, même l'expression des sentiments les plus légitimes. Mégare donne quelque avantage à Lycus lorsqu'elle lui dit :

« Tu m'as ravi mon père, mon trône, mes frères, mes pénates, ma patrie. Que veux-tu de plus? Un bien me reste qui m'est plus cher que frère et que père, que mon trône et mes pénates, ma haine pour toi. Encore regretté-je que ce bien me soit commun avec le peuple. Combien peu il m'en laisse, qui soit tout à fait à moi[2].... »

Ce n'est certainement pas de l'école d'Euripide que procède cette manière de faire parler la passion. Ce qui en vient plus directement, mais avec les additions, les embellissements qu'on peut s'imaginer, c'est une longue controverse, tantôt en dialogue coupé, tantôt en tirades, sur la gloire d'Hercule contestée par Lycus, défendue par Mégare et par Amphitryon. Ce dernier se charge particulièrement d'établir ce dont, chez Euripide, il renvoyait avec plus de convenance le soin à Jupiter[3], qu'Hercule

---

1. Elle a été mêlée à la fable d'Euripide dans un *Hercule furieux* de 1638, détestable ouvrage d'un certain Nouvellon, dont on peut voir l'analyse, t. V, p. 452 de l'*Histoire du Théâtre français* des frères Parfait.
2. V 379 sqq.
3. Eurip., *Herc. fur.*, v. 169 sq.

est bien le fils du maître des dieux. Lycus termine la contestation en déclarant que, ce qu'on lui refuse, il se l'assurera par la force, et comme Mégare réplique qu'alors elle complétera le nombre des Danaïdes, le tyran, poussé à bout, ordonne, ainsi que dans la pièce grecque, d'embraser le temple qui sert d'asile à la femme et aux enfants d'Hercule. Après un tel ordre, dans lequel probablement est compris Amphitryon, il n'y a pas trop lieu à la demande qu'il fait de mourir le premier, encore comme dans la pièce grecque. Quelque chose de tout à fait latin, latin du temps de Sénèque, chez lequel il en est toujours ainsi[1], latin du temps de l'Empire, de ce temps où Tibère, à qui remontent ces traditions de cruauté, disait d'un homme qui avait prévenu le supplice par une mort volontaire : « Carvilius m'a échappé, » et répondait à un autre qui lui demandait de le faire mourir : « Nous ne sommes pas encore assez bons amis pour cela[2], » c'est la réponse de Lycus :

« Qui condamne à mort indistinctement tous ses ennemis ne sait pas être tyran. Il faut des traitements divers selon les diverses fortunes. Aux heureux ordonnez de mourir, défendez-le aux malheureux[3]. »

Le Lycus d'Euripide est d'une époque moins raffinée, où les tyrans eux-mêmes ne sont pas plus méchants qu'ils n'ont besoin de l'être.

Cependant Amphitryon, resté seul avec Mégare, invoque le secours des dieux, puis, comme il se fait trop attendre, celui de son fils :

. . . . Quid deos frustra precor?
Ubicumque es, audi, nate[4];

et aussitôt le temple s'ébranle, la terre mugit, un bruit

1. Cf. Senec., *Theb.*, v. 100; *Thyest.*, v. 248; *Troad.*, v. 1175; *Med.*, v. 19, 1018; *Agamemn.*, v. 994.
2. Tacit., *Ann.*, XII, 20; Suet., *Tib.*, LXI.
3. V. 511 sqq.
4. V. 519 sq.

souterrain semble monter des enfers. C'est, il n'en doute
pas, Hercule qui vient, *géologiquement*, comme l'avait annoncé Mégare. Le chœur partage cette confiance. Pour
échapper aux enfers, dit-il, la force ne pourra-t-elle ce
qu'a bien pu l'harmonie ? Et là-dessus il raconte en vingt
vers, agréables mais déplacés, l'histoire d'Orphée et d'Eu-
rydice qu'on n'attendait guère. On s'attendait davantage,
et cette attente n'est pas trompée, à la reprise de l'interminable histoire des travaux d'Hercule. Quelle passion
ou quel besoin du lieu commun ! que d'indigence se
cache sous cette stérile abondance, et combien est plus
riche la simplicité d'Euripide !

Hercule, ainsi annoncé, paraît enfin au troisième acte,
ramenant des enfers Cerbère sa conquête. Les spectateurs, si cette pièce et les autres du même théâtre ont eu
des spectateurs, ce qui est bien douteux, voyaient-ils le
monstre ? Les paroles du héros autoriseraient à le croire,
car il demande pardon au soleil du spectacle par lequel il
profane sa lumière ; il dit à Jupiter de se cacher les yeux
avec sa foudre, à Neptune de plonger au fond de ses
eaux, à tous les dieux de détourner leurs regards. Un tel
monstre ne peut être vu que de celui qui l'a amené et de
celle qui a ordonné de l'aller chercher. On devine, sans
qu'il soit nécessaire de les rapporter, tout ce qu'un tel
début doit amener de pompeuses extravagances. Nous
voilà bien loin des simples expressions par lesquelles
l'Hercule d'Euripide, revoyant après tant de fatigues et
de dangers sa patrie et sa maison, témoigne d'abord sa
joie et bientôt après, au tableau lugubre qui se découvre
à lui, son étonnement, son anxiété. L'Hercule de Sénèque finit par redescendre des sublimes régions où il
promenait son esprit, pour s'apercevoir, comme son de-
vancier, pour s'enquérir, s'occuper des dangers qui menacent sa famille ; il s'empresse de l'aller défendre et venger, la laissant sous la garde de Thésée, avec lequel il
est arrivé, mais dont on n'a encore rien dit. Thésée s'em-
ploie avec zèle à la consoler et même à l'amuser. Sur la
demande d'Amphitryon, aussi mal à propos curieux que

nous lui avons reproché de l'être chez Euripide, mais dont la curiosité a de plus ici une teinte de naïveté qui n'est pas la naïveté grecque, il décrit tout ce qu'il a vu aux enfers : c'est une redite de Virgile, d'Ovide et autres, élégante, spirituelle, où Fénelon (grand éloge!) a pris quelque chose de la morale qui, dans son Télémaque, renouvelle ce lieu commun ; elle n'est pas toutefois sans mélange de mauvais goût, et elle a surtout le défaut choquant de distraire de l'action par un épisode descriptif d'environ cent vers. Je n'y comprends pas soixante-cinq vers qui contiennent le récit, plus voisin du sujet, de la descente d'Hercule aux sombres bords, et surtout de sa lutte victorieuse contre Cerbère. Cet exploit singulier y est décrit avec une trop grande précision de détails ; il y a des choses qui veulent être exprimées rapidement, largement, qui même s'accommodent d'un certain vague, sur lequel travaille l'imagination. Les montrer trop distinctement, c'est en accuser l'invraisemblance et, malgré l'emphase des paroles, risquer de les rendre petites et ridicules. Je n'oserais répondre que cela ne soit pas arrivé ici à Sénèque. Ce dont je suis bien sûr, c'est que rien ne touche de plus près au comique de la parodie, que l'humilité avec laquelle Thésée se mêle lui-même à son récit, lorsqu'il dit que Pluton l'a laissé emmener par Hercule avec Cerbère, en quelque sorte par-dessus le marché :

Me quoque petenti munus Alcidæ dedit[1].

Aux longues confidences de Thésée met enfin un terme l'arrivée du chœur qui chante, couronné de laurier, la dernière victoire d'Hercule et appelle tout le peuple thébain à un sacrifice d'action de grâces. La peinture qu'il fait du héros descendant aux enfers au milieu des ombres qui s'y rendent en foule, l'amène à de beaux vers sur l'universelle, l'inévitable nécessité de la mort. Ces moralités, communes pour le fond, frappantes pour la forme, se re-

1. V. 806. Cf. *Hippolyt.*, v. 842. Voyez notre t. III, p. 222.

trouvent, rendues à peu près de même, dans les traités en prose de Sénèque, et c'est un des arguments que l'on fait valoir pour établir l'identité du philosophe et du poëte. Elles sont certainement ce qu'il y a de plus naturel dans ces pièces, à l'inconvenance dramatique desquelles elles ne participent point.

Le sujet du quatrième acte est ce qui donne à la tragédie son titre, la fureur d'Hercule. Vainqueur de Lycus, le héros préside avec pompe au sacrifice annoncé par le chœur; il adresse à Jupiter une prière dont l'idée est grande, le ton noble, et que Rotrou a transportée dans son Hercule mourant[1]. Bientôt il s'écrie, comme notre Oreste :

> Mais quelle épaisse nuit tout à coup m'environne !

Il ne le dit pas avec cette sobriété de paroles, tant s'en faut. Son imagination troublée, aidée de la redondance ordinaire à Sénèque, lui montre, entre autres tableaux, le soleil qui, sans nuages, s'obscurcit et retourne vers l'orient; les étoiles, qui brillent de toutes parts, comme nous disons, en plein midi :

> . . . . Unde tot stellæ polum
> Implent diurnæ[2]?. . . . .

Il voit « un faux ciel[3] » des plus bizarres ; le Lion, que le premier de ses travaux a placé parmi les constellations, traversant les signes de l'automne et de l'hiver, pour aller, dans la région du printemps, étrangler le Taureau. Lui-même, dédaignant la terre, veut une place parmi les astres, où les dieux l'appellent. Junon seule s'y oppose : il la menace, il menace Jupiter; il brisera les fers de Saturne, il soulèvera les Titans, les Géants. Déjà il assiste à cette gigantomachie dans laquelle il joue son rôle, entas-

---

1. Voyez t. II, p. 88 sq.
2. V. 943.
3. V. 954.

sant, avec ses alliés, les montagnes, les lançant vers le ciel, « armant sa main de sommets tout remplis de Centaures. »

Rapiamque dextra plena Centauris juga[1].

Après d'autres visions de cette sorte, Hercule aperçoit ses enfants, qu'il prend pour les fils de Lycus, il perce l'un d'une flèche, fait voler l'autre contre les murs du palais; le troisième meurt de frayeur dans les bras de sa mère, en qui le furieux pense voir Junon, son ennemie, et qu'il frappe de sa massue. Enfin, au moment où Amphitryon désespéré s'offre lui-même à ses coups, sans doute pour qu'à ses forfaits ne manque point le parricide, étrange idée dont Thésée ne peut le détourner, Hercule tout à coup chancelle et tombe profondément endormi. La folie de l'Hercule grec est vraiment de la raison auprès de celle de l'Hercule latin. Qu'est devenu cet enchaînement d'idées, cette logique, comme je l'ai déjà dit, qui pousse sans relâche le premier dans la voie d'illusions et de crimes où l'a fait entrer la colère céleste, et au terme, pour l'arrêter, la majestueuse intervention de Minerve, donnée, on l'a vu, par la tradition? Tout ici est arbitraire, désordonné, extravagant. Ajoutez que ce que peut seule tolérer l'imagination et qu'Euripide, quoi qu'en ait dit La Harpe, a judicieusement mis en récit, Sénèque l'expose presque entièrement sur la scène, rapprochant le reste, autant que possible, du spectateur, par ce qui lui parvient des menaces frénétiques d'Hercule, des supplications de Mégare, et surtout par les images que lui retrace Amphitryon des scènes affreuses auxquelles il assiste. La terreur, l'horreur même ne manquent pas, ne devaient pas manquer au récit d'Euripide; mais elles y sont, pour ainsi dire, dispensées avec cette mesure du génie grec, dont était, surtout dans la partie dramatique de ses pièces, complétement dépourvu Sénèque. Dans les

---

1. V. 969.

chœurs, chose singulière! son imagination paraît mieux réglée, quoiqu'elle y franchisse encore trop souvent les bornes sévères du goût. J'en trouve la preuve dans le morceau lyrique qui suit la scène dont je viens de présenter l'analyse. Il s'y rencontre, sans beaucoup d'ordre, quelques belles choses que l'auteur finit presque toujours par gâter. Telle est une invocation au sommeil pour qu'il continue de charmer les maux d'Hercule, invocation naturelle dans la situation, d'une élégance et quelquefois d'un charme qui rappellent heureusement des passages célèbres d'Euripide[1] et d'Ovide[2], mais trop prolongée, où l'on se perd dans une revue trop minutieuse et trop confuse des attributs du dieu. Telle est une peinture fort bien placée et fort énergique d'Hercule endormi et encore agité d'un reste de tempête, mais à laquelle succède presque aussitôt une recherche bien prétentieuse des expiations que le héros pourra trouver pour ses crimes involontaires. Il faut que ses gémissements, les coups dont il frappera sa poitrine soient entendus de la terre entière, de toute la nature, du sombre empire, du chaos; il faut que ses flèches, instruments de sa fureur, soient les verges dont il se flagelle. De cette froide déclamation on passe à une complainte assez touchante sur ces innocentes victimes immolées, au seuil de la vie, par la main égarée d'un père. A tout prendre, avec ses inégalités, ce chœur rachète quelque peu les vices monstrueux de l'acte qu'il termine.

Dans le cinquième se développe ce que l'on a vu à la dernière scène de la pièce grecque. Hercule s'éveille, connaît son malheur, veut se donner la mort, et enfin, consentant de vivre, suit à Athènes Thésée. Deux innovations, qui ne manquent pas d'effet théâtral, c'est d'abord que le héros, à l'aspect des corps inanimés qui l'entourent, des traits restés dans leurs blessures, de ses mains sanglantes, arrive seul à la terrible découverte :

1. *Orest.*, v. 201 sqq. Voyez notre t. III, p. 247, 251 sq.
2. *Metam.*, XI, 623.

c'est, en outre, qu'il n'abandonne la résolution de s'ôter la vie, que quand son père, dont il a repoussé les supplications, menace de se frapper lui-même. A cela près, tout est semblable, pour la disposition générale du moins; mais cette identité fait encore mieux ressortir qu'une plus grande variété de dessin, à quel point diffèrent, pour le sentiment de la vérité dramatique, pour le ton, pour le style, Euripide et Sénèque.

Chez tous deux, Hercule, en s'éveillant, ne peut s'expliquer en quels lieux il se trouve; mais ce que le grec exprime, on s'en souvient, avec simplicité, se traduit, dans le latin, selon un procédé d'amplification familier à l'auteur, par cette énumération géographique :

« ... Où suis-je? près du berceau de la lumière? sous l'Ourse glacée? à cette extrémité occidentale de l'univers, borne de l'Océan[1]?... »

L'Hercule d'Euripide, élevant la voix, demande s'il n'y a pas près de là quelqu'un qui veuille éclairer son ignorance. L'Hercule de Sénèque, quand il aperçoit les corps sans vie de sa femme et de ses enfants, s'écrie de même pour qu'on lui apprenne quel est le meurtrier; mais, par cette prétention de se montrer savant en géographie dont, comme tous les personnages de ce théâtre, il ne peut se défaire, il interroge emphatiquement tous les habitants de la Béotie, tous ceux de l'Attique, tous ceux du Péloponnèse, dont certes il n'a pas l'espoir d'être entendu.

Contraste frappant! L'Hercule du théâtre latin est bien plus occupé de l'affront que lui a fait l'audacieux auquel le sommeil même d'Alcide n'a pas fait peur, de la curiosité de connaître cet ennemi qui peut se dire son vainqueur, du désir de se mesurer avec lui, quelque forme effrayante qu'il revête, qu'il ne l'est de la perte cruelle dont il est frappé. Alors même que la vérité lui est connue, il ne peut, il s'en accuse avec quelque éloquence[2],

---

1. V. 1138 sqq.. — 2. V. 1226 sqq.

trouver de larmes pour ses enfants. Il ressemble bien peu à cet Hercule du théâtre grec qui se confond, par l'effusion de ses tendresses et de ses douleurs paternelles, avec tous les pères.

Le désespoir du héros et la résolution qu'il lui inspire sont de part et d'autre rendus avec non moins de diversité. Là, il est question, tout simplement, de se précipiter du haut d'un rocher, de se percer la poitrine, de se placer sur un bûcher. Ici, c'est bien autre chose. L'Hercule de Sénèque se met l'esprit à la torture pour chercher à son corps quelque supplice original; il songe d'abord au roc et au vautour du Caucase, laissés vacants par Prométhée; puis aux Symplégades, ces écueils mouvants de l'Euxin, qui toujours s'entre-choquent, et entre lesquels il pourrait se faire très-convenablement broyer. L'idée d'un bûcher lui vient aussi; mais quel bûcher! une forêt! les bois du Pinde et du Cithéron! et par-dessus, Thèbes avec ses maisons, ses temples, ses sept portes, et si c'est trop peu, la terre entière. Ou bien encore, car il est singulièrement inventif, il brûlera ses mains qui ont servi le courroux de Junon, et leurs tendres victimes, avec le bois de son arc, de ses flèches, de son carquois! Amphitryon n'a pas tort de remarquer qu'il est encore un peu furieux :

Nondum tumultu pectus attonitum caret[1].

Je pourrais multiplier sans fin de tels exemples. Ceux que j'ai cités, ceux qu'offre en abondance la spirituelle analyse de Brumoy, sont plus que suffisants pour établir que la tragédie de Sénèque, brillante, je le veux bien, mais brillante d'un faux éclat, est une transformation complète de la tragédie d'Euripide; que par la substitution constante des prétentions antidramatiques du bel esprit à la vérité passionnée, pathétique de l'expression, cette imitation, assurément trop libre, trop hardie, offre

---

1. V. 1219.

un commentaire indirect, fort instructif, de l'ouvrage original.

Suétone[1] met au nombre des rôles tragiques chantés par Néron celui d'Hercule furieux, et il raconte qu'un jeune soldat, de garde près de la scène, le voyant, comme cela était dans le sujet[2], charger de liens, prit la chose au sérieux et accourut pour défendre son empereur. Cette anecdote piquante nous montre qu'au temps de Sénèque on jouait sur les théâtres de Rome une imitation plus rapprochée que la sienne du modèle grec, peut-être la pièce grecque elle-même[3].

---

1. *Ner.*, XXI.
2. Voyez plus haut, p. 19, 21.
3. Les plus beaux passages de cette pièce ont été traduits en vers français par M. Fr. Capelle, dans un *Essai poétique sur l'Hercule furieux d'Euripide*, honoré, en 1846, d'une médaille, par la Société littéraire de l'université catholique de Louvain, et imprimé, dans cette même ville, en 1848.

CHAPITRE QUATORZIÈME.

Ion.

Parmi les tragédies d'Euripide, il en est plusieurs dont je ne puis mieux d'abord indiquer le caractère, qu'en leur donnant, avec La Harpe, mais dans une acception moins défavorable, le nom de tragédies *romanesques*.

Le roman n'était point encore connu des Grecs; mais, ce qui partout l'a fait naître, cet intérêt qui attache tous les hommes à un développement d'aventures hors du cours ordinaire des choses, ne pouvait leur être étranger. Il y avait déjà du roman dans les plus anciennes légendes de leur mythologie; il dut y en avoir dans la poésie qu'elle leur inspira.

Toutefois, cet élément, qui s'y trouvait mêlé, y fut d'abord comme inaperçu. La singularité des situations semblait effacée par la vérité des sentiments. On ne s'avisa que plus tard, quand l'expression de la nature humaine commença à s'épuiser, de la subordonner elle-même à ce qui auparavant lui servait seulement d'occasion, à une ingénieuse, une intéressante combinaison d'incidents. Émouvoir le cœur avait été, au commencement, l'ambition des poëtes; ils se proposèrent ensuite, de préférence, d'amuser l'imagination.

L'histoire de l'épopée des Grecs offrirait une première preuve de cette révolution du goût, si, comme on le pense assez généralement, la pathétique Iliade avait précédé, dans l'ordre du temps, la conteuse Odyssée. L'histoire de leur tragédie, autant du moins que nous la pouvons connaître par les monuments qui nous en restent, nous la montre, avec une incontestable évidence, dans le passage de la simplicité d'Eschyle et de Sophocle à la complication nouvelle introduite par Euripide.

Nous l'avons vu constamment occupé d'animer la scène, d'étendre la fable, de renforcer l'intrigue. Il donne aux mœurs des traits plus naïfs, plus familiers, plus près de la réalité, à la passion un mouvement plus rapide, plus impétueux ; il multiplie les personnages, il entasse les tableaux ; enfin, par le choix de certains sujets et la disposition du drame où il les expose, il excite, plus qu'on ne l'avait encore fait, l'attente et la surprise.

De là ces espèces nouvelles qu'il apporte au genre de la tragédie : tragédies remplies tout entières de l'histoire d'une passion ; tragédies à événements et à spectacle ; tragédies d'un intérêt complexe et multiple, formées soit par le mélange de deux actions distinctes, soit d'une suite de tableaux uniformes ; enfin, tragédies composées surtout pour le plaisir de la curiosité, bizarres, étonnantes, en un mot, *romanesques*.

Une pièce de théâtre qui n'est qu'un roman a bien peu de valeur. Les émotions qu'elle donne ne peuvent se renouveler ; le dénoûment lui enlève tout son charme; pour elle, point de lendemain, point d'avenir. Il n'en est pas ainsi des romans d'Euripide, qui joignent à une invention spirituelle et piquante l'éclat du coloris, la vérité naïve de la touche. L'heureux accord de mérites si divers me paraît caractériser surtout sa tragédie d'*Ion*, son chef-d'œuvre en ce genre.

Si l'on ne s'attache qu'à la fable, rien de plus merveilleux ; si l'on ne regarde que les mœurs, rien de plus rapproché de la nature. Le style participe de ce double caractère, tour à tour, ou plutôt tout à la fois noble et touchant, magnifique et familier. Le pathétique des situations est adouci par l'attente d'une conclusion heureuse, et cette impression mixte de crainte présente et de confiance dans l'avenir donne à l'ouvrage une ressemblance de plus avec les compositions romanesques.

Voilà un bien long prologue de critique, avant d'arriver

à celui du poëte, car mes lecteurs savent, de reste, sans que je doive m'arrêter à le leur répéter, qu'aucune de ses pièces n'est sans prologue, excepté l'*Iphigénie en Aulide*, qui, sans doute, a perdu le sien[1]; le *Rhésus*, qui en a eu deux, également perdus[2]. L'*Ion* avait grand besoin d'une préface de cette sorte, non pas que la fable soit aussi *embrouillée* qu'il a plu à La Harpe de le dire, afin de s'épargner la fatigue d'une analyse, mais parce qu'elle ne peut être comprise, comme on le verra, sans la connaissance préalable du lien secret qui unit les personnages, et que cette connaissance est même nécessaire à l'intérêt des scènes qui les rapprochent[3].

Quels sont donc ces personnages et que sont-ils l'un à l'autre? Mercure, qui a joué un rôle important dans leur histoire, se charge de l'apprendre aux spectateurs.

Créuse, fille d'Érechtée, roi d'Athènes, a eu d'Apollon un fils, qu'elle a exposé pour cacher sa honte, mais qui, secrètement transporté, par les soins de son père, dans le temple de Delphes, y a été recueilli et élevé. De-

---

1. Voyez t. III, p. 8 sqq.
2. Voyez, plus loin, livre IV, ch. xx.
3. C'est ce qu'a fort bien dit, avec d'autres, Lessing, dans un passage intéressant de sa *Dramaturgie* (art. sur la *Mérope* de Voltaire), où il défend, à certains égards, les prologues tant attaqués d'Euripide, y voyant, ce que nous y avons vu nous-même, une sorte de préface poétique, dont le retranchement n'altérerait en rien l'économie de l'œuvre elle-même; qui ne désintéresse, au sujet de l'événement, une curiosité vulgaire, que pour en éveiller une autre, d'un ordre plus relevé, quant à la manière dont cet événement s'accomplit; qui enfin, dans le cas particulier dont il s'agit, ajoute véritablement à l'intérêt des situations : «....Si le spectateur apprend seulement au cinquième acte qu'Ion est fils de Créuse, ce ne sera pas à ses yeux son fils, mais un étranger, un ennemi, qu'elle aura voulu mettre à mort au troisième acte; ce ne sera plus, à ses yeux, de sa mère qu'Ion voudra se venger au quatrième acte, mais de sa meurtrière. D'où naîtra donc la terreur et la pitié? Le pur soupçon qu'un certain assemblage de circonstances peut faire naître, le pur soupçon qu'Ion et Créuse pourraient bien s'appartenir de plus près qu'ils ne le pensent, n'aurait pas suffi pour cela. Il fallait que ce soupçon devînt certitude; et si le spectateur ne pouvait acquérir cette certitude que du dehors, s'il n'était pas possible qu'il pût en avoir l'obligation à l'un des personnages agissants de la pièce, n'était-il pas mieux que le poëte l'en informât de la seule manière à sa disposition, que point du tout?.... »

venu grand, on l'a attaché au culte du dieu, dont il ignore, ainsi que ses bienfaiteurs, qu'il a reçu la naissance. Cependant Créuse a été donnée en mariage à Xuthus, fils d'Éole, roi des Achéens, pour le récompenser d'un service important rendu aux Athéniens dans une guerre contre les habitants de l'Eubée. Après plusieurs années d'une union stérile, les deux époux, affligés de se voir sans héritiers, viennent à ce sujet consulter l'oracle de Delphes. Voilà donc la mère et le fils en présence, par une rencontre qui n'est pas toute fortuite. C'est Apollon qui dirige ces événements ; il veille sur la destinée de son enfant, et ne se propose rien moins que de le faire reconnaître par Xuthus.

Pour ne pas trouver trop ridicule et trop comique la situation où va se trouver placé le roi d'Athènes, il faut se reporter aux mœurs mythologiques, telle que la tragédie antique nous les retrace. Dans l'*Oreste*, Ménélas rappelle à Tyndare, comme un titre d'honneur, que Jupiter est entré dans sa couche[1]. Dans *Hercule furieux*, Amphitryon se glorifie d'une pareille disgrâce[2]. On pensait alors ce que Molière a fait dire au roi des dieux :

> Qu'un partage avec Jupiter
> N'a rien du tout qui déshonore[3].

Sosie a déjà des scrupules plus modernes, quand il s'écrie ironiquement :

> Le grand dieu Jupiter nous fait beaucoup d'honneur[4].

La première scène de l'*Ion*, qui nous montre le jeune prêtre s'acquittant, le matin, des fonctions de son ministère, est d'une poésie fort originale, mais aussi fort difficile à rendre. La traduction, où j'ai essayé de la

---

1. V. 466.
2. V. 1, etc. Voyez plus haut, p. 8 sq.
3. *Amphitryon*, act. III, sc 2.
4. *Ibid.*

reproduire, ne donnera qu'une bien faible idée de la grâce, de l'onction touchante avec lesquelles Euripide a su y exprimer le lever du soleil de la Grèce, la pompe riante du culte de Delphes, enfin la sainteté sacerdotale unie à la candeur du jeune âge :

« Déjà le soleil fait briller son char au-dessus de la terre ; les astres du ciel fuient, devant ses rayons, dans le sein de la nuit sacrée ; et les inaccessibles sommets du Parnasse, tout à coup éclairés, reçoivent les premiers cette lumière qui charme les mortels. Cependant la fumée de la myrrhe vole vers la voûte du temple ; assise sur le trépied divin, la prêtresse va faire entendre aux Grecs les chants prophétiques que lui dicte Apollon. O vous, citoyens de Delphes, ministres du Dieu, allez vers la source argentée de Castalie, et, lavés dans ses pures eaux, entrez au sanctuaire. Que votre bouche s'abstienne de toute sinistre parole ; qu'elle ne s'ouvre que pour annoncer à ceux qui les implorent de favorables oracles ! Moi, je m'occuperai de ces soins qui depuis mon enfance sont commis à mon zèle. Purifier avec des branches de laurier le seuil de cette sainte demeure, le décorer de guirlandes, y répandre une fraîche rosée, en écarter avec mes flèches la foule des oiseaux qui pourraient profaner la sainteté des offrandes, voilà mon office ; c'est à moi, orphelin, et sans mère, et sans père, de servir humblement le temple qui m'a nourri.

« Viens donc, nouvel ornement de la terre, superbe laurier, viens, prête-moi ton ministère pour effacer les souillures de ce sol révéré. O rameaux cueillis près du temple, dans les jardins du dieu, en ce lieu où, entretenue par de célestes rosées, une source éternelle arrose la chevelure sacrée du myrte, c'est avec vous que je balaye ce vestibule d'Apollon, tous les jours, au premier essor de l'aile rapide du Soleil, empressé de remplir ma tâche accoutumée. O Péan ! ô Péan ! béni, béni sois-tu, fils de Latone !

« Le noble emploi, ô Phébus, de veiller ainsi à ta porte, d'honorer le siège de tes oracles ! De quel juste orgueil ils me remplissent ces devoirs serviles que rendent mes mains, non pas aux hommes, mais aux dieux, aux dieux immortels ! Oui, un tel travail fait ma gloire ; jamais je ne m'en lasserai. Phébus, ne suis-je pas ton fils ? ne te dois-je pas des jours que tu soutiens ? après tant de bienfaits, il m'est bien permis d'appeler du nom de père le dieu qu'on adore en ce temple. O Péan ! ô Péan ! béni, béni sois-tu, fils de Latone ! »

Je ne puis me défendre d'interrompre un moment la citation, pour faire remarquer que, dans ces derniers vers [1], l'expression du respect filial d'Ion pour le dieu qui véritablement est son père, comme nous en a instruits par avance, et fort utilement, le prologue, a quelque chose de bien ingénieux et de bien touchant.

« Mais, c'est assez traîner ces feuillages de laurier. Il faut maintenant, de ces vases d'or qu'a remplis la fontaine de Castalie, épancher d'humides libations. Allons, répandons-les d'une main innocente et pure. Oh! que puissent mes jours s'écouler ainsi tout entiers au service d'Apollon! Puissé-je ne le quitter du moins que sous d'heureux auspices!

« Mais quoi! déjà accourent, déjà ont quitté leurs retraites les oiseaux du Parnasse. Oiseaux, je vous le défends, ne vous posez point sur ce faîte superbe; n'entrez point dans cette riche enceinte. Mon arc va t'atteindre, héraut de Jupiter, dont toute la troupe ailée fuit les serres victorieuses. Et toi, cygne, qui vogues, comme en ramant, vers l'autel, porte ailleurs tes pieds de pourpre : ta lyre, émule de celle d'Apollon, ne te déroberait point à mes traits. Fuis, te dis-je, gagne à tire-d'aile les marais de Délos, ou bien ton sang étouffera tes chants harmonieux. Et cet autre oiseau qui s'approche! que veut-il? suspendre à la voûte un lit de chaume pour sa jeune famille? Tremble au frémissement de cet arc. N'entends-tu pas? Va-t'en sur les bords de l'Alphée, ou dans les bosquets de Corinthe, te livrer aux travaux maternels, et ne profane plus les offrandes et la demeure de Phébus [2]. Ma main se refuse à vous ôter la vie, oiseaux qui nous apportez les paroles et la volonté des dieux. Mais il faut bien que je m'acquitte envers Phébus des soins que je lui dois, que je serve qui me nourrit [3]. »

Démétrius d'Alexandrie, le rhéteur du second siècle de notre ère, a cité ce morceau comme très-favorable à l'art du comédien, par la grande variété de mouvements et de poses qu'il offre à son imitation [4]. Il en est dans le nombre qui ont quelque chose de bien familier, malgré la magnificence lyrique qui les décore. Euripide n'a pas craint de représenter son héros balayant le seuil du

---

1. V. 135 sqq.
2. Voyez, sur un autre temple plus hospitalier pour les oiseaux, que le dieu déclare ses suppliants, l'histoire d'Aristodicus, dans Hérodote, I, 158, 159.
3. V. 82-182.
4. Voyez l'*Euripide* de Boissonade, t. V, p. 426, *Notul. in Ion*.

temple d'Apollon. Barthélemy[1], plus timide, en lui empruntant ce qu'il dit des fonctions du néocore, a supprimé cette humble circonstance.

Une autre scène succède, d'une invention non moins naïve. Les femmes de Créuse, précédant leur maîtresse, s'approchent du temple et regardent avec curiosité les bas-reliefs ou les peintures[2], ou les tapisseries[3], on ne sait lequel, qui ornent ses portiques extérieurs. Tout le monde se rappelle que Virgile dans l'Énéide[4] a profité deux fois de cette donnée heureuse ; mais, selon son usage, en l'embellissant encore par des traits de sentiment. C'est l'image des malheurs de Troie, c'est sa famille, c'est lui-même qu'Énée voit représentés sur les murs du temple où il attend Didon. Si l'on adoptait la conjecture ingénieuse et vraisemblable d'un commentateur d'Euripide[5], cette scène, si agréable en elle-même, aurait eu pour les Athéniens un intérêt particulier : elle leur aurait offert la description d'un portique élevé par eux près du temple de Delphes, au commencement de la guerre du Péloponnèse, à l'occasion d'un avantage remporté sur les Lacédémoniens[6]. Un tel genre de flatterie, fréquent chez les tragiques d'Athènes, et dont nous trou-

---

1. Voyez *Anacharsis*, ch. XXII.
2. Musgrave.
3. Bœttiger, *les Furies d'après les artistes et les poëtes anciens*; Bœckh, *Græc. trag. princ.*, ch. XV.
4. I, 456 ; VI, 13.
5. Musgrave. Cf. Bœckh., *ibid.*, etc. Voyez, en dernier lieu, H. Weil, *De Tragœdiarum græcarum cum rebus publicis conjunctione*, 1844, p. 31.
6. Par Phormion, dans la quatrième année de la LXXXVIIe olympiade. Voyez Thucydide, II, 84 ; Diodore de Sicile, XII, 48 ; Pausan., *Phoc.*, XI. Au vers 1592 de la pièce, dans la mention peu nécessaire du lieu où s'était passé l'événement, du cap Rhium, on a vu une nouvelle allusion à cet événement, et une preuve de plus qu'il n'avait pas précédé de beaucoup la représentation de la tragédie elle-même. J. A. Hartung, *Euripid. restitut.*, 1843, t. I, p. 448 sqq., Th. Fix, *Euripid.*, éd. F. Didot, 1843, *Chronol. fabul.*, p. x, se sont depuis, par d'autres raisons qu'il serait trop long de reproduire ici, décidés, le premier pour une date à peu près pareille, la deuxième année de la LXXXVIIIe olympiade, l'autre pour une date bien différente, une des années de la XC[e] olympiade.

verons tout à l'heure dans cette même pièce un autre exemple, ne va guère sans anachronisme. Il est ici question d'une représentation des travaux d'Hercule, que les annales mythologiques font naître pourtant après Ion.

Cette scène épisodique où l'arrivée de Créuse est annoncée, se prolonge encore quelques moments [1], comme pour augmenter l'impatience qu'a le spectateur de la voir paraître. Il n'y a pas au théâtre de situations plus attachantes que celles où s'abordent ainsi des personnages qui ont un vif intérêt à se connaître et qui s'ignorent. On suit avec une curiosité inquiète un entretien dont chaque mot rapproche ou recule l'instant de la découverte. Telle est, dans l'*Œdipe Roi*, la scène fameuse de la double confidence, telle est, dans l'*Ion*, la scène qui nous occupe en ce moment. La marche est la même des deux côtés, mais l'impression diffère, douloureuse et terrible chez Sophocle [2], douce et touchante chez Euripide.

Le dialogue est conduit avec un art singulier. Il commence, comme c'est l'usage, par quelques paroles indifférentes, mais qui, mettant les interlocuteurs sur la trace de leurs misères secrètes, semblent devoir à chaque instant provoquer une explication. Bientôt des questions plus directes les amènent à des réponses plus précises, et, sans se reconnaître encore, ils aperçoivent cependant entre eux des rapports bien étranges.

Le jeune prêtre a demandé à la reine d'Athènes ce qui l'amène à Delphes avec le roi son époux, et sur quoi ils veulent consulter l'oracle. Elle a répondu, ce que nous savons déjà, qu'unis depuis plusieurs années, ils sont sans postérité, et que, dans leur malheur, l'idée leur est venue de s'adresser au dieu. « Ainsi, reprend Ion, vous n'avez jamais été mère? — Apollon le sait, » réplique

---

1. V. 183-239. Sur la distribution probable des strophes qui composent cette scène entre les divers personnages du chœur, outre Musgrave, voyez Bœckh, *ibid.*, ch. VII.
2. Voyez notre t. II, p. 173 sqq.

Créuse[1] avec un admirable à-propos. Le reste n'est pas moins frappant :

ION.

Hélas! parmi tant de prospérités, quel sujet de tristesse!

CRÉUSE.

Mais vous-même, qui êtes-vous? Que celle qui vous a mis au jour me semble heureuse!

ION.

On m'appelle le serviteur du dieu, et je le suis, ô femme!

CRÉUSE.

Lui avez-vous été donné par la ville, ou bien vendu comme esclave?

ION.

Je l'ignore; tout ce que je sais, c'est que j'appartiens à Apollon.

CRÉUSE.

Je vous plains à mon tour, ô étranger!

ION.

Il est triste en effet de ne pas connaître quelle mère vous a donné la vie, de quel père on est né.

CRÉUSE.

Est-ce en ce temple que vous faites votre demeure?

ION.

Ma maison est celle du dieu, partout où m'y surprend le sommeil.

CRÉUSE.

Et quand y êtes-vous venu? dans votre enfance? dans un âge plus avancé?

ION.

Je ne faisais que de naître, à ce qu'on assure.

CRÉUSE.

Quelle est, parmi les femmes de Delphes, celle qui vous a nourri de son lait?

ION.

Jamais femme ne m'offrit sa mamelle. C'est ici qu'on m'a élevé.

---

1 V. 308 sq.

CRÉUSE.

Qui donc, infortuné? Quel rapport entre son sort et le mien!

ION.

La prêtresse de Phébus. Elle me tient lieu de mère.

CRÉUSE.

Mais vous avez atteint l'âge d'homme. Qui pourvoit à vos besoins?

ION.

Ces autels qui me nourrissent, les dons des étrangers, jusqu'à ce jour.

CRÉUSE.

Malheureuse, quelle qu'elle soit, celle qui vous fit naître!

ION.

Peut-être dut-elle rougir de ma naissance!

CRÉUSE.

Vous possédez sans doute quelque bien? Ces vêtements annoncent l'aisance.

ION.

Je les dois au dieu que je sers.

CRÉUSE.

N'avez-vous point cherché à découvrir vos parents?

ION.

Je n'avais, pour cette recherche, aucun indice.

CRÉUSE.

Hélas! je sais une femme bien malheureuse et comme votre mère.

ION.

Laquelle? Apprenez-moi. Venez à mon aide, de grâce!

CRÉUSE.

C'est pour elle que je me suis rendue ici....

ION.

Dans quel dessein? Si je pouvais vous servir?

CRÉUSE.

Pour obtenir une secrète réponse.

ION.

Et sur quoi? Dites seulement, le reste me regarde.

CRÉUSE.

Écoutez donc. Mais je n'ose. La honte m'arrête.

ION.

Que faire alors? C'est une déesse peu secourable.

CRÉUSE.

Cette femme, cette amie, eut commerce avec Apollon.

ION.

Avec Apollon! une mortelle! que dites-vous, étrangère?

CRÉUSE.

Le dieu la rendit mère d'un fils.

ION.

Non : cela ne peut être. C'est là le crime d'un homme et non pas d'un dieu.

CRÉUSE.

Ce qu'elle raconte n'est que trop véritable. Elle eut ensuite bien à souffrir.

ION.

Et quoi donc? l'épouse d'un dieu!

CRÉUSE.

Elle exposa son fils....

ION.

Cet enfant, où est-il? voit-il encore la lumière?

CRÉUSE.

Qui le sait? c'est ce que je viens demander à l'oracle.

ION.

Mais, s'il n'est plus, comment pense-t-on qu'il ait pu périr

CRÉUSE.

Elle craint qu'il ne soit devenu la proie des bêtes sauvages.

ION.

Et qui le lui fait croire?

CRÉUSE.

Lorsqu'elle revint à la place où elle l'avait mis, elle ne le trouva plus.

ION.

Y vit-elle des traces de sang?

CRÉUSE.

Non, à ce qu'elle assure; et cependant elle visita soigneusement les lieux d'alentour.

ION.

Quel temps s'est écoulé depuis qu'a ainsi disparu cet enfant malheureux?

CRÉUSE.

S'il vivait, il serait à peu près de votre âge [1].

Que d'art et de naturel dans ce dialogue! N'y voit-on pas, comme je l'ai annoncé, se révéler à demi le secret de la mère et du fils, et approcher par degrés une reconnaissance que le poëte aura l'art d'interrompre et de suspendre par des incidents habilements ménagés.

Ion est touché du malheur de Créuse; car, comme il le fera entendre plus tard, il ne lui a point échappé que, sous un autre nom, elle a raconté sa propre histoire. Il lui refuse cependant le service qu'il lui avait d'abord offert; il craindrait, dit-il, d'offenser le Dieu en l'interrogeant témérairement sur ce qui lui est si peu honorable.

Cependant Xuthus arrive. Il s'était arrêté à consulter l'oracle de Trophonius, duquel il a appris, pour toute réponse, que ni lui ni la reine ne retourneraient chez eux sans enfants. Cette réponse équivoque, que chacun des deux époux interprète secrètement selon ses désirs, les remplit d'espérance. Xuthus d'après le privilége accordé aux hommes par les usages du temple de Delphes, va chercher dans le sanctuaire même d'Apollon un se-

---

1. V. 308-357. Cf. Virg., *Æn.*, III, 491 :

Et nunc æquali tecum pubesceret ævo.

cond oracle qui confirme et explique le premier ; pour
Créuse, elle se rend aux autels sur son invitation, pour
y offrir un sacrifice. Ion, resté seul, s'entretient, tout en
vaquant aux soins de son ministère sacré, de ce que lui
a révélé l'étrangère, et, malgré sa piété, il se laisse
aller[1] à quelques réflexions hardies, celles du poëte, et
même du philosophe, autant et plus encore que du personnage, sur les exemples criminels que les dieux donnent parfois aux mortels. Le chœur, de son côté, dans
de fort belles strophes, exprime un vif désir de voir
s'accomplir les vœux de ses maîtres, vœux qui s'accordent assez mal, comme on l'a vu, mais qu'Apollon
trouvera moyen de concilier.

En effet, Xuthus reparaît bientôt plein de joie. Le
dieu lui a déclaré que la première personne qui s'offrirait à ses yeux en sortant du temple serait son fils. Il
rencontre le jeune néocore et le salue de ce nom. Une
explication, assurément fort nécessaire, le rapprochement de certaines circonstances, de certaines dates, donnent à l'oracle du dieu une vraisemblance dont se contentent, sans un trop rigoureux examen, les deux parties
intéressées. Cependant, le roi d'Athènes veut à l'instant
emmener le fils qui lui est rendu. Celui-ci se détourne
avec embarras ; de tristes et sages réflexions troublent le
plaisir que lui cause l'heureux changement de sa fortune.
Voici sa réponse, d'une éloquence simple et péné-
trante, et fort convenablement remplie de ces moralités
qui étaient dans le génie d'Euripide, et qu'il n'a pas
toujours aussi bien placées [2] :

« Les choses paraissent tout autres, lorsqu'elles sont encore
loin, ou qu'on les voit de près. Sans doute j'embrasse avec
transport l'heureuse fortune qui me fait retrouver un père. Il

---

1. *V.* 439 sqq. Cf. 342, 370 sqq.
2. Par exemple dans le discours apologétique du fils de Thésée à son père, *Hippolyt.*. v. 1011 sqq.; dans celui par lequel Jocaste s'efforce de réconcilier ses fils, *Phœniss.*, v. 528 sqq. Sophocle lui-même a pu être accusé de moraliser hors de propos, lorsqu'il a prêté à Créon se défendant contre les imputations d'Œdipe des raisons de ce genre, *Œdip. Tyr.*, v. 574, sqq. Voyez, précédemment, t. II, p. 172 ; III, 59, 315 sq.

me vient cependant d'importunes pensées, que je dois vous dire.
Je sais que l'illustre Athènes se vante d'être la fille du sol, de ne
devoir à aucun autre peuple son origine. Et moi j'y paraîtrai avec
une double tache, un père étranger, une naissance illégitime.
Que si, sentant ce qui me manque, je m'humilie, je m'efface,
on me traitera d'homme de rien. Si, au contraire, m'élançant
aux premiers rangs, je prétends être quelque chose, j'encourrai
la haine des petits, naturellement ennemis de la puissance.
Quant aux sages qui, pouvant parler, préfèrent garder le silence,
et ne s'empressent pas de courir aux affaires, ils riront entre eux
de ma folie, et me blâmeront de ne point savoir rester en repos
loin du trouble et des dangers de la vie publique. Je veux que
je parvienne à me placer parmi les grands, parmi les hommes
d'État, je n'en serai que plus en butte à la malignité des jugements. Car il en est ainsi, mon père : ceux qui ont le gouver-
ment, les honneurs, ne voient dans leurs rivaux que des ennemis. Et puis j'arriverais dans une maison étrangère, auprès
d'une femme privée d'enfants, qui, après avoir partagé votre
disgrâce, n'aurait point de part à votre bonheur, et s'entretien-
drait amèrement de son infortune et de son chagrin. Comment
pourrais-je éviter sa haine, lorsqu'elle me verrait assis à vos
pieds, et elle-même dépourvue d'un bien qui vous serait
accordé? Ou bien vous vous détourneriez de moi pour vous
attacher à votre épouse; ou, me donnant la préférence, vous
rempliriez de trouble votre maison. Que de fois le fer, le poison
n'ont-ils pas servi la vengeance de femmes offensées! D'ailleurs,
mon père, je l'avoue, je plains votre compagne, condamnée à
vieillir dans la stérilité; elle ne méritait pas, fille de si nobles
pères, de rester sans enfants. Pour la royauté, c'est à tort qu'on
la vante. Elle a des dehors qui plaisent, mais au dedans qu'elle
est triste! Est-ce être heureux que de passer sa vie dans la
crainte, dans les soupçons? Oh! je préfère une vie privée, avec
le bonheur, au plaisir d'être roi, s'il faut mettre sa joie dans de
criminels amis, s'il faut haïr les gens de bien, par crainte de
mourir. Vous allez me dire que les plaisirs de l'opulence compensent tous ces ennuis; qu'être riche est chose bien douce. Je
n'aimerais guère, pour sauver mon or, prêter sans cesse l'oreille
au bruit et me consumer en soins. Une fortune médiocre, mais
paisible, me plaîrait davantage. Et voyez, mon père, quel est
ici mon bonheur! D'abord le doux loisir, si cher à l'homme;
ensuite peu de soucis. Nul méchant ne se trouve sur mon chemin : je n'ai point ce déplaisir insupportable de céder le pas à
qui vaut moins que moi. C'est au culte des dieux, c'est au commerce de mortels satisfaits, que sont consacrés mes instants.
Les uns partent, d'autres arrivent : toujours nouveau pour eux,
comme ils le sont pour moi, je ne crains point d'être un jour
moins agréable à leurs yeux. Ce que les hommes doivent le

plus désirer, et ce qu'ils ne désirent pas toujours, la loi, d'accord avec la nature, m'oblige de me conserver vertueux et pur devant la divinité. Voilà, mon père, pourquoi mon sort présent me semble préférable à celui qui m'attend ailleurs. Souffrez donc que je vive pour moi. Être heureux dans la grandeur ou dans la médiocrité, n'est-ce pas toujours le bonheur [1] ? »

Ces bonnes raisons ne peuvent convaincre Xuthus ; il insiste pour que son fils, à qui il donne le nom d'Ion, en mémoire de l'heureuse rencontre qui le lui a fait retrouver, l'accompagne à Athènes. Il l'engage à se réunir une dernière fois, dans un festin, avec ses amis ; seulement il juge prudent de chercher pour cette fête quelque prétexte plausible, et de cacher quelque temps à Créuse un secret auquel elle a besoin d'être préparée. Il recommande donc au chœur le silence, sous peine de la vie. Mais celui-ci, plus attaché au sang d'Érechthée qu'à l'Achéen Xuthus, indigné de l'affront que reçoit, par l'introduction d'un étranger dans la famille royale, sa reine et sa maîtresse, se promet bien de désobéir. C'est une exception remarquable à la discrétion habituelle et souvent peu raisonnable [2] de ce personnage de convention.

Sa menace ne tarde pas à s'accomplir. Créuse, qui n'a pas abandonné le dessein de consulter l'oracle sur l'intérêt particulier dont elle est préoccupée, mais qui, nous l'avons déjà dit, ne peut pénétrer elle-même dans le sanctuaire, revient avec un vieillard qu'elle charge de ce soin. C'est un bien vieux serviteur, car il a autrefois élevé l'enfance d'Érechthée. Le poëte ne manque pas d'appuyer, avec quelque complaisance, sur le tableau de sa décrépitude. Il le représente qui gravit avec peine, appuyé sur son bâton, le rude sentier du temple. Je me figure qu'on le voyait venir, avec Créuse, par l'une des montées qui de l'orchestre conduisaient sur la scène. Enfin, les voilà arrivés, et le chœur placé sur le chemin, leur révèle, après

---

1. V. 587-649.
2. Voyez *Hippolyt.*, v. 710 sq., 889 sq ; *Med.*, 270 sq.; et, dans notre t. III, p. 57 sq., 130 sq.

quelques hésitations qui excitent vivement leur curiosité et leur impatience, tout ce qui vient de se passer. Le vieillard y voit un jeu concerté pour placer sur le trône d'Athènes le fils de quelque esclave ; l'indignation qu'il en éprouve, comme Athénien, comme serviteur de la maison d'Érechthée, l'emporte à une violence qu'on n'aurait pas cru pouvoir attendre de son âge et de sa faiblesse. Il conseille sans détour à Créuse de prévenir, par la mort de ses ennemis, le sort cruel qu'elle en doit attendre. Créuse ne répond point ; elle est tout entière à l'étrange nouvelle qui vient de lui découvrir un malheur si inattendu, de détruire si cruellement tous ses plans de bonheur ; elle accuse la perfidie de son époux, l'ingratitude, la dureté d'Apollon, et, par un de ces mouvements de la nature que savait surprendre le génie pathétique des Grecs, dans le trouble de son désespoir, elle laisse échapper le secret qu'elle a gardé si longtemps, si soigneusement renfermé. Il faut voir sous quelles gracieuses images se produisent tout à coup, au milieu de la véhémence de ses plaintes et de ses reproches, les souvenirs encore chers de l'amour d'un dieu [1].

« Que faut-il faire, ô mon âme? Garder le silence? ou, surmontant ma pudeur, révéler un secret funeste? Eh! pourquoi cette contrainte? Que me veut cette importune vertu, contre laquelle je lutte encore? Mon époux ne m'a-t-il pas trahie? Je n'ai plus de maison, plus d'enfants; elles ne sont plus ces espérances que je me flattai vainement de conduire à une fin heureuse, en taisant ma disgrâce et ses déplorables suites. Non, non, je le jure..., je ne la cacherai pas plus longtemps, je me soulagerai enfin d'un pénible fardeau. Mes yeux fondent en larmes, mon cœur succombe à la douleur, quand je me vois si cruellement poursuivie et des hommes et des dieux : oui, je ne crains pas de le dire, des dieux ingrats et perfides. C'est toi..., fils de Latone, que ma voix accuse à la clarté du ciel.

« Tu vins à moi, avec ta chevelure dorée, dans tout ton éclat, lorsque je remplissais mon sein et ma robe d'une bril-

1. Ainsi, dans une admirable scène de l'*Agamemnon* d'Eschyle, v. 1236 sqq., Cassandre, près de sa fin, adresse à Apollon, dont l'amour et les funestes dons l'ont rendue si malheureuse, des reproches où semble percer un accent de tendresse. Voyez notre t. I, p. 324.

lante moisson de fleurs, pour m'en parer; et puis tu me saisis dans tes bras, tu m'entraînas au fond d'un antre, appelant à grands cris ma mère, dieu ravisseur, possédé de la fureur de Vénus.

« Malheureuse! je donne le jour à un fils, et, par crainte de ma mère, je le dépose dans cet antre, ta couche nuptiale, où un triste hyménée t'unit une triste mortelle. Hélas! hélas! il n'est plus, les oiseaux l'ont dévoré, mon malheureux enfant, qui est aussi le tien. Et toi cependant tu te plais aux accords de ta lyre, aux accents de ta voix [1].... »

Cette révélation imprévue étonne beaucoup le vieillard. A travers la douleur qu'elle lui cause, perce toutefois l'espérance de trouver au trône d'Érechthée un plus légitime héritier que l'étranger, fils de Xuthus. Mais cette illusion est bientôt détruite par les tristes réponses qu'obtiennent de Créuse ses pressantes questions. La malheureuse mère est forcée de redire, sans cacher comme tout à l'heure sous le nom d'une autre sa profonde confusion, comment son enfant a péri abandonné. Il n'y a pas là, certainement, une répétition que doive reprendre la critique; bien au contraire. Et quel pathétique déchirant dans ce dialogue :

LE VIEILLARD.
Qui donc l'exposa? Ce n'est pas vous?
CRÉUSE.
Moi-même, dans l'ombre de la nuit!
LE VIEILLARD.
Eûtes-vous quelque complice?
CRÉUSE.
Le malheur et le mystère.
LE VIEILLARD.
Comment pûtes-vous abandonner votre enfant?
CRÉUSE.
Comment? après mille cris de douleur.
LE VIEILLARD.
Hélas! coupable mère! dieu plus coupable encore!

1. V. 858-905.

CRÉUSE.

Si vous l'aviez vu, comme il me tendait les bras!

LE VIEILLARD.

Il cherchait le sein et les embrassements de sa mère.

CRÉUSE.

Oui, cette place où il devait être et dont je le repoussais [1].

L'espèce d'enivrement de douleur où le sentiment de tant d'infortunes, anciennes et nouvelles, plonge la fille et le vieux serviteur d'Érechthée, les ramène l'un à proposer la vengeance, l'autre à écouter ce funeste conseil. Il veut qu'elle embrase le temple d'Apollon ; elle s'y refuse par crainte religieuse : qu'elle fasse périr son époux ; elle respecte encore en lui le saint nœud qui les lie. C'est Ion qui expiera les torts de Xuthus et ceux d'Apollon. Un poison sûr, que Créuse remet au vieillard, sera versé par lui dans la coupe du jeune homme, pendant le repas qu'il donne à ses amis. Cette résolution cruelle, qu'ils proclament généreuse, comme pour tromper leurs remords, dont le chœur célèbre la justice et appelle l'accomplissement avec un enthousiasme sans doute aussi peu sincère, dégrade, on ne peut le nier, des personnages qui, jusqu'ici, ont puissamment captivé l'intérêt. C'est là un défaut fort ordinaire à Euripide et qui, nous l'avons vu, lui a gâté plus d'un chef-d'œuvre [2].

Bientôt un esclave accourt hors d'haleine, cherchant la reine d'Athènes, dont l'entreprise a été découverte, et que les juges pythiens ont condamnée à la mort. Quelque pressé qu'il soit, dans une circonstance si critique, de trouver et d'avertir sa maîtresse, il s'arrête à raconter en détail tout ce qu'il a su, tout ce dont il a été témoin. C'est une faute de goût si contraire à l'exacte vraisemblance dont se piquent les tragiques grecs, qu'on est comme obligé de lui trouver des explications et des excuses. Ainsi, a-t-on

1. V. 954-963.
2. L'*Oreste*, par exemple. Voyez notre t. III, p. 268 sqq.

dit, si cet esclave indique minutieusement la forme et la dimension de la salle où le jeune Ion traitait ses amis [1], c'est pour faire allusion à celles du Parthénon, qui étaient exactement les mêmes. S'il décrit les tapisseries dont l'intérieur de cette salle était orné [2], c'est pour rappeler quelques compositions célèbres du temps [3]. On pourrait peut-être contester la réalité de ces intentions officieusement prêtées à Euripide; mais ce qui est incontestable, c'est que le poëte, en plaçant parmi ces décorations la peinture d'un combat entre les vaisseaux des Grecs et ceux des barbares [4], a célébré par anticipation la mémoire, si chère aux oreilles athéniennes, du triomphe de Salamine [5].

Le reste du récit est fort curieux par les détails de mœurs qu'il fait connaître; il est en même temps fort riche d'invention et de poésie. On y apprend que le complice de Créuse s'était introduit parmi les convives d'Ion; qu'usurpant sur les jeunes gens, à la grande joie de l'Assemblée, comme Vulcain dans le premier chant de l'Iliade, les fonctions d'échanson, il était parvenu à empoisonner sa coupe. Mais un hasard heureux a mis obstacle au crime prêt à se commettre. Une parole de mauvais augure est prononcée, le jeune prêtre demande une coupe nouvelle et répand sur la terre celle qu'il tient entre ses mains, invitant ses amis à suivre son exemple. En cet instant une troupe de colombes s'abat dans la tente pour s'abreuver de la liqueur qui inonde la terre. Une d'elles expire aux pieds d'Ion dans des convulsions effrayantes, qui décèlent le poison. Le vieillard est saisi; traîné devant un tribunal, il y avoue le crime, et celle qui l'a commandé est condamnée à expier par son supplice

1. V. 1132 sqq.
2. V. 1144 sqq.
3. C'est l'opinion de Musgrave, de Prévost, peut-être de Barthélemy : dans sa description de Delphes, il est question d'un repas sous une tente comme celle d'Ion, avec les mêmes ornements (*Anacharsis*, ch. XXII).
4. V. 1158 sqq.
5. Barnès, Beck, etc.

un attentat commis, dans un lieu saint, contre une personne sacrée. Toutes ces circonstances, fort naturelles, sont exprimées avec cette précision et cette vivacité qui distinguent la manière de conter des poëtes grecs de la solennité un peu vague de nos récits tragiques. Remarquons en passant, comme un exemple du soin minutieux que donnaient les Grecs au maintien de la vraisemblance, qu'un des principaux détails de cette narration a été préparé de loin, dans le passage charmant qui nous peint Ion écartant par ses menaces, sans leur ôter la vie, les oiseaux, hôtes familiers du temple d'Apollon.

Tandis que le chœur était informé de ces événements, Créuse elle-même les avait appris. Elle vient se réfugier à l'autel d'Apollon, où celui qu'elle a voulu faire périr ne tarde pas à la poursuivre, avec tout le peuple de Delphes. Qu'on remarque l'artifice habile de cette intrigue, la plus compliquée certainement, la plus rapprochée de l'art des modernes, que nous ayons encore rencontrée dans le théâtre grec. Cette mère et ce fils, si malheureusement séparés, qui se regrettent, qui se cherchent, au moment même où une meilleure fortune les a réunis, poursuivent tour à tour la perte de ce qui leur est le plus cher au monde. Tout à l'heure c'était Créuse qui conspirait contre la vie d'Ion; à présent c'est Ion qui réclame la mort de Créuse. L'imagination se plaît à ces alternatives, à ces révolutions ingénieusement distribuées ; elle les suit avec curiosité, mais sans trop de terreur ; car la reconnaissance qu'elle désire, qu'elle attend, ne cesse de cheminer par tous ces détours, et, quand il sera temps, l'agent mystérieux de l'intrigue, Apollon, la conduira certainement à son terme.

Le moment est venu. La porte du sanctuaire s'ouvre tout à coup. La Pythie s'avance entre Créuse, qui tient l'autel embrassé, et Ion qui menace de l'arracher de cet asile. Elle remet à ce dernier, au nom d'Apollon, la corbeille où il fut autrefois exposé, et qui doit lui servir à retrouver sa mère. Le trouble du jeune homme en présence d'un objet qui lui rappelle un si triste souvenir, et éveille en son âme une si douce espérance, est admirablement rendu.

« Des larmes coulent de mes yeux à la vue de ce berceau où, pour cacher sa honte, me déposa secrètement celle qui m'avait fait naître. Hélas! elle me refusa son sein, et reçu dans ce temple, enfant inconnu, j'y fus dévoué à un service obscur. Je ne me plains point d'Apollon, mais de la fortune qui m'a été cruelle. Ce temps, où, dans les bras maternels, je dus goûter les premières délices de la vie, je l'ai passé loin d'une mère, privé de cette douce nourriture que j'en attendais. Et elle, ah! je la plains aussi d'avoir, par une disgrâce pareille, perdu les joies de la maternité. Et maintenant cet objet, qui m'est rendu, je vais l'offrir au dieu. Peut-être m'amènera-t-il à quelque triste découverte. Si j'allais me trouver le fils d'une esclave, je serais plus malheureux de connaître ma mère, que d'avoir en silence abandonné toute recherche. Reçois donc cette offrande, ô Phébus! Mais que fais-je? je résiste à la volonté du dieu qui m'a conservé, pour me rendre une mère, les monuments de ma naissance. Allons, ouvrons cette corbeille. Je ne puis fuir ma destinée. Oh! pourquoi me fûtes-vous si longtemps cachées, saintes bandelettes, liens qui entourez mes trésors? Comme ces enveloppes se sont conservées fraîches, sans doute par la volonté du dieu! Nulle souillure, nulle trace de vieillesse dans ces nœuds; et cependant, bien des années se sont écoulées depuis qu'ils gardent leur dépôt[1]! »

Vous avez pu suivre dans ce morceau tout le jeu de la scène; car les Grecs n'avaient pas besoin de ces parenthèses commodes où nous indiquons la pose et quelquefois la passion même de l'acteur; l'une et l'autre, chez eux, étaient écrites dans le rôle même. Ici on voit Ion, d'abord contempler tristement la corbeille, puis s'approcher de l'autel pour l'y déposer sans l'ouvrir, puis s'arrêter par un mouvement soudain, pour développer les bandelettes qui l'entourent, et lorsqu'elle paraît enfin à ses yeux, Créuse, dont il s'est rapproché, l'aperçoit aussi, et dès lors tout est expliqué. La mère quitte son asile et se jette dans les bras de son fils, à qui elle se fait reconnaître avec évidence, en lui annonçant d'avance les objets qu'elle a autrefois déposés dans le berceau, et dont

1. V. 1368-1393.

le souvenir a dû rester profondément gravé dans son esprit[1].

Les transports de joie de Créuse et d'Ion sont bientôt suivis, et il ne pouvait en être autrement, d'une explication embarrassante pour tous deux, et dont la naïveté est peu commune, même sur la scène grecque. Ion apprend avec chagrin qu'il n'est pas fils de Xuthus; avec quelque orgueil, que du moins il est né d'Apollon; cependant il en doute un peu, et sa mère, qu'il prend à part pour la presser à ce sujet, aurait grand'peine à dissiper ses soupçons, si Minerve, au nom d'Apollon, ne venait lui confirmer la vérité de sa naissance divine. En même temps la déesse lui annonce sa gloire et celle de sa race : il régnera sur le trône d'Érechthée; ses fils seront les fondateurs et les chefs des quatre tribus primitives[2] d'Athènes; ses petits-fils peupleront les Cyclades, et, s'étendant jusqu'en Asie, donneront son nom à l'Ionie. Ce n'est pas tout : de Créuse et de Xuthus naîtront deux fils, Dorus et Achéus, rois illustres dont l'Achaïe et la Doride recevront leurs noms. On comprend ce que ces origines devaient ajouter d'intérêt au dénoûment de la tragédie qui les célébrait. C'était, comme l'*Érechthée* de notre poëte[3], emprunté à la même antiquité fabuleuse, au même ordre d'aventures, et qu'on a cru[4] avoir fait partie de la même tétralogie, comme *les Suppliantes* et *les Héraclides*[5], une de ces pièces par lesquelles Euripide, ainsi que ses devanciers, les auteurs des *Euménides*, et de l'*Œdipe à Colone*, flattait habilement, chez le public qu'il attachait, qu'il touchait, le sentiment de l'orgueil national.

Quelqu'un pourrait demander pourquoi Apollon n'est

---

1. Ainsi s'est opéré depuis, dans cette comédie que devaient amener les exemples d'Euripide, plus d'un dénoûment. Voyez le *Rudens* de Plaute, imité par lui de Diphile, et sa *Cistellaria*, dont on ignore le modèle.
2. Partagées depuis, après l'expulsion des fils de Pisistrate, en dix, par Clisthène, comme le rapporte Hérodote, V, 66.
3. Voyez sur l'*Érechthée*, t. I, p. 130 sqq.
4. J. A. Hartung, *ibid.*, p. 465 sqq.; 477 sqq.
5. Voyez plus loin, livre IV, ch. xviii et xix.

pas venu lui-même annoncer tout cela. Minerve prévient la question en disant qu'il a craint de s'exposer à de trop justes reproches. Et Xuthus, pourquoi n'est-il pas présent? Est-il besoin de dire que ce bon roi ferait une figure moins convenable encore qu'Apollon, au milieu d'arrangements domestiques où se liguent pour le tromper les hommes et les dieux. N'en voulons donc pas trop au poëte, qui, de son autorité privée, par un acte certainement très-arbitraire, le retient depuis si longtemps sur le Parnasse, où il est allé offrir un sacrifice.

Mais, enfin, il en reviendra bientôt, et après des événements aussi publics que ceux qui ont amené la reconnaissance de Créuse et d'Ion, il ne peut manquer de découvrir la vérité et de perdre ces précieuses illusions que Minerve recommande qu'on lui conserve. A cela je ne sais guère de réponse, sinon que la pièce est finie, lorsque viennent ces réflexions, et que le poëte a prudemment pris l'avance sur ses critiques.

Quant aux autres invraisemblances qu'on pourrait reprendre dans l'ouvrage, elles sont sous la sauvegarde d'Apollon qui le remplit de son invisible présence et préside à son développement. C'est même un de ses principaux mérites, que le caractère de merveille qu'y revêtent les moindres détails, comme par exemple le poison préparé pour Ion, et qu'a fourni une goutte du sang de la Gorgone, comme ces signes de reconnaissance déposés dans son berceau, et au nombre desquels se trouvent un collier en forme de serpents, image des dragons fabuleux d'Érichthonius, un rameau encore vert, après tant d'années, de l'olivier de Minerve.

Les spectateurs athéniens étaient tout disposés à admettre, avec une foi crédule, les merveilles de cette fable, que traita aussi, on le croit, soit avant, soit après Euripide, Sophocle dans sa tragédie de *Créuse*[1]. C'était une

---

[1]. Voyez, sur cette tragédie, en dernier lieu, E. A. J. Ahrens, *Sophocl. fragm.*, éd. F. Didot, 1842, p. 344 sqq.

de leurs traditions nationales et un monument la consacrait. Non loin du théâtre, sur une des pentes de l'Acropole, était un petit temple d'Apollon, construit dans la grotte même où la fille d'Érecthée avait eu, c'était la croyance commune, commerce avec le dieu [1]. Ajoutons que, quelques années plus tard, comme le raconte Plutarque [2], d'après Éphore, peu s'en fallut que Lysandre ne réussît à faire reconnaître par les prêtres de Delphes un prétendu fils d'Apollon, qui devait, en cette qualité, par la production d'anciens oracles dont il pouvait seul prendre connaissance, lui ouvrir le chemin du trône de Sparte. Les oracles étaient rédigés et vaguement annoncés ; la naissance divine du jeune fourbe déjà accréditée dans le Pont, sa patrie, allait bientôt l'être en Grèce, où on l'avait fait venir ; les prêtres de Delphes, gagnés, se préparaient à jouer leur rôle dans le dernier acte de cette audacieuse intrigue, lorsqu'elle manqua tout à coup par la timidité d'un des acteurs. Ce sont les expressions de Plutarque, qui raconte la chose comme s'il s'agissait de la chute de quelque tragédie à la manière d'Euripide, avec son prologue et son dénoûment à machine. Dans un temps où une pareille supercherie avait quelque chance de succès, le merveilleux d'*Ion* était assurément fort admissible.

Nous possédons une tragédie dont la conduite est également soumise à l'influence manifeste de la divinité ; qui se passe de même dans un temple ; où l'on voit, comme ici, paraître un jeune lévite, dans toute l'innocence du premier âge, toute la sainteté du sacré ministère ; où par une suite d'événements non moins merveilleux, un enfant se trouve rapproché de parents cruels qui, sans le connaître, veulent le perdre, et porté, à leur confusion, sur le trône dont ils descendent. Cette tragédie, chef-d'œuvre de notre théâtre et de tous les théâtres, diffère certaine-

---

1. Pausan., *Attic.*, XXVIII.
2. *Vit. Lysandr.*, c. 29, 30, 31.

ment en beaucoup de choses, mais surtout par sa gravité, sa sublimité, du drame très-profane avec lequel elle offre de si frappants rapports; mais elle lui ressemble aussi en trop de points pour que cette ressemblance ne soit qu'accidentelle. Dans les morceaux que j'ai cités, et que j'ai choisis de préférence parmi les passages les plus propres à provoquer ce rapprochement, n'a-t-on pas à peu près retrouvé ce trait si connu, par exemple,

De ses bras innocents je me sentis presser;

et ces autres encore :

. . . . Je suis, dit-on, un orphelin
Entre les bras de Dieu jeté dès ma naissance,
Et qui de mes parents n'eus jamais connaissance.

Ce temple est mon pays, je n'en connais point d'autre.

Tous les jours je l'invoque, et d'un soin paternel
Il me nourrit des dons offerts sur son autel.

Moi, des bienfaits de Dieu je perdrais la mémoire[1] !

et plus que ces beautés de détail, quelque chose de la naïveté enfantine de Joas, de la curiosité inquiète d'Athalie, du tour si familièrement tragique de leur entretien? N'est-il pas bien remarquable que Racine ait su ainsi mêler, à l'austère inspiration des Livres saints, les gracieux et riants souvenirs de la muse païenne, et, sous la double influence de modèles si divers, produire, sans trace d'effort, le plus original de ses chefs-d'œuvre? Qu'on dise après cela que l'imitation efface nécessairement les traits du génie ! Autant vaudrait prétendre que le soleil étranger, qui colore le visage d'un voyageur, change sa physionomie.

Une pièce toute mythologique, toute grecque, toute athénienne, comme l'*Ion*, se prêtait-elle, chez les modernes, à une imitation plus directe? On l'a cru dans la docte

---

1. *Athalie*, acte I, sc. 2; II, 7.

Allemagne, où presque à la fois, au commencement de ce siècle, elle a été traduite par Wieland [1], qui s'en était déjà, bien des années auparavant, inspiré dans son roman d'Agathon, et plus librement reproduite, non pas seulement pour la lecture, mais pour la représentation, par W. Schlegel [2]; remaniement malheureux d'ailleurs, des vices duquel l'auteur n'avait certainement pas conscience quand, assez peu de temps après, il traitait si rigoureusement Racine au nom d'Euripide [3], comme Euripide lui-même au nom de Sophocle et d'Eschyle [4]. Le mouvement naturel et facile, l'intérêt de la pièce grecque, j'entends son intérêt humain, car, pour son intérêt athénien, il ne pouvait véritablement être conservé, disparaissent au milieu des développements parasites de toutes sortes, employés pour étendre la fable à la dimension, qu'elle comportait si peu, de nos cinq actes modernes. Le second s'achève à peine que déjà est à peu près épuisé ce que fournissait Euripide. Il faut insister sans mesure sur la situation pénible de la mère poursuivie par son fils ; et quelle poursuite ! une sorte de chasse, l'arc à la main, cet arc dont Euripide avait armé son innocent et pacifique Ion pour un autre usage. La reconnaissance opérée, il faut trouver au delà du dénoûment la matière d'un cinquième acte et pour cela ramener de son sacrifice sur le Parnasse, où Euripide l'avait assez judicieusement oublié, l'embarrassant Xuthus, et lui faire subir devant les spectateurs des explications aussi fastidieuses pour eux que désagréables pour lui. Il finit d'ailleurs par s'y prêter d'assez

1. Dans le *Nouveau Musée attique*, publié avec Hottinger et Jacobs, de 1805 à 1809.
2. *Ion*, tragédie antique, Berlin, 1803.
3. *Comparaison entre la Phèdre de Racine et celle d'Euripide*, 1807.
4. *Cours de littérature dramatique*, 1808. En Allemagne, une réaction naturelle a fait expier à Schlegel ses jugements plus que sévères sur Euripide par des appréciations peu indulgentes de la pièce qu'il lui a empruntée. Voici comment s'exprime à ce sujet J. A. Hartung, *ibid.*, p. 492 : « Magnam hæc fabula gratiam vel apud vituperatores « Euripidis propter rerum elegantem implicationem iniit, quorum A. « Gu. Schlegelius etiam imitatus est, sed perversissima ratione ; vide « Herderum in opp. ad artes ingenuas pertin. T. XVIII, p. 147. »

bonne grâce, plutôt, il est vrai, comme l'Amphitryon de la tragédie grecque [1], et à plus forte raison de la comédie latine [2], que comme celui de la comédie française. Franchement, ce qui se rencontre çà et là dans l'ouvrage d'imitations exécutées avec art, de détails curieusement érudits, de traits spirituels, de vers élégants, n'est pas une compensation suffisante à la nullité dramatique, à la fatigue, à l'ennui des derniers actes, fâcheuse addition dont Schlegel, démentant sa théorie par sa pratique, a eu le tort d'appauvrir la riche simplicité d'Euripide.

Lessing [3] parle avec peu d'estime d'une Créuse anglaise, imitée de l'*Ion* d'Euripide, en 1754, par W. Whitehead [4]. De nos jours le théâtre anglais s'est enrichi d'une tragédie intitulée *Ion*, comme celle d'Euripide, mais qui n'a avec elle aucun rapport. L'auteur désavoue lui-même toute ressemblance, sauf la première et seule donnée d'un jeune homme de naissance inconnue, élevé dans un temple. Le nouvel Ion est un héros de dévouement; habitant Argos que ravage la peste et qu'opprime le tyran Adraste, il se charge d'aller porter des remontrances au palais, malgré une menace de mort pour tout survenant. Sa vertu, ses traits, sa voix touchent Adraste, qui lui conte le roman de sa jeunesse, une épouse secrète, morte de douleur, un enfant jeté à la mer par les satellites de ses cruels parents. Sur les instances d'Ion, Adraste consent à entendre les anciens d'Argos dans une assemblée publique où sa violence oppressive prévaut sur toute plainte et sur la rumeur excitée par cet oracle rapporté de Delphes, que les maux d'Argos cesseront quand la race de ses maîtres aura péri. Suit une conspiration des jeunes Argiens pour frapper le tyran qui, cette nuit même, a prodigué le vin à ses gardes et s'est endormi ainsi qu'eux dans l'ivresse.

---

1. Voyez plus haut, p. 8 sq.
2. Plaut., *Amphit.*, V, 1, 72 sqq.
3. *Dramaturgie*, à l'endroit cité plus haut, p. 48.
4. Ce poëte, mort en 1785, a laissé en manuscrit le premier acte d'un *Œdipe*.

C'est Ion que le sort désigne comme exécuteur de cet arrêt de mort et qui parvient inaperçu jusqu'au lit d'Adraste. Cependant sa compagne d'enfance, sa fiancée, Clémanthe, a su ce projet; elle l'a appris à son père, le grand prêtre, qui s'en est justement alarmé ; c'est un parricide, a-t-il dit, qu'Ion va commettre ! Ion est l'enfant d'Adraste, recueilli autrefois par lui au bord de la mer, et conservé par ses soins. Il faut se hâter de le rejoindre par le passage secret qui du temple communique au palais. Le vieillard arrive à temps pour arrêter le bras du jeune homme suspendu sur la poitrine de son père agenouillé et pour lui apprendre quel lien les unit l'un à l'autre. Adraste ne laisse pas d'être immolé par les autres conjurés ; il meurt adressant de tendres adieux à son fils, auquel il lègue son pouvoir, non sans lui recommander d'en user mieux que lui-même n'a fait. Ion est aisément proclamé roi malgré une tentative de meurtre dirigée contre lui par un de ses anciens amis que ramène sa générosité. Mais il a son dessein, c'est de mourir volontairement pour son pays, accomplissant ainsi l'oracle. Dans une grande scène finale, sur la place publique, portant les insignes de la royauté, il semble accepter le pouvoir : c'est pour faire promettre aux plus dignes qu'après lui ils maintiendront la justice, l'ordre et les lois ; c'est pour faire jurer au peuple de se gouverner lui-même équitablement; après quoi, il se frappe du poignard qui a tué son père et tombe soutenu par sa fiancée, apprenant, avant de mourir, que le fléau de la peste va bientôt cesser dans Argos.

Tels sont, en substance, le sujet et le plan de cette tragédie, dont l'auteur, mort en 1854[1], M. Talfourd, longtemps avocat distingué, et depuis membre honoré de la magistrature et du parlement, a mêlé heureusement la littérature aux affaires et s'est fait par des écrits, où il ne cherchait qu'un délassement, une place assez considérable

---

1. Voyez dans le *Journal des Débats*, n° du 8 avril 1854, l'intéressante nécrologie que lui a consacrée M. Philarète Chasles.

parmi les poëtes et les critiques de son pays. Vers 1835, il avait distribué à ses amis deux impressions de son *Ion*, fruit de ses vacances, qu'il ne songeait du reste ni à publier, ni à voir représenter. En 1836, son ami, le célèbre tragédien Macready, eut l'idée d'en jouer le rôle principal dans une représentation à son bénéfice, que suivirent d'autres encore pendant le reste de la saison. Une actrice de talent se chargea du même rôle, sur la scène de Haymarcket, et le porta avec succès en Amérique. Quatre éditions pour le public ont précédé celle que contient le recueil des œuvres poétiques de l'auteur publié en 1844. Dans la première se lisait, au lieu de dédicace, un éloge funèbre très-animé du digne maître du collége de Reading, où Talfourd a étudié, le célèbre philologue Valpy. Talfourd, du reste, n'a pas suivi la direction philologique et classique. Il s'est montré dans ses poésies l'élève de Wordsworth. Ses idées ont un tour assez austère de moralité, qu'il paraît tenir de sa famille, de ses maîtres, de sa communion religieuse, de sa profession. Acceptons les mérites et les succès de son *Ion* comme une sorte d'hommage indirect à l'œuvre antique dont il n'a guère reproduit que le nom. Cette œuvre, je pense, par des raisons sur lesquelles il n'est pas nécessaire de revenir, n'est pas destinée à retrouver désormais d'autre scène que l'imagination émue des lecteurs studieux.

CHAPITRE QUINZIÈME.

Hélène. — Iphigénie en Tauride.

De l'*Ion* d'Euripide, le chef-d'œuvre, selon moi, de ce poëte, dans le genre, alors nouveau, de la tragédie romanesque, je passerai à son *Hélène*, à son *Iphigénie en Tauride*, qui peuvent être rapportées au même genre, et que rapproche, sinon l'égalité du mérite, du moins l'identité presque absolue de la composition. Euripide, comme on va le voir, y a fort librement usé du privilége que se sont arrogé de tout temps les romanciers, de répéter sous des noms divers, avec quelques légères variantes, le même roman.

C'était, chez les Grecs, une fort ancienne tradition que celle du séjour d'Hélène en Égypte. Homère, dans son Odyssée [1], nous la représente qui offre à Télémaque un breuvage merveilleux qu'elle a rapporté de ce pays, mais il ne dit pas à quelle époque, ni par quelles circonstances elle y avait été conduite. Hérodote [2], qui cite Homère, entre dans plus de détails. Selon son récit, Paris, retournant à Troie avec l'épouse de Ménélas, qu'il avait enlevée, fut poussé par la tempête vers l'une des embouchures du Nil, et de là conduit à Memphis vers le roi Protée, qui, après lui avoir reproché son crime, retint Hélène et le renvoya. La guerre suivit entre les Grecs qui réclamaient Hélène et les Troyens qui assuraient ne la pouvoir rendre puisqu'ils ne l'avaient point, mais aux protestations desquels les Grecs naturellement refusaient d'ajouter foi. Après la ruine de Troie, Ménélas, passant par

---

1. IV, 220 sqq. Cf. 351 sqq.; *Iliad.*, VI, 286 sqq.
2. II, 112-120.

l'Égypte, retrouva sa femme, que lui rendit Protée. Voilà, en substance, ce que dit Hérodote, et qu'il avait, dit-il, appris des prêtres égyptiens ; ce qu'au rapport de Philostrate, qui a suivi Hérodote, Apollonius de Tyane se fit raconter par l'ombre d'Achille[1].

La poésie ajoute toujours quelque chose à l'histoire. Elle trouva le moyen de concilier, par une supposition fort étrange, les récits contradictoires qui tantôt faisaient séjourner Hélène à Troie, pendant le siége de cette ville, tantôt lui faisaient passer tout ce temps en Égypte. Ce n'était pas pour la véritable Hélène qu'on avait combattu, mais seulement pour son fantôme. Ainsi le raconta Stésichore[2], qu'une légende poétique disait avoir été privé de la vue en punition de ses outrages à la mémoire de la femme de Ménélas, et ne l'avoir recouvrée qu'après une palinodie devenue bien célèbre, dont Platon a cité les premiers vers[3]; à laquelle il a fait ailleurs[4] allusion, rapprochant de l'erreur des Grecs et des Troyens celle des hommes qui s'égarent dans la poursuite de vains plaisirs.

De ces différentes données, tant historiques que poétiques, dont Gorgias, dont Isocrate, l'un dans son Apologie, l'autre dans son Éloge d'Hélène, n'ont fait aucun usage, mais qu'Euripide a ingénieusement combinées, est résultée une tragédie, peu d'accord (le poëte ne s'en inquiétait guère) avec *les Troyennes*, où il avait repro-

---

1. *Vit. Apollon.*, IV, xvi, 5 ; cf. VII, xii, 1, 2.
2. Voyez sur un autre emprunt fait à ses récits par Euripide, dans l'*Oreste*, notre t. III, p. 250, note 1.
3. *Phèdr.* Cf. Isocrat., *Encom. Hel* ; Tretzes, *ad Lycophr.*, 113 ; Aristid., *de Rhetoric.*, etc. Horace, dans une palinodie ironique adressée à Canidie, *Epod.* XVII, a rappelé (v. 47 sqq.) ce qu'on racontait de celle de Stésichore : « Des vers qui diffamaient Hélène avaient blessé Castor et le frère de Castor; vaincus cependant par les prières du poëte, ils lui rendirent la lumière dont ils l'avaient privé. »

Infamis Helenæ Castor offensus vice,
Fraterque magni Castoris, victi prece,
Adempta vati reddidere lumina.

4. *De Republ.*, IX. Voyez la traduction de V. Cousin, t. IV, p. 40; X, 219.

duit, deux ou trois ans auparavant, avec l'*Oreste*, où il allait prochainement reproduire[1] la tradition ordinaire[2].

Le scène est en Égypte, dans l'île de Pharos, sur les bords du Nil. Elle représente le tombeau de Protée et le palais du nouveau roi, son fils Théoclymène. Nous apprenons d'Hélène elle-même, chargée du prologue et, selon Métastase, très-patiente à s'en acquitter[3], qu'après le jugement célèbre où l'espoir de la posséder décida Paris en faveur de Vénus, Junon, dans son dépit, livra, en sa place, au prince troyen un fantôme formé à son image, tandis qu'elle-même fut enlevée par Mercure, et secrètement transportée en Égypte, dans le palais de Protée. Elle a vécu sous la protection de ce sage prince, dans cet asile ignoré, tandis que les Troyens et les Grecs, abusés par une illusion pareille, se disputaient sa conquête. Jupiter le voulait ainsi, et, comme l'avait dit Homère[4], longtemps avant Euripide, afin de faire connaître à l'univers, par cette guerre mémorable, le premier des héros de la Grèce, et aussi, par une considération de haute économie politique[5] qui appartient à la même époque[6] et donne au système de Malthus une antiquité fort respectable, afin de soulager la terre du fardeau d'une excessive population. Cependant le nom d'Hélène a été flétri pour une action qu'elle n'a point commise, maudit pour des calamités dont elle n'a point été la cause ; elle s'en afflige

---

1. Sur la date des *Troyennes* et celle de l'*Oreste*, voyez notre t. III, p. 921, 262, 335.
2. Voyez notre t. III, p. 341, 344, 354 sq.
3. *Observations* sur le théâtre grec. Hélène, en effet, remonte très-haut dans ses complaisants récits, jusqu'à l'œuf de Léda, *orditur ab ovo*, et elle témoigne, v. 21, à l'égard de cette origine merveilleuse, une incrédulité, sur laquelle elle reviendra plus loin, v. 254 sqq., et qui ne paraît guères naturelle chez un personnage que la merveille de sa situation actuelle devrait rendre d'une foi plus facile. Voyez à ce sujet, E. Roux, *Du merveilleux dans la tragédie grecque*, 1846, p. 124.
4. *Iliad.* I, 5, 105 sqq.
5. V. 38 sqq. Cf. *Orest.*, v. 1633 sqq.; *Electr.*, 1282.
6. On la trouve dans un fragment des *Chants cypriaques* de Stasinus, cité par le scoliaste d'Homère à l'occasion du cinquième vers du premier chant de l'*Iliade*.

et attend avec impatience le moment où, selon une promesse divine, elle se justifiera auprès de son époux et régnera avec lui dans sa patrie. Ce moment désiré tarde beaucoup, puisque sept ans se sont déjà écoulés depuis la chute de Troie[1]. Il est, en outre, fort pressant qu'il arrive, car le fils de Protée, Théoclymène, est un protecteur moins désintéressé que son père; il veut épouser Hélène, qui n'a d'autre défense, d'autre asile, contre la violence de sa passion, que le tombeau de Protée, où nous la trouvons réfugiée au commencement de la pièce.

Avant que les espérances conçues par Hélène se réalisent dans un heureux dénoûment, le poëte, pour préparer une péripétie, juge à propos de les détruire. Il fait tout exprès aborder, sur le rivage de Pharos, Teucer, qui, chassé par Télamon, et cherchant à travers les mers cette autre Salamine qu'il doit fonder[2], s'arrête en Egypte pour y consulter sur son destin une prophétesse, Théonoé, sœur du roi Théoclymène. Hélène se convainc d'abord, par l'horreur qu'il témoigne involontairement à sa vue, à quel point elle est méprisée et haïe des Grecs. Lorsqu'il est revenu de ce premier emportement, causé par ce qui lui paraît une étonnante ressemblance, et qui est quelque chose de plus, elle apprend de lui, parmi un grand nombre d'événements qui l'intéressent et qu'elle ignore, la fin de sa mère Léda, qui s'est tuée elle-même, dans le désespoir où l'a jetée le déshonneur de sa fille; la disparition de ses frères, Castor et Pollux, qu'on croit placés parmi les astres, au nombre des dieux, et qui peut-être se sont tués aussi pour ne pas survivre à la honte de leur maison; enfin, la dispersion de la flotte des Grecs à leur retour de Troie, et les bruits qui ont couru du naufrage et de la mort de Ménélas. Teucer n'était venu que par la volonté du poëte, pour le besoin de son exposition; l'exposition faite, il s'en va pour ne plus reparaître, sur l'avis

---

1. Ménélas dit lui-même au IV° livre, v. 82 de l'*Odyssée*, suivie ici par Euripide, que c'est dans la huitième année seulement qu'il a revu sa patrie.
2. Voyez t. II, p. 38 sqq.

que lui donne Hélène de fuir au plus vite une terre inhospitalière, où Théoclymène, dans un intérêt qu'elle ne dit pas, mais qu'on devine, fait mettre à mort tous les Grecs qu'y conduit leur mauvaise fortune.

Les scènes suivantes sont remplies du désespoir d'Hélène[1] et des consolations de captives grecques accourues à ses cris du rivage, où, disent-elles avec la naïveté de mœurs et la grâce de langage accordées à l'antique poésie et dont l'*Hippolyte* du même poëte nous a offert un autre exemple[2], elles étaient occupées, « près de l'onde azurée, à étendre sur un épais gazon, sur des roseaux, à faire sécher aux rayons dorés du soleil, des voiles de pourpre[3]. » Ces femmes sont des compatriotes auxquelles Hélène trouve quelque douceur à se confier dans sa douleur; elle en reçoit le sage conseil de ne pas se presser d'ajouter foi à une nouvelle peut-être fausse, et d'aller au palais, en l'absence du roi, qui est à la chasse, consulter, sur ce qu'elle a tant d'intérêt à savoir, la science prophétique de Théonoé.

Tandis qu'on lui répond que Ménélas vit encore, et même qu'il n'est pas loin, ce prince arrive, fort en désordre, revêtu de lambeaux, offrant le triste aspect d'un naufragé. Il a laissé dans une caverne, avec quelques compagnons comme lui échappés à la mer, l'épouse qu'il a reconquise sur les Troyens, au prix de tant de dangers, et, pressé par leurs communs besoins, surmontant la honte d'offrir à la pitié des hommes un roi, un guerrier, réduit par le sort en un si misérable état, il s'est aventuré

---

1. Tentée de s'ôter la vie, et délibérant assez froidement sur les divers genres de mort entre lesquels elle pourrait choisir (v. 297 sqq.), elle écarte, comme honteux (Cf. Homer., *Odyss.*, XXII, 462 sqq), même pour des esclaves, celui par lequel on a vu, quelques vers plus haut (124), qu'a péri sa mère Léda, celui auquel songent les *Suppliantes* d'Eschyle (voyez t. I, p. 176), qui termine les jours de la Jocaste, de l'Antigone de Sophocle, de la Phèdre d'Euripide (voyez t. II, p. 189, 272; III, 56), de bien d'autres personnages tragiques du théâtre d'Athènes, dont aucun ne semble faire réflexion, comme Hélène, qu'un tel suicide manque de dignité.
2. Voyez t. III, p. 52.
3. V. 179-183.

seul dans ce pays, où la tempête l'a conduit, et dont il ignore même le nom. Ménélas est un des illustres infortunés qu'Euripide se plaisait à produire sur la scène sous un costume de mendiant, et dont la trop fréquente apparition a si fort égayé la malice des poëtes comiques. Il s'annonce et fait connaître sa situation par une longue tirade, qui a le défaut de former dans la pièce un second prologue.

Tout à coup, en s'avançant, il aperçoit une maison de riche apparence ; il frappe, et demande l'hospitalité : mais une vieille esclave à qui est confié, selon l'usage, le soin de garder la porte, le reçoit assez rudement. C'est moins par dureté que par compassion : elle aime les Grecs ; elle sait le sort qui les attend dans la demeure de Théoclymène ; elle voudrait sauver, en le repoussant, l'hôte imprudent qui s'y présente. Ses menaces n'effrayent pas Ménélas, à qui l'excès de sa détresse et le sentiment de sa grandeur donnent le courage d'attendre le retour du roi barbare. Cette scène est très-familière, et certains traits la rapprochent beaucoup de la comédie. On se rappelle l'étonnement d'Amphitryon, lorsque, arrêté sur le seuil de sa porte par le faux Sosie, il apprend qu'il a été précédé d'un autre lui-même. Ménélas n'est pas moins surpris lorsqu'il s'entend dire par la vieille esclave qu'il y a dans ce palais une princesse du nom d'Hélène, issue de Jupiter, fille de Tyndare, venue de Sparte avant le siége de Troie. Il n'en peut croire ses oreilles, et cherche vainement à s'expliquer ce singulier rapport de noms et de circonstances : car, de penser qu'il s'agisse réellement de son épouse, laissée par lui, il n'y a qu'un instant, sur le rivage, cela ne peut lui venir à l'esprit.

Cependant Hélène, suivie du chœur, qui a tout à l'heure quitté la scène avec elle, contre l'usage ordinaire du théâtre grec[1], reparaît dans toute la joie que lui cause l'oracle favorable rendu par Théonoé. Ménélas s'a-

---

1. Voyez t. III, p. 217.

vance vers elle, en suppliant. Épouvantée de son aspect sauvage, et le prenant pour un émissaire de Théoclymène, elle se hâte de se mettre sous la protection du tombeau de Protée. C'est alors que les deux époux, se regardant avec plus d'attention, reconnaissent à la fois des traits qu'ils n'ont pu oublier.

Hélène a le secret de cette merveilleuse rencontre ; il n'en est pas de même de Ménélas, que les témoignages contraires, mais également irrécusables, de ses sens et de sa raison, l'évidence des explications qu'on lui donne, et celle de tous ses souvenirs qui la contredit, jettent dans un trouble fort spirituellement exprimé par le poëte. Il est sur le point de se soustraire, en se retirant, à l'embarrassante et pénible alternative, ou de rejeter ce qui a tous les caractères de la vérité, ou d'admettre ce qui doit lui paraître incroyable et impossible, lorsque arrive un de ses compagnons, de ses plus vieux serviteurs, qui le cherche partout pour lui apprendre une étrange nouvelle. Cette épouse, qu'il avait confiée à leur garde, a disparu tout à coup; elle s'est dissipée au milieu des airs, en leur laissant pour adieu des paroles qui confirment la vérité de ce que vient d'entendre Ménélas, et lèvent tous ses doutes :

« O malheureux Phrygiens, et vous, peuples de la Grèce, vous êtes morts pour moi, sur les rives du Scamandre, par les artifices de Junon, pensant que Paris possédait cette Hélène qu'il n'eut jamais. Je suis demeurée sur la terre tout le temps marqué par les destins ; ma mission est accomplie, je m'en retourne au ciel qui me donna l'être. Mais l'infortunée fille de Tyndare reste déshonorée, quoique innocente [1]. »

Voilà donc Hélène rendue, par un prodige éclatant, à l'estime et à l'amour de Ménélas. Tous deux s'abandonnent à des transports que partage naïvement, sans comprendre grand'chose à ce qui se passe, celui dont le rapport a amené un si heureux rapprochement. Il croit voir recommencer la pompe nuptiale de ses maîtres ; il se re-

1. V. 607-614.

porte par la pensée au jour où il marchait, le flambeau sacré à la main, devant le char des nouveaux époux[1]. Les discours de ce vieux serviteur, rendus avec cette vérité naïve que ne dédaignait pas la Melpomène antique, sont quelque peu diffus; lors même que Ménélas lui a ordonné d'aller porter à ses compagnons la nouvelle de ce qui vient d'arriver, et l'ordre de se tenir prêts à le seconder dans tout ce qu'il entreprendra, il s'arrête encore à deviser sur un événement si singulier et sur l'ignorance des devins, qui ont encouragé dans leur folle querelle les Grecs et les Troyens. Ce trait de satire contre l'art de la divination se retrouve souvent chez les tragiques grecs, et en particulier chez Euripide. Ici, comme ailleurs, il est en contradiction avec le reste de l'ouvrage, où éclate manifestement la véracité des oracles, où paraît même, en personne, une prophétesse infaillible.

1. V. 720, sqq. Je ne puis me défendre de compléter les gracieux souvenirs de ce bon serviteur, en traduisant ici, épisodiquement, la XVIIIe idylle de Théocrite, son charmant *Epithalame d'Hélène* :

« Dans Sparte, autrefois, chez le blond Ménélas, à la porte de sa chambre nuptiale, ornée de peintures nouvelles, au moment où le dernier des fils d'Atrée, heureux époux d'Hélène, venait d'y conduire l'aimable sœur des Tyndarides, se formait un chœur de jeunes filles, les cheveux couronnés d'hyacinthes en fleur. Elles étaient douze, les premières de la ville, l'orgueil de Lacédémone; unissant, sur une même mesure, et leurs voix et leurs pas entrelacés, elles faisaient retentir le palais des chants de l'hyménée.

« Tu t'es couché de bien bonne heure, nouvel époux ; aimes-tu donc tant le sommeil? Étais-tu accablé par la fatigue, ou appesanti par le vin, pour t'être ainsi jeté si vite sur ta couche? Mais si tu avais envie de dormir, ne pouvais-tu dormir seul, et laisser la jeune fille folâtrer avec ses compagnes, près de sa mère qui la chérit et la regrette, jusqu'au lever du jour? Car elle est à toi, Ménélas, à toi pour demain, et pour le jour d'après, et pour les années qui suivront. Il faut, trop heureux époux, que quelque dieu favorable ait bien heureusement éternué sur ton passage, lorsque tu vins à Sparte, où il ne manquait pas de chefs et de princes, pour que tu l'aies ainsi emporté sur eux. Seul des demi-dieux, tu auras le fils de Saturne pour beau-père ; tu reposeras sur la même couche avec la fille de Jupiter, qui, sur la terre de Grèce, ne rencontre pas d'égale. Quel enfant elle te donnera, s'il ressemble à sa mère! Parmi nous toutes, qui sommes de son âge, qui allions, avec elle, frottées d'huile, comme les hommes, courir près des eaux de l'Eurotas, au nombre de quatre fois soixante, élite des vierges de Sparte, il n'en est pas qui soit sans défaut, si on la compare à Hélène. Comme, au retour du printemps, dégagée des liens de l'hiver,

En effet, Théonoé, qui a annoncé l'arrivée de Ménélas, le reconnaît à l'instant, lorsqu'elle sort du palais. Les deux époux qui étaient occupés à concerter leur fuite, et qui se juraient éloquemment[1], s'ils ne pouvaient vivre l'un pour l'autre, de partager du moins le même trépas, sont fort effrayés en la voyant paraître et plus encore en entendant ce qu'elle leur déclare. Les dieux délibèrent en ce moment sur leur sort; il dépend d'elle de le décider, en avertissant son frère, ou en leur gardant le secret. Alors commencent des prières, tour à tour touchantes et nobles, comme il convient aux caractères divers d'une femme et d'un guerrier. La prêtresse se rend, ou plutôt paraît se rendre, car le poëte fait entendre qu'elle était arrivée toute résolue, et avait d'avance pris parti pour le malheur et la justice contre l'emportement passionné de son frère. Ce personnage de Théonoé ne manque

l'aurore fait briller son beau visage, ainsi brille parmi nous l'éclatante Hélène. La moisson, aux nombreux épis, orne la plaine fertile, le cyprès orne le jardin, le coursier de Thessalie orne le char; Hélène, au teint de rose, est l'ornement de Lacédémone. Nulle, des fils de sa corbeille, ne forme de plus beaux tissus, ne fait plus habilement courir la navette et la trame, ne détache du métier de plus merveilleux ouvrages. Qui, pour chanter Diane, où la mâle Minerve, touche plus savamment la cithare que notre Hélène, qui loge tous les amours dans ses yeux? O belle, ô gracieuse jeune fille ! te voilà la maîtresse d'une maison. Et nous, lorsque demain nous irons, dès l'aurore, courir dans la prairie, y cueillir d'odorantes couronnes, nous penserons à toi, Hélène, nous te redemanderons comme l'agneau qui cherche le sein de sa mère. Les premières, ramassant les fleurs du lotus et les tressant en guirlandes, nous les suspendrons aux rameaux touffus d'un platane; les premières, de nos aiguières d'argent remplies d'humides parfums, nous arroserons le platane touffu; sur son écorce le passant lira ces mots : « Pieux Dorien, honore-moi : je suis l'arbre d'Hélène. »

« Salut, nouvelle épouse; gendre de Jupiter, salut! Que Latone, la nourricière Latone, vous accorde une nombreuse postérité; Cypris, la divine Cypris, un amour mutuel ; le fils de Saturne, Jupiter, d'inépuisables biens, transmis de génération en génération à de nobles fils !

« Dormez tous deux, sur le sein l'un de l'autre, respirant l'amour et le désir. Mais demain, au retour de l'aurore, ayez soin de vous réveiller. Nous reviendrons de bonne heure, quand, s'élançant de sa couche en agitant sa noble crête, le chantre du matin annoncera le jour.

« O Hymen, Hyménée, réjouis-toi de cette heureuse union ! »

1. V. 833 sqq.

pas de noblesse; mais on ne peut se dissimuler que son intervention, qui se borne à effrayer quelques moments Hélène et Ménélas, pour les laisser agir ensuite en liberté, est à peu près inutile et non moins épisodique que ne nous a paru l'être tout à l'heure celle de Teucer.

C'est une règle, soigneusement observée sur notre théâtre, de ne pas mettre le spectateur dans le secret du dénoûment. Les Grecs ont presque toujours fait le contraire : mais ce qu'il serait peut-être sévère de leur reprocher dans des pièces dont tout l'intérêt se fonde sur l'expression des sentiments, devient un véritable défaut dans celles où domine, comme ici, le plaisir de curiosité qui s'attache au développement des aventures. Dès lors plus d'attente, plus de surprise, et d'inévitables répétitions, puisque ce qui a été d'abord exposé en paroles doit l'être ensuite en action. Corrigeons dans notre analyse ce défaut du plan d'Euripide, et, négligeant la délibération où se forme et se prépare l'entreprise, occupons-nous uniquement de son exécution.

Théoclymène revient[1] de la chasse, fort irrité. Il a su qu'un Grec s'est montré aux environs de son palais, et, qu'au mépris de ses ordres, on ne s'en est point saisi. Il craint que cet étranger ne soit parvenu à lui ravir Hélène; mais il se rassure bientôt en voyant la princesse s'avancer à sa rencontre en habits de deuil et la tête rasée. Pourquoi ces marques d'affliction? C'est qu'elle a la certitude de la mort de son époux. Déjà Théonoé l'en avait instruite, et à cette révélation s'est joint le témoignage d'un malheureux naufragé, qu'elle lui présente comme un des compagnons de Ménélas, un des témoins de ses derniers moments, et qui n'est autre que Ménélas lui-même. Vaincu par leurs instances, Théoclymène consent à ce que des honneurs, dignes de son rang et de sa

---

1. Son entrée est précédée par quelques strophes où le chœur, déplorant d'abord les malheurs d'Hélène (v. 1105 sqq.), fait appel au chant plaintif du rossignol, si souvent célébré; je l'ai fait remarquer plus d'une fois (voyez t. I, p. 331; II, 214, 301), dans la tragédie grecque.

renommée, soient rendus au roi de Sparte. Ils le seront sur mer, attendu qu'il a péri par un naufrage ; loin des côtes, de peur que les offrandes ne soient rejetées vers la terre ; par Hélène elle-même, parce que c'est le devoir d'une épouse ; enfin le soin de commander le vaisseau que s'engage à fournir le roi d'Égypte, sera confié naturellement à celui qui doit présider aux cérémonies funébres, c'est-à-dire à ce Grec inconnu, à Ménélas. Qu'on ne s'étonne pas trop de la facilité de Théoclymène. Il dispute sur bien des points. Est-il si nécessaire que ces obsèques aient lieu en pleine mer, hors de la vue du rivage? la présence d'Hélène y est-elle indispensable? ne pourrait-il l'y accompagner? On a réponse à tout, et s'il se rend, c'est qu'en vérité le piége est fort habilement tendu, que son ignorance des usages de la Grèce, surtout sa passion pour Hélène et les espérances dont elle a eu l'art de le flatter, le disposent merveilleusement à tout croire.

Après un court intervalle, rempli par les chants du chœur, qui célèbre en strophes élégantes et gracieuses l'évasion d'Hélène et son retour prochain dans sa patrie[1], arrive auprès de Théoclymène un messager, porteur de fort mauvaises nouvelles. Dans un récit animé, pittoresque, qui est le morceau le plus saillant de l'ouvrage, il fait connaître au roi comment Ménélas, aidé d'une troupe de Grecs qu'il a retrouvés sur le rivage, s'est emparé de son vaisseau et lui a ravi celle qu'il regardait déjà comme son épouse. Théoclymène veut, malgré les prières du chœur qui s'efforce de l'arrêter, aller se venger sur sa sœur dont le silence a favorisé ce complot. Mais sa fureur se calme à la voix des Dioscures, qui, paraissant dans les airs comme au dénoûment de l'*Électre*[2], et dissipant ainsi le doute sceptique exprimé par Teucer[3] au sujet de leur apothéose, déclarent que la volonté des dieux a conduit tous ces événements ; annoncent à leur

1. V. 1449 sqq.
2. Voyez t. II, p. 359.
3. V. 136 sqq. Voyez plus haut, p. 78.

sœur le partage des honneurs divins, à son époux un séjour éternel dans les îles fortunées ; enfin mêlent parmi ces prédictions un petit détail d'antiquité, évidemment à l'adresse du public athénien. Cette île, voisine de l'Attique, où Mercure se reposa avec Hélène lorsqu'il l'eut enlevée de Sparte pour la transporter en Égypte, s'appellera désormais l'île d'Hélène.

S'il y a dans ce dénoûment quelque chose pour Athènes, le reste de l'ouvrage semble composé pour Lacédémone, ordinairement si peu flattée par notre poëte. Ces bords de l'Eurotas, tant de fois maudits par sa muse, il les couronne ici avec complaisance, dans d'harmonieuses épithètes, des beaux roseaux [1] qu'y a retrouvés de nos jours Chateaubriand [2]. Ménélas, Hélène, ces personnages toujours sacrifiés dans ses autres tragédies, il les relève à plaisir dans celle-ci, et en fait des modèles de courage et de pureté, un Achille, une Andromaque. On serait vraiment tenté de croire, comme Brumoy, qu'il écrivit son *Hélène* dans un intervalle de paix entre les deux républiques, si cette conjecture s'accordait mieux avec la date probable de la pièce.

Aristophane, qui en parodie une des plus belles scènes [3] dans ses Thesmophories [4], en parle comme d'une pièce nouvelle [5]. Plus loin, dans la même comédie, vient une parodie de l'*Andromède* d'Euripide, jouée, est-il dit par le poëte comique [6], un an auparavant. De ces deux passages on a cru [7] pouvoir conclure que l'*Hélène* et l'*Andromède* avaient fait partie d'une même tétralo-

---

1. V. 209, 348, 492. Cf. *Iphig. Aul.*, 177; *Iphig. Taur.*, 391; Théogn. v. 783.
2. « .... L'Eurotas mérite certainement l'épithète de καλλιδόναξ, *aux beaux roseaux*, que lui a donnée Euripide.... » *Itinéraire de Paris à Jérusalem*.
3. V. 527 sqq. Voyez plus haut, p. 80 sq.
4. V. 851 sqq.
5. *Ibid.*, v. 851.
6. *Ibid.*, v. 1060.
7. God. Hermann, præfat. ad *Hel.*, p. viii ; etc. Voyez Bode, *Histoire de la poésie grecque, tragédie*, t. III, p. 489.

gie¹, et que la première avait été donnée comme la seconde, dont on sait la date², la quatrième année de la xcıᵉ olympiade. Or, à cette époque si voisine du désastre de Sicile, la paix n'existait certainement pas entre les Athéniens et les Lacédémoniens. Seulement, Euripide, comme Aristophane, qui, vers le même temps, la conseillait dans sa Lysistrate³, pouvait bien de son côté y préparer indirectement par ces peintures plus favorables des représentants poétiques de Lacédémone.

L'*Hélène* a été sinon maltraitée, du moins dédaignée des critiques⁴. Sans doute il s'y trouve des défauts que j'ai pris soin de faire remarquer en passant, une double exposition, des rôles épisodiques, des longueurs, des répétitions; mais elle ne laisse pas, avec tout cela, par le merveilleux des incidents, par la situation piquante où ils placent les personnages, surtout par le jour nouveau sous lequel ils montrent les traditions les plus anciennes et les plus universellement reçues de la mythologie⁵, d'amuser l'imagination. C'est probablement tout ce qu'en attendait Euripide; c'est aussi tout ce que nous devons lui demander.

Avec d'autres personnages, dont on pourrait prendre au sérieux le malheur et la vertu, la situation serait des

---

1. Nous avons eu occasion de dire, t. II, p. 339, note 1, que J. A. Hartung, *Euripid. Restitut.*, 1844, t. II, p. 301 sqq., a, par une conjecture assez vraisemblable, placé en tête de cette tétralogie l'*Électre*, où la fable de l'*Hélène* est en effet comme annoncée, v. 1271 sqq. Nous avons fait connaître en même temps quels rapports l'ingénieux critique a établis entre les trois tragédies et les conséquences qu'il a cru pouvoir en tirer pour les expliquer allégoriquement.

2. Schol., *Ran.*, 53. Cf. Musgrave, *Chronol. scen.*; Clinton, *Fast. hellenic.*, p. 83.

3. Voyez Clinton, *ibid.*

4. Non pas toutefois de Wieland son imitateur, comme il sera dit plus loin, et de J. A. Hartung, *ibid.*, qui a répété et développé les éloges de Wieland.

5. Racine, dans la seconde préface de son *Andromaque*, rappelle l'extrême liberté d'Euripide à cet égard, pour se justifier lui-même des changements de peu d'importance qu'il s'est permis de faire à la tradition poétique.

plus touchantes. Euripide lui-même l'a prouvé dans son *Iphigénie en Tauride*. Tout est semblable entre les deux pièces, sauf l'impression ; c'est, des deux parts, une princesse miraculeusement transportée dans une terre étrangère, puis retrouvée, contre toute attente, et enfin soustraite par artifice. Et non-seulement la donnée générale est pareille, mais jusque dans les détails se remarque la même conformité : alternatives de crainte et d'espoir, rencontre et reconnaissance ; projets d'évasion que favorisent et la crédulité superstitieuse du barbare qu'il faut tromper, et la complicité de compatriotes qui se rencontrent parmi ses esclaves, et la protection des dieux qui veillent sur le dénoûment et le sanctionnent par leur présence ; enfin, comme on l'a ingénieusement remarqué[1], rôle actif et brillant donné dans l'intrigue au génie industrieux des femmes ; il n'est rien qui ne se rapporte. Mais quelle différence pour l'intérêt pathétique entre des héros de fantaisie tels que se montrent ici Hélène et Ménélas, et une Iphigénie, un Oreste, représentés selon les traditions communes, dans leur réalité mythologique, si on peut le dire, et dont le nom seul éveille, avec le souvenir d'effroyables calamités, la plus douloureuse sympathie !

Iphigénie, amenée à Aulis pour y être immolée, a disparu sous le couteau de Calchas. Les témoins de cette aventure l'ont crue envolée au séjour des dieux. On ignore, ce que ne paraît point avoir su Homère, mais ce qui a été connu d'Hésiode[2], de l'auteur des Chants cypriaques[3], d'Hérodote[4], qu'elle a été transportée dans la Tauride par Diane, et attachée comme prêtresse au temple de cette divinité. Là un devoir cruel l'oblige, non pas de sacrifier de ses mains, ce qui serait révoltant et ce qu'a évité soigneusement Euripide, mais de préparer pour le sacrifice tout Grec que conduit en cette contrée

1. Brumoy.
2. Pausan., *Att.* XLIII.
3. Phot., *Biblioth.* cod. CCXXXIX, *excerpt. e Procli gramm. Chrest.*
4. IV, 103.

barbare sa mauvaise fortune. On comprend que son cœur habite encore en son ancienne patrie ; qu'elle songe souvent à sa famille, à celui qui doit un jour en être le chef, qui peut-être la tirera de son exil, à son frère Oreste.

Le début de la pièce nous la montre[1] tristement occupée de telles pensées, déplorant sa situation présente et la perte de ses espérances. Car un songe prophétique que, selon une coutume grecque fort commode pour les monologues, elle vient raconter à l'air afin d'en détour-

---

1. Après quelques vers de prologue consacrés sans beaucoup d'art à sa généalogie, à ses aventures antérieures et qu'on pourrait croire avoir été parodiés par Aristophane, aux vers 47 sqq. de ses *Acharniens* (cf. *Ran.*, 1232, 1309), si la date de cette comédie, donnée la quatrième année de la LXXXVe olympiade, n'était de beaucoup antérieure aux dates diverses qu'on assigne, par conjecture, à l'*Iphigénie en Tauride*. J. A. Hartung (*ibid.*, t. II, p. 141 sq.), concluant de certaines différences de détail, qui se remarquent entre l'*Iphigénie en Aulide* et l'*Iphigénie en Tauride*, que celle-ci à précédé l'autre, représentée d'ailleurs, comme l'on sait, seulement après la mort du poëte, et tirant de différences du même genre, remarquées entre l'*Oreste* et l'*Iphigénie en Tauride*, la même conséquence, est conduit à chercher avant la quatrième année de la XCII^e olympiade l'époque où a paru l'*Iphigénie en Tauride*. Il la juge d'abord postérieure à la troisième année de la LXXXVIIIe olympiade, où eut lieu, à Délos, par le fait des Athéniens, qui aimaient à s'en prévaloir, une restauration éclatante du culte d'Apollon (Thucydid., III, 104) ; il s'arrête ensuite à une époque intermédiaire entre l'été de la troisième année de la LXXXIXe olympiade où les Athéniens déportèrent en Asie les habitants de Délos, et l'été de la quatrième année de la même olympiade, où ils les rétablirent dans leur patrie (Thucydid., V, 1 ; Diod. Sic., XII, 77). Il se fonde sur les allusions que lui paraît faire à ces événements un chœur (v. 1063 sqq.) où les esclaves grecques, compagnes d'Iphigénie, s'entretiennent avec complaisance de Délos, qu'on a cru par cette raison être leur patrie, et déplorent les malheurs qui les ont condamnées à l'esclavage sur une terre barbare. On peut se rappeler que des raisons semblables ont servi à déterminer le date de l'*Hécube*, de l'*Hercule furieux* (voyez notre t. III, p. 334, note 1, et plus haut, p. 14 sq.). Ce système approuvé par M. H. Weil, *De tragœdiarum cum rebus publicis conjunctione*, 1844, p. 32 sq., est appuyé par lui de considérations nouvelles tirées de plusieurs passages de la pièce (v. 1206 sqq. ; 1438 sqq.), qui tous semblent avoir trait aux rapports d'Athènes avec Délos. Par une manière de voir bien différente, M. Th. Fix (*Euripid.*, F. Didot, 1843, *Chronolog. fabul.*, p. XII), soit à cause de certaines ressemblances métriques avec l'*Ion* et l'*Hélène*, soit en considération de quelques paroles très-vives contre les devins et les dieux prophétiques qui abusent les hommes par leurs prédictions, paroles dans lesquelles il voit l'expression du mécontente-

ner le funeste effet¹, semble lui annoncer la mort d'Oreste. Arrêtons-nous quelques instants sur ce morceau composé avec un art qu'il y a quelque intérêt à étudier.

Les songes sont, de leur nature, incohérents et obscurs. Mais quand la poésie imite cette incohérence et cette obscurité, elle y marque certains rapports avec le passé ou avec l'avenir, une certaine suite significative, qui ne doit être ni trop apparente, on verrait la main du poëte, ni trop absente non plus, l'intérêt ferait défaut. Les Grecs excellent en cela comme en tout le reste. Dans leur tragédie, que conduit la fatalité, se manifestant par la présence et l'intervention des dieux, par des apparitions, par des oracles, par des présages, enfin par des songes, les songes, naturellement, abondent. Or, ils y ont toujours, comme dans la nature, quelque chose d'incohérent et d'obcur, quelque chose aussi qui se rapporte au souvenir du passé, ou au pressentiment de l'avenir, une suite secrète, un sens mystérieux. Telles sont chez Eschyle et chez Sophocle, dans *les Perses*², *les Choéphores*³, *Électre*⁴, les visions qui troublent Atossa et Clytemnestre⁵ ; telle est dans la tragédie d'Euripide qui nous occupe, celle qui annonce confusément à Iphigénie⁶, par des images bizarrement et étrangement associées, mais offrant cependant un sens dont elle est frappée, sans le pénétrer entièrement, l'événement prêt à survenir, et d'où doit sortir la tragédie. « C'est la fiction d'un poëte, et toutefois elle n'est

---

ment des Athéniens pour les faux oracles qui les avaient précipités dans la folie de l'expédition de Sicile (Thucydid., VIII, 1), estime que l'*Iphigénie en Tauride*, venue avec l'*Ion* (xc° olymp.?), après l'*Hélène* (xcı° olymp. 1ʳᵉ année), même après l'*Électre* (xcı° olymp. 4° année), dans les derniers vers de laquelle (v. 1247) se trouve une allusion évidente au désastre de Sicile (voyez notre t. II, p. 339 et 360), peut avoir été représentée la première année de la xcıı° olympiade, en 412.

1. Voyez t. III, p. 123 sqq.
2. V. 180 sqq.
3. V. 30 sqq.; 514 sqq.
4. V. 413 sqq.
5. Voyez notre t. I, p. 222, 342, 360, et notre t. II, p. 309 sq.
6. V. 44. sqq.

pas sans conformité avec le caractère ordinaire des songes. »
Hæc, etiam si ficta sunt a poeta, non absunt tamen a consuetudine somniorum, a dit Cicéron [1], non pas du passage d'Euripide, fort digne de cet éloge, mais d'un morceau bien remarquable de la vieille poésie latine, qu'on pourrait croire écrit par un Grec, et on ne se tromperait pas beaucoup, puisqu'il est d'Ennius ; je veux parler du songe d'Ilia qui se lisait au premier livre des Annales, et que la citation de Cicéron nous a heureusement conservé. Qu'on me permette de le citer, épisodiquement, comme un commentaire indirect de l'art que je voudrais faire apercevoir dans le songe d'Iphigéni :

« Quand sa vieille compagne, réveillée à ses cris, est accourue toute tremblante, une lampe à la main, Ilia lui dit, avec larmes et dans l'effroi d'un songe : « O fille de cette Eu-
« rydice, que mon père a aimée, la force, la vie abandon-
« nent en ce moment tout mon corps. Il me semblait, tout à
« l'heure, qu'un homme, beau de visage, m'entraînait parmi
« d'agréables saules, sur un rivage et dans des lieux inconnus.
« Puis je croyais, ô ma sœur, m'en revenir seule, à pas
« lents, et te chercher, et ne pouvoir retrouver mes esprits
« ni ma route ; car nul sentier ne s'offrait à mes pas. Alors,
« j'entends mon père qui m'appelle et me dit : O ma fille, il
« te faut d'abord supporter bien des peines, mais du fleuve
« renaîtra ta fortune. » A ces mots, ma sœur, il me quitte
« tout à coup et sans se laisser voir à mes regards, comme
« le souhaitait mon cœur, tandis que, tout en larmes, je
« tends les mains vers l'azur du ciel et l'appelle d'une voix
« tendre et caressante. C'est alors que, hors de moi, le
« cœur palpitant, le sommeil m'a abandonnée. »

Excita quum tremulis anus attulit artubu' lumen,
Talia commemorat lacrimans exterrita somno :
Eurudica prognata, pater quam noster amavit,
Vires, vitaque corpu' meum nunc deserit omne ;
Nam me visus homo pulcher per amœna salicta
Et ripas raptare, locosque novos ; ita sola
Post illa, germana soror, errare videbar,
Tardaque vestigare, et quærere te, neque posse
Corde capessere ; semita nulla pedem stabilibat.

[1]. *De Divin.* 1, 20.

Exin compellare pater me voce videtur
His verbis : O gnata ! tibi sunt ante ferundæ
Ærumnæ, post ex fluvio fortuna resistet !
Hæc effatu' pater, germana, repente recessit.
Nec sese dedit in conspectum, corde cupitus,
Quamquam multa manus ad cœli cærula templa
Tendebam lacrimans et blanda voce vocabam.
Vix ægro tum corde meo me somnu' reliquit.

Ce sont là de vieux vers et parfois assez rudes; mais qu'ils expriment bien l'émotion haletante qui suit une vision pénible, la fatigue de l'esprit qui en rappelle la trace effacée et en cherche le sens ; et, en même temps, quelle réserve délicate ! Ilia est assez avertie de ce qui la menace pour que le lecteur saisisse le rapport de l'annonce et de l'événement, pas assez pour qu'elle-même en ait la complète intelligence et que sa pudeur soit profanée d'avance par une vue trop distincte de l'avenir.

Je me contente de rappeler comme des chefs-d'œuvre, en ce genre, le songe d'Énée[1] et celui d'Athalie[2], et de renvoyer à Chateaubriand qui les a comparés[3], y trouvant, à peu près au même degré, sous des images heureusement discordantes, et à travers leur voile à demi transparent, un sens frappant et terrible.

Le contraire de cet art profond nous est offert par les songes de Crébillon[4], aussi absurdes que ses tempêtes, entassement capricieusement confus et puérilement emphatique de tableaux sans liaison secrète et sans signification, « vrais songes de malade » : *ægri somnia*, dirait Horace.

Revenons de cette longue excursion au songe d'Iphigénie et, pour dernier commentaire, citons-le :

« . . . Il me semblait, dans mon sommeil, que j'avais quitté cette terre, que j'habitais Argos, que je dormais au milieu de mes femmes, et qu'un tremblement subit ébran-

---

1. Virg., *Æneid.*, II, 268 sqq.
2. Racine, *Athalie*, act. II, sc. 5.
3. *Génie du christianisme*, liv. V, ch. II.
4. *Atrée et Thyeste*, act. II, sc. 1 ; *Électre*, act. I, sc. 7.

lant le sol, je fuyais, et du dehors voyais le toit tomber, le palais lui-même s'écrouler sur la terre. Une colonne restait seule, comme il me paraissait, de la demeure paternelle, et voilà que de son chapiteau je voyais descendre une chevelure blonde, que je l'entendais prendre une voix humaine. Et moi, m'acquittant de l'office que j'exerce ici, celui de préparer pour le sacrifice les étrangers, je l'arrosais de libations, comme allant mourir, et je pleurais, je poussais des cris. Ce songe, je l'interprète ainsi : Oreste est mort, c'est lui que je préparais pour le sacrifice. Les fils sont les colonnes de leur maison, et ceux-là meurent sur qui s'épanchent mes libations.... »

Ainsi persuadée de la mort de son frère, Iphigénie se dispose à lui rendre les honneurs funèbres, et va dans ce dessein chercher quelques esclaves grecques que le roi du pays, Thoas, a attachées à son service.

Iphigénie est rentrée dans le temple de Diane, où elle fait sa demeure. Deux étrangers paraissent au pied de ses murailles, et les observent attentivement. C'est Oreste qui vient avec Pylade, par l'ordre d'Apollon, ravir la statue de la déesse, entreprise de laquelle dépend la fin des tourments qui l'obsèdent depuis le meurtre de sa mère. Leur entretien nous fait contempler avec eux ce temple souillé par des sacrifices humains et dont le seuil est orné d'horribles dépouilles[1]. Après avoir pris connaissance de la disposition des lieux et des difficultés qu'ils auront à vaincre, ils se retirent pour se cacher dans les rochers du rivage, jusqu'à ce que la nuit leur permette d'agir.

Si dès la première scène a déjà paru l'attachement d'Iphigénie pour son frère, qui occupera tant de place dans une pièce dont l'affection fraternelle[2] est, ainsi que l'amitié, le principal intérêt, cette amitié, avec ses délicatesses, n'a pas laissé de se montrer elle-même dès la seconde

1. Foribus.... affixa superbis.
Ora virum tristi pendebant pallida tabo.
Virg., *Æneid.*, VIII, 196.

2. C'est à ce point de vue surtout que M. Saint-Marc Girardin dans son *Cours de littérature dramatique*, 1843-1855, ch. xxv, a analysé cette tragédie et l'a fort ingénieusement comparée aux ouvrages composés depuis sur le même sujet.

scène, comme on l'a finement remarqué[1]. C'est Oreste qui, préoccupé des dangers qu'il fait courir à Pylade, et cachant cette généreuse inquiétude sous l'apparence d'une crainte personnelle, parle de renoncer à l'entreprise et de se retirer; c'est Pylade qui, dans l'intérêt d'Oreste, donne le conseil courageux de poursuivre et d'achever. Encore un antécédent du trait si célèbre :

Allons, seigneur, enlevons Hermione[2].

Iphigénie revient avec le chœur. Elle commence la cérémonie funèbre qu'elle a annoncée, en pleurant la mort de ce frère qui, nous le savons, est plein de vie et si près d'elle. Cette erreur a quelque chose d'intéressant, mais l'invention n'en appartient pas à Euripide. Le début des *Choéphores*[3] chez Eschyle, celui d'*Electre*[4], chez Sophocle, nous ont déjà offert une situation absolument semblable et dans une suite de scènes plus artistement liées.

Cependant un berger vient annoncer à la prêtresse qu'on a surpris sur le rivage, parmi ses rochers, deux étrangers, deux Grecs, et que le roi a donné ordre de les amener au temple pour y être immolés. Qui sont-ils ? on l'ignore ; tout ce que l'on a pu comprendre, c'est qu'un d'eux s'appelle Pylade. Ce nom ne frappe point Iphigénie; il lui est inconnu. Lorsqu'elle quitta la Grèce, Oreste n'était qu'un enfant, et son ami n'était pas né. J'ai vanté très-souvent les récits des tragédies grecques : celui du berger de Tauride est tout à fait propre à faire connaître le caractère de ces morceaux si différents de ceux qui leur

---

1. J. A. Hartung, *ibid.*, p. 153.
2. Racine, *Andromaque*, act. III, sc. 1.
3. Voyez t. I, p. 341 sqq.
4. Voyez t. II, p. 295 sqq. L'*Electre* de Sophocle a-t-elle précédé l'*Iphigénie en Tauride* d'Euripide? J. A. Hartung le nie, *ibid.*, p. 154, et fait ici de Sophocle, et non pas d'Euripide, l'imitateur. Mais la date de l'*Électre* n'est pas connue, et l'on a pu voir plus haut, page 89, note 1, que les critiques ne s'accordent guère sur celle de l'*Iphigénie en Tauride*.

correspondent sur notre scène. Je vais le citer, malgré son étendue :

« Nous avions conduit nos troupeaux, pour les laver, sur les bords de la mer qui coule entre les Symplégades. Il y a là, sous des rochers, une caverne creusée par les flots, retraite ordinaire des pêcheurs qui recueillent la pourpre. Quelqu'un de nos bergers y aperçut deux jeunes hommes, et soudain se retira d'un pied furtif, repassant avec précaution sur ses traces. « Voyez-vous ? nous dit-il ; ce sont des dieux. » Un autre, par un mouvement de piété, levant vers eux les mains, et les contemplant d'un œil respectueux, se mit à les prier en ces termes : « Protége-nous, fils de la marine Leucothée, « sauveur des vaisseaux, puissant Palémon ; ou plutôt, si « c'est vous que nous voyons assis sur ce rivage, divins « Gémeaux ; ou vous encore, rejetons de Nérée, qui fit naî- « tre l'illustre chœur des Néréides [1]. » Il y en eut un d'un cœur plus léger, plus hardi, qui interrompit en riant cette prière, et assura que l'antre renfermait des naufragés, lesquels, sans doute, s'y tenaient cachés par crainte, sachant que nous étions dans l'usage de sacrifier les étrangers. La plupart jugèrent qu'il avait raison et se mirent en devoir de donner la chasse à ces victimes que réclamait le culte de la déesse. Cependant l'un des deux inconnus quitte son asile ; sa tête, qu'il secouait avec violence, tantôt se dressait vers le ciel, tantôt s'abaissait vers la terre ; de son sein s'échappaient de profonds soupirs ; un tremblement convulsif agitait ses bras ; il semblait en proie à une fureur délirante, et on l'entendait s'écrier, comme un chasseur : « Pylade, vois-tu celle-ci ? et « cette autre encore ? Il veut me tuer, ce monstre de l'enfer, « qui s'élance sur moi, avec ses affreux serpents ! Dieux ! « une troisième... respirant la flamme et le sang ; elle fend « l'air de ses ailes, elle porte dans ses bras le corps de ma « mère, elle va m'écraser, m'ensevelir sous une grêle de ro- « chers. Hélas ! c'est fait de moi ! où fuir ? » Il ne voyait rien réellement de ce qu'il décrivait ainsi, mais il prenait les mugissements de nos taureaux, les aboiements de nos chiens pour ces cris, de même nature, que poussent, dit-on, les Furies[2]. Pour nous, serrés les uns contre les autres et glacés de

1. On a reproché, non sans quelque raison, à Euripide de faire parler trop en grec son pasteur de Tauride, qui ne devait pas raisonnablement se montrer si instruit de cette mythologie.
2. M. E. Roux, *Du merveilleux dans la tragédie grecque*, remarque ingénieusement, p. 129, comme un trait bien conforme à la vérité, que si l'égarement d'Oreste a sa cause merveilleuse dans l'action des Furies elles-mêmes, ce sont des circonstances naturelles et fortuites qui en déterminent, comme ici, les accès, à des intervalles irréguliers. Nous avons eu occasion nous-même de faire la même observation au

terreur, nous demeurions en silence et sans mouvement. Tout à coup il tire son glaive et se jette ainsi qu'un lion au milieu de la foule de nos taureaux, dont il perce le flanc, dont il déchire les entrailles, pensant combattre les Furies. Une écume ensanglantée s'élève à la surface des flots. A la vue de ses troupeaux dispersés, et tombant sous le fer, il n'est aucun de nous qui ne s'arme, qui, au son de la trompe, n'appelle les habitants ; car contre des ennemis jeunes et pleins de vigueur, nous pensions bien que c'était peu de chose que des bergers. Déjà notre troupe se grossissait, lorsque les transports de l'étranger s'apaisent ; il tombe sur la terre, la bouche dégouttante d'écume. Le voyant ainsi livré sans défense, chacun s'empresse pour lui lancer des traits, pour le frapper, tandis que son compagnon lui essuie la bouche, le ranime, le protége de son manteau, détourne les coups prêts à l'atteindre, s'acquitte enfin de tous les soins de l'amitié[1]. L'étranger reprend ses sens, se relève ; il voit quelle nuée d'ennemis va fondre sur eux, quel sort les menace, et il gémit. Nous ne cessions cependant de les charger, de les inquiéter de toutes parts. Alors se sont fait entendre ces menaçantes et terribles paroles : « Il nous faut mourir, Pylade, « mais mourir avec honneur. Suis-moi donc, armé de ton épée. » A peine voyons-nous briller le fer aux mains des deux guerriers, que, prenant la fuite, nous remplissons les bois qui couronnent le rivage. Tandis que les uns se retirent, d'autres recommencent l'attaque, et, ceux-ci repoussés, les premiers reviennent sur leurs pas et font de nouveau voler les pierres. Mais, chose incroyable ! de tant d'assaillants, nul ne peut atteindre les victimes de la déesse, et si enfin nous nous en saisissons, c'est avec bien de la peine, et sans trop de courage. On les enveloppe en effet, on les force, à coups de pierres, de lâcher leurs épées ; épuisés de fatigue, ils fléchissent le genou et tombent. Le roi de cette contrée, à qui nous les avons conduits, vous les a sur-le-champ envoyés, pour être offerts en sacrifice. Souhaitez, ô jeune prêtresse, qu'il vous vienne souvent des terres étrangères des victimes semblables à celles-ci. Leur mort fera payer aux Grecs la cruauté dont ils ont usé envers vous et les sanglants apprêts d'Aulis[2].

Je ne sais si, à travers ma traduction, on a pu apercevoir ce qui dans le grec se découvre avec évidence. Les

sujet de la belle scène qui ouvre la tragédie d'*Oreste*, v. 201 sqq. Voy. notre t. III, p. 255.

1. On peut rapprocher cette peinture à la fois terrible et touchante, où sont si bien exprimés la frénésie du remords et le dévouement de l'amitié, de celles que le même poëte en avait retracées au début de son *Oreste* et dans son *Alcméon*. Voyez t. III, p. 247, sqq.

2. V. 252-331.

tableaux sont d'un poëte, le reste d'un témoin et d'un berger. A l'éclat du coloris se joint la précision des détails, la naïveté familière du langage. Il n'en est point ainsi de nos récits tragiques, presque toujours confiés à des subalternes sans caractère et qui n'en peuvent mettre dans ce qu'ils disent. C'est alors l'auteur qui parle en leur place, et on le reconnaît à la généralité des images, à la pompe du style. De tels morceaux sont brillants sans doute, mais ils manquent toujours en quelque chose de vérité dramatique.

Iphigénie s'étonne que la nouvelle qu'on vient de lui apprendre, et qui en d'autres temps l'eût douloureusement affectée, la laisse presque insensible. C'est que son malheur, qui la préoccupe, l'endurcit pour le malheur d'autrui. Elle s'y arrête, elle s'y plonge ; ce ne sont que retours douloureux vers le passé. Le chœur, plus sensible au présent, se demande quels peuvent être ces étrangers, ce qui a pu les amener, et, par une transition naturelle, sa pensée se porte vers les lieux d'où ils viennent, vers cette terre de Grèce, sa patrie, où il lui serait si doux de revenir. Les regrets d'Iphigénie, les vœux du chœur préparent vaguement les impressions qui doivent suivre; il y a là un instant de calme, ménagé peut-être à dessein pour faire plus vivement désirer une situation qu'on prévoit et qu'on attend.

C'est une des plus frappantes et des plus pathétiques qui aient été montrées sur aucun théâtre. Un frère et une sœur qui se retrouvent sans se connaître! Un frère que sa sœur est sur le point de conduire à la mort! Quel intérêt dans l'entretien qui doit faire éclater un tel secret! Il y a dans l'*Ion* une scène de ce genre, que j'ai précédemment citée[1]. Celle-ci est certainement égale pour le naturel, et peut-être supérieure pour l'effet. Il semble qu'Euripide se contente de mettre ses acteurs en présence, et qu'il les laisse ensuite parler comme ils pourront, sans s'en mêler. Mais sous cet apparent abandon se cache un art merveil-

1. Voyez plus haut, p. 53 sqq.

leux, qui fait de la repartie la plus simple un trait saillant.

On amène à la prêtresse Oreste et Pylade enchaînés; elle les fait délier selon l'usage, et, pendant que tout se prépare pour le sacrifice, elle leur adresse, avec une curiosité qui se cache sous l'apparence d'une pitié compatissante, quelques questions.

« Quelle mère vous a fait naître ? Quel est votre père ? Avez-vous une sœur ? hélas ! de quels frères elle sera privée[1]. »

Est-il besoin de faire remarquer comme ces paroles répondent à la douleur secrète dont son âme est remplie? Et ces noms seuls de frère et de sœur, avec quel trouble ne les entend-on pas prononcer entre de telles personnes ? Ils reviendront plus d'une fois, ramenés dans le dialogue, dirai-je par l'artifice, ou plutôt par la profonde émotion du poëte?

Iphigénie continue :

« Qui peut connaître son sort? qui peut pénétrer l'avenir ? Les desseins des dieux s'avancent dans l'ombre vers leur terme fatal. Nul ne sait ce qui l'attend. C'est le secret de la fortune, secret impénétrable. D'où venez-vous, malheureux étrangers? Vous avez quitté pour longtemps votre patrie ; votre absence sera bien longue. »

Oreste, si infortuné et si coupable, montre peu d'empressement à faire connaître qui il est. Il ne répond rien aux questions d'Iphigénie, et repousse doucement ses consolations.

« Qui que vous soyez, ô femme, pourquoi ces plaintes, ces regrets donnés à notre destinée? Est-on sage, lorsqu'on va périr, de chercher à surpasser sa crainte par l'excès de sa douleur? L'est-on davantage de s'attendrir sur celui qui touche au trépas, et qu'on ne peut sauver? C'est ajouter follement au malheur ; car on n'en meurt pas moins. Laissons donc faire la fortune. Ne nous pleurez plus. Nous savons vos usages, et ce qui nous est réservé[2]. »

---

1. V. 460-463.
2. V. 463-480.

HÉLÈNE. — IPHIGÉNIE EN TAURIDE.

Ces défaites ne découragent point Iphigénie qui devient plus pressante, et triomphe par degrés de la résistance d'Oreste.

IPHIGÉNIE.

Dites-moi d'abord : qui de vous deux se nomme Pylade?

ORESTE.

Lui. Mais que peut vous importer?

IPHIGÉNIE.

En quelle contrée, en quelle ville de la Grèce est-il né?

ORESTE.

Que vous reviendra-t-il, ô femme, de le savoir?

IPHIGÉNIE.

Avez-vous eu la même mère? êtes-vous frères?

ORESTE.

Oui, par l'amitié, et non par le sang.

IPHIGÉNIE.

Et vous, quel nom votre père vous donna-t-il à votre naissance?

ORESTE.

Un seul nom me convient; je suis malheureux.

IPHIGÉNIE.

C'est le tort de la fortune. Mais vous ne me répondez point.

ORESTE.

Mourant inconnus, nous échapperons à la honte et à l'outrage[1].

IPHIGÉNIE.

D'où vous viennent de si généreux sentiments?

ORESTE.

Vous immolerez mon corps, mais non pas mon nom.

IPHIGÉNIE.

Ne me direz-vous pas au moins quelle patrie est la vôtre?

---

1. V. 491. Voyez sur ce vers, les observations de Dupuy, *Histoire de l'Académie des belles-lettres*, t. XXXI, p. 180.

ORESTE.

Que me servirait de vous l'apprendre, puisque je vais mourir?

IPHIGÉNIE.

Mais pourquoi me refuseriez-vous cette grâce?

ORESTE.

Eh bien, l'illustre royaume d'Argos est ma patrie et je m'en fais gloire.

IPHIGÉNIE.

Au nom des dieux, dites-vous vrai, ô étranger?

ORESTE.

Mycènes m'a vu naître, ville autrefois heureuse!

IPHIGÉNIE.

Comment l'avez-vous quittée? est-ce par l'exil?

ORESTE.

Par un exil involontaire en quelque sorte, et toutefois volontaire.

IPHIGÉNIE.

Pourrai-je encore apprendre quelque chose de vous?

ORESTE.

Tout ce qui sera étranger à mon malheur.

IPHIGÉNIE.

Votre arrivée d'Argos m'est bien précieuse.

ORESTE.

A vous peut-être, je le veux bien; mais non pas à moi.

IPHIGÉNIE.

Vous connaissez Troie, cette ville dont on parle en tous lieux?

ORESTE.

Plût aux dieux ne l'avoir jamais connue, pas même en songe!

IPHIGÉNIE.

On dit qu'elle n'est plus, qu'elle a succombé.

ORESTE.

Il est vrai; ce n'est point un vain bruit.

IPHIGÉNIE.

Hélène est-elle rentrée dans la maison de Ménélas?

ORESTE.

Oui, et son retour a coûté bien cher à quelqu'un des miens.

IPHIGÉNIE.

Moi aussi, j'ai bien souffert pour elle autrefois. Mais, où est-elle?

ORESTE.

A Sparte, avec son premier époux.

IPHIGÉNIE.

O Hélène! ô femme odieuse à toute la Grèce, autant qu'à moi!

ORESTE.

Je dois moi-même détester ces fatales noces.

IPHIGÉNIE.

Les Grecs sont-ils de retour, comme on le publie?

ORESTE.

Pourquoi toutes ces questions?

IPHIGÉNIE.

Avant de mourir, contentez-moi.

ORESTE.

Demandez donc, je répondrai.

IPHIGÉNIE.

Le devin Calchas est-il revenu de Troie?

ORESTE.

Il n'est plus, on le disait du moins à Mycènes.

IPHIGÉNIE.

O équitable déesse! Et le fils de Laërte?

ORESTE.

Il n'a point encore reparu dans son palais. Toutefois il vit, à ce que l'on assure.

IPHIGÉNIE.

Puisse-t-il périr, ne jamais revoir sa patrie!

ORESTE.

Son sort est assez triste, ne lui souhaitez rien de plus.

IPHIGÉNIE.

Le fils de Thétis vit-il encore?

ORESTE.

Hélas ! non : vainement célébra-t-on son hymen à Aulis.

IPHIGÉNIE.

Hymen trompeur ! on peut en croire ceux qu'il a perdus.

ORESTE.

Qui êtes-vous donc, vous qui m'interrogez en personne si instruite des choses de la Grèce ?

IPHIGÉNIE.

J'y naquis, mais j'en fus enlevée bien jeune encore.

ORESTE.

Votre curiosité cesse de me surprendre.

IPHIGÉNIE.

Qu'est devenu ce général que l'on disait fortuné ?

ORESTE.

Qui donc ? je n'en connais point qu'on doive appeler de ce nom.

IPHIGÉNIE.

Le fils d'Atrée, Agamemnon.

ORESTE.

Je ne sais. Cessons ce discours, ô femme.

IPHIGÉNIE.

Au nom des dieux, parlez, donnez-moi cette joie.

ORESTE.

Il est mort, l'infortuné ! et il a perdu quelqu'un après lui.

IPHIGÉNIE.

Il est mort, et comment ? Malheureuse !

ORESTE.

Pourquoi pleurez-vous son sort ? que l'intérêt y pouvez-vous prendre ?

IPHIGÉNIE.

Je songe à son ancienne fortune.

ORESTE.

Il a péri bien misérablement, de la main de sa femme, égorgé.

IPHIGÉNIE.

Déplorable crime, déplorable mort !

ORESTE.

C'est assez : ne m'interrogez plus.

IPHIGÉNIE.

Un seul mot. Vit-elle encore l'épouse de ce malheureux?

ORESTE.

Non : son fils, son propre fils l'a tuée.

IPHIGÉNIE.

O confusion horrible, triste maison! Et que voulait-il?

ORESTE.

Venger son père mort, punir l'assassin.

IPHIGÉNIE.

Ce fut justice, hélas! justice cruelle.

ORESTE.

Tout innocent qu'il est, les dieux ne l'en poursuivent pas moins.

IPHIGÉNIE.

Agamemnon a-t-il laissé quelque autre enfant?

ORESTE.

Une fille seulement, Électre.

IPHIGÉNIE.

Ne sait-on rien de son autre fille, qui fut immolée?

ORESTE.

Rien, sinon qu'elle est morte et ne voit plus la lumière.

IPHIGÉNIE.

Je la plains, aussi bien que son père, qui l'a fait périr.

ORESTE.

C'est pour une femme bien criminelle, bien indigne d'une telle rançon, qu'elle est morte.

IPHIGÉNIE.

Mais le fils du roi mort est-il dans Argos?

ORESTE.

Il vit. Mais en quel lieux? Partout, et nulle part[1].

Ce dialogue, que j'ai cru devoir citer tout entier, me

---

1. V. 480-556

semble d'une beauté incomparable. Chaque mot y produit une double surprise ; Oreste est aussi étonné des questions d'Iphigénie que celle-ci de ses réponses ; un intérêt qui leur est commun, sans qu'ils s'expliquent pourquoi, les éclaire à demi sur le rapport secret qui les lie ; on voit comme se soulever par degrés, car la poésie grecque ne se hâte point, le voile qui les sépare, et lorsque, après avoir parcouru la longue suite des calamités de leur famille, jusqu'à celles que reculent jusqu'au dernier moment, chez les interlocuteurs, une appréhension, une horreur bien naturelles, de la part du poëte, le soin de la gradation ; lorsque, dis-je, au dernier terme de ces révélations qui leur ont fait passer en revue tous leurs proches, ils arrivent à parler de cette sœur qu'on croit morte, de ce frère qu'on dit errant, le spectateur, qui les voit, qui les entend, attend le mot heureux qui doit les révéler l'un à l'autre.

Ce mot, le poëte saura le différer pour notre tourment ou notre plaisir, car de ces deux choses se compose l'émotion tragique.

La prêtresse propose à celui qu'elle vient d'interroger de lui sauver la vie, s'il veut se charger d'une lettre pour quelqu'un d'Argos qui lui est cher. L'anachronisme qui fait remonter si haut l'usage de l'écriture n'est pas rare, nous l'avons vu [1], dans les tragédies grecques. Il semble qu'ici Euripide ait voulu en sauver au moins la moitié, en supposant que la lettre a été écrite non pas par Iphigénie elle-même, mais sous son nom, par un prisonnier grec. Quoi qu'il en soit de l'intention du poëte, c'est là une circonstance oiseuse. Si nous sommes d'assez bonne composition pour ne pas demander indiscrètement à Iphigénie par quels moyens elle espère pouvoir sauver son messager, à plus forte raison ne lui demanderons-nous pas qui a écrit sa lettre. Il est des choses que le spectateur doit savoir ignorer.

---

1. Dans *les Suppliantes, les Trachiniennes, Hippolyte*, etc. Voyez t. I, p. 178 ; II, 65 ; III, 57. Cf. t. I, p. 143.

Oreste accepte la proposition de la prêtresse ; mais non pas pour lui, pour Pylade. Il rougirait de laisser périr en sa place un ami qui l'a suivi par dévouement. Ce qui relève beaucoup la noblesse de cette détermination, c'est qu'elle est subite et exprimée avec simplicité. Elle frappe d'admiration Iphigénie, et, ce qui est fort touchant, fort habilement jeté dans le cours de cette reconnaissance, la fait penser à son frère, en qui elle aime à supposer de pareils sentiments :

« O courage ! ô dévouement ! généreux ami ! de quelle noble souche êtes-vous donc sorti ? Puisse vous ressembler celui de mes proches qui me reste ! Car j'ai un frère, ô étrangers, malheureuse seulement de ne pas le voir [1]. »

Ce sera tout à l'heure le tour d'Oreste de songer à sa sœur. Il se fait expliquer comment il doit périr, et lorsqu'il sait tout, il s'écrie :

« Si du moins la main d'une sœur pouvait m'ensevelir [2] ! »

Pour comprendre tout ce qu'il y a de touchant dans ce vœu, il faut se reporter aux mœurs des anciens, pour qui le plus grand de tous les malheurs était moins de mourir, que de mourir loin de ses proches et privé de leurs derniers soins.

Cette sœur qui manque à Oreste, la prêtresse elle-même qui va le conduire à l'autel, s'offre de la remplacer, et cette prêtresse se trouve précisément être sa sœur : quelle ingénieuse et intéressante complication !

---

1. V. 597-601.
2. V. 615, cf. 688. Tibulle malade loin de Rome, dans l'île de Corcyre, et qui croit y mourir, exprime d'une manière touchante les mêmes regrets. « ... Ici point de mère dont le triste sein recueille mes ossements retirés du bûcher ; point de sœur qui parfume mes cendres, et pleure, les cheveux épars, devant mon tombeau ! »

>............... Non hic mihi mater
> Quæ legat in mœstos ossa perusta sinus ;
> Non soror, Assyrios cineri quæ dedat odores,
> Et fleat effusis ante sepulcra comis.
> *Éleg.* I, III, 5 sqq.

« Vain souhait, ô étranger. Votre sœur habite loin de cette terre barbare. Mais, puisque vous êtes Grec, je ne manquerai à aucun des devoirs que je pourrai vous rendre. J'ornerai de mes dons votre cercueil; je verserai l'huile pure sur votre corps brûlant; je jetterai dans le bûcher ce doux produit des travaux de l'abeille, qu'elle exprime sur les montagnes du suc des fleurs [1]. »

On voit ici un exemple de cette riante parure que jette l'imagination grecque sur les idées les plus sombres, et en même temps il y a un charme qu'on ne peut rendre dans cette union déjà fraternelle qui devance la reconnaissance et en est comme le pressentiment.

Iphigénie est rentrée dans le temple pour y prendre la lettre dont elle a parlé. Oreste et Pylade, laissés libres, au milieu du chœur qui les entoure, repoussent également les protestations de pitié ou les félicitations qu'on leur adresse. Le chœur juge bien que le choix de la victime n'est pas encore arrêté, et en effet, dans la scène suivante [2] commence entre les deux amis, après une confidence mutuelle de l'étonnement et du trouble où les ont jetés les discours de la prêtresse, ce combat de générosité si célèbre chez les anciens, et tant de fois reproduit par les modernes.

Accoutumés au mouvement théâtral qui a presque toujours été imprimé à cette scène, nous sommes mal disposés pour comprendre la gravité, le calme mélancolique avec lesquels elle se développe chez Euripide. Mais cette apparente froideur dans un moment si critique annonce, si je ne m'abuse, des cœurs plus fermes, plus indifférents au danger et à la mort. C'est une délibération héroïque, où la faiblesse humaine ne se trahit qu'à la fin, par la douleur de la séparation, l'expression pathétique des adieux. Si Pylade cède plus vite que nous ne le voudrions, on peut dire, pour le justifier, que la résolution d'Oreste paraît inébranlable, et, comme il le fait entendre, qu'avec cette confiance qui, dans les conjonctures

1. V. 616-623.
2. V. 643 sqq.

désespérées, soutient encore l'âme humaine, il compte, pour leur délivrance, sur quelque heureuse révolution du sort.

Que devient le chœur pendant cette scène? On ne peut trop se l'expliquer. S'il prête l'oreille, il aura surpris un secret qu'il ne doit connaître que plus tard, avec Iphigénie. S'il n'écoute point, comme le veut Brumoy, ou qu'il se soit retiré, il manque à son office ordinaire. Ce n'est point la première fois que se décèle, dans les tragédies d'Euripide, l'inconvénient de ce témoin obligé, qu'en certains cas il faut supposer ou bien discret ou bien inattentif[1].

Iphigénie reparaît avec sa lettre[2]; elle exige d'abord que Pylade s'engage par serment à la remettre avec fidélité; elle-même s'oblige, de la même manière, à lui conserver la vie; et ici est exprimé, un peu vaguement, il est vrai, ce que nous étions tout à l'heure en peine de savoir, c'est qu'elle compte obtenir de Thoas, par la persuasion, la grâce d'un des prisonniers. Des gens difficiles demanderaient peut-être pourquoi elle n'essaye pas de les sauver tous les deux; mais c'est là une de ces remarques qu'on n'a guère le loisir de faire à la représentation, et que Voltaire appelait des critiques de cabinet.

Un scrupule vient à Pylade. Il veut qu'on le tienne quitte de l'obligation sacrée qu'il a contractée, si par quelque accident imprévu, dans un naufrage, il perdait la lettre de la prêtresse. Pour prévenir ce danger, celle-ci se décide à lui confier le contenu de son message[3]. Ainsi s'opère en un instant une reconnaissance que le poëte a eu l'art de faire désirer si longtemps. « Oreste, s'écrie tout à coup Pylade, recevez la lettre de votre sœur[4]. »

---

1. Voyez t. III, p. 58, 230 sq.; et plus haut, p. 60.
2. V. 708 sqq.
3. Comme Agamemnon à son vieux serviteur, dans la première scène de l'*Iphigénie en Aulide*, v. 112 sqq. Voyez notre t. III, p. 11.
4. V. 776, 777.

Avec ce coup de théâtre, avec les émotions de surprise et de joie qui l'accompagnent, les explications inquiètes, les douloureux souvenirs[1] et les tendres épanchements qui le suivent, et où chacun fait son rôle, Iphigénie, Oreste, et Pylade, et le chœur lui-même, cesse véritablement l'intérêt pathétique de cette tragédie; le reste ne s'adresse plus qu'à la curiosité, et est, par conséquent, d'un ordre secondaire. Que penser donc d'un estimable interprète d'Euripide[2] qui, cherchant subtilement, à son ordinaire, le sujet de la pièce, le voit uniquement dans le larcin de la statue de Diane, et regarde comme un épisode, plus intéressant il est vrai que l'action elle-même, en même temps qu'il est beaucoup plus long, la reconnaissance du frère et de la sœur. Cela est bien du même critique qui, renouvelant à son insu le sentiment d'un des personnages de Gil Blas, disait sérieusement que dans l'*Iphigénie en Aulide* il s'agissait de savoir si les Grecs obtiendraient ou non un vent favorable[3]. Pour juger les ouvrages de l'art, mieux vaut encore le sentiment irréfléchi, le bon sens vulgaire, qu'une étude étroite, une froide et sophistique application des théories.

Nous retrouvons dans l'*Iphigénie en Tauride* le même défaut que nous avons signalé tout à l'heure dans l'*Hélène*[4]. La ruse par laquelle on enlève à Thoas la statue de Diane et sa prêtresse, se prépare sous nos yeux avant que nous ne la voyions s'accomplir. C'est Iphigénie qui l'imagine et qui l'exécute, après avoir sollicité vivement le silence du chœur. Par un mouvement, du reste heureux, dont je ne me rappelle pas un autre exemple, elle s'adresse individuellement[5] à quelques-unes des per-

---

1. Les vers 913 sqq. peuvent être rapprochés des *Euménides* d'Eschyle. Voyez t. I, p. 364 sqq.
2. Prévost.
3. Voyez t. III, p. 6 sqq.
4. Voyez plus haut, p. 84.
5. V. 1042 sqq. Ainsi dans la *Marie Stuart* de Schiller, acte V, sc. 6 (et une grande tragédienne, Mme Ristori, nous a rendu récemment ce

sonnes dont se compose ce personnage collectif, et détruit ainsi l'unité qui est un de ses attributs essentiels. Nouvelle preuve que cet antique fondateur de la tragédie grecque menaçait fort d'en disparaître.

Les anciens ne se faisaient pas scrupule de ne montrer qu'un seul instant, et même à la fin de la pièce, les personnages que le besoin de l'action n'appelait pas plus tôt sur la scène et ne devait pas y retenir plus longtemps. Cette liberté leur épargnait bien des scènes de remplissage et, par conséquent, beaucoup de fatigue dont, avec un système contraire, nous ne nous sauvons pas toujours. Le Thoas grec n'est pas beaucoup plus raisonnable ni plus clairvoyant que nos Thoas modernes ; mais il est incomparablement moins ennuyeux, attendu qu'il n'a guère le temps de paraître tel. Il arrive sur la scène[1] pour presser le sacrifice, au moment où Iphigénie se dirige vers la mer, tenant la statue dans ses bras. Il apprend qu'elle va la purifier dans les flots de la souillure qu'elle a reçue par l'approche de victimes impures. Ces Grecs eux-mêmes qui devaient lui être immolés, coupables d'un parricide, doivent avoir part à l'expiation. Sur la demande de la prêtresse, Thoas ordonne qu'on les emmène à sa suite chargés de chaînes, rigueur qu'elle sollicite habilement pour éloigner les soupçons. Du reste, défense aux habitants de la Tauride de porter un œil curieux sur les mystères religieux qui vont s'accomplir, et quant à Thoas, il restera dans le temple, où il s'occupera, de son côté, de saintes purifications. Ces mesures sont trop bien prises pour que l'on puisse avoir la moindre inquiétude sur le succès. Le spectateur est beaucoup moins étonné que ne l'est Thoas, lorsqu'un récit[2], fort intéressant, à l'ordinaire, fait connaître que les prisonniers ont gagné un vaisseau qu'ils avaient à la côte ; qu'aidés de leurs compagnons, et malgré la résistance de

---

jeu de scène si touchant), la malheureuse reine, prenant congé de ses femmes, adresse à chacune un adieu particulier.
1. V. 1125 sqq.
2. V. 1298 sqq.

leurs gardiens, ils y ont fait monter la prêtresse avec
sa statue. Thoas ordonne qu'on les poursuive, car ils
sont encore arrêtés dans le détroit; il s'apprête aussi à
châtier les captives grecques qui ont favorisé leur évasion ;
mais, comme on s'y attend bien, quelque divinité tombée
du ciel nous tranquillisera sur le sort des fugitifs, et épargnera au bon tyran de Tauride la fatigue d'une colère
inutile. C'est Minerve[1] qui annonce que vainement on
voudrait s'opposer au dessein d'Oreste, conseillé et
conduit à sa fin par les dieux. La statue de Diane
sera portée dans l'Attique, et, en mémoire de ces événements, adorée sous le nom de Taurique[2]. Parmi beaucoup de détails destinés à flatter l'orgueil des Athéniens par la consécration poétique de leurs antiquités
nationales[3], Minerve glisse une stipulation que dans
la tragédie d'*Hélène* ont oubliée les Dioscures. Les
captives grecques, fidèles compagnes d'Iphigénie, ob-
tiendront de Thoas la liberté et seront ramenées par
les soins d'Oreste dans leur patrie. Il est vrai qu'elles
l'ont bien mérité en exprimant, quelques scènes plus
haut, dans un chœur ravissant, le regret de leur esclavage[4].

Quand Thoas s'est respectueusement soumis aux volontés de Minerve, la déesse appelle les vents et leur ordonne de guider heureusement vers Athènes le fils d'Agamemnon ; elle-même, elle l'annonce, l'accompagnera dans
ce voyage et veillera sur la statue vénérée de la déesse sa
sœur[5].

Cependant le chœur se répand, comme il est conve-

[1]. V. 1405 sqq.
[2]. Minerve n'annonce point, ce qu'on voit ailleurs, qu'Iphigénie
sera adorée chez les Scythes, et qu'on immolera sur son autel les Grecs
naufragés en Tauride (Hésiod., apud Paus., *Att.*, XLIII; Hérodot., IV,
102); qu'Oreste et Pylade, ces héros de l'amitié, deviendront eux-
mêmes, dans cette contrée barbare, l'objet du culte public (Lucian.,
Toxar., 1 sqq.).
[3]. Les vers 1440 sqq. peuvent offrir le sujet d'un nouveau rapprochement avec les *Euménides* d'Eschyle. Voyez t. I, p. 381.
[4]. V. 1063 sqq.
[5]. V. 1458 sqq.

nable, en remercîments. Ils se terminent par des vers [1] qu'on lit aussi à la fin de l'*Oreste*, à la fin des *Phéniciennes*, et qui contiennent (les scoliastes [2] ont donné cette double interprétation) soit une allusion au dénoûment heureux de l'ouvrage, soit, je le croirais plus volontiers, car ce qui serait vrai d'*Iphigénie en Tauride* et d'*Oreste*, ne le serait pas également des *Phéniciennes* [3], le vœu, l'annonce de son succès :

« O vénérable victoire, préside toujours à ma vie, ne cesse point de la couronner ! »

1. V. 1468 sqq.
2. Ad. *Orest*, v. 1686.
3. Aussi Bœckh, *Græc. trag. princ.*, xxi, adoptant la première interprétation, retranche-t-il ce passage du texte des *Phéniciennes*.

CHAPITRE SEIZIÈME.

Continuation du même sujet.

L'inégalité de mérite et d'intérêt qu'on ne peut se défendre de remarquer entre deux pièces aussi voisines par le genre, aussi semblables par le plan, que le sont l'*Hélène* et l'*Iphigénie en Tauride*, paraît manifestement dans le nombre bien différent des reproductions sous une forme nouvelle, des imitations de l'une et de l'autre.

Le sujet de la première n'a jamais, à ce qu'il semble, reparu sur la scène; et la raison en est simple : il se sépare trop de la tradition commune; il manque trop de cette vérité que doivent en recevoir, pour agir fortement sur les esprits, les compositions dramatiques. L'imagination ne peut admettre qu'une seule Hélène, cette femme coupable, mais si gracieusement, et qu'on me permette de le dire, si honnêtement coupable, à laquelle dans l'Iliade[2] les Troyens eux-mêmes pardonnent leurs malheurs; que chez Quintus de Smyrne[2], dans des récits qui ont récemment attiré l'attention d'une critique ingénieuse[3], les Grecs revoient parmi eux avec la même joie qu'ils reverraient leur patrie, tandis que l'époux offensé, après quelques semblants de courroux, se hâte de céder à son charme et de solliciter lui-même l'oubli qu'on lui demande; cette femme, enfin, que nous retrouvons dans l'Odyssée[4] rendue, ou peu s'en faut, à sa dignité pre-

---

1. III, 154 sqq.
2. *Posthomerica*, XIII, XIV.
3. M. Sainte-Beuve, *Étude sur Quintus de Smyrne et son épopée*, à la suite de l'*Étude sur Virgile*, 1857, p. 438 sqq.
4. IV, 120 sqq.

mière, et faisant avec une aimable majesté les honneurs de son palais de Sparte. Voilà i'Hélène que l'épopée a donnée au théâtre, et qu'une autre n'y pouvait remplacer. Eschyle, dans un des chœurs de l'*Agamemnon*[1], ne peut détester son crime si funeste aux Troyens et aux Grecs, sans peindre, en vers touchants et gracieux, les souvenirs, les images qu'elle a laissés d'elle dans la demeure déserte, dans le cœur désolé de son époux. Sophocle lui a consacré deux tragédies, son *Hélène enlevée*, son *Hélène redemandée*[2]. Euripide lui-même l'a introduite épisodiquement dans deux scènes de son *Oreste*, de ses *Troyennes*[3]. Cette autre Hélène, qu'il nous dit ici être la véritable, n'en est au contraire que le fantôme mensonger. Une telle apparition ne pouvait se renouveler, ni chez les Grecs, dans les *Hélènes* de Diogène Œnomaüs, de Théodecte, de Timésithée[4], ni chez les Romains, dans celle que Macrobe[5] semble attribuer à Livius Andronicus[6]. Pour la retrouver il faut aller jusqu'à l'imitation que Wieland a donnée, entre 1805 et 1809[7], de la pièce d'Euripide. Vers le même temps[8], Hélène, l'Hélène homérique, était évoquée par Goethe, comme image de la beauté antique,

---

1. V. 392 sqq.
2. Voyez notre t. II, p. 12; notre t. III, p. 337; et sur le sujet de ces tragédies, en dernier lieu, E. A. J. Ahrens, *Sophocl. fragm.*, F. Didot, 1842, p. 259, 272.
3. Voyez notre t. III, p. 245 sq.; 354 sq.
4. Voyez, sur ces poëtes, notre t. I, p. 75, 101 sqq., et sur leurs *Hélènes*, en dernier lieu, Fr. G. Wagner, *Poet. trag. græc. fragm.*, F. Didot, 1846, p. 103, 116, 144; Nauck, *Trag. græc. fragm.*, 1856, p. 136, 623, 627.
5. *Saturn.*, VI, 5.
6. O. Ribbeck., *Trag. latin. reliq.*, 1852, ne comprend point dans le théâtre de Livius Andronicus cette *Hélène* que Bothe y avait admise, *Poetar. Latii scenicor. fragm.*, 1823, p. 11; il renvoie, p. 245, à un autre poëte latin Lævius, le vers cité par Macrobe :

Tu qui permensus ponti maria alta velivola.

« Toi, qui as traversé la mer profonde, aux voiles flottantes. »

7. Dans le *Nouveau Musée attique*. Voyez plus haut, p. 71.
8. Une lettre écrite par Gœthe à Schiller, le 15 septembre 1800, le montre occupé dès cette époque de la deuxième partie de *Faust*, ache-

dans l'étrange fantasmagorie littéraire par laquelle il continuait son admirable Faust. Il la ramenait dans le palais de Ménélas, mais pour l'en faire sortir aussitôt par une nouvelle évasion et la donner, d'après la tradition reçue[1], il est vrai, à un amant moderne, à Faust : union tout allégorique au reste[2], accomplie dans les abstraites régions de l'esthétique, pour marier ensemble le classique et le romantique, et produire sous le personnage du jeune Euphorion, l'enfant d'Hélène et de Faust, la poésie moderne. C'est ainsi qu'enchérissant sur la fantaisie d'Euripide, un autre grand poëte a achevé d'enlever au personnage d'Hélène toute réalité dramatique.

Bien différente de l'*Hélène*, l'*Iphigénie en Tauride*, après avoir lutté dans la Grèce même contre des ouvrages de sujet pareil ou analogue, n'a presque jamais cessé d'exciter le zèle, l'émulation des imitateurs. Suivons-la dans cette longue carrière qui ne s'est fermée que de nos jours.

Les Grecs, je l'ai déjà dit, ces appréciateurs délicats des productions de l'art, ne se lassaient pas plus au théâtre qu'ailleurs de la répétition des mêmes sujets. Pour les leur faire trouver nouveaux, il suffisait de quelque changement ingénieux dans la disposition de la fable, de quelque trait heureusement ajouté à l'expression des mœurs et des caractères. Nous avons admiré avec combien d'art et de naturel avait été conduite par Euripide la reconnaissance qui fait le principal intérêt de son *Iphigénie en Tauride*. Eh bien, Aristote, qui la vante en plus d'un endroit[3] comme un modèle, place au même rang celle qu'avait imaginée, peu de temps après probable-

---

vée seulement en 1827. Voyez l'*Essai sur Gœthe*, placé par M. Hipp. Blaze, en 1840, en tête de sa traduction complète de *Faust*; 7e édit., 1855, p. 51, 135.

1. Voyez ce que dit M. Ch. Magnin. *Histoire des Marionnettes*, 1852, Ve partie, ch. 15. *Des emprunts que Lessing et Gœthe ont faits aux Faust des Marionnettes.*
2. Voyez M. H. Blaze, *ibid.* ; p. 44 sqq., 444, 538.
3. *Poet.*, XVI, XVII.

ment, un autre poëte tragique, Polyidus[1], uniquement connu par cette mention de l'auteur de la Poétique. Dans la pièce nouvelle, Oreste, conduit à l'autel, s'écriait : « Ce n'est donc pas assez que ma sœur ait été sacrifiée ? il faut que je le sois aussi ! » et à ce rapprochement, plein de vraisemblance, bien qu'accidentel, Iphigénie le reconnaissait.

Les fables d'Hygin sont bien évidemment des fables tragiques. Après avoir reproduit[2], d'après notre poëte, celle d'Iphigénie en Tauride, il en rapporte deux autres[3], sans doute de même ou de semblable origine, qui en offrent la suite, quelquefois la contre-partie et le pendant. On ne sera pas fâché de les trouver ici.

Échappés aux dangers de la Tauride, Iphigénie et Oreste en rencontrèrent de nouveaux dans la ville de Sminthe, où ils s'arrêtèrent. Lorsque autrefois Agamemnon avait rendu au prêtre du dieu de Sminthe, Chrysès, sa fille Chryséis, elle n'était pas rentrée dans la maison paternelle telle qu'elle en était sortie ; elle avait bientôt donné le jour à un fils qu'on crut et qui se crut lui-même longtemps l'enfant d'Apollon, mais qui enfin devait savoir un jour le secret de sa naissance. Pour venger l'antique injure de sa mère, il allait livrer à Thoas les fugitifs que ce roi cruel poursuivait, lorsque son père, le vieux Chrysès, lui fit reconnaître, dans le fils et la fille d'Agamemnon, son frère et sa sœur. Cependant Oreste passait en Grèce pour avoir péri dans la Tauride sous le fer de la prêtresse de Diane. Enhardis par la fausse nouvelle de sa mort, les enfants d'Égisthe s'étaient emparés de son trône, et, fuyant Mycènes, sa sœur Électre avait été consulter l'oracle de Delphes, dans le temps même où il arrivait dans cette ville avec Iphigénie. Elle eût, dans l'égarement de sa douleur et dans son ignorance, vengé sur sa propre sœur le meurtre présumé de son

---

1. Voyez t. I, p. 104 ; aux critiques allégués en cet endroit il faut ajouter Fr. G. Wagner, *ibid.*, p. 107.
2. *Fab.* cxx.
3. *Fab.* cxxi, cxxii.

frère, si celui-ci n'eût prévenu à temps, par une nouvelle reconnaissance, ce nouveau fratricide. Toute la famille d'Agamemnon, rassemblée par ces événements, revint à Mycènes, où Oreste mit à mort le fils d'Égisthe Alétès, et n'épargna sa fille Érigone que parce que Diane la déroba à ses coups, comme autrefois Iphigénie au couteau de Calchas, pour en faire la prêtresse d'un des temples qu'elle avait dans l'Attique. Selon d'autres[1], Alétès et Érigone seraient venus, avec leur grand-père Tyndare, à Athènes, poursuivre devant l'Aréopage la condamnation d'Oreste; vaincue dans cette lutte, Érigone se serait donné la mort, et les Athéniens auraient apaisé son ombre par l'établissement d'une fête en son honneur.

Cette romanesque légende a dû fournir matière à plusieurs tragédies, dont on croit retrouver la trace parmi les débris du théâtre antique. Sophocle avait fait, outre un *Alétès*[2], une *Érigone*[3]; et au nombre des fragments d'Attius, il y en a précisément d'une *Érigone*[4], qui paraissent se rapporter, quelquefois[5] assez exactement, aux dernières circonstances du roman raconté par le mythologue latin, et pourraient bien avoir appartenu à une imitation d'une des deux tragédies qu'en aurait tirées Sophocle. Il nous reste aussi quelques vers d'un

---

1. *Etym. magn.*
2. Stob. *Floril.*, passim.
3. *Etym. magn.*; Photii *Lexic.*, in Τοπάζειν; Erotian. *Lexic. Hippocr.*, in Ὕποφρον. C'était peut-être, sous deux titres différents, une seule et même tragédie; voyez, à cet égard, et sur le sujet probable de la pièce, en dernier lieu, E. A. J. Ahrens, *ibid.*, p. 289.
4. Encore désignée, selon O. Ribbeck, *ibid.*, p. 119, 322, par cet autre titre *Agamemnonidæ*. Nonius, qui cite quelquefois l'*Érigone*, rapporte des *Agamemnonidæ* ce fragment où se résume, sous des expressions générales, le sujet de la tragédie :

Inimicitias Pelopidum
Exstinctas jam atque obliteratas memoria
Renovare.

« Renouveler le souvenir éteint, effacé des inimitiés de la maison de Pélops.... »

5. Nonius, vv. *Comitasset, Attigat, Deponere, Pigrare.*

Chrysès, imité par Pacuvius[1], on ne sait de quel tragique grec; dans l'un de ces vers[2] se trouve le nom d'Oreste, ce qui autorise à penser que la pièce latine et son original grec avaient pour sujet le commencement de cette même histoire qui vient d'être rapportée d'après Hygin[3].

Si, comme cela paraît assez évident, les suites de l'*Iphigénie en Tauride*, qui, je le répète, et on vient de le voir, en offraient quelquefois la contre-partie, le pendant, avaient été transportées sur la scène latine, cette pièce elle-même, de tant de célébrité, ne devait pas lui manquer. Peut-être avait-elle été reproduite dans l'Iphigénie de Névius[4], et, depuis, dans ces tragédies d'Ennius[5], de Pacuvius[6], indiquées sous le titre singulier de Dulorestes. Ce titre même, que j'ai ailleurs[7] expliqué, d'après l'opinion commune, en présenterait comme la preuve, si l'on adoptait l'explication ingénieuse d'un savant hollandais[8] qui y voit une corruption du titre mixte Pyladorestes. A défaut de cette preuve, d'une évidence contestable, quelques-uns des fragments qu'on rapporte au Dulorestes de

---

1. Varr., *de Ling. lat.*, IV; Cic., *de Nat. Deor.*, II, 36 ; *de Div.*, I, 57; *Orat.*, , XLVI, etc.; Nonius, Festus, passim, etc.
2. Nonius, v. *Opino*.
3. Voyez O. Ribbeck, *ibid.*, p. 77 sqq., 284 sq.
4. Nonius, v. *Passum*. Le vers cité par Nonius, vers très-altéré, a été restitué de bien des manières (voyez, en dernier lieu, E Klussmann, *De Cn. Nævio*, Iéna, 1843, p. 106 ; O. Ribbeck, *ibid.*, p. 7), et il en résulte peu de lumières sur le sujet de l'*Iphigénie* de Névius. Peut-être, plusieurs l'ont pensé, était-ce, comme plus tard celle d'Ennius, une *Iphigénie en Aulide*.
5. Id., v. *Conciere*.
6. Varr. *de Ling. lat.*, passim.; Cic., *de Fin.*, V. 22 ; *de Nat. Deor.*, II. 36; *de Divin.*, I, 14; *de Orat.*. III, 39, etc.; Non., Prisc., passim, etc. O. Ribbeck, *ibid.*, p. 75 sqq., 281 sqq., ne reconnaît qu'un *Dulorestes*, celui de Pacuvius.
7. Voyez t. I, p. 359. Une autre explication, rapportée par O. Ribbeck, *ibid.*, p. 281, semble consister à lire au lieu de *Dulorestes*, Dolorestes, Doliorestes, noms formés de δόλος, δόλιος, et qui feraient allusion à la ruse par laquelle se dénoue la tragédie.
8. Hofman Peerlkamp, *Biblioth. critic. nov.*, IV, p. 143. Cf. Bœhr., *Geschict. der Romisch. Literat.*, p. 79.

Pacuvius[1], en contiennent d'autres qu'on ne peut de même récuser.

Un des caractères principaux de la tragédie des Grecs est un développement calme, qui jamais ne vise à l'effet. On en peut juger par l'*Iphigénie en Tauride*, par une de ses scènes surtout, à laquelle l'art des modernes a donné beaucoup plus de vivacité et d'appareil théâtral, le combat d'amitié d'Oreste et de Pylade. Cette scène se rapprochait déjà de ce qu'elle est aujourd'hui, dans un passage de Pacuvius, dont Cicéron nous a consacré le souvenir. « Quelles acclamations, dit-il, quand le théâtre retentit de ces mots : « Je suis Oreste, » et que l'autre réplique : « Non, c'est moi qui suis Oreste[2]; » lorsque

---

1. Celui-ci, par exemple, qui rappelle l'interrogatoire d'Oreste par Iphigénie :

> Quid? quondam et mihi piget paternum nomen, maternum pudet Profari. . . . .
> (Non. vv. *Pudet* et *Piget*.)

2. Qui clamores... excitantur in theatris, quum illa dicuntur :

> Ego sum Orestes ;

contraque ab altero :

> Imo enimvero ego sum, inquam, Orestes.

Quum autem etiam exitus ab utroque datur turbato errantique regi

> Ambo ergo una.... enicarier
> . . . . precamur,

Quoties hoc agitur, quandove, nisi admirationibus maximis ?

(*de Fin.*, V, 22.)

On nous saura gré de rapporter ici les deux autres passages qui nous ont conservé également, avec l'idée, le dessin de la scène, le souvenir de l'effet qu'elle produisait.

Aut Pylades cum sis, dices te esse Orestem, ut moriare pro amico? aut si esses Orestes, Pyladem refelleres, te indicares ? et si id non probares, quo minus ambo una necaremini, non precarere ?

(*Ibid.*, II, 24.)

Qui clamores tota cavea nuper in hospitis et amici mei M. Pacuvii nova fabula, cum ignorante rege, uter esset Orestes, Pylades Orestem

ensuite ils font cesser les incertitudes du roi, qui, dans son trouble, ne sait lequel choisir, en demandant tous deux la mort. » On voit que la situation primitive s'est compliquée de l'inquiétude que donne à Thoas le nom d'Oreste, de ses efforts pour découvrir celui qui le porte, enfin de la ruse généreuse par laquelle les deux amis se le disputent en sa présence. Ces inventions appartenaient-elles à Pacuvius, plus libre dans ses imitations que son oncle Ennius et ses autres prédécesseurs, ou bien étaient-ce encore des réminiscences de quelque rival d'Euripide, de Polyidus, par exemple? On ne le voit pas bien claire-ment; mais ce qui est visible, c'est un progrès de mou-vement et d'effet dramatiques. Cependant la situation

se esse diceret, ut pro illo necaretur, Orestes autem ita ut erat Orestem se esse perseveraret. Stantes plaudebant in re ficta.

(*De Amicit.*, vii.)

On a quelquefois conclu de ce *Stantes* qu'au temps où fut donné le *Dulorestes* de Pacuvius, il n'y avait point encore de sièges pour les spectateurs au théâtre de Rome, ce qui ne s'accorde guère avec ce qu'on voit de tout différent, par exemple, dans les prologues de Plaute. M. O. Ribbeck interprète *Stantes* d'une manière plus conforme aux faits et à la vraisemblance en l'entendant de l'émotion du public qui, transporté de cette scène, se levait pour applaudir. On peut voir dans son livre, p. 285, les exemples dont il appuie cette interprétation, deux autres passages de Cicéron, *Pro. Sext.*, LV; *Ad Attic.*, II, 19, enfin ce vers de Properce, *Eleg.* IV, xviii, 19 :

Stantia que in plausu tota theatra juvent.

Deux citations, l'une de Nonius (v. *Occupatus*), l'autre de Cicéron (*de Nat. Deor.*, II, 36), semblent avoir fait partie du même dialogue :

« Celui-ci, quel est-il? — Un homme qui, si tu ne le préviens, te donnera la mort. »

« C'est un Grec. Son langage même le trahit. »

Is quis est? — Qui te, nisi illum tu occupas, leto dabit.

Grajugena. De isto aperit ipsa oratio.

On aimerait à savoir si Corneille avait souvenir de cette situation, quand il écrivit la belle contestation d'Héraclius et de Martian (*Hera-clius*, acte IV, sc. 4). Il ne nous le dit pas, et Voltaire ne fait pas non plus ce rapprochement.

plus simple et plus paisible, imaginée par Euripide, n'avait pas laissé que de conserver des imitateurs et des partisans ; car on ne peut appliquer à une autre les vers où Ovide a exprimé l'héroïque contestation des deux amis[1] :

Ire jubet Pylades carum periturus Oresten :
Hic negat : inque vicem pugnat uterque mori....

Un poëte distingué du commencement du seizième siècle, dont la Rosemonde a inauguré, assez glorieusement, avec la Sophonisbe du Trissin, la tragédie italienne, Ruccellai, ouvre la liste des nombreux imitateurs modernes de l'*Iphigénie en Tauride* d'Euripide. Dans son Oreste la marche et l'intérêt de la pièce grecque ont été assez fidèlement reproduits, sauf quelques changements qui ne paraissent pas tous heureux. Les longues narrations d'Oreste à Pylade, au seuil redoutable du temple de Diane ; celles qu'un moment après, dans le même lieu, Iphigénie adresse à l'une de ses femmes, forment une exposition bien dépourvue d'art et qui fait regretter le sans-façon, au moins plus court, du prologue d'Euripide. Les questions d'Iphigénie à Oreste amènent, non pas comme chez le poëte grec, de courtes réponses accordées à regret, mais de complaisants récits qui ne sont pas eux-mêmes sans langueur. La lettre d'Iphigénie, si courte dans le modèle, s'est prodigieusement étendue dans la copie, et Pylade met à la lire dans son entier, sans aucune nécessité, une singulière obstination. On peut trouver aussi bien minutieux et bien froid l'interminable détail des signes de reconnaissance par lesquels l'Oreste italien convainc une Iphigénie plus difficile à persuader que la grecque, qu'il est son frère. D'autre part cet habit de

1. *Ex ponto*, III, II, 75 sqq. Voyez notre t. I, p. 145 sq. On peut rapprocher de ce morceau d'Ovide le dialogue (*Toxaris seu Amicitia*, 1 sqq.) où Lucien fait dire à un Scythe que dans son pays le souvenir du dévouement mutuel d'Oreste et de Pylade est consacré par une inscription, et aussi par les peintures d'un temple élevé au fils d'Agamemnon ; où il s'amuse à reproduire sous cette forme, moins naturelle que celle dont Ovide avait fait usage, c'est-à-dire que le récit prêté par ce poëte à un vieil habitant de la Tauride, les principales situations de la tragédie d'Euripide.

victime envoyé par la prêtresse aux deux amis, et qu'ils se disputent, était un moyen dangereux d'amener une scène par elle-même assez vive, et il pouvait en résulter de certains effets voisins du ridicule. Enfin les excès de férocité sauvage auxquels s'emporte le nouveau Thoas ne rendent très-vraisemblables ni la facilité avec laquelle il accorde à Iphigénie la grâce d'un des deux étrangers, ni plus tard sa foi docile à tout ce qu'elle lui dit pour le tromper, bien longuement encore et avec des détails qui devraient éveiller ses soupçons. Pour le style, en s'éloignant de l'excessive familiarité reprochée à celui du Trissin, il ne s'arrête pas assez à l'élégante simplicité du grec, et pousse trop souvent jusqu'à la déclamation, à l'emphase, à la recherche. Cette copie, on le voit, était loin de reproduire toujours assez fidèlement l'allure rapide, la vivacité réglée, la simplicité expressive de l'original. Cependant, parmi les amplifications sans fin, narratives et descriptives, de cette tragédie, ses divagations morales, les lenteurs de son dialogue, le luxe de ses ornements épisodiques, apparaît toujours le dessin primitif de la pièce grecque; dans certains passages le poëte n'a pas fait parler sans éloquence l'affection mutuelle du frère et de la sœur, celle des deux amis, inspiré, pour l'expression de ce dernier sentiment, non-seulement par les vers d'Euripide, mais par l'amitié très-tendre qui l'unissait à son émule en poésie, le Trissin. C'était à lui qu'il avait dédié son poëme des Abeilles ; c'est à lui aussi que, mourant, en 1526, il adressa son Oreste, à peine achevé. Mais le legs n'arriva pas jusqu'au légataire, mort lui-même peu de temps après. L'Oreste ne fut publié qu'environ deux siècles plus tard par les soins de l'auteur de la Mérope, de Maffei, dans le recueil où il rassembla, en 1723[1], les meilleures tragédies italiennes des premiers temps[2]. Dans

1. *Teatro italiano, o sia scelta di tragedie per uso della scena*, Verona, 1723; Venezia, 1746.
2. Voyez, sur Ruccellai et ses tragédies, Ginguené, *Histoire littéraire d'Italie*, partie II*, ch. xix.

l'intervalle avait été représentée avec succès une Iphigénie en Tauride de P. J. Martello, poëte dramatique italien, mort en 1727.

La simplicité d'Euripide a été singulièrement altérée par nos auteurs, lorsque, passant de la traduction[1] à l'imitation, ils ont essayé de plier son œuvre aux habitudes de notre scène, de l'accommoder à nos mœurs. S'il est un sujet antique où se trouvent particulièrement déplacées les intrigues galantes dont on a fait longtemps comme un élément nécessaire de notre tragédie, c'est bien certainement celui qui nous transporte au sein d'une contrée barbare, parmi les apprêts d'un sacrifice humain, et doit surtout nous attacher par le spectacle touchant de deux amis qui se disputent à qui mourra, d'un frère qui reconnaît sa sœur dans la prêtresse prête à l'immoler. Mêler de telles mœurs, troubler de tels sentiments, des intérêts d'une passion amoureuse, c'est un défaut de goût qui nous choque aujourd'hui, mais dont la mode, l'habitude firent longtemps une règle si rigoureuse, que Racine lui-même, non moins que Le Clerc et Boyer[2], dut s'y soumettre.

Nous tenons d'un contemporain[3] que ce grand poëte avait été longtemps à se déterminer entre *Iphigénie sacrifiée* et *Iphigénie sacrifiante*, et qu'il ne s'était déclaré en faveur de la première, qu'après avoir connu que la seconde n'avait point de matière pour un cinquième acte. Nous avons de ce dessein un témoignage plus irrécusable

---

1. Je citerai ici, pour mémoire l'*Iphigénie d'Euripide, tournée de grec en françois* par Thomas Sibilet, Paris, 1549. Elle était *tournée* en *vers* de toutes mesures.
2. Ils donnèrent, en 1681, un *Oreste* qui eut peu de succès et ne fut point imprimé. On voit, par la liste des personnages, que les frères Parfait, *Histoire du Théâtre français*, t. XII, p. 278, ont extraite des registres de la Comédie française, que c'était, sous ce titre, une Iphigénie en Tauride. Les mêmes auteurs citent le jugement porté sur cet ouvrage par de Visé, dans son *Mercure galant*. Il se termine par ces mots qu'il est de notre sujet présent d'y recueillir : « On y a surtout admiré une grande quantité de beaux vers, la reconnaissance d'Oreste, et *une déclaration d'amour.* »
3. Lagrange-Chancel, préface d'*Oreste et Pylade*.

dans une ébauche de premier acte, trouvée parmi ses papiers et publiée par son fils[1]. Ce morceau, sans valeur par lui-même, est précieux cependant, d'abord parce qu'il montre comment Racine arrêtait d'avance ses idées, les fixait par une rédaction préparatoire, ne voulant se mettre à l'œuvre que lorsqu'il pourrait dire, comme un de ses héros :

> Je sais tous les chemins par où je dois passer ;

ensuite parce qu'on y surprend le travail habile par lequel une tragédie grecque se transformait sous sa main en une tragédie française.

Ainsi, les modernes sont, sur certaines vraisemblances, de moins facile composition que ne l'étaient les anciens, plus portés à demander curieusement la raison de chaque chose. Racine voulant, comme Euripide, représenter Iphigénie particulièrement occupée, même dans ses songes, de la pensée d'Oreste, se proposait, ce qu'avait négligé le poëte grec, d'expliquer la secrète raison de cette préférence. Oreste, encore enfant lors du sacrifice d'Aulis, n'avait point eu de part à son malheur.

Notre théâtre, alors ennemi du familier, n'eût peut-être pas admis entièrement ce récit que j'ai cité[2], où un berger expose si naïvement comment on a trouvé deux étrangers sur le rivage, et avec quelle peine on s'en est emparé. Racine avait l'intention de lui donner plus de dignité en le plaçant dans la bouche d'un fils de Thoas, survenu au milieu du combat, et qui n'en raconterait que l'issue.

Mais pourquoi ce jeune Scythe devait-il s'accuser, auprès de la prêtresse de Diane, de l'avoir mise, sans le vouloir, dans la nécessité de remplir son odieux ministère, en sauvant de la fureur du peuple de Tauride ces étrangers bientôt reconnus comme Grecs ? Parce que la jurisprudence amoureuse reçue en ce temps sur notre

1. En 1747.
2. Voyez plus haut, p. 95 sq.

scène l'obligeait d'y paraître en soupirant, et de remplir de sa passion les vides d'une intrigue trop pauvre et trop courte pour nos cinq actes. Je m'imagine d'ailleurs que l'amant d'Iphigénie aurait généreusement protégé son évasion, et que Racine, dans ce rôle, se ménageait pour le dénoûment un ressort plus conforme à nos idées que la machine mythologique d'Euripide. N'avait-il pas déjà trouvé le moyen d'effacer de son avant-scène la merveilleuse intervention des dieux, en supposant la princesse transportée en Tauride, non plus par Diane, mais simplement par des pirates?

Quoi qu'on pense de cette conjecture, de cette restitution où je hasarde d'achever le plan imparfait de Racine, on voit combien était légère et fausse l'assertion de Voltaire, *que la galanterie n'y entrait point*[1]. Elle devait au contraire y occuper absolument la même place que dans l'Iphigénie en Aulide, que dans l'Andromaque, que dans la Phèdre. Mais elle s'y fût montrée, comme dans ces chefs-d'œuvre, noble, délicate, intéressante ; et si, par le mélange de sentiments trop contemporains, elle eût quelquefois altéré la vérité des mœurs antiques, plus souvent encore les eût-elle laissés se produire avec ces grâces simples, qui, après tout, font de Racine le plus fidèle interprète des Grecs, aussi bien que le plus éloquent.

Rien de tout cela ne se trouve chez les faibles et froids successeurs auxquels il laissa la scène française, et qui l'occupèrent jusqu'à l'avénement de Crébillon et de Voltaire. Ce sont bien les mêmes défauts, mais sans ces heureux tempéraments qui les corrigeaient, mais rendus, en dépit de si beaux exemples, à leur intégrité primitive, rattachés soigneusement à la tradition un moment interrompue de Scudéri et de La Calprenède. Quant aux traits des modèles grecs et à ces images d'une ressemblance frappante, bien qu'imparfaite, qu'en avait exprimées l'art de Racine, il n'y en a pas trace dans ces romans,

---

1. *Épître à Mme la duchesse du Maine*, servant de préface à *Oreste*.

d'une fadeur et d'une extravagance également vulgaires.

On lit avec intérêt, dans les préfaces de Lagrange-Chancel, l'histoire de ses débuts poétiques, d'un éclat si précoce et si trompeur, qui dans l'âge le plus tendre lui valurent les bienveillants regards et les caresses du vieux Louis XIV, les bontés familières du grand Condé, la faveur de la jeune princesse de Conti, enfin les encouragements et les leçons de Racine[1]. Ce grand poëte le traitait presque en héritier présomptif de son génie et de sa gloire ; il lui faisait confidence des choses qui dans sa carrière dramatique l'avaient attiré, comme s'il eût voulu les lui léguer. Mais c'était un héritage bien lourd pour la faiblesse de celui qui n'arriva, malgré de si brillants commencements et des augures si favorables, qu'à balancer Campistron. Nous l'avons vu lorsque nous nous sommes occupés de son Alceste[2] ; nous l'allons voir de nouveau en nous arrêtant un moment à son Oreste et Pylade.

La liste seule des personnages donne la mesure de la fidélité de pinceau qu'on peut s'attendre à trouver dans cette imitation de l'antique. Thoas, *roi des Tauro-Scythes*, a un *capitaine des gardes*[3] et deux *ministres d'État*. Nous apprenons plus loin qu'un *ambassadeur sarmate* réside auprès de lui, et qu'une sorte d'agent diplomatique voyage par ses ordres dans la Grèce. Voilà, certes, pour un monarque barbare, une cour et un gouvernement bien régulièrement organisés. L'amour y jette beaucoup de trouble. Le tyran, tout tyran qu'il est, est aimé d'une certaine Thomyris, *princesse du sang royal des Scythes*, qui ne serait pas fâchée de remonter, en l'épousant, au trône dont il a dépouillé sa famille. Mais il aime ailleurs, comme on disait alors, et veut, lui, épouser la prêtresse de

---

1. Préfaces de *Jugurtha*, d'*Oreste et Pylade*, d'*Alceste*.
2. T. III, p. 226 sqq.
3. Dans l'*Oreste* de Le Clerc et Boyer, rappelé plus haut, p. 122, note 2, Thoas, *tyran de la Tauride*, avait aussi son *capitaine des gardes*.

Diane, laquelle ne s'en soucie guère, surtout lorsque le sort lui a montré Pylade, qui l'a intéressée à la première vue, et s'est, de son côté, tout d'abord épris d'amour pour elle. Vous êtes sans doute aussi peu curieux de connaître les vicissitudes diverses de ces quatre passions que je le suis peu de vous les raconter : il me suffira de dire que Thomyris, dont Thoas veut se débarrasser en la faisant embarquer avec l'ambassadeur sarmate, parvient à faire partir en sa place et Iphigénie et les deux Grecs, sans oublier la statue de Diane. L'auteur s'applaudit beaucoup d'avoir par cette substitution évité de mêler le merveilleux à son dénoûment; il la compare à celle qui dénoue l'Iphigénie en Aulide, et assure même avoir obtenu pour elle l'approbation de Racine. J'en douterais fort, car ce n'est, comme l'a dit La Harpe, qu'un puéril et ridicule *escamotage*[1]. Il y en a un autre dans l'ouvrage, dont Lagrange-Chancel ne s'est point vanté. Au milieu de tout ce qu'il a ajouté au sujet, a presque disparu ce qui en est le véritable intérêt, l'expression de la tendresse fraternelle et de l'amitié; il ne restait plus de place pour elles. Tout au plus rencontre-t-on çà et là quelques souvenirs d'Euripide et de Pacuvius, plus souvent de Corneille et de Racine, le tout dans un style lâche, faible, incorrect, et d'une lecture fort pénible, malgré les marques sensibles d'une excessive facilité. J'y ai cependant, comme Francaleu, remarqué tels vers que Voltaire a jugés de bonne prise, et qu'il a copiés en y retouchant un peu ; ceux-ci par exemple :

> On a vu devant lui les fières Euménides
> Promener leurs flambeaux, vengeurs des parricides;

et cet autre, plus connu et plus digne de l'être :

> Privé des feux divins et des eaux salutaires.

De cette Iphigénie à l'Iphigénie en Aulide, il y a, je ne dirai pas pour le génie, qui ne se transmet pas, mais pour l'art, pour le goût, dont il semble que la tradition devrait se

---

1. *Lycée.*

perpétuer, une énorme distance. Peu d'années cependant les séparaient : l'une avait été jouée en 1674, l'autre se jouait en 1697; la Champmeslé, qui avait presque commencé sa carrière théâtrale dans la première, l'achevait dans la seconde, et, s'il faut en croire le témoignage un peu suspect de Lagrange, n'y faisait pas verser, avec moins d'abondance, de ces larmes qu'avait célébrées Despréaux[1].

C'est que Racine, tout en charmant le public d'alors, n'avait pu le ramener à l'amour de la vérité, du naturel ; c'est que de si fausses, de si froides conceptions, trop conformes à de longues habitudes de mauvais goût, intéressaient par une disposition assez ingénieuse. Ce mérite dont Lagrange a donné des preuves plus heureuses dans Ino, dans Amasis, ne manque point tout à fait à sa tragédie d'Oreste et Pylade, et l'a maintenue au théâtre jusqu'à ce qu'elle ait, en 1757, cédé la place à l'Iphigénie en Tauride de Guimond de La Touche.

Un autre ouvrage[2] représenté en 1704 sur une autre scène, l'opéra de Duché et de des Marests, de Danchet et de Campra (les deux derniers achevèrent, après un intervalle de huit ans, ce qu'avaient commencé les deux premiers), encore plus riche que la tragédie de Lagrange en incidents romanesques et en fadeurs amoureuses, a eu, comme elle, le malheur bien mérité de disparaître devant l'œuvre célèbre[3] dans laquelle le goût judicieux de Guillard inspiré à la fois par le souvenir d'Euripide et par celui de Polyidus, dans laquelle le génie de Gluck ont restitué au sujet, en 1778, avec son antique gravité, sa terreur, son pathétique.

Cette réforme a été bien tardive, et encore, nous le voyons dans les mémoires du temps[4], Guimond de La Touche, qui en eut l'honneur, s'était-il lui-même d'abord conformé à l'usage en introduisant dans son action un

1. *Épître VII*, à Racine.
2. *Iphigénie en Tauride*.
3. *Iphigénie en Tauride*.
4. *Journal historique* de Collé.

épisode d'amour, que lui firent sagement retrancher les conseils de Collé. Cette suppression a été célébrée unanimement par les critiques, La Harpe en tête, comme un retour hardi à la simplicité des Grecs ; c'était réduire à peu de chose cette simplicité, car, du reste, le talent tragique de Guimond de La Touche ne s'est montré dans cette pièce rien moins que simple.

Il y a peu d'événements chez Euripide, mais ils se développent facilement, naturellement. Il y en a davantage chez notre poëte ; mais qu'ils paraissent souvent inexplicables, que d'explications forcées ils amènent à leur suite ! Comment Oreste et Pylade ont-ils été séparés par un naufrage [1] ? Quels sont ces amis, qu'on ne voit

---

1. La description obligée de ce naufrage égale en amphigouri celles qui se lisent dans l'*Idoménée* (acte I, sc. 2), dans l'*Électre* (acte II, sc. 1) de Crébillon. Toutes trois sont bien loin de la vérité pittoresque qui brille dans des vers où l'auteur de ce qu'on croit avoir été l'Iphigénie en Tauride latine, de l'un des deux *Dulorestes*, avait aussi fait sa tempête :

« .... Ils regardaient pleins de joie les jeux des poissons, et ne s'en pouvaient lasser. Cependant, vers le coucher du soleil, la mer semble se hérisser de toutes parts ; de doubles ténèbres, celles de la nuit, celles des nuages, se répandent devant les yeux ; l'éclair brille, la foudre gronde, le ciel est ébranlé ; la grêle, mêlée aux torrents de la pluie, tombe tout à coup des airs ; de partout s'échappent les vents et se forment des tourbillons ; la mer se soulève et bouillonne,... »

<pre>
Ut profectione læti piscium lasciviam
Intuerentur, nec tuendi satietas capere posset.
Intereà prope jam occidente sole inhorrescit mare ;
Tenebræ conduplicantur, noctisque et nimbum occæcat nigror ;
Flamma inter nubes coruscat, cælum tonitru contremit,
Grando mista imbri largifluo subita præcipitans cadit :
Undique omnes venti erumpunt ; sævi existunt turbines ;
Fervit æstu pelagus.
            (Cic., *de Divin.*, I, 14 ; *de Orat.*, III, 39.)
</pre>

Le même Pacuvius avait orné son *Teucer* d'une autre tempête dont il reste quelques beaux traits. C'était un lieu commun alors, comme depuis, fort en faveur. Ces descriptions ne paraissent pas, dans leur vieux style, trop effacées par les admirables peintures de Virgile (*Georg.*, I, 322 sqq. ; *Æn.*, I, 84, sqq.). Le petit détail des poissons qui se jouent autour des vaisseaux avant la tempête offre un souvenir de la poésie grecque. Dans l'*Électre* d'Euripide, le chœur s'écriait (v. 430 sqq.) :

« Illustres vaisseaux, qui jadis avez vogué vers Troie avec vos innombrables rames et mêlés aux chœurs des Néréides, autour de vos

pas, mais dont on parle sans cesse, et qui s'occupent avec tant de zèle de sauver un étranger? D'où vient que leur humanité et leur dévouement ne vont pas jusqu'à vouloir en sauver deux? Par quel accident étrange l'esclave chargé de favoriser l'évasion de Pylade le perd-il en chemin? Par quelle heureuse fortune Pylade arrive-t-il à point nommé pour arrêter le bras de Thoas levé sur Oreste, et, avec sa petite troupe miraculeusement retrouvée, l'immole-t-il impunément au milieu de son peuple et de ses soldats? Toutes ces questions, et bien d'autres encore qu'on pourrait faire, le poëte se les est faites ; il y a même répondu ; mais ses réponses n'ont servi qu'à faire ressortir des invraisemblances vivement relevées par la critique, et aux dépens desquelles s'est victorieusement égayée la parodie [1].

Même métamorphose pour les personnages que pour la fable elle-même. Ils sont tout aussi péniblement factices. Thoas disserte et menace au lieu d'agir ; Iphigénie déclame sur la religion naturelle, tout en mêlant à son incrédulité d'étranges retours de superstition ; elle parle fastueusement d'humanité, quoique depuis bien des années elle égorge de ses mains des victimes humaines ; Oreste est sans cesse dans la frénésie du désespoir, Pylade dans l'exaltation du dévouement. Peut-on reconnaître à cette exagération, à cette bouffissure tragique, les héros naïfs d'Euripide? Ne semblent-ils pas, ainsi que l'a dit Geoffroy [2], avec une ingénieuse trivialité, avoir été comme *soufflés*?

De cette laborieuse recherche de l'effet dans les situa-

---

proues azurées se jouait, bondissait le dauphin, ami de la flûte harmonieuse, guidant le fils de Thétis, le héros aux pieds légers, Achille, avec Agamemnon, vers les rivages de Troie, les bords du Simoïs. »
Ce détail, Virgile l'a reproduit, après Pacuvius, sur le bouclier d'Énée (*Æn.*, VIII, 671 sqq.), Il est arrivé par droit d'héritage jusqu'à Fénelon, qui en a embelli le tableau de la navigation de Télémaque (liv. VIII).

1. *Petite Iphigénie* de Favart, en 1757; *Année littéraire* de 1758, t. V.
2. Feuilleton du 17 brumaire an X; *Cours de littérature dramatique*, 2ᵉ édition, t. III, p. 243.

tions, dans les sentiments, est résulté un style dont les plus grands vices ne sont pas l'impropriété, l'incorrection, la dureté, mais une pompe vague, une fausse grandeur, une véhémence affectée, tout ce qu'il y a de plus contraire au génie de ces modèles qu'on a si gratuitement félicité Guimond de La Touche d'avoir suivis.

Non, sa pièce n'est pas une tragédie grecque. Elle est toute moderne, toute française, par ses défauts comme par ses beautés ; car je suis loin de l'en prétendre dépourvue : autrement eût-elle obtenu cet éclatant succès, qui, au rapport de ceux qui en furent les témoins, Collé, Grimm, La Harpe, égala, surpassa presque celui de Mérope ? Fût-elle surtout restée jusqu'à nos jours en possession de la scène ? Il est bien vrai que de temps en temps quelques voix protestèrent en secret contre l'enthousiasme du public. Voltaire, qui dans sa retraite en était à son ordinaire fort importuné, s'en plaignait par tous les courriers à ses amis. Il écrivait entre autres au comte de Tressan [1] : « Vous pensez comme il faut d'Iphigénie en Crimée ; mais ce n'est pas la première fois que les badauds de Paris se sont trompés, et ce ne sera pas la dernière. » Collé, ami et conseiller de l'auteur, après l'avoir loué sans mesure dans son journal, retranchait, quelques pages plus loin, quelque chose à ses éloges, éclairé, sur ce qu'ils avaient d'excessif, par la reprise, et surtout par l'impression de l'ouvrage. Enfin, Grimm et son collaborateur Diderot [2] étaient presque les seuls de leur temps à s'apercevoir que ce qui manquait le plus à cette tragédie, c'était la vérité, la simplicité grecques, et tandis que la masse des spectateurs y applaudissait à l'audace commune alors de certaines déclamations philosophiques, à la véhémence, à l'énergie, souvent factices, quelquefois vraies, de certaines tirades, de certaines scènes, ce qu'ils y approuvaient de préférence c'étaient

---

1. 13 février 1758. Il avait, le 9 du même mois, écrit la même chose, presque dans les mêmes termes, au comte d'Argental.
2. *Correspondance*, 2ᵉ édition, t. II, p. 154, 196 sqq.

des traits qui passaient inaperçus, et n'en étaient pas moins, par le naturel du sentiment, de l'expression, ce qu'elle renfermait de plus réellement beau et, par exception, de plus conforme au goût antique. Que mes lecteurs me permettent de leur en rappeler quelques-uns, sans doute moins présents à leur mémoire que la contestation si souvent citée d'Oreste et de Pylade.

Lorsque Iphigénie, obligée de choisir, entre les deux Grecs, le seul qu'elle puisse sauver, se décide, par un mouvement secret de préférence qu'elle ne s'explique point, en faveur d'Oreste, elle exprime une détermination, si pénible à prendre et à déclarer, par ce vers des plus simples, des plus touchants, qu'on croirait traduit du grec :

Mais puisqu'il faut choisir.... c'est vous qui partirez [1].

Lorsque Oreste, trompant l'attente d'Iphigénie, lui annonce que Pylade consent à prendre sa place, il prévient l'étonnement peu favorable à son ami qu'il surprend dans le regard, dans le geste de la prêtresse, par ce mouvement rapide comme la pensée et d'une éloquence de sentiment vraiment admirable :

.... Ah ! n'allez point d'une lâche faiblesse
Soupçonner de son cœur l'héroïque noblesse.
C'en est un digne effort s'il me laisse mourir [2]....

C'est encore quelque chose de bien éloquent que ce simple mot « mourez [3] » par lequel réplique Iphigénie ; que ce vers :

Embrassez votre ami que vous ne verrez plus [4] ;

et ceux-ci encore :

Adieu ! Retiens, ami, tes sanglots superflus.
Ne vois pas mon trépas, n'en vois que l'avantage.
L'opprobre et les malheurs étaient tout mon partage.

1. Acte III, sc. 4.
2. Acte III, sc. 6.
3. *Ibid.*
4. *Ibid.*

Adieu ! Conserve en toi, fidèle à l'amitié,
De ton ami mourant la plus digne moitié.
Prends soin à ton retour d'une sœur qui m'est chère.
Daigne essuyer ses pleurs et lui rendre son frère[1].

Tout en vantant, comme je le dois, ce beau passage, je ne puis me défendre de faire remarquer que la dignité solennelle de notre langage tragique y dénature encore un peu l'accent de la passion. *Prends soin* est bien vague, bien général : *daigne essuyer ses pleurs*, bien cérémonieux. L'Oreste grec, à coup sûr, se fût épanché dans ses derniers adieux, dans les dernières recommandations de sa tendresse, avec plus d'abandon, plus de désordre, une tendresse plus familière, plus vive ; à travers sa résignation eût éclaté davantage le trouble d'une âme qui se sépare avec effort de tout ce qui lui est cher, le regret même de cette vie flétrie par la douleur et le remords. Écoutez comme il s'exprime :

« Aux dieux ne plaise, Pylade ! C'est à moi de souffrir ce qui ne regarde que moi. J'ai assez de mon malheur, je ne pourrais suffire à deux. N'allègue point la honte ; elle serait pour ton ami, si, en récompense de tant de dévouement, il te laissait périr. Quant à ce qui me touche, tu peux me croire, traité par les dieux comme je le suis, je ne dois point regretter de mourir. C'est à toi de vivre, toi dont le sort est prospère, dont la maison est pure et fortunée, tandis que la mienne est coupable et malheureuse. Vis donc avec Électre ma sœur ; tu l'as reçue de mes mains, elle sera ton épouse, la mère de tes enfants ; par vous mon nom subsistera, ma race ne sera point entièrement éteinte. Va-t'en, Pylade [2], vis, habite la maison de mon père. Mais, quand tu seras de retour en Grèce, quand tu reverras Argos, je

---

1. Acte III, sc. 6.

2.
Mais toi, par quelle erreur veux-tu toujours sur toi
Détourner un courroux qui ne cherche que moi?
Assez et trop longtemps mon amitié t'accable;
Évite un malheureux, abandonne un coupable.
Cher Pylade, crois-moi, *mon tourment me suffit*....
Va-t'en. . . . .
(Racine, *Andromaque*, acte III, sc. 1.)

Je rétablis dans cette citation, au lieu de *ta pitié te séduit* que porte maintenant le texte, la variante *mon tourment me suffit*, qui complète le rapprochement.

t'en conjure, par cette main que je presse, élève-moi un tombeau qui perpétue ma mémoire : que ma sœur y vienne porter pieusement l'offrande de ses pleurs et de ses cheveux ; fais-lui connaître comment j'ai péri sur un autel, préparé pour le sacrifice par la main d'une Grecque. N'abandonne jamais ma sœur ; reste fidèle à mon alliance, à ma maison, dont tu deviens le soutien. Adieu, le plus chéri, le plus constant des amis, mon compagnon d'enfance et de plaisirs, qui as si généreusement partagé le poids de mes peines. Apollon nous avait trompés ; il ne voulait, ce prophète menteur, que nous écarter de la Grèce, où nous lui étions, à cause de ses anciens oracles, un objet de honte. Pour m'être livré à sa conduite, pour avoir cru ses conseils, j'ai tué ma mère, et, à mon tour, je meurs [1]. »

Je ne sais si je m'abuse, mais, auprès de paroles d'un mouvement si tumultueux et si confus, si pleines de ces redites qui conviennent au trouble et à la douleur d'un adieu, si mêlées de constance et de cette faiblesse involontaire dont l'approche de la mort amollit les plus fiers courages, les vers de Guimond de La Touche ne me paraissent plus qu'un élégant résumé.

Le poëte français a fait usage d'un sentiment qu'on ne rencontre point chez le poëte grec. C'est une sorte d'instinct de tendresse qui porte l'un vers l'autre, avant qu'ils se connaissent, le frère et la sœur. La Harpe l'en a loué comme d'une chose qui est *dans les convenances dramatiques*; j'aimerais mieux qu'il eût dit, ou pu dire, dans la nature. Mais je crains bien que ces pressentiments secrets, ces avertissements de la chair et du sang, d'un effet sûr au théâtre, et qui ont passé en usage, ne soient qu'une convention de l'art [2].

En général, c'est l'esprit de la critique de La Harpe de tout rapporter à certaines pratiques usitées, qu'il décore du nom de théorie, plutôt qu'à la règle suprême, la règle des règles, le vrai et le beau qui ne sont qu'un. Dans cette disposition, il lui arrive d'accorder à des finesses de métier une admiration qui n'est due qu'à des mérites plus

---

1. V. 672-700.
2. Voyez t. II, p. 176.

francs et plus réels. Par exemple, Guimond de La Touche veut que les discours d'Oreste puissent persuader à Iphigénie, sans que pourtant il cherche à la tromper, que son frère est mort. Comment résout-il ce problème dramatique? Par ce dialogue :

IPHIGÉNIE.
Qu'est devenu ce fils?
ORESTE.
L'horreur du monde.
IPHIGÉNIE.
Grands dieux !
ORESTE.
Las de traîner sa misère profonde,
Il a cherché la mort…., qu'il a trouvée enfin [1].

Et La Harpe s'extasie sur l'habileté du poëte qui trompe Iphigénie, sans faire mentir Oreste. A quoi tient-elle cependant? A des réponses ou vagues ou équivoques, que le hasard seul de l'entretien a rendues telles, qu'il pouvait tout aussi bien rendre plus précises et plus claires, et dont assurément ne devrait pas se contenter si facilement celle à qui on les adresse. Quoi! elle demande ce qu'est devenu le *fils* de Clytemnestre, et, lorsqu'on lui répond : *L'horreur du monde*, elle se contente de s'écrier : *Grands dieux!* comme si elle avait appris quelque chose! Une expression obscure lui donne à entendre que son frère est mort, et elle s'en tient là, sans s'inquiéter de savoir en quel lieu et comment! C'est aussi trop peu de curiosité. Jamais vous ne trouverez chez les Grecs de ces dialogues où les interlocuteurs semblent se parler tout exprès pour ne point s'entendre, se chercher avec le dessein formel de ne se point rencontrer. Cet art, si c'en est un, leur manque entièrement, ils n'en ont point donné l'exemple aux modernes, et La Harpe a tout à

---

1. Acte II, sc. 4.

fait raison de l'appeler chez Guimond de La Touche *une découverte*.

Je ne puis non plus approuver qu'il attribue généreusement soit à ce poëte, soit à ses devanciers, Duché et Lagrange, des inventions qu'il serait juste de faire remonter jusqu'à Euripide, et auxquelles il est fort douteux que les imitateurs du tragique grec aient rien ajouté. La reconnaissance du frère et de la sœur, par exemple, telle qu'elle était chez lui et chez Polyidus, pouvait-elle être embellie en quelque chose et l'a-t-elle été ? La Harpe paraît le croire, puisqu'il dit magistralement : « Nous voulons des reconnaissances graduées avec plus d'art. » Quant à moi, je le trouve tout à la fois et bien dédaigneux si de telles beautés ne peuvent le satisfaire, et bien indulgent s'il lui suffit de ce qu'on y a substitué.

Cette revue ne doit comprendre que les ouvrages restés au théâtre ou dans la mémoire. Je ne crois donc pas devoir l'interrompre en m'arrêtant à une Iphigénie en Tauride[1], imprimée en 1757, au fort du succès de Guimond de La Touche, et qui, malgré les éloges que lui donna Fréron[2] dans ses feuilles, ou plutôt d'après ces éloges mêmes, ne paraît pas avoir été très-propre à en troubler le cours. Je me hâte d'arriver à la composition la plus remarquable, sans aucune comparaison, où, depuis Euripide, ait été reproduit cet antique sujet, celle du célèbre Goethe.

Ce n'est pas qu'elle se rapproche davantage de l'esprit de la tragédie grecque. Elle manque, au contraire, presque entièrement de ce mérite que lui attribuent Mme de Staël[3] et, ce qui est plus étonnant de la part d'un juge si compétent en pareille matière, W. Schlegel. Nous pouvons, en toute justice, renvoyer à l'Allemagne ces accusations d'infidélité aux mœurs et au goût antiques qu'elle nous a prodiguées. Son Iphigénie en Tauride est assurément plus

---

1. Par M. de Vaubertrand, avocat au parlement.
2. *Année littéraire*, 1758. t. V, p. 278 sqq.
3. *De l'Allemagne*, II° partie, chap. 22.

allemande que n'est française, par exemple, notre Iphigénie en Aulide.

Goethe, fatigué de l'engouement de ses contemporains pour les pièces à événements et à spectacle, a tendu visiblement à la simplicité ; mais a-t-il été simple à la manière des Grecs ? Pas plus qu'Alfieri, si je ne me trompe. Celui-ci retranche de l'action tout personnage, toute scène, tout détail qui n'est point indispensable à sa marche ; celui-là supprime presque l'action elle-même, en la retenant comme immobile. La simplicité grecque est tout autre : elle ne s'interdit ni le repos, ni le mouvement ; elle s'arrête ou se précipite selon le besoin du sujet, et sa seule loi, son seul caractère, est de se renfermer dans les limites qu'il lui prescrit, sans les franchir, mais aussi sans les resserrer.

La carrière parcourue par Euripide nous semble bien courte, bien étroite ; celle que s'est tracée Goethe l'est bien davantage. Voici à quoi elle se réduit. Iphigénie, aimée de Thoas, rejette les vœux de ce prince, qui, dans son dépit, rétablit l'usage des sacrifices humains, depuis longtemps abolis en Tauride par la bienfaisante influence de la prêtresse. Oreste surpris avec Pylade doit être la première victime qu'elle immolera ; mais elle le reconnaît pour son frère et se dispose à le sauver, quand un scrupule l'arrête ; elle se reproche de tromper Thoas, qui l'a toujours traitée généreusement, lui découvre tout et en obtient, par la persuasion, qu'il les laisse partir. Auprès d'une telle fable, celle d'Euripide est presque un imbroglio.

A cette nullité d'action, dont l'excès volontaire est une recherche certainement étrangère à l'art des Grecs, se joint un vague de formes qui l'est encore plus. Euripide explique tout, motive tout ; chez Goethe tout est indéterminé, fortuit. La scène est placée dans le bois sacré qui entoure le temple de Diane, et son Iphigénie, son Oreste, son Pylade, s'y rencontrent de temps en temps par aventure, comme des promeneurs. Ce bois, en outre, communiquant à la mer, et l'approche en étant interdite aux profanes, il résulte d'une disposition si commode, que le projet d'évasion peut se tramer et s'exécuter à loisir, en toute liberté, sans le moindre danger pour les fugitifs, mais aussi sans la moindre inquiétude de la part des spectateurs. Un événement déjà réduit à si peu de chose, et encore dépouillé de ces circonstances précises qui y ajouteraient de la vraisemblance, de la réalité, de ces vicissitudes d'espérance et de crainte qui lui donneraient de l'intérêt, ne peut constituer, je ne dis pas seulement une pièce grecque, mais une œuvre dramatique.

Aussi, à vrai dire, cet ouvrage est-il bien moins un drame qu'une sorte de dialogue philosophique. Les personnages s'y montrent bien moins occupés de leur situation que des réflexions qu'elle leur suggère sur les grandes questions qui intéressent l'humanité. Les incidents de l'action n'y semblent destinés qu'à fournir matière à leurs controverses. Il y a dans les tragédies grecques beaucoup, peut-être beaucoup trop de moralités; mais elles ont une sorte d'utilité pratique qui les rattache comme règles de conduite, comme motifs de consolation ou d'encouragement, à l'action. Celles qui se rencontrent dans les nôtres, quoique d'un tour plus ambitieux, plus oratoire, ne lui sont pas non plus, par la même raison, tout à fait étrangères. Ici, plus d'action, plus de passion, mais une sorte de rêverie contemplative sur la destinée de l'homme, la nature mystérieuse de son être; une analyse délicate et subtile des sentiments, faite par ceux mêmes qu'ils affectent et au plus fort de la crise.

Certes, la connaissance de l'homme n'a pas manqué aux Grecs : ils étaient fort habiles à démêler les secrets ressorts qui le font penser et agir ; mais ils se gardaient d'en découvrir le jeu autrement que par le mouvement lui-même. Ils ne connaissaient pas cette expression critique qui s'est substituée chez nous au langage naïf de la nature.

Je dis chez nous, car cette manière n'appartient pas en propre à l'Iphigénie de Goethe, ni à Goethe lui-même, ni aux Allemands, mais en général à notre poésie contemporaine. C'est son esprit, je l'ai dit ailleurs[1], de transformer les personnages passionnés en rêveurs spéculatifs. Les héros de ses fictions s'observent sans cesse ; il ne se perdent jamais de vue ; leurs affections sont pour eux un perpétuel sujet de recherches morales, d'expériences psychologiques ; on dirait que s'ils aiment, s'ils haïssent, s'ils craignent, s'ils désirent, s'ils ont heureux ou malheureux, c'est uniquement par curiosité scientifique. Je les comparerais volontiers à ce médecin courageux qui osa s'inoculer la peste, afin de la mieux étudier.

Ce n'est pas seulement cette vue intérieure, par laquelle on se regarde sentir et penser, que Goethe donne à ses personnages ; il leur arrive de se voir et de se décrire même au physique :

« J'étais bien jeune, dit Iphigénie, quand je fus conduite sur le rivage de l'Aulide ; je me souviens cependant du regard timide et inquiet que je jetais avec étonnement et admiration sur ces héros[2]. »

Il y a là un démenti formel à ce que dit quelque part Cicéron, « que l'œil qui voit tout ne se voit pas lui-même. » Même forme dans cet autre passage où le poëte parle, fort bien, il est vrai, à la place d'Oreste :

« Je grandissais, fidèle image de mon père, et mon regard muet était pour elle et son amant un amer reproche. Combien de fois, quand ma sœur Électre était paisiblement assise près du foyer, dans le palais paternel, je me serrai contre son sein, l'âme oppressée ! Elle fondait en larmes, et moi, je la regardais fixement d'un œil inquiet et avide[3]. »

Cette conscience de sa physionomie et de ses impressions, cette exacte connaissance de leur nature et de leurs causes, est tout ce qu'il y a de plus opposé à la naïveté grecque, qui s'ignore et se trahit à son insu. Je voudrais rendre cette différence sensible par un rapprochement.

1. *Mélanges de littérature ancienne et moderne*, p. 440.
2. Acte III, sc. 1.
3. Acte II, sc. 1.

Quand le Philoctète de Sophocle[1] rencontre un homme dans son désert, et que cet homme lui parle sa langue, il exprime sa joie par ces seuls mots, si éloquents : « O douce parole ! » Voici le développement philosophique qu'y ajoute le Pylade de Goethe :

« Sons de la langue maternelle, mille fois agréables sur la terre étrangère ! A ce bienveillant accueil, les côtes bleuâtres de mon pays se représentent à mes yeux, tout captif que je suis.... Mais j'oubliais un moment combien j'ai besoin de toi, et mon esprit était plein de cette délicieuse apparition[2]. »

Philoctète n'en savait pas tant, il n'était pas si habile à se rendre compte de ses secrets mouvements ; tout ce qu'il pouvait était de s'écrier : « O douce parole[3] ! »

Mme de Staël a dit d'Iphigénie, telle que l'a représentée Goethe, qu'elle a le calme d'un philosophe. On pourrait faire des autres personnages le même éloge ou plutôt la même critique. Oreste lui-même se possède assez, et dans ses fureurs, ou plutôt, comme l'a dit l'auteur d'une ingénieuse notice[4], dans ses *ravissements extatiques*, on le prendrait pour un poëte qui compose. Je vais transcrire ce morceau, dont le développement paisible, le ton mélancolique et rêveur, contrastent, on ne peut davantage, avec les emportements frénétiques que l'on s'attendrait à y trouver.

« Encore une, encore une dernière coupe d'eau du Léthé, fraîche source de soulagement ! Bientôt la convulsion de la vie

---

1. V. 219 sqq. Voyez t. II, p. 104 sq.
2. Acte II, sc. 2.
3. Bien avant Goethe, Ruccellai avait lui-même dans sa tragédie, acte II, sc. 1, fait développer par son Iphigénie ces simples paroles de Sophocle, mais en des vers plus voisins de la naïveté grecque que ceux du poëte allemand :

> Ah lassa me, che son di voce è quello,
> Che mi ferisce per gli orecchi il core?
> Oimè che sento io ? quest'è favella
> Della mia dolce patria, dove nacqui :
> Io la conosco, io la conosco, io senti
> La sua bella pronunzia, e i dolci accenti.
> Quanti, e quant' anni ha già rivolti il cielo,
> Ch' io non udi' già mai sì bella voce.

4. M. L. de Guizard, *Chefs-d'œuvre des théâtres étrangers*.

sera chassée de mon sein : bientôt mon âme, abandonnée au fleuve de l'oubli, coulera paisiblement vers vous, puissances des ombres, dans les éternelles ténèbres. Souffrez que le fils de la terre, qui la parcourt depuis si longtemps sans relâche, aille prendre part à votre doux repos ! Mais quel murmure entends-je dans ces feuilles ? quel bruit léger sort de ce crépuscule ? Ils viennent déjà voir leur nouvel hôte ! Quelle est cette troupe imposante comme une famille de princes rassemblés ? elle se livre à une gaieté sans partage : ils marchent en paix, les vieillards et les jeunes gens, les hommes avec les femmes. Leurs nobles visages qui se ressemblent ont un air de divinités. Oui, ce sont les ancêtres de ma famille ! Atrée marche avec Thyeste, et s'entretient familièrement avec lui ; leurs enfants se jouent en riant autour d'eux. N'y a-t-il plus ici d'inimitié entre vous ? La vengeance s'est-elle éteinte avec la lumière du soleil ? S'il est ainsi, je suis aussi le bienvenu, et je ne crains pas de me mêler à votre cortége solennel. Salut, mes pères ; je suis Oreste, le dernier homme de votre race. Ce que vous avez semé, il l'a recueilli ; il est descendu au sombre bord chargé de malédiction. Tout fardeau cependant se supporte plus facilement ici : recevez-moi, oh ! recevez-moi parmi vous. Je t'honore, Atrée, et toi aussi, Thyeste ; nous sommes ici tous exempts de haine. Montrez-moi mon père que mes yeux ne virent qu'une fois dans la vie ! Est-ce toi, mon père ? Quoi ! tu te promènes sans défiance avec ma mère ? Clytemnestre ose te prendre la main. Eh bien ! Oreste aussi osera s'avancer près d'elle et lui dire : « Regarde ton fils ! » Oui, voyez votre fils, ô mes pères ! nommez-le le bienvenu. Sur la terre, ce fut toujours le sort de notre famille, d'être accueillie par l'assassinat, et la race du vieux Tantale a ses joies au delà du tombeau. Vous vous écriez : « Sois le bienvenu ! » et vous m'admettez dans votre sein. Oh ! menez-moi vers mon aïeul, vers Tantale ; où est-il ce vieillard ? que je le voie, que je voie cette tête si précieuse et si vénérable qui fut admise au conseil des dieux. Vous semblez hésiter, vous détournez le visage. Qu'y a-t-il donc ? L'égal des dieux subirait-il des tourments ? Malheur à moi ! malheur à moi ! les dieux tout-puissants ont attaché avec des chaînes de fer de cruelles tortures à l'âme de ce héros [1].

Un des caractères principaux du génie de Goethe est, on le sait, l'aversion du lieu commun. Il a échappé à celui des fureurs d'Oreste, en supposant que son héros a commencé de retrouver la paix dans le bois sacré de la déesse où les Furies n'ont pu le suivre, dans les embras-

1. Acte III, sc. 2.

sements de sa sœur, qui, par une mystérieuse destinée, a été mise comme en réserve pour purifier un jour, par son innocente et sainte présence, la maison souillée des Atrides.

Dans tout le reste de l'ouvrage, Goethe ne paraît pas moins occupé d'éviter la trace de ses devanciers ; et s'il ne peut fuir toujours la tradition mythologique qui leur est commune, du moins cherche-t-il, comme ici, à la renouveler par une explication ingénieuse. Ce n'est pas l'esprit, il s'en faut, qui manque à ses innovations, mais trop souvent l'intérêt, la vraisemblance, la couleur locale. Ainsi, il n'a pas voulu renouveler, après tant d'autres, le combat d'amitié d'Oreste et de Pylade ; mais qu'a-t-il mis à la place ? une lutte de procédés délicats entre Thoas et Iphigénie. Il a donné, avec raison, à Pylade un rôle plus actif qu'on n'avait encore fait ; mais pouvait-il raisonnablement réduire Oreste à une continuelle inaction ? Enfin, cette révolution qu'a opérée la présence d'Iphigénie dans les mœurs de la Tauride est par trop complète ; Thoas, qui les représente, ne conserve plus rien d'un Scythe ; c'est par une modestie de bon goût qu'il veut bien, avec tant de politesse, de raffinement, s'appeler encore un barbare, un sauvage ; et quand il menace de rétablir la cruelle coutume des sacrifices humains, on ne peut croire à ses paroles ni en avoir peur ; on dirait volontiers de lui ce qu'a dit Favart du Thoas de Guimond de La Touche :

Quand il fait le méchant, c'est un air qu'il se donne.

Il y a plus d'une voie pour arriver au faux. Le fracas, la galanterie convenus de nos vieux romans, de notre vieille tragédie, y ont conduit tout droit les auteurs de nos Iphigénies. L'auteur de l'Iphigénie allemande y est arrivé par plus de détours, à force d'esprit et de finesse. Les scrupules d'Iphigénie, la passion discrète et généreuse de Thoas, offrent une perfection chimérique, même ailleurs que dans l'antique Tauride, et qui n'est point du tout l'idéal des Grecs.

Pylade seul est représenté avec quelque vérité. Il a le génie vif, hardi, fécond en ressources, et quelquefois peu scrupuleux, que de tout temps on a attribué à ses compatriotes. Son seul défaut est de le trop savoir.

Mais ce qu'il y a de plus vrai dans cet ouvrage, ce qui, de l'aveu de Goethe[1], en a fait le succès, c'est la peinture de la fatalité, qui de génération en génération s'est appesantie sur la maison de Tantale. Elle forme comme le fond du tableau, et, par son caractère grand et terrible, elle rachète ce qui peut manquer aux premiers plans. Tantôt c'est la prêtresse de Diane qui, révélant à Thoas le secret de son nom et de sa naissance, lui fait des infortunes et des forfaits de sa race un récit qu'elle interrompt tout à coup au festin d'Atrée, par ce trait imprévu et énergique : « .... Tu détournes le visage, ô roi ; ainsi le soleil détourna le sien, et fit quitter à son char l'éternelle route[2]. » Tantôt Pylade et Oreste racontent à Iphigénie, qui leur est encore inconnue, le premier le crime de Clytemnestre, le second son châtiment[3] : distribution habile, qui coupe la suite uniforme de toutes ces catastrophes, et en varie l'effet. Enfin, dans un moment d'attente douloureuse et inquiète, Iphigénie se rappelle un chant qu'elle a appris dans sa jeunesse, et qui retrace en images sublimes la chute de Tantale et l'irrévocable malédiction attachée à sa postérité. Je suis heureux de pouvoir citer ce morceau, loué avec enthousiasme par Mme de Staël, dans l'élégante imitation qu'en a donnée depuis un des traducteurs français du théâtre de Goethe, auquel j'ai fait déjà plus d'un emprunt, M. Albert Stapfer :

Mortels, craignez les dieux !
Leur main est du pouvoir seule dépositaire ;
Leur caprice est la loi qui gouverne la terre,
Qui gouverne les cieux !

---

1. *Sur ma vie*, liv. XV.
2. Acte I, sc. 3.
3. Acte II, sc. 1 ; III, sc. 1.

Tremblez surtout, vous qu'un choix redoutable
Fait monter au banquet des rois de l'univers !
Des nuages flottants soutiennent dans les airs
　　Leurs siéges d'or, et leur céleste table,
Et des gouffres sans fond à leurs pieds sont ouverts.

　　　Qu'un moment la concorde cesse,
　　　Les dieux, d'une main vengeresse,
　　　De leur convive dans l'ivresse
　　　Arrêtant les transports joyeux,
　　　Le précipitent dans l'abîme,
　　　Où la malheureuse victime
　　　Au jour ferme à jamais les yeux :
　　　Vainement des lieux du supplice
　　　Sa voix demande encor justice ;
　　　Sa voix expire aux pieds des dieux.

Mais sur leurs trônes d'or, en d'éternelles fêtes,
　　　Ces dieux, au-dessus de nos têtes,
　　　Règnent dans une douce paix.
De montagne en montagne ils promènent leur gloire :
　　　L'haleine des Titans défaits
　　　Monte en vapeur vers leurs palais
　　　Comme l'encens de la victoire.

　　Ils détournent leurs yeux puissants
　　De la race où jadis éclata leur vengeance,
Pour ne point retrouver dans les yeux des enfants
　　　Une importune ressemblance.
　　　Ces traits, qu'ils aimaient autrefois,
　　　Leur cœur aujourd'hui les abhorre ;
Ils évitent le fils ; par ses yeux, par sa voix
　　　L'aïeul leur parlerait encore.

　　　Ainsi les filles des enfers
　　　Chantaient sur la funeste rive.
Au fond du gouffre obscur Tantale dans les fers
　　　Leur prête une oreille attentive :
　　　Il a compris leurs sinistres accents,
　　Et, secouant la tête, il songe à ses enfants [1].

C'est dans cette élévation d'idées, dans cette richesse
d'images, dans un style appelé divin par les Allemands,

---

1. Acte IV, sc. 5. Une élégante traduction en vers français de la pièce de Goethe a été publiée en 1855, à Stuttgard, par M. Eug. Borel.

que consiste surtout l'intérêt de l'Iphigénie de Goethe. Car, j'ai essayé de le montrer, une action nulle, une marche lente, des formes indécises, le caractère rêveur et abstrait des sentiments et du langage, l'altération des traditions et des mœurs, non-seulement ne permettent pas de la rapprocher de ces modèles grecs que peut-être elle prétendait reproduire, mais encore lui retirent cette vie dramatique dont l'auteur, avec tant de génie et de gloire, a su animer plus d'un sujet moderne.

Lorsque je juge si librement, dans ses rapports avec la tragédie grecque et les conditions ordinaires de la scène, un des chefs-d'œuvre de Goethe, j'ai besoin de me rassurer contre des doutes légitimes par quelques autorités.

Un critique savant et judicieux, très-compétent et très-favorable appréciateur du grand poëte, dans une intéressante revue de ses œuvres, a justifié l'Iphigénie allemande et du même coup quelques belles productions de la littérature française, en alléguant, pour la défense de Goethe, précisément ces infractions à l'exacte vérité des mœurs et des idées antiques, que l'on a quelquefois, et surtout en Allemagne, si sévèrement reprochées à nos écrivains. « Dans cet ouvrage, a dit M. Ampère[1], que les Allemands et l'auteur lui-même semblent regarder comme la plus achevée de ses compositions dramatiques..., des sentiments d'une délicatesse toute chrétienne, d'un raffinement tout moderne se cachent sous des formes empruntées à l'antiquité.... Ces conceptions sont les siennes et non celles d'Euripide..., et je ne lui en fais pas de bien sévères reproches; je ne puis le blâmer beaucoup d'être resté lui-même. Qu'ont fait d'ailleurs Fénelon et Racine? Est-ce dans l'antiquité, dont le caractère est peut-être assez empreint dans leurs ouvrages, qu'ils ont trouvé, l'un la jalousie de Phèdre, l'autre la morale évangélique répandue dans le Télémaque? Goethe a fait comme eux, et il était moins homme que personne à s'oublier complétement dans l'imitation d'un modèle;

---

1. Voyez le *Globe*, t. III, p. 342, n° 64, du 20 mai 1826.

il a bien pu emprunter à la muse antique de beaux accents, mais pour inspirer le motif de son chant, il lui fallait deux muses vivantes, son âme et son temps. »

Depuis, dans un chapitre rappelé plus haut[1], M. Saint-Marc Girardin a pu, sans manquer de respect à Goethe, faire ressortir finement le caractère moins grec que moderne, que germanique, plus méditatif, plus contemplatif que dramatique, d'un bon nombre de passages de son Iphigénie.

Les critiques allemands eux-mêmes n'ont pas toujours tenu un autre langage ; témoin assez récemment l'auteur d'un bon livre sur Euripide, que j'ai souvent cité, M. J. A. Hartung[2]. W. Schlegel avait dit[3] : « Iphigénie en Tauride s'allie de plus près à l'esprit de la Grèce qu'aucun ouvrage des modernes, » ajoutant toutefois : « mais c'est le reflet et l'écho d'une tragédie grecque plutôt qu'une tragédie grecque véritable. » M. Hartung, rarement d'accord avec Schlegel, en sa qualité de champion d'Euripide, est loin de juger l'Iphigénie de Goethe aussi grecque qu'on l'a dit ; il est vrai que, par compensation, elle ne lui paraît pas non plus aussi complétement moderne qu'à d'autres. « . . . . Qui vere antiquum esse ac penitus ad mentem Græcorum expressum Gœthii opus judicarunt et qui in recentium populorum sententiis idem totum habitare affirmaverunt perinde et errasse et verum vidisse videntur. » Un peu plus loin il s'est permis de trouver qu'à certains égards l'ouvrage de Goethe, avec tous ses mérites, auxquels il rend un juste hommage, n'est pas très-propre à la scène : « Minus aptum theatris propter mediocritatem affectuum, propter summam hominum, tanquam imaginum, tranquillitatem, propter sententiarem subtilitatem et propter opinionum inter se certantium absentiam[4]. »

Dès 1779, Goethe avait écrit en prose son Iphigénie.

---

1. Voyez p. 93.
2. *Ibid.*, p. 156, sqq.
3. *Cours de littérature dramatique*, leçon XVIIe.
4. M. Hartung rappelle, *ibid.*, d'autres parallèles de la pièce grec-

C'est dans l'année 1786, pendant son voyage d'Italie, qu'il la mit en vers, attiré déjà par un autre sujet, qui ne surprendra pas les lecteurs de ce chapitre : ils en ont vu [1] l'indication dans un de ces récits dont l'érudition d'Hygin empruntait la matière au théâtre tragique des Grecs.

« Je m'étais proposé, à mon départ de Cento, écrit Goethe, dans son voyage d'Italie, sous la date du 19 octobre 1786 [2], de me remettre au travail de l'Iphigénie. Mais voyez ce qui m'est advenu ! Il a plu à l'esprit de faire passer devant mon âme le sujet de l'Iphigénie à Delphes, et force m'a été de l'esquisser. J'en veux donner ici le trait aussi rapide que possible :

« Électre ayant quelque espérance qu'Oreste apportera la statue de la Diane taurique à Delphes, paraît dans le temple d'Apollon et consacre au dieu, comme expiation finale, la hache cruelle qui a consommé tant de forfaits dans la maison de Pélops. Elle se rencontre avec un jeune Grec qui lui raconte comment il a accompagné Oreste et Pylade en Tauride, comment il a vu mener à la mort les deux amis et s'est lui-même sauvé heureusement. La violente Électre ne se connaît plus et ne sait si elle doit tourner sa colère contre les dieux ou contre les hommes. Cependant Iphigénie, Oreste et Pylade viennent aussi d'arriver à Delphes. Le calme religieux d'Iphigénie contraste singulièrement avec l'emportement tout humain d'Électre, dans le rapprochement de ces deux femmes qui se rencontrent sans se reconnaître. Le Grec fugitif aperçoit Iphigénie ; il reconnaît en elle la prêtresse qui a sacrifié les deux amis, et la dénonce à Électre.

---

que et de la pièce allemande par G. Hermann, Grever, G. E. Weber. Nous y pouvons ajouter une thèse assez récemment soutenue, en 1864, par M. A. Lagrelle, devant la faculté des lettres de Paris : *De celeberrima apud Germanos fabula quæ inscribitur Iphigenia Taurica.*

1. Plus haut, p. 115, sq.
2. On lit dans une autre lettre écrite de Rome, le 26 février 1787, ce passage qui nous montre, à cette date, l'esprit de Goethe toujours obsédé du nouveau sujet qu'il avait conçu et qui disputait à ses plus célèbres œuvres son attention : « Ne ferais-je pas mieux d'écrire *Iphigénie à Delphes* que de m'escrimer avec les chimères du *Tasse* ? »

Celle-ci, armée de la hache fatale qu'elle enlève à l'autel, est sur le point de tuer Iphigénie, lorsqu'une péripétie heureuse préserve les deux sœurs et leur frère de cette dernière et terrible catastrophe.

« Si cette scène réussit, on n'aura pas souvent vu au théâtre quelque chose de plus grand et de plus touchant. »

On doit bien regretter que Goethe n'ait pas mis ce plan à exécution. Il a été tardivement repris, je ne sais avec quelle fidélité et quel succès, par un poëte viennois, M. Halms, dans une Iphigénie à Delphes représentée, je crois, en 1856.

Une publication de date plus récente nous ramène à l'œuvre capitale dont il est surtout traité dans ce chapitre et par laquelle il convient de le finir. En 1861 a été publiée à Berlin, par un maître habile autant que modeste et zélé, M. Th. Kock, une traduction grecque de l'Iphigénie allemande, dans des mètres et dans un style savamment empruntés aux grands modèles tragiques d'Athènes. L'hommage commun rendu par l'auteur à des génies de natures comme d'époques si diverses, est ingénieusement annoncé, au frontispice du volume, par un médaillon qui réunit les deux profils d'Euripide et de Goethe.

CHAPITRE DIX-SEPTIÈME.

Rhésus.

Aux tragédies de divers genres que je viens de passer en revue, à celles où une sorte d'unité collective rassemble dans une même composition plusieurs fables distinctes, à celles qui intéressent par la singularité romanesque des aventures, je crois devoir faire succéder, dans ces Études, le *Rhésus*, que caractérisent la variété des incidents, la multiplicité des personnages, l'appareil du spectacle, le mouvement plus extérieur qu'intime de la scène.

Horace conseillait aux poëtes dramatiques de ne pas produire au théâtre des sujets absolument nouveaux, de mettre plutôt en actes quelques récits de poëte épique, d'Homère par exemple[1]. Il était d'accord avec la pratique constante des tragiques grecs, à cela près que ceux-ci, c'est Aristote[2] qui le remarque, ont plus emprunté aux poëtes cycliques qu'à l'Odyssée, et surtout, en raison de sa sévère unité, qu'à l'Iliade. De l'Iliade, Eschyle ne paraît avoir tiré qu'une trilogie comprenant, sous ces titres, *les Myrmidons*, *les Néréides*, *les Phrygiens*, ainsi que la Briséis de notre théâtre, tout l'ensemble du poëme : dans la première des trois tragédies, le repos obstiné d'Achille avec la mort de Patrocle qui y met un terme ; dans la seconde, la vengeance qu'il tire d'Hector au moyen des nouvelles armes apportées par Thétis ;

1. *Epist. ad Pison.*, v. 129 sp.
2. *Poet.*, XXIII.

dans la troisième, le sacrifice qu'il fait de son ressentiment aux prières du roi des Troyens[1]. L'Iliade n'a fourni à Sophocle, autant qu'on peut le savoir du moins, que ses *Phrygiens*, que l'idée générale de son *Thamyris*[2], de son *Phénix*[3]; à Euripide enfin, avec la matière d'un autre *Phénix*[4], que celle de son *Rhésus*, si toutefois (cette question a été fort controversée ; j'y reviendrai plus tard) il est l'auteur de cette pièce.

Ce qui se lit au dixième chant de l'Iliade et qu'ont souvent rappelé les poëtes latins, Virgile décrivant les bas-reliefs des temples de Carthage[5], ou expliquant la généalogie d'Eumède[6]; Ovide, dans la lettre de Pénélope à Ulysse[7], dans les entretiens d'Ulysse avec Calypso[8], est assurément plein d'intérêt. Mais cet intérêt est-il bien celui du drame, de la tragédie? On en peut douter. Les Grecs, resserrés dans leur camp par les Troyens vainqueurs, envoient, pendant une nuit d'alarmes, Diomède et Ulysse observer les dispositions de leurs ennemis. Les Troyens, de leur côté, confient une mission semblable à Dolon. Surpris en chemin par les deux héros grecs, le Troyen, avant qu'ils l'immolent, leur abandonne des secrets qui leur permettent de pénétrer impunément dans le quartier des Thraces arrivés de la veille, d'y massacrer, pendant son sommeil, leur roi Rhésus, et d'emmener ses fameux coursiers. Ce sont là des accidents de guerre

---

1. Voyez G. Hermann, *De Æschyli Myrmidonibus, Nereidibus, Phrygibus Dissert.*, 1833 ; *Opusc.* 1834, t V, p. 136 sqq. Cf. Welcker, *Tril.*; Ahrens, *Æschyl.*, éd. F. Didot, 1842, p. 181 sqq. Voyez aussi Hygin.; *Fab.* cv, *Hectoris lytra*; Attius, fragments des tragédies suivantes : *Achilles* ou *Mirmidones*, ou *Hellenes, Briseis, Epinausimache, Nyctigresia*, et sur ces pièces, en dernier lieu, O. Ribbeck, *Tragic. latin. reliq.*, 1852, pr 303 sqq. Chez le mythologue et le tragique latins se retrouvent des traces de la trilogie d'Eschyle.
2. *Iliad.*, II, 594 sqq.
3. *Ibid.*, IX, 447 sqq.
4. Voyez t. I, p. 108 ; III, 95 sqq.
5. *Æn.*, I, 469 sqq.
6. *Ibid.* XII, 349 sqq.
7. *Heroid.*, epist. I, 39 sqq.
8. *Art. amat.*, II, 123 sqq.

auxquels s'applique parfaitement le principe d'Aristote[1], que l'action d'un ennemi qui tue son ennemi ne peut suffire à la pitié tragique : leur succession fortuite attache dans un récit, mais ils manquent peut-être de la liaison, de la connexion nécessaires à l'intérêt, à l'unité dramatiques. On le sent, en lisant la pièce, malgré l'art assez remarquable avec lequel l'auteur les y a groupés, les y a rassemblés, resserrés dans d'étroites limites de temps et de lieu, enfin rattachés au développement fatal de la destinée de Rhésus.

A cette espèce de concentration d'éléments un peu discordants préparait un prologue dont nous n'avons que le premier vers, conservé par le grammairien qui a rédigé l'argument grec du *Rhésus*. Selon ce grammairien, il existait de cette tragédie un second prologue, dont il fait honneur aux comédiens. Il en cite onze vers qu'il dit tout à fait prosaïques, jugement tantôt contredit[2], tantôt confirmé[3] par les critiques modernes; ce qui montre bien, pour le dire en passant, que, quand il s'agit des anciens, il est difficile de prononcer, avec une entière certitude, sur le mérite du style. Dans le premier des deux prologues, le véritable, Minerve parlait peut-être seule ; dans le second, elle dialoguait avec Junon : dans l'un et dans l'autre, ces déesses étaient représentées comme venant au secours des Grecs vaincus et menacés par les Troyens. Le *Rhésus* a peu perdu en perdant son prologue ; ainsi que l'*Iphigénie en Aulide*, qui a subi la même suppression[4], il s'explique très-bien sans cette préface.

1. *Poet.*, xiv. Voyez Hardion, *Sur la tragédie de Rhésus; Mém. de l'Académie des Inscriptions et Belles-lettres*, t. X, p. 323.
2. Valkenaer, *Diatrib. in Eurip. frag.*, IX, X.
3. God. Hermann, *De Rheso tragœdia Dissertatio; Opusc.* 1828, t. III, p. 262 sqq. L'existence de ces deux prologues est au nombre des arguments que fait valoir Hermann pour établir qu'il y a eu deux *Rhésus*, un écrit par Euripide, et un, celui que nous possédons, qui lui a été prêté. Plusieurs en ont tiré cette conséquence, que le *Rhésus* était primitivement sans prologue, et qu'on s'est avisé après coup, et par un double effort, de lui en donner un, pour le rendre conforme aux autres productions du poëte auquel il était attribué, d'Euripide. Voyez O. F. Gruppe, *Ariadne*, etc. Berlin, 1834, ch. vii-x.
4. Voyez t. III, p. 8 sqq.

Un récent et ingénieux interprète d'Euripide [1] pense l'avoir retrouvé. Les fragments du théâtre tragique d'Attius offrent des traces d'une tragédie [2], dans les premières scènes de laquelle, à ce qu'il semble, on voyait Agamemnon, convoquant la nuit les généraux grecs et leur faisant part de ses inquiétudes sur le salut de l'armée, Diomède se proposant pour aller observer les Troyens, et s'adjoignant dans cette entreprise hasardeuse son compagnon ordinaire Ulysse, ce qui commence le dixième livre de l'Iliade, la Dolonie. Or, selon M. Hartung, le titre transcrit du grec de cette tragédie, Nyctegresia, ou Nyctegersia, l'Alerte nocturne, était le titre véritable, comme la pièce était l'imitation du *Rhésus*, et dans ce qui reste des premières scènes subsiste l'idée du prologue perdu [3]. Ainsi par une disposition dont même *les Euménides* [4] d'Eschyle ne présentent qu'imparfaitement l'analogue, et qui aurait devancé de bien loin les libertés du drame romantique, la pièce commencée dans le camp des Grecs se serait achevée dans le camp des Troyens. M. Hartung l'admet sans difficulté, et il lui paraît que de l'opposition de ses deux parties, grecque et troyenne, devaient résulter des effets capables d'ajouter aux mérites et d'atténuer, d'annuler même les défauts remarqués dans le *Rhésus*.

Quoi qu'il en soit de cette conjecture, c'est, pour nous, dans le camp des Troyens, devant la tente d'Hector, que commence l'action, et c'est, chose pour nous encore à peu près nouvelle (l'*Iphigénie en Aulide*, l'*Électre* d'Euripide, peut-être les *Perses* d'Eschyle, offrent seuls, et à la pre-

---

1. J. A. Hartung, *Eurip. restitut.* 1843, t. I, p. 11 sqq.
2. Voyez sur cette tragédie, avec l'ouvrage précédemment cité, Bothe, *Poet. lat. scenic. fragm.* 1823, p. 224 sqq., O. Ribbeck, *ibid.*, p. 168, 306 sqq. et, en dernier lieu, G. Boissier, *le poète Attius, étude sur la tragédie latine pendant la République*, 1857, p. 38.
3. Avant E. Hartung, Fr. Vater, *Rhesus cum schol. antiq.* 1837. avait pensé que la *Nyctegresia* était une imitation du *Rhésus*; mais les premières scènes, dont il reste des fragments, lui semblaient une addition du poëte latin.
4. Voyez notre tome I, p. 372.

mière scène, quelque chose de semblable[1]), pendant la nuit[2]. Comment les anciens pouvaient-ils, dans leurs théâtres découverts, je ne dis pas représenter, mais indiquer la nuit? L'indiquaient-ils même, ou bien, je le croirais plus volontiers, s'en reposaient-ils, quant à cette partie de la mise en scène, sur l'imagination des spectateurs, avertis par les vers du poëte? On ne le sait. Quoi qu'il en soit, dans ce camp des Troyens, que nous nous figurons facilement, à la lecture, enveloppé de ténèbres, près de la tente d'Hector, encore fermée, arrive la troupe chargée de veiller aux portes pendant la quatrième part de la nuit[3], pour le reste de l'armée. Elle vient donner au général un avis important, et elle vient tout entière, quoiqu'elle eût agi plus régulièrement, plus sagement, en se contentant de charger du message un des siens. Elle ne commet pas cette imprudence[4], qui lui sera plus tard reprochée[5], et entraînera de fâcheuses conséquences, sans une raison qui, par malheur, est simplement

---

[1]. Voyez t. I p. 223; II, 341; III, 11 sqq. Dans le *Plutus* d'Aristophane, v. 627 sqq., dans l'*Heautontimorumenos*, imité de Ménandre par Térence, v. 410, il est question, comme dans nos pièces modernes, d'entr'actes nocturnes.

[2]. De cette circonstance, un critique qui retire, avec bien d'autres, le *Rhésus* à Euripide, mais pour l'attribuer, cela lui est particulier, on le verra plus loin, à quelque Alexandrin, God. Hermann (*ibid*) a conclu que la pièce, œuvre de cabinet, n'avait pas été faite pour être représentée.

[3]. V. 5. Cf. *Iliad*. X, 253. La nuit, divisée en quatre parts chez le poëte tragique, ne l'est qu'en trois chez Homère. Sénèque, on l'a remarqué, suivait, au sujet du jour, il est vrai, la plus ancienne division, lorsqu'il disait (*Thyest.*, 798):

> Nondum in noctem vergente die,
> Tertia misit buccina signum.

Properce (*El.* IV, iv, 61) avait auparavant suivi la seconde, devenue celle des Romains, dans ce vers:

> Et jam quarta canit venturam buccina lucem.

[4]. L'imprudence ne serait pas beaucoup moindre, si, comme le suppose M. Hartung (*ibid.*, p. 20), ce n'étaient pas les soldats eux-mêmes, mais leurs chefs, qui fussent venus en si grand nombre trouver le général.

[5]. V. 818 sq.

littéraire, c'est qu'elle compose le chœur, et qu'à ce titre elle est obligée d'abandonner son poste militaire, pour venir prendre, entre l'orchestre et la scène, le poste dramatique que lui assigne l'ordonnance du théâtre.

Hector, informé que le camp des Grecs semble plus éclairé que de coutume, et qu'on y remarque un mouvement extraordinaire, en conclut que les ennemis repoussés la veille dans leurs retranchements, et sauvés d'une déroute entière seulement par la nuit, songent à se rembarquer avant le jour. Il gémit d'une fuite qui lui arrache des mains sa victoire inachevée; il ordonne qu'on s'éveille, qu'on s'arme au plus vite, pour aller du moins la troubler, l'ensanglanter. Dans cet élan guerrier paraît un grand amour de la gloire, une grande ardeur de courage, mais aussi une précipitation d'esprit plus convenable à un soldat qu'à un général. Le chœur le lui fait discrètement entendre, et bientôt Énée, qui accourt au bruit, le lui répète avec la rude franchise de ces anciens temps. « Plût aux dieux, lui dit-il, que tu susses penser aussi bien qu'agir. Mais nul mortel ne possède à la fois tous les dons : à chacun son partage, à toi le combat, à d'autres le conseil[1]. » C'est la différence que met précisément entre Hector et Énée, Philostrate, disant[2] que l'un était le bras, l'autre la pensée des Troyens; c'est celle qu'on trouve établie, dans l'Iliade[3], entre Hector et Polydamas, auteur, en plus d'un endroit de ce poëme, de prudents et francs avis, comme l'est ici Énée, mais pas toujours aussi docilement écouté. Il ne me paraît donc pas que l'écrivain, quel qu'il soit, à qui appartient le *Rhésus*, s'écarte autant qu'on l'a dit[4] de la tradition homérique dans ce contraste, peut-être cependant trop marqué, entre l'emportement irréfléchi d'Hector et la prudence d'Énée. Il

---

1. V. 105 sqq.
2. *Heroic.*, XIII.
3. *Iliad.*, XII, 218 sqq. ; XIII, 726 ; XVIII, 252,
4. Valckenaer, *Diatrib. in Eurip. fragm.*, x. Hardion (*ibid.*) trouvait les caractères des principaux personnages de cette tragédie « tels précisément qu'Homère les avait donnés. »

ne s'écarte pas non plus de la tradition d'Euripide, et ici se retrouve l'opposition marquée dans *les Phéniciennes*[1] entre la fougue imprudente d'Étéocle et la sagesse plus calme de Créon[2]. Énée remontre au chef des Troyens que c'est trop se presser de croire, sur des indices trompeurs, à la retraite des Grecs, d'ordonner une attaque nocturne que la résistance imprévue de ceux qu'on imagine surprendre pourrait rendre bien dangereuse; qu'il est plus à propos de laisser l'armée se reposer par le sommeil des fatigues de la veille, et d'envoyer cependant vers l'ennemi quelque adroit éclaireur, qui s'assure de ses véritables intentions. Hector doit se rendre à un avis si raisonnable, et il ne perd pas de temps pour demander quel est, parmi les Troyens qui l'entourent, le bon citoyen disposé à se charger de cette entreprise délicate et hasardeuse. Dolon se présente, Dolon que son nom seul (ce nom, on le sait, veut dire ruse) semblait y prédestiner. Hector ne manque pas de le lui dire[3], le louant de son amour pour sa patrie, le félicitant de la gloire dont il va se couvrir. Mais il faut à Dolon, qui ne s'en cache pas, ce n'est pas un héros[4], quelque chose de plus, une grande récompense. Hector cherche quelque temps, jeu de scène qui ne manque pas d'agrément, ce que ce peut être. Veut-il devenir le gendre de Priam? non : il n'a pas l'ambition de s'allier à d'autres qu'à ses égaux. Veut-il de l'or, des captifs dont il puisse obtenir de grosses rançons? non : il est assez riche. Veut-il avoir pour esclave quelque illustre chef? non encore, il en tirerait pour cultiver ses champs peu de services? Que veut-il donc? Il hésite longtemps à le dire, et déclare enfin que ce sont les chevaux d'Achille. Ces chevaux d'une race immor-

---

1. V. 690 sqq.
2. Voyez notre tome III, p. 303.
3. V. 158. Sur ces allusions, fréquentes dans les tragédies grecques, au sens fatal des noms propres, voyez t. I, p. 320; II, 17 sq.; III, 320.
4. Beck, *Diatribe critica de Rheso, supposititio Euripidis dramate*, blâme donc à tort la maxime exprimée au vers 162 sq. Elle n'est pas très-relevée, mais elle convient au personnage.

telle[1], donnés par Neptune à Pélée, de qui les tient Achille, Dolon veut les avoir, et Hector, que flattait l'espoir d'une telle conquête, consent à les lui céder. Il y a dans cette confiance avec laquelle non-seulement le présomptueux Dolon, mais le noble Hector disposent d'avance du bien d'Achille, quelque chose de comique, qui fait penser à une fable de notre La Fontaine, et qui pourtant se trouvait déjà, quoique plus légèrement indiqué, dans le dixième livre de l'Iliade[2].

Ce qui ne s'y trouvait pas[3], et qui s'approche trop aussi de la comédie, c'est le stratagème prêté depuis, plus convenablement, par Longus[4], par Apulée[5], à des personnages de roman[6], au bouvier Dorcon, au brigand Thrasiléon, le stratagème duquel Dolon annonce, non pas devant Hector, rentré dans sa tente, je veux le croire, mais devant le chœur, qu'il se servira pour tromper la surveillance des sentinelles grecques. Il se couvrira la tête, le corps entier d'une peau de loup, et, marchant à la manière des bêtes, pénétrera dans le camp ennemi; puis se redressant sur ses pieds, ira brusquement couper la tête soit d'Ulysse, soit de Diomède, afin de rapporter aux siens un témoignage irrécusable de la manière dont il aura accompli sa mission. Le chœur vante complaisamment son esprit inventif, son audace, et, quand il est parti, exprime dans quelques strophes adressées à Apollon des espérances que ne peut, en conscience, partager le spectateur, tant elles sont chimériques. Les Troyens pa-

---

1. V. 185. Cf. *Iliad.* XVI, 143 sqq.
2. V. 319 sqq. Cf. 390 sqq. L'auteur d'un *Examen critique de la tragédie de Rhésus*, publié à Genève en 1843, M. Th. Borel, trouve, p. 59, qu'il y a entre la mention des chevaux d'Achille au commencement de cette tragédie et celle des chevaux de Rhésus à la fin, une sorte de correspondance ingénieuse.
3. Cf. *Iliad.*, X, 334.
4. *Pastoral.*, I.
5. *Metam.* IV.
6. Musgrave, cependant, renvoie à un passage de Josèphe, *De Bello Jud.*, III, vii, 14, où l'historien raconte avoir recommandé à des émissaires chargés par lui d'un message important un moyen d'échapper aux sentinelles ennemies à peu près semblable.

raissent, dans cette pièce, depuis le général jusqu'aux soldats, un peu sacrifiés par le poëte grec[1].

Survient un pâtre du mont Ida, qui demande Hector et en est d'abord assez mal reçu. Le héros suppose, toujours très-prompt dans ses suppositions, que le rustre vient dans un camp, à la vue de l'ennemi, la veille d'une bataille, l'entretenir mal à propos de l'état du troupeau royal. Il n'en est rien cependant: il s'agit d'une bien importante nouvelle, que fait connaître un récit du pâtre, fort naïf à l'ordinaire, et quelquefois d'une expression très-vive. Une armée a pénétré la nuit dans les forêts de l'Ida, s'y précipitant à grand bruit, comme un torrent. Ils l'ont prise d'abord pour un corps de Grecs, et se sont hâtés de chasser leurs troupeaux vers le sommet de la montagne. Puis, comme aucune parole grecque ne parvenait à leur oreille, ils se sont rapprochés, et ont appris que ces arrivants étaient des Thraces, amenés au secours de Troie par leur roi Rhésus. Ils ont vu, avec admiration, défiler des troupes de tout genre, cavaliers, fantassins, hommes de trait, soldats portant la lance et le bouclier, le tout en nombre innombrable. Ils ont surtout admiré le chef de ces troupes, revêtu d'armes où l'or étincelait, traîné sur un char magnifique par des coursiers plus blancs que la neige[2], guerrier redoutable, contre lequel ne pourra tenir Achille. Ainsi finit le pâtre, cette fois bien mal appris: par ses indiscrètes louanges, il blesse, sans le savoir, le légitime orgueil d'Hector.

Hector a vaincu la veille les Grecs et pense achever le lendemain leur défaite; il ne voit pas sans peine survenir un allié, qui, après s'être fait longtemps attendre, partagera, à la dernière heure, l'honneur de la victoire; un chasseur, c'est son énergique expression[3], qui, sans fatigue, prendra part à la proie. Il se fait prier quelque temps avant de consentir à accepter ses services tardifs et superflus.

1. Cf. schol. vatic. ad. v. 247, Euripid. Glasg., 1821, t. V, p. 587.
2. V. 300. Cf. *Iliad.*, X, 437.
3. V. 321 sq. Elle a été, je crois, mal à propos blâmée par Beck, *ibid.*

Je pense que, de nouveau rentré dans sa tente, il n'entend pas les chants où le chœur célèbre, avec quelque grâce, quelque éclat poétique, dans Rhésus, dans ce jeune prince de Thrace qu'a engendré, non pas comme le dit Homère[1], Éionée, mais, selon une tradition plus récente, le Strymon, roulant ses eaux autour du chaste corps d'une Muse[2], le futur libérateur de Troie, celui qui la rendra à la joie des festins; où il peint, sans doute pendant qu'il s'avance vers la tente d'Hector, son air royal et belliqueux, l'éclat de ses armes d'or, le reflet redoutable de son bouclier, dont le fils de Pélée sera lui-même ébloui, le son menaçant des clochettes d'airain qui retentissent alentour. Ce dernier détail[3] n'est pas aussi propre aux mœurs des barbares qu'on pourrait le croire; car c'est précisément ainsi, on peut s'en souvenir, qu'Eschyle a décrit le bouclier de Tydée[4]. Un critique y a vu[5], ingénieusement, une expression symbolique de la jactance.

Rhésus paraît enfin, et Hector, qui est venu à sa rencontre lui adresse, nous pouvions nous y attendre, sur sa longue indifférence pour les dangers de Troie, des reproches assez vifs et d'un tour éloquent.

« 'Fils d'une mère aux chants harmonieux, d'une des Muses[6] et du grand fleuve de la Thrace, du Strymon, toujours j'ai dit la vérité ; je n'ai pas deux langages. Il y a longtemps, oui longtemps, que tu eusses dû venir partager nos travaux, au lieu de nous laisser, autant que cela dépendait de toi, succomber sous la lance des Argiens. Si tu n'as eu nul souci du salut de tes amis, tu ne diras pas que c'est parce qu'ils ne t'ont point appelé. Par combien de hérauts, d'ambassades, les Phrygiens

1. *Iliad.*, X, 435.
2. V. 347 sqq.
3. V. 379 sq. Cf. 304. Sophocle, dans un fragment (*Fragm. incert.* LXXVI), conservé par Plutarque (*Sympos. Probl.*, II. 5), a peint de même les boucliers des Troyens.
4. *Sept. adv. Theb.*, v. 371. Voyez t. I, p. 192.
5. Gruppe, *ibid.*
6. Le poëte ne dit pas laquelle. On variait à ce sujet. Quelques-uns, disaient Clio, d'autres Euterpe, Calliope, Terpsichore. Voyez les scolies du Vatican, ad v. 342, Eurip., Glasg., t. V, p. 589 ; Apollod., *Bibl.* I, III, 4.

n'ont-ils pas réclamé ton secours ! Que de présents ne t'avons-nous pas envoyés ! Et toi, homme de notre race, barbare comme nous, tu eusses laissé, s'il n'eût tenu qu'à toi, les barbares [1] à la merci des Grecs ! Et pourtant, souviens-t'en, tu étais peu de chose, quand cette main fit de toi le roi de la Thrace; quand, près du mont Pangée, dans la Pæonie, affrontant ses plus braves guerriers, rompant contre eux ma lance, je mis sous ton joug cette contrée. Mais tu as foulé aux pieds toute reconnaissance; tu as vu tes amis dans la peine, et n'es venu à leur aide que le dernier. D'autres qui par leur origine ne nous tenaient en rien, étaient ici dès le commencement : les uns, tombés dans les combats, sont ensevelis dans des tombeaux, monuments de leur foi; les autres, encore sous les armes, montant le char guerrier, supportent avec nous le froid des hivers, la soif brûlante des étés, sans s'égayer, comme toi, à faire courir autour de la table du festin la large coupe. Voilà ce que je te reproche, et en face, afin que tu saches qu'Hector dit librement sa pensée[2]. »

Rhésus, protestant lui-même de sa franchise, répond que le désir d'être utile aux Troyens ne lui a pas manqué, mais qu'une longue guerre contre les Scythes l'a, bien malgré lui, retenu. Libre enfin de cet obstacle, il a aussitôt traversé la mer avec son armée; il a franchi, sans s'arrêter, sans s'épargner, avec plus de fatigues et de privations qu'Hector ne paraît se l'imaginer, l'intervalle qui le séparait de ses alliés. Il arrive tard, mais à temps encore; la guerre, vainement soutenue depuis dix ans, n'est pas finie: il la finira, et seul, dès le lendemain; puis, le jour suivant, il se remettra en route pour la Thrace, ou plutôt, car il se reprend, encouragé par les applaudissements que donne le chœur à sa jactance, il s'en ira con-

1. Cf. v. 830; *Iphig. Taur.*. 1142, 1392; *Troad.*, 772, 974, 991, 1021, 1276; Eschyl , *Pers.*, 191, 259, 341, 427, 438; Virg., *Æn.*, II, 504. A tous ces exemples, que rassemble dans une note intéressante (*Eurip.*, t. IV, p. 290) Boissonade, de barbares se désignant eux-mêmes par ce nom, il faut ajouter ceux de Plaute disant (*Asin.*, prol. II; *Trinum.*, prol. 19), de ses traductions latines d'originaux grecs: *Marcus vortit barbare;* faisant allusion (*Mil. glor.*, I, II, 57) à Névius par ces mots : *poetæ barbaro;* appelant (*Pœnul.*, III, II, 21) l'Italie *Barbaria*, etc. C'est bien à tort, Boissonade le remarque, que Beck (*ibid.*) a tiré de cet emploi du mot *barbare* dans la tragédie de *Rhésus* un argument contre l'opinion qui l'attribue à Euripide.
2. V. 390-418.

quérir la Grèce avec Hector, que, par politesse, il veut
bien mettre de la partie. Ce plan de campagne à la Pyrrhus, ou selon un savant et spirituel critique [1] qui trouve
dans cette pièce trois *Miles gloriosus*, à la Pyrgopolinices,
nous ramène de nouveau assez près de la comédie, et
nous n'entendons pas sans sourire Hector répliquer à ce
conquérant que soumettre la Grèce n'est pas chose si
facile, et que, pour lui, il s'estimerait heureux s'il arrivait
seulement à sauver d'elle sa patrie. Cette leçon de modestie ne profite pas à Rhésus. Interrogé sur la place
qu'il lui convient d'occuper dans la bataille, il demande
qu'on l'oppose à Achille, ou bien, car il apprend qu'A-
chille, irrité contre les siens, s'est retiré des combats,
au plus brave des Grecs après ce héros. On lui nomme
Ajax, Diomède, Ulysse surtout, ce guerrier hardi et rusé,
dont les perpétuelles entreprises ont tenu jusqu'ici les
Troyens en échec. Ce n'est pas sans raison qu'on le rappelle, qu'on y insiste, au moment où une entreprise nouvelle va faire apparaître au milieu du camp troyen cet
ennemi redoutable. Mais pour Rhésus, qu'est-ce qu'U-
lysse ? un fourbe sans courage, agissant dans l'ombre.
Qu'il le rencontre, il lui infligera un ignominieux supplice, et fera de son corps le repas des vautours. Ces
bravades sont dramatiques, car elles contrastent étrangement avec le dénoûment qui s'approche et que prévoit le
spectateur.

Pendant qu'Hector conduit Rhésus au poste que ce superbe allié a enfin accepté, les sentinelles, dont se compose le chœur, on ne l'a pas oublié, s'occupent de se
faire relever par celles que le sort appelle à la cinquième
garde, la garde du matin probablement [2]. D'abord ont
veillé les Pæoniens, sous la conduite de ce Corèbe à la
mort duquel nous a si fort intéressés Virgile [3]; puis les
Ciliciens, les Mysiens, les Troyens ; c'est maintenant le

---

1. Valckenaer, *ibid*.
2. V. 558. Cf. 5.
3. *Æn*. II, 341 sqq., 424 sqq.

tour des Lyciens, qu'il faut se hâter d'éveiller, car la venue de l'aurore est proche. Les signes qui l'annoncent se trouvent complaisamment décrits dans d'agréables strophes. On y voit [1] les astres qui s'effacent à l'horizon, les Pléiades qui commencent à paraître, la constellation de l'Aigle planant au milieu du ciel [2], la lune illuminant tout de sa lumière [3] : on y entend les plaintes du rossignol [4] aux bords du Simoïs, la flûte des pasteurs qui déjà mènent leurs troupeaux dans les pâturages de l'Ida. Ces souvenirs de la nature et de la vie champêtre, ainsi jetés, à la façon d'Homère, parmi des scènes de guerre, ont beaucoup de charme. Le chœur, tout pressé qu'il est d'aller goûter le sommeil du matin, qui, dit-il [5], ferme si doucement les paupières, ne se retire pas sans avoir exprimé quelques craintes au sujet de l'éclaireur envoyé vers le camp des Grecs par Hector, et dont le retour se fait bien attendre. Remarquons cette préparation habile à une scène qui va nous donner de tristes nouvelles de Dolon. Remarquons aussi que, par une disposition fort rare dans la tragédie grecque [6], la retraite du chœur laisse pour quelque temps le théâtre vide, et qu'ainsi cette scène se passera, comme le veut la vraisemblance, sans témoins [7].

1. V. 523 sqq. Cf. *Iliad.*, X, 251 sqq.
2. Cf. Manil. *Astron.*, X, 481 sqq.
3. L'auteur de l'argument grec du *Rhésus* reconnaît dans cette curieuse description de l'état du ciel semblable à celle qui se trouve au début de l'*Iphigénie en Aulide*, 6 sqq., la manière d'Euripide. C'est pour lui une preuve que la pièce appartient à ce poëte. J. Scaliger, *De astrologia veterum*, tire de la faute astronomique qu'il impute à l'*Iphigénie* et dont on l'a depuis déchargée (voyez notre t. III, p. 14 sq.), une conséquence toute différente. Il s'en autorise pour contester à Euripide le *Rhésus*, qu'il croit d'ailleurs, comme d'autres critiques, de Sophocle.
4. Sur ce détail perpétuel dans la tragédie grecque, voyez t. I, p. 331; II, 301 : IV, 84. Cf. Aristoph. *Av.* 209 sqq.
5. V. 550 sqq.
6. Il n'y en a guère d'exemples que dans *les Euménides*, l'*Ajax*, l'*Alceste*. Voyez notre t. I. p. 372; II, 21, III. 217.
7. On a quelquefois supposé, pour rapprocher ce qui a lieu ici des usages de la tragédie grecque, que le chœur est resté endormi sur le devant du théâtre; mais cette supposition ne s'accorde pas avec les vers 558 sqq., où il est dit qu'il va éveiller les Lyciens désignés pour la cinquième garde.

Diomède et Ulysse ont, à la faveur des ténèbres, et grâce à la négligence des sentinelles, pénétré dans le camp troyen; ils s'avancent, avec précaution, prêtant l'oreille au moindre bruit. On comprend, par les rares paroles qu'ils échangent entre eux, qu'ils ont rencontré et tué Dolon, et que le lâche, avant de mourir, leur a livré le mot d'ordre donné par Hector, leur a fait connaître où était la tente d'Hector. Ils la cherchent dans l'ombre, espérant surprendre et massacrer le général ennemi, qu'ils trouvent parti. Comme ils s'apprêtent à se retirer, avec le regret de n'avoir pu frapper quelque grand coup, ils sont arrêtés par Minerve, qu'Ulysse reconnaît à sa voix, soit que l'obscurité l'empêche de la voir, soit que, on peut encore le croire, je l'ai dit ailleurs au sujet d'une scène à peu près semblable [1], visible pour les spectateurs seulement, elle ne le soit pas pour les acteurs. La déesse apprend aux deux guerriers l'arrivée de Rhésus, le poste qu'il occupe, comment ils pourront l'immoler et enlever ses coursiers; et tandis qu'ils se hâtent de mettre à profit ses officieuses révélations, après s'être distribué les rôles et s'être chargés, Ulysse d'enlever les coursiers, Diomède d'immoler leur maître, elle-même, sous le personnage de Vénus, rassure artificieusement Pâris, qui, instruit par une vague rumeur de l'entrée furtive d'espions grecs dans le camp, accourait prévenir son frère.

Ici, on me permettra de revenir un peu sur le caractère général que j'ai, en commençant, attribué à cette pièce. Certainement elle pouvait se passer et d'Énée et de Pâris, qui y paraissent uniquement, le premier pour donner un conseil, le second pour porter une nouvelle. Elle n'avait pas davantage besoin de Minerve; car ce que la déesse révèle à Diomède et à Ulysse, ils l'apprennent, dans l'Iliade [2], de Dolon, et pouvaient fort bien l'apprendre de lui encore dans la tragédie, pour peu qu'il eût convenu à

1. Voyez t. II, p. 10 sq.
2. X, 412 sqq.

l'auteur de ne le faire partir, comme chez Homère, qu'après l'arrivée de Rhésus. Mais la multiplicité des personnages et le mouvement de scène qui en résulte, suppléent en quelque chose au vide réel de l'action. En outre, ce que cette action a de fortuit et de décousu, prend un air d'enchaînement fatal par l'intervention, préparée et annoncée dans le prologue, de cette divinité qui console les deux héros grecs d'avoir manqué Hector, en leur apprenant que, d'après l'arrêt de la destinée, il doit tomber sous une autre main; qui les dissuade, par une raison semblable, d'attenter à la vie de Pâris; qui enfin les pousse au meurtre de Rhésus, dont l'heure est arrivée [1]. Si cette intervention n'était point aussi nécessaire que le dit quelque part le poëte [2], par forme d'apologie, au moins, d'après les données mythologiques, les habitudes de l'Iliade, était-elle naturelle et vraisemblable [3]. Enfin il se trouvait quelque chose d'analogue dans le récit même d'Homère, où le cri d'un héron, envoyé par la déesse sur le chemin des vainqueurs de Dolon et de Rhésus, quand ils partent pour leur expédition, leur fait connaître que sa puissance protectrice les accompagne [4]; où, plus tard, quand leur œuvre est accomplie, et qu'ils songent imprudemment à frapper de nouveaux coups, sa voix, reconnue de Diomède, comme dans la tragédie elle l'est d'Ulysse [5], les avertit de se retirer au plus vite [6].

Une alerte nocturne ramène sur la scène le chœur [7], c'est-à-dire ces mêmes Troyens qui tout à l'heure se

---

1. V. 593 sq., 601 sqq., 630 sq., 632 sq.
2. V. 849 sqq.
3. M. E. Roux, qui en convient, *Du merveilleux dans la tragédie grecque*, 1846, p. 186, trouve toutefois qu'elle « laisse sans emploi la prudence d'Ulysse et le courage de Diomède, » et que l'on a trop le droit de dire avec la Muse, à la fin de la tragédie, v. 935 sqq : « Toi seule, Minerve, ne crois pas que je l'ignore, tu es l'auteur de ce désastre; ce n'est ni Ulysse, ni le fils de Tydée, quoi qu'ils aient fait. »
4. *Iliad.* X, 274 sqq.
5. V. 604 sqq.
6. *Iliad.* X, 507 sqq.
7. Ou bien le réveille, si l'on admet l'opinion rappelée plus haut, p. 160, qu'il est resté endormi sur le devant du théâtre.

flattaient d'un sommeil plus tranquille, et non pas, comme on pourrait le croire, cela devient plus tard[1] évident, les Lyciens qui ont dû prendre leur place : ils courent en tumulte, avec un trouble marqué par la distribution des strophes entre deux demi-chœurs, peut-être entre tous les personnages du chœur[2], après ces Grecs qui, dit-on, ont pénétré dans le camp : ils entourent, ils menacent de leurs lances Diomède et Ulysse au moment où ceux-ci, ayant achevé leur œuvre, font précipitamment leur retraite : mais le sang-froid d'Ulysse, l'assurance et l'ambiguïté[3] de ses réponses, surtout la connaissance qu'il a du mot d'ordre, leur donnent le change, et ils laissent échapper de leurs mains précisément ceux qu'ils cherchent, pour se remettre après à leur poursuite. Cependant ils se demandent quels sont les inconnus qui ont osé troubler le repos de l'armée, et quelques voix, que d'autres contredisent, nomment Ulysse; ils s'inquiètent de ce que pourra penser Hector de leur vigilance. Pendant que, tout en s'agitant dans l'ombre, ils s'entretiennent ainsi confusément, des accents plaintifs, ceux d'un homme blessé qui se traîne vers eux du quartier des Thraces, leur donnent à penser qu'un grand malheur vient d'affliger leurs auxiliaires. Ils apprennent bientôt de l'écuyer de Rhésus, frappé à côté de son maître, quel acte sanglant vient de s'accomplir.

1. V. 818 sq.
2. Voyez l'*Euripide* de Boissonade, t. IV, p. 40 sqq., 289.
3. Cette ambiguïté va un peu trop loin pour nous aux vers 679, 682, ingénieusement mais arbitrairement éclaircis par quelques critiques. Voyez le commentaire de Heath, de Musgrave, etc.; la dissertation de Beck, celle de God. Hermann, etc.; la traduction de Prévost; les notes de Boissonade. Peut-être du sens d'un de ces vers, où Rhésus est nommé, résulterait-il l'explication satisfaisante d'une difficulté signalée entre autres par Valckenaer (*ibid*). Ce critique demande, et il est difficile de lui répondre, comment Diomède et Ulysse, possesseurs, on vient de l'apprendre par Minerve elle-même (v. 667), des chevaux de Rhésus, de ces chevaux dont la blancheur, égale à celle du cygne, éclate dans l'ombre, ne sont pas trahis par cette proie, et peuvent réussir à l'emmener. On le comprendrait, si, comme dans les interprétations, d'ailleurs diverses, de Musgrave, de Prévost, et récemment de Th. Fix, *Euripid.*, F.-Didot, 1843, *Adnotatio critica in Rhesum.*, p. XXXI, Ulysse était pris pour Rhésus lui-même.

Son récit a cette naïveté, cette vérité de détails, et, par suite, cet intérêt, qui ne manquent jamais dans les tragédies grecques aux morceaux de ce genre. Les Thraces, dit-il, fatigués d'une longue route, s'étaient endormis, au lieu où les avait conduits Hector, sans ordre, sans précaution ; quant à lui, comme il s'occupait, après un court sommeil, de faire manger les chevaux de Rhésus qu'il devait atteler de bonne heure pour la bataille, il a vu s'approcher furtivement deux hommes, qui lui ont semblé des voleurs, et que ses cris ont éloignés ; il s'était rejeté sur sa couche, et, tourmenté d'un songe[1] qui lui montrait les coursiers confiés à ses soins aux prises avec des loups furieux, il voulait, plein de trouble, les aller défendre, quand les derniers soupirs d'un mourant ont frappé son oreille, et qu'il s'est senti tout couvert du sang de son maître qu'on égorgeait : il s'est levé précipitamment, il a cherché ses armes, mais aussitôt une épée, que poussait la forte main d'un guerrier debout devant lui, s'est enfoncée dans son flanc et l'a jeté à terre sans connaissance[2] ; revenu à lui, il n'a plus retrouvé les chevaux de Rhésus, ravis par ses assassins[3]. Voilà ce qu'il raconte rapidement, vivement, déplorant le malheur et l'indignité d'une telle fortune, dont il accuse, dans l'égarement de sa douleur, par des paroles obscures qui vont tout à l'heure s'éclaircir, d'autres que des Grecs.

Et, en effet, quand Hector, qui est survenu, s'em-

---

1. Ce songe peut être rapproché de ceux qui, dans ce théâtre, nous ont frappé par la vérité de la peinture. Voyez plus haut, p. 90 sqq. C'est la préoccupation de son service habituel et des soins mêmes auxquels il vient de vaquer tout à l'heure (voyez Cicéron, *Divin.* II, 67 ; Lucrèce, *de Nat. rer.* IV, 963 sqq.), ce sont de plus des circonstances réelles, confusément aperçues à travers son sommeil, qui produisent dans l'esprit de l'écuyer endormi la vision bizarre dont il est tourmenté. Voyez plus haut, p. 95, note 2.

2. Ainsi chez Virgile, *Æneid.,* IX, 345 sqq., tombe Rhœtus surpris, sous l'épée d'Euryale :

    Pectore in adverso totum cui cominus ensem
    Condidit assurgenti....

3. V. 758-794. Cf. *Iliad.* X, 518 sqq.

porte contre les sentinelles, dont la négligence a trahi l'armée, et les menace de rigoureux châtiments, il lui impute en face d'avoir assassiné Rhésus pour s'emparer de ses coursiers. N'est-ce pas Hector qui les a fait venir, Hector qui leur a assigné un poste dont assurément les Grecs, auxquels leur arrivée même n'était pas connue, ne pouvaient avoir la moindre idée, à moins que quelque divinité n'eût pris soin de les en instruire? Trait ingénieux [1], remarque judicieusement un traducteur d'Euripide [2], pour justifier, chemin faisant, l'intervention quelque peu superflue et arbitraire de Minerve dans les scènes qui ont précédé. Comment d'ailleurs, dit encore le Thrace furieux, des Grecs fussent-ils arrivés jusqu'à eux, à travers les Troyens ? eussent-ils épargné les Troyens pour ne frapper qu'eux ? Non, non, ce n'est pas sous les coups de leurs ennemis qu'ils succombent, mais bien de leurs alliés. Hector, qui feint l'étonnement, l'affliction, la colère, a tout fait.

Hector, et voilà ce qui le rend si aimable, n'est pas seulement un guerrier d'un bouillant courage; c'est un homme plein de bonté. Il entend avec patience, il repousse sans emportement cette absurde et outrageante imputation; il se contente de renvoyer le reproche à qui il convient, à quelque Grec audacieux, probablement à Ulysse, dont la pensée, dont le nom reviennent sans cesse (cela agrandit beaucoup le personnage) dans les alarmes des Troyens ; enfin, désespérant de dissiper les préventions obstinées de son accusateur, il ordonne qu'on l'emmène, et qu'on en prenne soin dans sa propre maison.

Une des dernières paroles de ce malheureux est bien touchante, c'est comme un antécédent du trait fameux de Virgile :

. . . . Et dulces moriens reminiscitur Argos [3].

« O terre de ma patrie, que ne puis-je mourir dans ton sein [4] ! »

1. V. 849 sq.
2. Prévost.
3. *Æneid.*, X, 782.
4. V. 866.

En ce moment paraît au milieu des airs la Muse mère de Rhésus, emportant le corps de son fils. Eschyle, déjà, dans une tragédie pleine de merveilles et de spectacle[1], avait montré l'Aurore traversant ainsi le ciel, avec les restes inanimés de Memnon[2].

L'apparition inattendue de cette nouvelle divinité mettait le comble, et c'est probablement ce qu'avait surtout voulu le poëte, à l'appareil, au mouvement scénique du *Rhésus;* elle devait aussi y introduire un peu du pathétique qui y manquait; elle servait enfin, comme plus haut l'intervention de Minerve, à y rendre présente jusqu'au bout, au milieu d'événements en apparence accidentels, la puissance fatale qui les conduisait. La Muse, en effet, confidente des secrets du destin, achevait de faire connaître qu'il avait présidé à tout ce qu'on venait de voir se développer. Elle savait quelle triste fin attendait son fils ; elle s'était efforcée de la prévenir en le retenant loin de cette Troie[3], où devait, malgré elle, l'entraîner un irrésistible ascendant, pour y succomber, comme il était dit, à la ruse d'Ulysse, à l'épée de Diomède. Elle maudit ses meurtriers, elle maudit la déesse qui les a poussés, oubliant avec ingratitude (applaudissez, Athéniens !) que les Muses se plaisent dans la ville qu'elle chérit, que les Muses ont instruit Musée, un de ses citoyens[4], que le fils d'une Muse, Orphée, l'a initiée aux sacrés mystères[5].

Les discours de la mère de Rhésus, touchants, mais un peu longs, complètent l'histoire du héros thrace ; ils ramènent, par de gracieux détails, jusqu'aux amours di-

---

1. Dans sa *Psychostasie,* voyez notre t. I, p. 260 sq ; III, 31.
2. Jul. Poll.. IV, 130.
3. Ce que fait, comme le rappelle Valckenaer (*ibid.*), dans le chapitre xxxvi des *Histoires amoureuses* de Parthénius, la maîtresse du roi thrace Arganthone.
4. Selon une conjecture de Hardion (*ibid.*), blâmée par Heath, presque approuvée par Valckenaer et par Beck, mais qui semble vraiment bien hasardée, les vers 943 et 946 contiendraient une autre allusion, fort lointaine, à un autre élève des Muses, Socrate!
5. V. 938 sqq.

vins qui l'ont fait naître d'un fleuve célèbre et d'une Muse, jusqu'à l'éducation qu'il a reçue des Nymphes ses nourrices; ils annoncent quel sort glorieux encore lui est réservé après sa mort. Hector, qui lui donne de simples et nobles regrets, et lui promet d'honorables funérailles, ne l'ensevelira pas ; il ne descendra pas aux sombres demeures; il habitera, rendu par la faveur de Proserpine à une sorte de vie moitié humaine moitié divine [1], un antre du mont Pangée [2], où il sera le prêtre et de Bacchus et du dieu qu'on y adore avec lui. Ce Dieu révéré, fait-on dire à la Muse, de ceux qui le connaissent [3], on a pensé [4] que c'était le roi thrace Lycurgue, associé après son trépas, selon certaines traditions [5], sans doute peu répandues, aux honneurs de la divinité même qu'il avait combattue [6].

Quand tout est ainsi réglé, le jour paraît [7], et Hector, rappelé à ses devoirs de général, ordonne que l'on s'arme pour aller combattre les Grecs et incendier leurs vaisseaux. C'est là une conclusion vraiment héroïque ; elle me fait penser à celle d'une tragédie moderne où, après de sanglantes catastrophes qui ont abattu, découragé les âmes, celui qu'elles ont le plus cruellement frappé, s'arrachant par un noble effort à sa douleur, s'écrie, c'est le derniers vers, et ce vers servira de commentaire à la fin du *Rhésus:*

Soyez prêts à combattre au retour de l'aurore [8].

Il ne faut pas trop dédaigner le *Rhésus*, pièce semée de quelques beaux détails, assez industrieusement construite,

---

1. V. 968.
2. Le Rhodope selon la tradition rappelée par Philostrate, *Heroic.* III, 16, 17.
3. V. 970.
4. Musgrave.
5. Strabon, X; Nonnus, *Dionys.* XXI, 154 sqq.
6. Voyez plus loin, ch. xx.
7. V. 982.
8. Casimir Delavigne, *les Vêpres siciliennes*, acte V, sc. 5.

animée d'une sorte de mouvement militaire, de chaleur belliqueuse, où domine enfin, bien que d'abord un peu altérée, une noble figure de héros. Elle n'offre pas, il est vrai, et là est son infériorité à l'égard des autres tragédies grecques, ces grands traits de terreur et de pathétique, ces belles peintures de sentiment et de passion qui en font surtout le prix; elles ne se lie point comme elles au développement de quelque grand principe religieux et moral; le chœur, l'interprète ordinaire de la pensée intime du drame, n'y a rien à exprimer d'universel; il y est réduit aux affections particulières du personnage qu'il représente. Nulle part, dans tout le théâtre grec, il ne se retranche aussi rigoureusement dans ce qui est de sa condition, de sa situation; il ne paraît, on l'a dit[1], aussi strictement, aussi étroitement conforme à ce que depuis a recommandé, d'après Aristote[2], Horace[3]:

> Actoris partes chorus officiumque virile
> Defendat, neu quid medios intercinat actus
> Quod non proposito conducat et hæreat apte.

« Le chœur doit avoir son rôle à part, faire la fonction d'un acteur; il ne chantera entre les actes rien qui n'aille au but de la pièce, qui ne s'y rattache. »

Le chœur, dans le *Rhésus*, n'est véritablement plus, bien qu'il s'exprime en bons vers lyriques, qu'un acteur comme un autre, acteur multiple, aux impressions changeantes et diverses, qui, avec sa haute mission morale, a perdu son unité. Ce n'est plus le chœur, c'est un rassemblement de soldats, et, comme presque toujours chez les modernes, une troupe de comparses[4].

---

1. Valckenaer, *Diatr. in Eurip. frag.*, IX.
2. *Poet.*, XVIII.
3. *Epist. ad Pison.*, v. 193 sqq.
4. Ce n'est pas l'opinion de Gruppe (*ibid.*), qui juge ce chœur tout à fait conforme, par le rôle agissant qui lui est attribué, aux chœurs des tragédies d'Eschyle, et tire de là un argument en faveur du système par lequel il recule jusqu'aux premiers débuts de Sophocle la date du *Rhésus*.

Cette pièce, beaucoup moins mauvaise qu'on ne s'est plu à le dire, c'est mon sentiment, mais, d'autre part aussi, très-inférieure à toutes les tragédies qui nous sont restées des Grecs, particulièrement aux tragédies du grand poëte dont elle porte le nom, est-elle d'Euripide ? Il faut dire que les didascalies, catalogues de grande autorité, dans lesquels des critiques, des grammairiens comme Aristote, Callimaque, Ératosthène, Aristophane, Aristarque, Cratès, Caryste, avaient, d'après les monuments, la tradition reçue, ou du moins la probabilité, consigné, avec le titre des anciennes tragédies, les noms de leurs auteurs, la date et les principales circonstances de leur représentation, la lui attribuaient assez généralement[1], et que, de leur témoignage, de bons esprits[2] ont cru pouvoir légitimement conclure son authenticité. Il est bien vrai qu'il y avait là-dessus des doutes de plus d'un genre. Quelques-uns l'ôtaient à Euripide, mais, ce n'était pas lui faire tort assurément, pour la donner à Sophocle, de la manière duquel elle leur semblait s'approcher davantage[3] ; par quelles raisons ? on ne nous les a pas transmises malheureusement, et nous ne pouvons guère les retrouver, bien que des modernes[4] aient eu la confiance de se dire frappés de la même conformité. Des scolies assez récemment publiées d'après un manuscrit du Vatican[5], nous font connaître[6] que Cratès excusait une inexactitude astronomique, remarquée dans cette pièce, en alléguant qu'elle était un ouvrage de la jeunesse d'Euripide. C'est encore là un témoignage d'un grand poids, et qu'on ne me paraît pas[7] avoir suffisamment infirmé par

1. *Argum. græc.*
2. Voyez Bœckh, *Græc. trag. princ.*, XVIII. Cf. *Corpus inscript. græc.*, t. I, p. 350.
3. *Argum. græc.*
4. Jos. Scaliger, *Proleg. in Manil.* (Voyez plus haut, p. 160, note 3 ; W. Schlegel, *Cours de Littérature dramatique;* surtout Gruppe, *ibid.*)
5. Ad v. 524.
6. Voyez l'Euripide Variorum de Glasgow, t. V, p. 591.
7. God. Hermann, *ibid.*

cette supposition toute gratuite, que Cratès avait ainsi parlé pour contredire, selon sa coutume, Aristarque, lequel probablement avait dit le contraire[1]. On trouve dans les mêmes scolies une observation[2] qui donne à penser que le grammairien alexandrin Dionysodore attribuait aussi à Euripide le *Rhésus*. Depuis, les écrivains anciens, de date d'ailleurs assez récente, et de nombre assez restreint (il faut en convenir avec les critiques qui en ont dressé une liste fort exacte dans des intentions peu favorables au *Rhésus*[3]), les écrivains anciens, dis-je, chez lesquels se trouve citée cette pièce, l'ont tous considérée comme étant d'Euripide. C'est bien à Euripide assurément que pense emprunter cinquante vers environ du *Rhésus* l'auteur de ce centon *euripidéen* sur la passion du Christ, qui porte le nom de Grégoire de Nazianze[4]. C'est le *Rhésus* d'Euripide que citent dans leurs commentaires, leurs lexiques, leurs recueils et autres ouvrages Tzetzès, Hésychius, Eustathe, Stobée, l'auteur du Grand Étymologique.

A dater du seizième siècle, travaillant sur les doutes dont elle trouvait la trace dans l'antiquité, la critique moderne, avec beaucoup de savoir et d'habileté, mais, selon moi, trop peu de réserve, s'est appliquée à établir[5] que le *Rhésus* non-seulement ne venait pas de Sophocle, mais ne pouvait pas même venir d'Euripide, tant c'était un ouvrage au-dessous de ce poëte et en dehors de sa manière. Une telle assertion avait besoin d'être conciliée avec le témoignage contraire des didascalies, dont il n'était pas permis de ne pas tenir

---

1. On peut seulement induire d'une de ces scolies, ad v. 587 (*ibid.*, p. 592), qu'Aristarque s'était occupé du *Rhésus*.
2. Ad v. 495.
3. Voyez cette liste, progressivement augmentée et complétée chez Fabricius, *Biblioth. græc.*; Valckenaer, Beck, God. Hermann, *ibid*.
4. Voyez t. I, p. 157 sq.; III, 190.
5. On cite Joseph Scaliger, Florent Chrestien, Daniel Heinsius, André Schott, Samuel Petit, etc., avant Hardion, Valckenaer, Beck (*ibid*), Morstadt (Heidelberg, 1827 et 1828), God. Hermann, Gruppe (*ibid.*), qui, dans des dissertations spéciales, ont appuyé cette opinion de nombreux et quelquefois très-spécieux arguments.

compte. On s'y est pris, pour opérer cette conciliation, de deux manières : quelques-uns, et parmi eux Delrio[1], Valckenaer, Bœckh, ont dit, non sans vraisemblance, qu'un rapport de noms avait pu tromper les auteurs des didascalies, leur faire prendre pour le grand Euripide un des deux poëtes ses homonymes, Euripide l'ancien[2], ou plutôt Euripide le jeune[3]; que le *Rhésus* était très-probablement l'œuvre de ce dernier, le produit d'une époque de décadence, et qu'ainsi s'expliquait l'extrême infériorité, l'extrême diversité qu'il offrait à l'égard des beaux ouvrages du même recueil. D'autre part, Hermann[4], accordant que, d'après l'autorité irrécusable des didascalies, on doit croire à l'existence d'un *Rhésus* composé par Euripide, a nié que ce *Rhésus* soit celui dont s'est occupée la critique ancienne, et qui nous est parvenu avec les chefs-d'œuvre du grand poëte. Dans cette dernière pièce, à certains caractères qui l'ont particulièrement frappé, exactitude scrupuleuse de la versification, travail industrieux d'un style qui recherche surtout les formes rares et vieillies, imitation indiscrète d'Homère, étalage de science archéologique et mythologique, et avec tout cela nullité d'invention et d'intérêt, à ces caractères il lui a semblé reconnaître un pastiche alexandrin, l'œuvre d'un savant sans génie, qui a travaillé dans son cabinet, non pas pour le théâtre (l'ouvrage, à cause des scènes de nuit, à ce qu'il pense inexécutables, n'aurait pu s'y produire), mais seulement pour la lecture. Poussant à bout la conjecture, il est arrivé à penser que cette tragédie avait fort bien pu être écrite pour être publiée frauduleusement sous le nom d'Euripide, ou même vendue, à ce titre, aux collecteurs de la bibliothèque d'Alexandrie, dans le temps que la formation de ce grand dépôt provoquait à de telles

---

1. *Proleg. in Senec. trag.* p. 22.
2. Voyez t. I, p. 69 sq.
3. *Ibid.*
4. *Ibid.* et, avant, *Element. doctr. metr.*, 1796, p. 124; *De linguæ græcæ dialectis*, 1807; *Opusc.*, 1827, t. I, p. 136.

supercheries, et en avait fait une industrie lucrative[1]. Cette opinion hardie, exposée avec la science et le talent ordinaires au grand critique, a trouvé cependant des contradicteurs, un entre autres, le savant éditeur d'Euripide, Matthiæ, qui, par d'autres raisons, a cru pouvoir faire remonter le *Rhésus* jusqu'à l'époque d'Euripide, et même jusqu'à une époque antérieure. Schœll, dans son Histoire de la littérature grecque profane[2], l'a, je ne sais d'après quelles raisons ni quel auteur, donné à Aristarque de Tégée[3]. L'auteur ingénieux d'un livre sur la tragédie grecque intitulé Ariane, Gruppe, revenant à l'opinion des critiques anciens, qui attribuaient le *Rhésus* à Sophocle, a supposé, bien hardiment, que cette pièce avait formé avec le *Thamyris* le *Thésée*, la *Nausicaa* du même poëte, la tétralogie qui, dans la première année de la LXXVIIIe olympiade, lui avait valu la victoire sur le vieil Eschyle[4].

Voilà, en somme, quelle a été la controverse relative à la non-authenticité du *Rhésus*, que plusieurs critiques[5], d'ailleurs, ont persisté, par de bonnes raisons, à maintenir parmi les œuvres d'Euripide. Il serait difficile de reproduire, avec la brièveté et la clarté nécessaires, les nombreux et subtils arguments de détail qu'y a mêlés la dispute. On les cherchera dans les ouvrages mêmes. Le choix est embarrassant entre des opinions que recommande, pour la plupart, le nom imposant de leurs auteurs, qui offrent presque toutes quelque chose de spécieux et d'attirant, qui s'excluent cependant les unes les autres, et auxquelles manque également ce qui seul vaudrait, à quelqu'une d'elles, la préférence, je veux dire l'avantage d'une preuve positive. Elles ne sont, en dernière analyse, que de savantes et spirituelles conjectures, qui ne peuvent forcer l'assentiment.

1. Voyez t. I. p. 114 sq
2. Livre III, ch. XI.
3. Voyez, sur ce poëte, t. I, p. 80 sq.
4. Sur cette victoire, voyez t. I, p. 41 sq.
5. Entre autres Fr. Vater, J. A. Hartung, Th. Borel, précédemment cités.

Je m'abstiendrai, quant à moi, de choisir entre elles et remarquerai seulement qu'elles ont un point de départ commun, l'impossibilité d'attribuer le *Rhésus* à Euripide, et que cette impossibilité n'est peut-être pas aussi complétement démontrée qu'on le suppose. Il y a eu un parti pris d'exclure le *Rhésus* des œuvres d'Euripide, qui a fait traiter cette pauvre pièce à la rigueur, avec un esprit contentieux, une animosité tracassière, une dureté, une violence même de paroles, véritablement peu raisonnables. De simples dissertations littéraires sont devenues ainsi des espèces de plaidoyers passionnés, de factums injurieux, et, par suite, l'ouvrage critiqué un opprimé dont le littérateur de sang-froid est tenté de prendre la défense[1]. On a fait à cet ouvrage les reproches les plus contradictoires : pour l'un, il s'écartait trop d'Homère; pour l'autre, il le suivait trop fidèlement; celui-ci le trouvait écrit sans art; celui-là, au contraire, dans l'exactitude du mètre et le travail du style, voyait un indice évident de l'artifice d'un faussaire. Ce qu'il pouvait avoir de bon ou de passable, on ne lui en a pas tenu compte; on n'y a voulu voir absolument que des fautes grossières, que des défauts choquants; et cependant, je le crois, s'il nous avait été donné comme venant incontestablement d'Euripide, on aurait trouvé moyen de louer, ou tout au moins d'excuser beaucoup de choses qu'on y reprend. Voici, par exemple, ce que l'on eût dit :

« Il est possible qu'Hector, lorsque, dans la première scène de la pièce, il croit si facilement aux projets de fuite des Grecs, et s'empresse si fort d'ordonner l'attaque, se montre plus irréfléchi qu'il ne le paraît dans l'Iliade. Mais lorsque ensuite il accueille les bonnes raisons d'Énée, bien qu'assez rudement présentées, il est tout à fait con-

---

1. Gruppe (*ibid.*) me paraît toutefois l'avoir par trop défendu. Il pèche par l'excès de l'éloge, comme les contempteurs systématiques du *Rhésus*, qu'il a quelquefois très-bien combattus, pèchent par l'excès du blâme. J'étendrais volontiers cette critique à d'autres apologistes peut-être trop zélés de la pièce, à M. Hartung, à M. Borel.

forme au héros d'Homère, qui quelquefois[1] s'irrite contre
les conseils de Polydamas, qui d'autres fois[2] s'y rend
sans mot dire. Et cependant Polydamas ne prend pas
plus de soin qu'Énée de ménager son amour-propre :
« Hector, lui dit-il, tu ne te rends guère aux avis : parce
qu'il t'a été donné d'exceller dans les travaux guerriers,
tu penses l'emporter aussi par le conseil. Mais tu ne peux
avoir seul tous les avantages : à l'un les dieux accordent
la gloire des travaux guerriers; dans le sein de l'autre
Jupiter place ces prudentes résolutions qui font le salut
des peuples[3].... » Voilà ce qu'écoute avec patience l'Hector de l'épopée, comme l'Hector de la tragédie, parce que
le caractère de ce héros, également conservé dans l'une et
dans l'autre, est d'unir à un bouillant courage une grande
modération d'esprit. La même apologie peut être employée pour défendre la scène où le général des Troyens,
après avoir exprimé vivement le mécontentement très-
naturel, quoi qu'on en ait dit, que lui cause l'arrivée d'un
allié qui vient au dernier moment partager avec lui
l'honneur de la victoire, finit cependant, en homme sensé,
et qui ne s'obstine pas contre la raison, par reconnaître
qu'il aurait tort de ne point accepter le secours considérable qu'on apporte, un peu tard il est vrai, à ses concitoyens. Chez un homme d'un cœur si haut, si prompt,
cette facilité à suivre, après tout, le meilleur avis, devrait
paraître aimable, plaire, au lieu de choquer. On en peut
dire autant de la bonté magnanime avec laquelle il traite
plus loin son aveugle et opiniâtre accusateur, l'écuyer de
Rhésus; il y a là certainement plus à louer qu'à blâmer.
Restent donc deux passages où il a paru que ce rôle prêtait à la critique : quand Hector donne à Rhésus un témoignage de regrets, en termes très-courts, très-simples,
et qu'on a trouvés froids; quand enfin, au lever du jour,
chassant de son esprit les funèbres images de cette nuit

---

1. *Iliad.* XII, 230 sqq ; XVIII, 284 sqq.
2. *Iliad.* XIII, 748.
3. *Ibid.*, 726 sqq. Cf. Euripid., *Rhés.*, 105 sqq. Voyez plus haut,
p. 153 sq.

sanglante, il n'est plus occupé que de la pensée du combat prêt à commencer. Mais cela est parfaitement dans le caractère d'un héros trop fait aux accidents de la guerre pour leur donner de longues larmes, et ne pas trouver dans les soins du commandement une prompte distraction. A tout prendre, ce rôle d'Hector, tant maltraité, est mieux conçu, mieux tracé qu'on ne prétend, et suffirait seul à recommander l'ouvrage. Sans doute, on y rencontre, plus qu'on ne voudrait, l'expression d'une confiance, d'une présomption, marquée aussi dans plusieurs autres rôles, ceux de Dolon, de Rhésus, du chœur, mais dans ceux-ci, en traits plus prononcés, plus chargés, approchant même quelquefois du comique. La tragédie grecque, surtout à cette époque, ne s'interdisait pas l'imitation satirique de certains travers, et il entrait visiblement dans les intentions de l'auteur de faire, comme avait fait Homère lui-même, valoir le caractère moral des Grecs aux dépens de celui des Troyens. Quant à l'économie de la fable, elle comprend, cela est bien évident, plusieurs actions distinctes, mais qui ne sont pas maladroitement rattachées ensemble, ramenées à l'unité. Si le merveilleux y est introduit sans une absolue nécessité, il ne manque certes pas de vraisemblance, de convenance même dans un ordre d'aventures où, selon la tradition poétique, nul accident, si petit qu'il fût, n'avait lieu sans l'intervention des dieux. On ne voit pas, en outre, que ces dieux, dieux aux faiblesses tout humaines, se piquassent, dans leurs procédés entre eux, et à l'égard des mortels, de plus de loyauté et de délicatesse que n'en montre ici Pallas, quand elle emprunte l'apparence de Vénus pour tromper Pâris. »

Voilà, je m'imagine, comment, si l'on eût cru le *Rhésus* un ouvrage d'Euripide, on l'eût défendu contre les principales critiques dont il peut être l'objet. Je dis les principales, car on lui en a adressé bien d'autres, dont quelques-unes, quoique fondées, n'ont pas grande importance, et dont le plus grand nombre ne sont que de pures chicanes.

A ceux qui, dans les défauts plus ou moins réels, plus ou moins excusables du *Rhésus*, voient une raison suffisante pour le retrancher du nombre des tragédies d'Euripide, on peut répondre que ces défauts se rattachent précisément, pour la plupart, aux habitudes constantes de ce poëte. Il aime à appuyer, avec une familiarité satirique, presque en poëte comique, sur certains traits peu nobles de la figure humaine, et fait naturellement moins de grâce aux barbares qu'aux Grecs; témoin, dans l'*Oreste*, ce Phrygien qui n'y paraît que pour exprimer un lâche amour de la vie[1]. Il aime (qu'on se rappelle *les Phéniciennes*, *les Troyennes*, l'*Hécube*, l'*Hercule furieux*) à tendre, d'une façon nouvelle, en mêlant artistement les fils de plusieurs actions, à l'unité. Il aime enfin, tous ses prologues, tous ses épilogues l'attestent, à faire mouvoir, souvent inutilement, des machines mythologiques. Sous ces divers points de vue, rien ne s'oppose à ce qu'il soit l'auteur du *Rhésus*.

Cependant si cette tragédie ne diffère pas, quant aux défauts, des pièces qui sont incontestablement d'Euripide, elle en diffère beaucoup quant aux beautés, aussi rares ici qu'ailleurs on les voit nombreuses. Cela est vrai, je l'ai dit plus d'une fois. Mais un auteur se montre-t-il égal à lui-même à toutes les époques de sa vie, dans tous ses ouvrages? N'a-t-il pas les faiblesses de son début, la fatigue de son déclin, les défaillances passagères de sa maturité? Qu'on en vienne un jour à discuter l'authenticité des tragédies de Corneille, de Racine, de Voltaire, il y en aura bon nombre qu'en raison de leur évidente infériorité on se croira très fondé à en retrancher, à donner pour l'œuvre de contemporains écrivant sans talent dans un genre pareil, ou bien d'imitateurs, de faussaires d'une autre époque.

Le seul motif légitime de retirer à un auteur un ouvrage qui porte son nom, c'est, non pas l'infériorité de cet ouvrage, — sait-on précisément de quel degré le talent

---

1. Voyez notre t. III, p. 269 sq.

a pu partir, jusqu'à quel degré il a pu descendre? — mais bien la diversité fondamentale de caractère, de manière qui s'y manifeste. Or, ce motif existe-t-il ici? Dans le *Rhésus*, dit-on, il y a moins de pathétique et de maximes que d'ordinaire dans les tragédies d'Euripide. Il y en a moins, d'accord ; mais il y en a, et assez pour qu'on puisse à bon droit suspecter la valeur de cet argument. Ces plaintes de la mère de Rhésus, par exemple, sont-elles si étrangères au tour attendrissant et sentencieux d'Euripide ?

« .... O mon fils.... quel fatal, quel malheureux voyage tu as fait à Troie, malgré moi, qui m'opposais à ton départ, malgré ton père ! Hélas ! quelle douleur tu me causes ! ô mon fils, mon cher fils, tête chérie de mon enfant !... Périssent le petit-fils d'OEnée, le fils de Laërte, qui m'ont privée d'un tel fils ! Puisse aussi périr cette Hélène qui a quitté sa demeure pour aller chercher à travers les mers la couche d'un Phrygien ! C'est elle, ô mon cher fils, qui te fait périr sous les murs de Troie, après avoir rendu tant de villes vides de leurs meilleurs citoyens.... Mais la cause de mon malheur, c'est Minerve ; je n'en accuse plus Ulysse, ni le fils de Tydée, quoi qu'ils aient fait ; je t'en accuse, cruelle déesse ; ne pense pas que tes coups m'aient échappé.... Pour prix de ce que tu devais aux Muses, je porte dans mes bras le corps de mon fils, abandonnée aux larmes.... Rhésus ne descendra pas sous la terre, au sombre séjour.... mais il sera désormais pour moi comme s'il était mort, s'il ne voyait plus la lumière. Jamais un même lieu ne nous réunira.... Je saurai supporter ma douleur mieux que la déesse de la mer; car il faut qu'il meure aussi, le destin le veut, celui qu'elle a fait naître. C'est toi d'abord, ô mon fils, dont nous chanterons, mes sœurs et moi, l'hymne funèbre ; plus tard nous mènerons le deuil du fils de Thétis, d'Achille. Pallas, celle qui t'a fait périr, ne le sauvera pas ; elle n'écartera pas de lui le trait que lui garde le carquois d'Apollon [1]. O vains et tristes soins de la maternité, celui qui vous connaîtra bien se gardera d'avoir des enfants qu'il lui faille un jour, après les avoir fait naître, ensevelir [2]. »

1. Ce passage a fait supposer à l'auteur d'une dissertation citée plus haut, p. 155, note 2, M. Th. Borel (voyez sa page 86), que le *Rhésus* se liait, dans une trilogie, à une autre pièce dont la mort d'Achille était le sujet. Par une autre conjecture, moins vraisemblable qu'il ne lui paraît (voyez la note 3 de notre p. 178), il a cru pouvoir placer la représentation de cette trilogie dans la LXXXVe olympiade.
2. V. 887-979. Cf. *Alcest.*, 902 sqq

Mais peut-être dans la versification et le style du *Rhésus* se trouvera-t-il des indices qui permettront de décider enfin si la pièce est ou n'est pas d'Euripide? C'est encore là, à mon sens, une espérance bien trompeuse.

Selon le jugement des habiles [1], le *Rhésus* semble versifié avec une exactitude qu'Euripide lui-même n'a plus eue à dater de certaine époque [2] où s'introduisit en cela une négligence générale. Qu'en conclure? Qu'un Alexandrin, faiseur de pastiches, est remonté, par un effort laborieux, à cette exactitude primitive; ou bien qu'elle est du fait d'Euripide dans un temps où il ne se permettait pas encore de se négliger, dans le temps des compositions de sa jeunesse, comme pensait Cratès [3]?

Quant au style du *Rhésus*, les juges compétents, qui sont si rares, trouvent qu'il diffère du style d'Euripide en un point : c'est que ce poëte use de préférence, poétiquement, d'expressions empruntées au langage ordinaire, tandis que l'auteur de la pièce en litige semble affecter les formes rares et vieillies. Ces étrangetés de diction,

---

1. Voyez surtout God. Hermann, Matthiæ, *ibid.*
2. Voyez t. I, p. 95 sq.
3. Schol. *Rhes.* v. 575. Cette dernière opinion est celle de M. Hartung (*ibid.*, p. 5 sqq.), qui non-seulement place le *Rhésus*, chronologiquement, en tête de toutes les compositions d'Euripide, mais croit pouvoir, d'après certains indices, lui assigner une date précise. Il lui paraît d'abord que la pièce doit être plus ancienne que la quatrième année de la LXXXV° olympiade. A cette époque, en effet, selon Polyen, *Stratagem.* VI, 53, les Athéniens, fondant en Thrace Amphipolis, y firent transporter, d'après le conseil d'un oracle, les ossements du héros, *ensevelis dans la plaine de Troie*, circonstance que la tragédie eût été mal venue à contredire, comme elle le fait v. 959. Mais à quelle époque antérieure peut-on, avec quelque vraisemblance, faire remonter l'ouvrage? A la troisième année de la LXXXVIII° olympiade, pense M. Hartung. C'est, selon les historiens (Hérodot., IX, 75; Thucydid., 1. 100, IV, 102, etc. Cf. Clinton, *Fast. hellen. Append.* IX *De Amphipoli*), le temps d'un grand, mais infructueux effort, tenté par les Athéniens, pour s'établir en Thrace, et qui devait donner un intérêt de circonstance au sujet principal et à beaucoup de détails du *Rhésus*. M. Hartung s'applique à établir, par des calculs, qu'Euripide, encore loin de l'âge où il était permis de se produire au théâtre et obligé de faire paraître son œuvre, comme cela était d'usage en pareil cas, sous le nom d'un autre, était alors dans cette dix-huitième année qu'Aulu-Gelle (*Noct. att.* XV, 20) assigne, d'après Théopompe, probablement, à ses premiers essais tragiques.

ces archaïsmes du *Rhésus*, on en a fait le compte[1] ; il y en a six qui ne se trouvent que là ; une quarantaine dont le théâtre grec, tel que nous l'avons, n'offre point d'autres exemples ; enfin un assez grand nombre qui se retrouvent soit chez Eschyle, soit chez Sophocle, soit enfin, et pour moitié au moins, chez Euripide. Ne convient-il pas encore d'hésiter sur la conclusion à tirer de ces calculs? Pourquoi attesteraient-ils l'industrie d'un compilateur d'Euripide et des autres tragiques, plutôt que le libre travail d'Euripide lui-même écrivant sa propre langue, celle des contemporains, ses rivaux, et, si le sentiment de Cratès est vrai, s'il a composé le *Rhésus* dans sa jeunesse[2], mêlant à son style quelques souvenirs d'Eschyle et des vieux poëtes, de même que notre Racine débutant employait volontiers des tours, des expressions de Corneille?

En est-il ainsi? Je ne l'affirme point, mais je crois qu'on n'est guère en droit d'affirmer le contraire, et que le plus sage est d'en rester sur ce point au doute que nous ont légué les anciens.

Que s'il fallait absolument chercher au *Rhésus* un autre auteur qu'Euripide, une autre époque que celle de ce poëte, je pencherais, je l'avoue, pour les opinions les plus modérées, lesquelles se concilient assez bien ; celles de Delrio, de Valckenaer, de Bœckh, qui, retirant la pièce au grand Euripide, se contentent de la donner à son neveu, Euripide le jeune ; celle de W. Schlegel, qui la croit l'œuvre d'un imitateur éclectique de Sophocle et d'Euripide, un peu plus moderne seulement que l'un et que l'autre ; enfin celle de notre compatriote Hardion, qui, en rapprochant quelque peu la date[3], y voit une de ces

---

1. Voyez Valckenaer, Morstadt ; surtout God. Hermann, *ibid*. Cf. Gruppe, *ibid*.
2. Cette date expliquerait l'infériorité du *Rhésus* à l'égard des autres tragédies d'Euripide, selon Elmsley, ad *Œdip. Col.*, v. 1518. M. Artaud, dans sa traduction d'Euripide, publiée en 1842, a exprimé, t. II, p. 313 sq., une opinion semblable.
3. Une de ses raisons est l'allusion à la mort de Socrate, qu'il a cru y trouver. Voyez plus haut, p. 166, note 4.

tragédies où les Athéniens du temps d'Isocrate, fort occupés, a dit cet orateur dans son Panégyrique, de l'idée de réunir toutes les forces de la Grèce contre les barbares, se plaisaient au théâtre à contempler surtout les malheurs des Perses et des Troyens.

Quoi qu'il en soit de cette dernière conjecture, elle me servira de transition pour passer à deux pièces d'Euripide dans lesquelles domine visiblement une intention politique de ce genre, ses *Suppliantes* et ses *Héraclides*.

CHAPITRE DIX-HUITIÈME.

Les Suppliantes. — Les Héraclides.

L'éloge d'Athènes occupe une grande place dans l'antique tragédie, faite pour Athènes et par les Athéniens. Quel que soit le sujet du drame, le nom de cette ville s'y trouve au moins rappelé, avec enthousiasme, avec amour, et, le plus souvent, ce sont les héroïques traditions de son histoire, les origines fabuleuses de ses institutions, qui en composent la matière. Athènes fondée, dotée, policée par les dieux, déjà libre sous ses rois et prospérant par ses vertus publiques autant que par leur sagesse et leur courage ; Athènes séjour de la piété, de la justice, de l'humanité, asile des malheureux, recours des opprimés, voilà le texte que développaient sans cesse, dans l'inépuisable variété de leurs fables, avec leur génie, ou sombre, ou élevé, ou touchant, les Eschyle, les Sophocle, les Euripide, sans crainte d'en lasser jamais un peuple enivré de lui-même, et empressé d'applaudir à cette consécration poétique de son caractère moral.

C'étaient eux-mêmes, en effet, tels qu'ils se vantaient d'être et qu'ils se montraient quelquefois à la Grèce, que se plaisaient à contempler les Athéniens dans ces nobles images du passé, relevées par l'attrait piquant d'une ressemblance contemporaine. L'adresse des poëtes rendait le rapport plus frappant, en ramenant à l'expression des circonstances présentes les souvenirs mêmes de la mythologie ; sous les noms et avec les aventures des vieux âges, ils entretenaient les spectateurs des intérêts du moment, d'une alliance, d'une rupture, d'un projet de conquête, d'une loi à établir ou à défendre ; la scène devenait une autre tribune où se produisaient, par voie indirecte, à la faveur de l'allusion, la discussion des affaires de la république, la justification, la sanction de ses entreprises et de ses démarches, des encouragements, des vœux, des augures favorables, quelquefois des conseils et des reproches. Car ce peuple, si amoureux de la louange, souffrait qu'on le reprît avec liberté; et tandis que la comédie se hasardait impunément à le représenter en personne, comme un vieillard imbécile, mené par des esclaves rusés[1], la tragédie pouvait censurer d'un ton plus grave son asservissement à ses flatteurs, les erreurs de ses jugements, l'imprudence de ses actes, l'abus tyrannique de sa puissance, les vices et les excès enfin de sa démocratie.

Ce caractère politique, si conforme à l'esprit général d'une littérature qui avait sa place parmi les institutions de l'État, se montre plus ou moins dans la plupart des ouvrages dont je me suis occupé jusqu'à ce moment[2]; mais il domine et règne presque sans partage dans deux compositions d'Euripide, qui sont, on peut le dire, et on l'a dit[3], des tragédies de circonstance, *les Suppliantes* et *les Héraclides*. Il nous aide à comprendre l'intérêt qui pouvait s'y attacher alors, et dont l'absence se fait aujourd'hui trop sentir; il sert à excuser, à expliquer des défauts que l'art dramatique aurait le droit d'y reprendre.

Les récits fabuleux de la généreuse intercession exercée par Athènes pour assurer aux guerriers morts devant Thèbes les honneurs de la sépulture, de la protection accordée par elle à la famille d'Hercule contre la persécution d'Eurysthée, offraient à Euripide, avec l'usage du ressort le plus puissant de la scène grecque, je veux dire le respect des morts et des suppliants, l'avantage d'un cadre heureux pour représenter sa patrie comme la gar-

---

1. Aristoph., *Equit.*
2. *L'Œdipe à Colone*, *l'Andromaque*, par exemple. Voyez t. II, p. 207 sq.; III, 287 sq.]
3. W. Schlegel.

dienne vigilante et redoutable des lois divines et humaines.

Un motif plus particulier paraîtrait avoir dirigé dans le choix de ces sujets l'auteur des *Suppliantes* et des *Héraclides*. On voit, chez un scoliaste [1], que la première des deux pièces fut représentée sous l'archonte Antiphon, la troisième année de la xc⁵ olympiade, dans le temps, dit-il, où les Argiens et les Lacédémoniens s'envoyèrent mutuellement des députés pour faire alliance ensemble. D'autres [2] la font remonter un peu plus haut, à la quatrième année de la LXXXIX⁵ olympiade, époque d'un traité conclu, au contraire, entre les Argiens et les Athéniens. Quoi qu'il en soit de l'exactitude de ces dates, de celles auxquelles on a pu encore s'arrêter [3], il semble difficile de douter, cela a été remarqué plus d'une fois [4], qu'en retraçant les antiques obligations que, d'après la fable, Argos avait contractées envers le peuple athénien, Euripide ne se soit proposé, autant qu'il était en lui et qu'il appartenait à une tragédie, de conserver à Athènes, et de détourner de Lacédémone l'amitié chancelante des Argiens. L'intention d'exciter la haine contre les Thébains n'étant pas moins visible dans cette pièce, on a pensé d'autre part [5] qu'elle devait être postérieure à un fait qui se passa la première année de la LXXXIX⁵ olympiade, et auquel elle semble faire allusion, le refus des Thébains aux Athéniens vaincus par eux, dans l'affaire de Délium, de les laisser ensevelir leurs morts [6]. Mêmes incertitudes sur la date des *Héraclides*, que des calculs di-

---

1. *Argum. græc.*
2. Bœckh, *Græc. trag. princ.*, xv. Cf. Thucyd., V. 43 sqq.; God. Hermann, *Præfat. ad Supplic.;* Th. Fix, *Euripid.*, F. Didot, 1843, *Chronol. fabul.*, p. ix, sq.; H. Weil, *De trogœdiarum græcarum cum rebus publicis conjunctione*, 1844, p. 17 sqq.
3. Par exemple J. A. Hartung, *Euripid. restit.*, 1844, t. II, p. 76 sqq., par des calculs historiques trop longs pour être ici reproduits et discutés, à la deuxième année de la xc⁵ olympiade, ainsi que l'*Andromaque*.
4. Brumoy; Lebeau jeune, *Mémoires de l'Académie des belles-lettres*, t. XXXV, p. 447; W. Schlegel, etc.
5. God. Hermann, *ibid.;* Th. Fix, *ibid.;* E. Moncourt, *De parte satirica et comica in tragœdiis Euripidis*, 1851, p. 65.
6. Thucyd., IV, 99.

vers placent soit un peu avant la guerre du Péloponèse[1], soit au commencement de cette guerre[2], soit à la fin[3]. Une opinion assez vraisemblable, celle d'un critique[4] qui voit dans *les Suppliantes*, cela vient d'être dit, des allusions au traité conclu, la quatrième année de la LXXXIXe olympiade, par les Athéniens avec les Argiens, place la composition et la représentation des *Héraclides* quelque temps après, entre l'époque où l'alliance se rompit et celle où elle se rétablit[5], c'est-à-dire la troisième année de la XC^e olympiade. Sans trop s'arrêter à des explications dont plusieurs ne sont évidemment que d'ingénieuses hypothèses, on ne saurait méconnaître dans *les Héraclides* un but en général de même nature que dans *les Suppliantes*, et cependant fort différent, celui d'intimider par des traditions favorables à la cause d'Athènes, soit les citoyens de l'ancien royaume d'Eurysthée, soit les descendants d'Hercule, les Argiens et les Lacédémoniens.

C'est à ce point de vue qu'il faut se placer pour apprécier certains détails que le développement naturel du sujet devait ou supprimer ou resserrer, et auxquels la préoccupation présente des esprits prêtait sans doute un charme particulier. Il serait trop dur et aussi trop peu raisonnable de dire, avec La Harpe, *qu'il n'y a là nulle connaissance de l'art dramatique*. A qui donc était réservée cette rare connaissance, si elle a pu manquer, et manquer entièrement, à l'auteur de tant de drames admirables, à Euripide? Sans doute il lui arrive de négliger ses plans. C'est un tort, je n'en disconviens pas, mais un tort volontaire. Il ne pèche pas, comme le prétend notre critique, par ignorance, par inexpérience, en écolier novice, mais dans un certain dessein, qu'il laisse entrevoir, et dont au besoin il avertit.

1. Th. Fix, *ibid.*, p. VIII.
2. Lebeau jeune, Mémoire déjà cité, p. 467; J. A. Hartung, *ibid.*, t. I, p. 288 sq.; cf. 313.
3. Sallier, *Mémoires de l'Académie des Inscript.*, t. VI, p. 385 sqq.
4. Bœckh, *ibid.* Cf. H. Weil, *ibid.*, p. 19 sqq.
5. Thucyd., V, 76, 82.

Une autre considération qu'on peut faire valoir en faveur d'Euripide, c'est que les poëtes grecs attachaient à l'expression des sentiments et de la passion l'importance presque exclusive que nous attachons, nous, à la structure du drame. L'action était pour eux à peu près ce qu'est pour nos compositeurs d'opéras le poëme sur lequel ils travaillent, une occasion, un motif, un canevas toujours assez bon, s'il prêtait au talent. Voilà pourquoi la nouveauté du sujet et des situations, si recherchée des modernes, leur importait si peu : le thème le plus rebattu, le plus suranné, leur paraissait susceptible d'être rajeuni par l'éloquence et la poésie. Les deux pièces qui nous occupent en offrent une preuve frappante. Non-seulement elles rappellent à tout instant, je le montrerai plus loin, d'autres ouvrages, mais elle ont entre elles, j'aurai aussi occasion de le redire, pour la nature du sujet et de l'intérêt qu'il excite, pour le choix des personnages, pour la combinaison des événements et la disposition des scènes, la plus exacte, la plus complète ressemblance. Il n'y a presque de changé que l'époque de l'action et le nom des acteurs. Mais de ce moule uniforme l'imagination du poëte a fait sortir deux œuvres si distinctes et si diverses, qu'on ne saurait décider sans témérité laquelle est la première épreuve, ni distinguer entre elles d'original ou de copie.

L'ouverture des *Suppliantes* est, comme les plus belles expositions de ce théâtre, d'une grande pompe de spectacle, et déjà d'un intérêt très-pathétique. Elle nous transporte à Éleusis, où auparavant Eschyle, d'après les monuments[1], les traditions[2], avait placé la scène d'une tragédie sur le même sujet, comprise dans le cercle de ses trilogies thébaines[3], de celle qui, d'après

---

1. Pausan., *Att.*, xxxix.
2. Hérod., IX, 27; Plutarch., *Vit. Thes.*, xxxviii; Appollod., *Bibl.*, III, vii, 1; Pausan., *ibid*.
3. Voyez notre t. I. p. 26 sqq.; 200 sq.; et, dans l'Eschyle de la Bibliothèque grecque de MM. Didot, 1842, l'explication des fragments de ce poëte par M. Ahrens, p. 224 sqq.

cette circonstance, était intitulée *les Éleusiniens :* elle
nous montre, dans le temple, près de l'autel de Cérès,
la mère de Thésée, Éthra, qui, au retour des travaux de
l'agriculture, est venue en ce lieu où germa le premier
épi, offrir un sacrifice. Éthra s'est, à ce qu'il semble,
acquittée de ce pieux devoir, mais elle ne peut encore se
retirer ; des femmes, en habits de deuil, l'entourent de tous
côtés, pressant ses genoux, et tendant vers elle des rameaux ornés de bandelettes, emblême révéré de la prière,
armes redoutables des suppliants. Ce sont les mères [1]
des sept guerriers morts récemment sous les murs de
Thèbes, et qui viennent réclamer pour les restes de leurs
fils, auxquels les Thébains refusent la sépulture, la
protection d'Athènes. Plus loin sont les jeunes enfants
qu'ils ont laissés orphelins, et au milieu d'eux, pleurant
et la tête voilée, le beau-père de Polynice, le roi d'Argos, Adraste. Ce tableau, qui semble disposé pour la
peinture, et a dû quelquefois la tenter, est animé par les
mouvements de la douleur la plus véhémente, les plus attendrissantes prières :

« Je te supplie, femme vénérable, digne moi-même de respect par ma vieillesse ; j'élève vers toi ma voix affaiblie ; je
tombe à tes genoux ; rachète mes enfants, ces corps sans vie,
abandonnés, comme une vile pâture, aux animaux sauvages.

Tu vois ces douloureuses larmes qui coulent de mes yeux,
qui baignent mes paupières ; cette tête blanchie, que moi-
même ai meurtrie et dépouillée. Hélas ! je n'ai pas reçu dans
ma maison les restes de mes enfants, je n'ai point vu s'élever
sur eux la terre du tombeau.

Toi aussi, tu es mère, ô reine ; un fils a rendu ta couche
chère à ton époux ; tu peux entrer dans ma douleur ; tu peux
ressentir ce que je souffre, infortunée ! pour ces morts chéris

---

1. Leurs mères seulement, et non pas en outre, comme d'autres
l'ont pensé, leurs veuves. Elles sont accompagnées chacune d'une suivante, ce qui, au jugement de Bœckh, dans l'étude attentive qu'il a
faite de la partie lyrique de cette pièce (*Græc. trag. princ.*, vii), porte
à quatorze le nombre des personnages dont se compose le chœur. God.
Hermann (*Præf. ad Supplices*) a, je crois, professé une opinion semblable. Elle a été contredite par des critiques qui au chiffre 14 ont
préféré le chiffre 15. Voyez Bode, *Histoire de la Littérature grecque;
tragédie*, t. III, p. 497.

que j'ai fait naître. Persuade à ton fils, dont je viens implorer l'appui, de marcher vers l'Ismène et de remettre en mes mains les corps de ces jeunes guerriers, privés, hélas! de sépulture.

Ce n'est point en habit de fête, comme il conviendrait, c'est dans un funèbre appareil que la nécessité me contraint d'approcher de ces autels où brûle la flamme de l'holocauste. Mais je puis invoquer la justice, et toi, heureuse mère, tu n'es pas sans pouvoir pour réparer mon infortune. Aie compassion de moi, je t'en supplie. Rends à une malheureuse femme l'enfant qu'on lui ravit; qu'elle puisse presser dans ses bras les tristes membres de son enfant!

Des plaintes nouvelles répondent à nos plaintes; j'entends nos esclaves qui frappent leur poitrine à coups redoublés. O vous que touchent nos maux, qui partagez notre douleur, formez, formez avec nous ce chœur lugubre, ce triste concert qui charme Pluton. Déchirez vos joues, faites ruisseler le sang sous vos ongles[1]. C'est ainsi que les vivants sont agréables aux morts.

Je trouve dans mes larmes un amer plaisir; je ne puis m'en rassasier; elles coulent sans relâche, comme l'intarissable source qui dégoutte du rocher. Les femmes ont reçu pour pleurer leurs enfants je ne sais quelle puissance de douleur. O! quand trouverai-je enfin dans la mort l'oubli de mes maux[2]? »

Thésée arrive, mandé par sa mère, et aux cris de douleur qu'il entend retentir à mesure qu'il approche, il s'imagine d'abord qu'elle n'est plus. Bientôt rassuré, il s'informe curieusement du spectacle qui s'offre à sa vue, et que, par un artifice familier aux tragiques grecs, ses questions et les réponses qu'elles provoquent nous invitent de nouveau à parcourir.

ÉTHRA.

Ces femmes, ô mon fils, ce sont les mères des sept chefs qui ont péri devant Thèbes; tu vois comme elles m'entourent, comme elles me pressent de rameaux suppliants.

THÉSÉE.

Celui qui se tient à la porte du temple, poussant des gémissements, qui est-il?

---

1. V. 70 sqq. Ce passage est un de ceux dont s'autorise Bœckh pour adjoindre aux sept mères des sept chefs argiens sept suivantes qui, selon lui, composent avec elles un chœur de quatorze personnes.
2. Vers 42-85.

ÉTHRA.

Adraste, m'ont-elles dit, le chef des Argiens.

THÉSÉE.

Ces enfants qui l'environnent, sont-ils à lui?

ÉTHRA.

Non, mais aux guerriers morts.

THÉSÉE.

Pourquoi sont-ils venus vers nous...?

ÉTHRA.

Je le sais, mais c'est à eux-mêmes de t'en instruire, ô mon fils!

THÉSÉE.

Parle donc, toi qui t'enveloppes la tête de tes vêtements; découvre ton visage, suspens tes pleurs; que faire si d'abord tu ne t'expliques[1]?

On a remarqué[2], comme un trait de mœurs curieux, que dans cette troupe de suppliants, unis par la même misère et les mêmes vœux, les hommes sont séparés des femmes, que les uns s'adressent à Éthra, les autres à Thésée : on a rapproché cette disposition de celle qui se voit au début de l'*Œdipe Roi*, où, parmi la foule de peuple qui vient dans sa détresse trouver le souverain de Thèbes, il ne paraît aucune femme. Quant à ce qui concerne plus particulièrement l'art du théâtre, le commencement de la scène offre un exemple de plus de ces suspensions habiles par lesquelles les tragiques grecs ne manquent guère d'annoncer un personnage intéressant, une situation frappante[3]. L'un et l'autre se trouvent réunis dans Adraste, ce roi déchu qui vient implorer la pitié d'un autre roi. Sa profonde douleur, son long silence excitent une vive attente du dialogue qui doit suivre.

Ce dialogue commence par une sorte d'interrogatoire rapide où est rappelée l'histoire, si souvent retracée dans

---

1. V. 99-111.
2. Markland.
3. Voyez t. I, p. 226 sq., 263, 323, 344; II, 263 sq., tc.

les tragédies grecques, de l'hymen qui fit entrer Polynice dans la famille d'Adraste, de la guerre fameuse qui en fut la suite, et dont la triste issue amène aux pieds de Thésée, en attitude de suppliant, le puissant roi d'Argos. La prière par laquelle il termine est aussi noble que touchante : il ne perd rien de sa dignité en s'abaissant.

.... Servata precanti
Majestas non fracta malis [1].

« O le plus vaillant des Grecs, ô chef des Athéniens, ce n'est pas sans rougir que je me prosterne devant toi, dans la poussière, que j'embrasse tes genoux, moi, vieillard, et roi jadis heureux. Mais il faut céder à mon sort, à la nécessité. Protége ces morts qui m'appartiennent; prends pitié de moi et aussi de ces mères malheureuses dont la vieillesse va s'achever dans la solitude. Elles n'ont pas craint de se rendre elles-mêmes en ce lieu, de marcher vers la terre étrangère, traînant avec peine leur corps appesanti par l'âge; tristes messagères, qui ne viennent point pour célébrer les mystères de Cérès, mais pour ensevelir, s'il est possible, ceux qui, dans l'ordre de la nature, devaient leur rendre ce dernier devoir [2]. »

Ici le poëte coupe bien malheureusement la parole au personnage pour amener, on ne sait comment, à la suite de quelques maximes, ce trait qui lui est tout personnel, et l'un de ceux probablement dont Plutarque [3] lui a reproché l'insupportable égoïsme :

« Il faut que le poëte, lorsqu'il enfante ses chants, les enfante au sein de la joie. Autrement, en proie lui-même au chagrin, pourrait-il charmer les autres? serait-il juste de l'exiger [4]? »

Adraste finit par des considérations qui sont plus dans le sujet, qui doivent en même temps concilier à son malheur l'appui de Thésée et à la pièce la faveur du public athénien. S'il réclame l'appui d'Athènes, plutôt que des

---

1. Lucain, *Pharsal.*, IV. 340.
2. V. 162-175.
3. *De se ipsum citra invidiam laudando*, I.
4. V. 179 sqq.

États du Péloponèse, c'est, dit-il, que Sparte est dure et dissimulée, les autres villes petites, sans force, qu'elle seule est assez humaine pour entreprendre sa cause, assez puissante pour la faire prévaloir, gouvernée, comme elle l'est, par un jeune et brave pasteur. L'allusion est évidente, et elle serait des plus directes et des plus complètes, si, dans ce pasteur dont le poëte vante la jeunesse et la bravoure, on reconnaissait, avec un savant[1], Alcibiade, alors fort en crédit.

Le refus que Thésée oppose aux prières d'Adraste, le reproche qu'il lui adresse de s'être attiré son malheur en s'alliant à la fatale famille d'Œdipe, en se laissant pousser à la guerre par d'imprudents conseillers, contre l'avis de sages devins, sont plus naturels qu'ils ne sont justes et généreux. Encore, à vrai dire, ce naturel se rencontre-t-il dans le sens général, et non dans la forme d'un discours trop apprêté, trop rempli de développements moraux et politiques, et qui, s'il convient à un poëte philosophe et citoyen, ne convenait guère au roi de la vieille Athènes. Euripide parle fort raisonnablement, fort ingénieusement de ces esprits remuants qui, par ambition, perdent les États; de cette classe amie de l'ordre qui les conserve et qu'il appelle d'un nom que nous croyons moderne et qui ne l'est pas plus que la chose, la classe moyenne[2] : mais de telles réflexions, évidemment nées de la circonstance plutôt que du sujet, ont dû perdre, lorsqu'elle a passé, l'intérêt piquant qu'elles en empruntaient, et aujourd'hui elles nous semblent un épisode tout à fait contraire à l'esprit de la poésie dramatique.

Cet esprit reparaît avec éclat dans la réplique d'Adraste, uniquement inspirée par la situation, et pleine de dignité et d'éloquence :

« J'étais venu chercher ici un médecin pour guérir mes

---

1. Lebeau jeune, Mémoire déjà cité, p. 448. Cf. J. A. Hartung, *ibid.*, t. II. p. 81.
2. V. 243.

maux et non un juge pour condamner ma conduite. Peut-être ai-je été coupable en quelque chose, mais, prince, ce que j'attendais de toi ce n'étaient pas des réprimandes, c'était du secours. Tu me refuses, il faut bien que je me résigne. Que ferais-je? Allez donc, mères vénérables, partez, laissez ici ces verts feuillages, ces bandelettes ; attestez et le ciel et la terre, et les flambeaux de Cérès, et la lumière du soleil, qu'en vain dans vos prières vous avez invoqué le nom des dieux[1]. »

Il y a ici une lacune, que les commentateurs ont remplie par quelques vers de leur façon[2]. On ne sait si ceux que nous avons perdus appartenaient au discours d'Adraste, ou étaient prononcés par le chœur. Ce dernier sentiment[3] paraît le plus vraisemblable ; car, dans ce qui suit, le ton a changé ; il est devenu moins haut, moins fier, mais non moins éloquent.

« Que vas-tu faire? trahir un devoir si saint? chasser ces femmes, au mépris de leur âge, sans leur avoir accordé ce qu'elles avaient droit d'obtenir? Oh non! les bêtes sauvages se retirent dans les rochers, l'esclave au pied des autels, une ville battue de la tempête cherche son salut près d'une autre ville. Car il n'est point ici-bas de prospérité inaltérable et éternelle[4]. »

Ces prières qu'Euripide varie avec une fécondité inépuisable, deviennent plus vives, plus pressantes encore. Thésée en est ému, et il n'y peut plus résister quand il voit tout à coup sa mère se couvrir la tête de son voile pour cacher ses larmes. C'est comme le dénoûment de la scène, et il me paraît vraiment admirable.

Éthra veut parler, et n'ose ; elle est retenue par cette réserve sévère que les mœurs antiques imposaient aux femmes. Enfin, elle s'enhardit et représente à Thésée, qui l'approuve, que sa gloire et celle de sa patrie sont intéressées à défendre, contre la violence, les droits de la nature, les saints usages de la Grèce. Cette mère, qui,

---

1. V. 251-261.
2. Phil. Melanchthon, Barnès et autres.
3. Musgrave.
4. V. 267-272.

par un conseil dégagé de toute faiblesse maternelle et dans un intérêt si peu personnel, envoie son fils à la guerre, offre un spectacle dont le poëte fait habilement ressortir la grandeur [1]. « Je ne crains rien pour toi, lui dit-elle, la justice t'accompagnera [2]. » — « Comment, réplique-t-il, me refuser à une entreprise où celle qui m'a fait naître, une mère si tendre, si prompte à s'alarmer, m'appelle la première [3]. » Euripide n'a pas pris moins de soin d'associer à la gloire de ce dévouement Athènes elle-même. Thésée veut consulter le peuple, bien sûr d'avance, dans une telle cause, de son suffrage. Si nous ne connaissions pas l'histoire des Athéniens, le penchant qui les portait à s'unir avec les faibles, penchant que leurs ennemis leur reprochaient comme une témérité impolitique, et dont ils s'applaudissaient comme d'une vertu généreuse et souvent utile [4], nous l'apprendrions par ce beau passage dont l'idée se reproduit plus d'une fois dans la même pièce et dans *les Héraclides* [5], et auquel je me figure que répondaient dans l'amphithéâtre de patriotiques applaudissements :

« Lorsqu'on accuse ta patrie d'imprudence, ne vois-tu pas de quel fier regard elle répond à ses accusateurs ? C'est qu'elle grandit au milieu des travaux, des dangers ; tandis que ces villes si amies du repos, si timides, restent dans l'ombre, et baissent humblement les yeux [6]. »

Thésée sort pour se rendre à l'assemblée du peuple, accompagné d'Adraste, dont la vue appuiera ses discours [7], et de sa mère, que, sur ses instances, les Suppliantes ont enfin laissée libre de partir. Je mentionne un si petit détail, parce

---

1. Voyez t. I, p. 130 sqq., le discours de la femme d'Érechthée, d'après les fragments conservés de l'*Érechthée* d'Euripide.
2. V. 329.
3. V. 343 sqq.
4. Isocrate, *Paneg*. Cf. Suid. v. Ἀθηναίων δυσβουλία.
5. *Suppl*., 578 sqq., *Her*., 175 sqq.; 328 sqq.
6. V. 322 sqq.
7. Ainsi fait Pélasgus dans *les Suppliantes* d'Eschyle, pièce dont semble s'être quelquefois inspiré Euripide dans cette tragédie et, on le verra au chapitre suivant, dans *les Héraclides*.

qu'avec d'autres que j'ai pris soin de rappeler, il fait parfaitement connaître la nature de ce droit des suppliants que l'histoire, non moins que la poésie, nous représente comme si respecté et même si redoutable dans ces temps anciens; le caractère de cette prière, qui, conjurant au nom des dieux, ne craignait point de se montrer importune, obstinée, menaçante, et usait, pour ainsi dire, de violence envers la pitié.

Les choses se passent dans cette tragédie avec une rapidité propre à surprendre ceux qui, sur la foi de la critique vulgaire, regardent les tragiques grecs comme de rigides observateurs de l'unité de temps. Un chœur très-vif et très-court, rempli de la reconnaissance des mères argiennes et de la gloire d'Athènes, leur protectrice, sépare le départ de Thésée de son retour. Il a déjà obtenu le consentement du peuple; il a réuni une armée, et nous le voyons qui se dispose à députer vers le roi de Thèbes, pour tâcher d'abord de le persuader, lorsqu'il est lui-même prévenu par l'arrivée d'un héraut que lui adresse ce prince.

On peut s'attendre à une scène intéressante; mais avant qu'elle commence véritablement, il prend fantaisie au poëte d'engager, entre l'envoyé de Créon et Thésée, une dispute en forme sur les avantages respectifs du gouvernement démocratique et de la monarchie[1]. De tous les développements épisodiques dont cette pièce abonde, celui-ci est le plus étendu et certainement le moins lié au sujet. On peut y louer une gravité de pensées et d'expressions analogue à celle qui distingue la fameuse délibération de Cinna, et en même temps une singulière adresse à mêler à de fines satires des louanges délicates; mais on ne peut se dispenser d'y blâmer un défaut de convenance, que du reste Euripide ne paraît pas s'être dissimulé, et dont il a l'air de plaisanter, en homme qui se joue de son art et prend ses aises avec son public. Thésée trouve ce

---

1. Voyez, sur cette scène, ce qui en a déjà été dit incidemment, t. I, p. 179.

héraut bien discoureur, bien peu au fait de sa charge, et il s'étonne de la bonté qu'il a de lui répondre. C'est permettre généreusement au spectateur d'en faire autant, ou plutôt c'est lui enlever malignement le plaisir de la critique.

Il n'y a plus qu'à louer, lorsque, de rhéteurs qui disputent dans l'école, les deux interlocuteurs redeviennent des personnages de tragédie, traitant d'intérêts réels et présents avec le langage de leur passion, de leur caractère, de leur emploi. C'est d'un côté l'interprète arrogant d'un message hautain, l'apologiste subtil d'un acte inhumain et impie; c'est de l'autre le soutien d'une cause sacrée, avec la conscience de son droit et de sa force. Le héraut du roi thébain a interdit au roi d'Athènes de recevoir Adraste et même de réclamer les honneurs funèbres pour les restes de ses guerriers. Voici en quels termes répond Thésée :

« ...... Je ne sache pas que Créon soit mon maître, ni qu'il ait tant de puissance que de forcer Athènes à faire sa volonté. Certes, le cours des choses serait étrangement troublé, s'il en était ainsi. Je ne commence point la guerre ; je n'étais point avec eux lorsqu'ils marchèrent contre la terre de Cadmus : tout ce que je prétends, sans faire injure à Thèbes, sans la provoquer aux combats homicides, c'est qu'on ensevelisse les morts, pour que la loi commune des Grecs soit maintenue. Qu'y a-t-il là qu'on ne doive pas trouver convenable ? Si vous avez eu contre les Argiens quelque sujet de plainte, ils sont morts ; vous vous êtes honorablement vengés de vos ennemis ; la honte a été pour eux ; tout est accompli. Souffrez que la terre recouvre enfin ceux qui ne sont plus. Chaque partie de nous-mêmes doit retourner à l'élément d'où elle est venue, l'esprit au fluide éthéré, et le corps à la terre. Le corps, ce n'est pas un bien qui nous appartienne en propre ; c'est un domicile passager que nous habitons durant notre vie. Il faut bien qu'à la fin celle qui l'a formé le reprenne. Pensez-vous ne blesser qu'Argos par vos refus ? non : c'est à la Grèce entière que l'on fait tort, lorsque, frustrant les morts de ce qui leur est dû, on leur refuse le tombeau. Qu'une telle loi s'établisse, et elle fera un lâche du plus brave. Vous venez vers moi avec de menaçantes paroles, et vous avez peur des morts, et vous n'osez permettre qu'on les recouvre de terre. Craignez-vous donc qu'ils ne creusent sous vos murs, ou que, dans leurs ténébreuses demeures, ils n'enfantent des fils pour votre châtiment ? C'est perdre vainement ses paroles que d'alléguer de si folles terreurs. Mais ignorez-vous donc, ô insensés, le triste sort de l'humanité? Notre vie n'est qu'une lutte continuelle pour conquérir le bonheur : il est maintenant à celui-ci, tout à l'heure à celui-là ; cet autre l'a déjà perdu. Cependant la fortune triomphe au milieu de ces changements : les malheureux lui rendent hommage pour en obtenir un sort meilleur ; les heureux la flattent, de peur que son souffle ne vienne à leur manquer. Pénétrés de ces vérités, portons avec modération nos injures, et si nous nous vengeons, que ce ne soit pas du moins au préjudice de notre patrie. Que faire donc? il faut nous permettre, comme nous le désirons, d'ensevelir nos morts. Autrement, vous devez le prévoir, j'irai moi-même, et les ensevelirai de force. Jamais il ne sera dit dans la Grèce qu'en vain est venue vers moi et vers la ville de Pandion la loi antique des dieux, et que nous l'avons laissé outrager[1]. »

Le tour familier, la liberté de mouvements, qui s'unissent dans ce discours à la dignité des sentiments, à l'élévation des idées, en font, à mon sens, un chef-d'œuvre d'éloquence dramatique. Le trait qui le termine est d'une grande beauté. Platon n'avait pas encore fait entrer la loi dans la prison de Socrate[2], Cicéron ne lui avait pas mis aux mains le glaive de l'homicide[3], lorsque Euripide, par une figure hardie, osa la représenter comme le suppliant d'Athènes.

Après ces développements, la scène s'achève par un dialogue tout en répliques rapides où se reproduisent avec véhémence l'arrogante demande du héraut, le noble refus de Thésée. Cette marche est constante chez Euripide, et en général chez les tragiques grecs, qui l'avaient prise de la nature. Elle a quelque rapport avec la coupe actuelle de nos airs et de nos duos d'un mouvement d'abord plus calme et plus lent, ensuite plus vif et plus pressé.

Thésée est parti pour aller traiter lui-même avec Créon à la tête de son armée[4]. Les délibérations ne sont pas plus

1. V. 521-566.
2. *Crit.*
3. *Pro Milone.*
4. Réussit-il au moyen de la force et de la persuasion? Hérodote (IX, 27), suivi par Euripide, a été du premier sentiment; Plutarque (*Vit. Thes.*, 28), qui semble s'autoriser des *Éleusiniens* d'Eschyle (voir

rapides dans cette pièce que les voyages et les combats. A peine les personnages du chœur, d'autres y joignent Éthra ou Adraste, ont-ils eu le temps de se communiquer leurs craintes, leurs espérances au sujet de la guerre commencée, qu'un messager leur en annonce l'issue. Prisonnier depuis la défaite des Argiens, il a tout vu du haut des murs de Thèbes. Il raconte, en grand détail, la victoire de Thésée ; comment ce prince n'en a voulu d'autre prix que les morts pour lesquels il avait combattu; comment il les a lui-même ensevelis de ses mains, à l'exception des chefs[1] que l'on rapporte à leurs mères et qui sont déjà tout près d'Éleusis ; car, dit singulièrement le narrateur, comme pour excuser une rapidité d'événements peu vraisemblable, « le zèle abrége la distance[2]. » La modération de Thésée est dignement louée par Adraste à qui elle fait faire, sur sa conduite hautaine et imprudente dans la guerre de Thèbes, un triste retour. L'éloge de son humanité, de sa piété, ne ressort pas avec moins d'éclat dans ce beau dialogue :

ADRASTE.
Des esclaves sans doute ont enlevé leurs corps de la terre sanglante où ils étaient tombés.

---

plus haut, p. 185 sq.), du second. Isocrate a varié à ce sujet d'une manière piquante, ayant dans son *Panathénaïque*, sans doute par égard pour les Thébains, alors alliés d'Athènes, contredit ce qu'ailleurs, dans son *Panégyrique*, dans son *Éloge d'Hélène*, il a dit de la contrainte faite à ce peuple. Voyez sur cette difficulté, avec les passages qui viennent d'être indiqués, la note 36 de Larcher sur le livre IX° d'Hérodote.

1. Cf. Plutarch., *Vit. Thes.*, 28.
2. V. 766. Corneille dans son *Troisième discours, Des trois unités*, a relevé spirituellement ce défaut de vraisemblance. « Euripide, a-t-il dit, dans *les Suppliantes*, fait partir Thésée d'Athènes avec une armée, donner une bataille devant les murs de Thèbes, qui en étaient éloignés de douze ou quinze lieues, et revenir victorieux en l'acte suivant; et depuis qu'il est parti, jusqu'à l'arrivée du messager qui vient faire le récit de sa victoire, Éthra et le chœur n'ont que trente-six vers à dire. C'est assez bien employer un temps si court. » *Enorme brevita del tempo*, a dit à son tour, de l'étroit espace de temps où sont resserrés les événements multipliés de cette tragédie, Métastase, dans ses *Observations* sur le théâtre grec.

LE MESSAGER.

Nul esclave n'a eu de part à cette œuvre; vous eussiez dit que ces morts avaient été chers à Thésée.

ADRASTE.

Quoi donc ! a-t-il lavé lui-même les blessures de ces infortunés ?

LE MESSAGER.

Il a de plus dressé leur lit funèbre, enveloppé leur dépouille.

ADRASTE.

C'était un ministère bien triste, bien humiliant.

LE MESSAGER.

Est-il humiliant de prendre part aux maux communs de l'humanité [1] ?

Nous savons quel fut le succès d'un vers de Térence [2] fort ressemblant à ce dernier trait :

Homo sum : humani nihil a me alienum puto.

Ce n'étaient pas là de ces maximes parasites et ambitieuses qui cherchent l'applaudissement : c'était la leçon même du théâtre antique.

L'action est parvenue à son terme; le reste ne sera plus, pour ainsi dire, qu'une élégie à grand spectacle. Mais, au milieu du trouble de la douleur et du désordre lyrique, il y a encore place, pour les Grecs, à l'observation morale. L'aveu involontaire de cette jalousie secrète que nous donne, dans le malheur, la prospérité d'autrui, me semble s'échapper, avec bien de la vérité, de ces premières paroles du chœur :

« D'un côté le bonheur, de l'autre l'infortune. Pour cette ville, pour les chefs de ses guerriers, c'est un surcroît de gloire et d'honneur; pour moi, c'est le spectacle de mes enfants qui ne sont plus, spectacle douloureux, et cependant bien doux [3] !... »

L'arrivée du cortége funèbre conduit par Adraste, qui a été le recevoir, le mouvement tumultueux de ces mères qui se précipitent sur les cercueils de leurs fils, devaient offrir un tableau animé et touchant. Quand les premiers trans-

---

1. V. 766-773.
2. *Heaut.*, I, I, 77.
3. V. 780 sqq.

ports de la douleur s'étaient calmés, Thésée interrogeait Adraste sur ces guerriers si regrettés. C'était de leur caractère qu'il s'informait et non du détail de leurs exploits ; car, disait-il, ou plutôt disait à sa place Euripide, pour se moquer en passant des relations de combat trop circonstanciées :

« Demander quels ennemis un guerrier a rencontrés sur le champ de bataille, de quelle lance il a été blessé, c'est faire une question ridicule : la réponse ne le serait pas moins. Dans l'ardeur de la mêlée, lorsque le fer étincelle de toutes parts, qui peut observer exactement la conduite de chacun ?... En présence de l'ennemi, à peine a-t-on le loisir de distinguer ce qu'il importe le plus de voir[1]. »

On peut juger par cette satire littéraire[2] si le mouvement de la composition laisse à Euripide la présence d'esprit que l'ardeur du combat enlève au guerrier.

L'éloge des guerriers morts[3], tel que le fait Adraste, contredit l'idée qu'on s'en forme d'après *les Sept Chefs* d'Eschyle, et même d'après *les Phéniciennes* d'Euripide. Il paraît étrange d'entendre louer les vertus domestiques, les qualités sociables de ces hommes violents et audacieux, qui bravaient la terre et le ciel même[4]. Plusieurs critiques[5] ont supposé, non sans vraisemblance, que des allusions contemporaines réchauffaient cette scène un peu froide. On remarquera, avec Denys d'Halicarnasse[6], qu'elle fait remonter bien haut l'usage des éloges funèbres. Il en est de même de cette scène d'Eschyle, dans la-

---

1. V. 850 sqq.
2. Sur des satires de ce genre que s'est ailleurs permises Euripide, voyez t. I, p. 347 sqq.; II, 349 sq.; III, 303.
3. La liste de ces guerriers diffère un peu, chose bizarre! de celle que le même poëte en a donnée dans ses *Phéniciennes*, v. 119 sqq. Sur cette diversité et sur la comparaison de ces listes avec d'autres, qui se trouvent chez Eschyle et Sophocle, voyez t. I, p. 187 sq.; III, 309.
4. A l'occasion de la modération de Pélopidas, Plutarque (*Vit. Pelop.*, III) rapporte ce qui est dit ici de Capanée. Zénon, selon Diogène Laerce, VII, I, aimait à citer ce passage.
5. Lebeau jeune, Mémoire déjà cité, p. 448; W. Schlegel.
6. *Ant. rom.*, V. 17.

quelle les vieillards d'Argos demandent avec indignation à Clytemnestre, après le meurtre d'Agamemnon, qui l'ensevelira, qui le pleurera, qui le louera sur sa tombe[1].

Viennent ensuite des arrangements trop arbitraires que prennent entre eux, dans l'intérêt évident du poëte et de sa pièce, Adraste et Thésée. Un même bûcher consumera les généraux argiens, à l'exception de Capanée, dont le corps, frappé de la foudre, sera brûlé à part comme une dépouille sacrée. Cette dernière cérémonie aura lieu sur la scène, en présence des Suppliantes, que la vraisemblance appellerait pour la plupart aux funérailles de leurs enfants, qui ne restent que sur un prétexte, sans doute parce que leur présence est nécessaire à la décoration du théâtre, et que ce qui va suivre a besoin de spectateurs.

Tandis que les monuments funèbres s'élèvent, comme nous en avertit le chœur dans des chants d'un inépuisable pathétique, la veuve de Capanée, Évadné, paraît sur un rocher qui domine le bûcher de son époux, dans le dessein de s'y précipiter. Son vieux père, Iphis, à la vigilance duquel elle s'est dérobée, la suit de près, mais n'arrive que pour assister à cet acte de désespoir. Quoique trop épisodique et trop peu préparée, cette catastrophe tragique est d'un grand effet, et, par la vive émotion qu'elle excite, elle rompt heureusement l'uniforme expression de la plainte. Qu'on se figure[2] Évadné, en habit de fête, dans le transport d'une joie funeste, contemplant le corps de son époux, et mesurant des yeux l'abîme enflammé qui va la recevoir ; Iphis, qui ne peut ou qui craint de comprendre ses menaçants discours ; enfin la stupeur, l'horreur profonde des témoins impuissants de cette ter-

---

1. *Agam.*, v. 1513 sqq.
2. C'est le sujet d'un des tableaux décrits par Philostrate (voyez notre t. I, p. 151) dans ses *Imagines*, 11, 30, d'après la belle scène d'Euripide, probablement. Le sophiste n'a pas toutefois emprunté à Euripide l'idée prétentieuse de ses amours qu'il représente allumant de leurs flambeaux le bûcher de Capanée.

rible scène. Euripide est le poëte de la douleur; son génie ne pouvait lui manquer pour peindre, dans Iphis, l'affliction d'un père privé à la fois de tous ses enfants. Car ce n'est pas seulement sa fille Évadné qui lui est ravie; il avait auparavant perdu son fils Étéocle, l'un des Sept chefs, et il les unit tous deux dans ses regrets déchirants.

« .... Dans ma jeunesse, voyant ceux qui devenaient pères, j'étais amoureux de la paternité; je mourais du désir de posséder des enfants. Ah ! si j'avais pu connaître... quelle est la douleur d'un père à qui ses enfants sont ravis, jamais je ne me fusse exposé à souffrir ce que je souffre en ce moment[1]. Hélas ! j'avais donné le jour à un fils plein de vertu et de vaillance, et voilà qu'il m'est enlevé. Que faut-il que je fasse, infortuné? Retourner dans ma demeure? mais qu'y trouverai-je? une vaste solitude, une vie désolée. Aller vers la maison de Capanée ? Elle m'était chère, quand j'avais une fille ; mais je n'en ai plus, j'ai perdu celle qui pressait mes joues de ses lèvres, qui entourait ma tête de ses bras caressants. Qu'y a-t-il pour un père, dans sa vieillesse, de si doux qu'une fille? Les fils ont l'âme plus haute, mais leur amour est moins tendre, à moins de charmes[2]. Oh ! qui me ramènera dans ma demeure? qui me plongera dans les ténèbres, pour que j'achève de consumer par la faim ce corps débile?... O vieillesse, plus forte que le malheur, que je te hais[3] ! »

Les cérémonies funèbres sont terminées. On voit venir les fils des guerriers argiens portant dans leurs bras l'urne et la cendre de leurs pères. A cet aspect, la douleur générale, un instant distraite par le sacrifice d'Évadné et le désespoir d'Iphis, se ranime avec une sorte d'emportement. Aux gémissements redoublés des mères se mêlent les vœux de vengeance des enfants, qui grandiront pour la perte de Thèbes et seront un jour des Sthénélus, des Diomède, les redoutables Épigones.

Cependant Thésée réclame d'Argos, qui la lui promet par la voix d'Adraste, une éternelle reconnaissance. Mi-

---

1. Cf. *Rhes.*, v. 977 sqq. Voyez plus haut, p. 177.
2. Voyez notre t. II, p. 241.
3. V. 1094-1115.

nerve elle-même paraît pour prescrire le serment solennel par lequel cette cité s'oblige à ne jamais combattre contre Athènes, à la défendre même contre ses ennemis, se dévouant, si jamais elle se parjure, à la vengeance céleste. Le but politique de la pièce se montre avec évidence dans ce dénoûment ; il y justifie la présence, ailleurs trop prodiguée par Euripide, d'une divinité.

Transportons-nous par la pensée dans le théâtre de Bacchus ; supposons-nous, pour un instant, ou Athéniens ou Argiens, et peut-être nous ferons-nous quelque idée de l'effet que pouvait produire, devant un tel auditoire, cette imposante réclamation de droits si anciens, et placés sous la garde d'une si sainte autorité.

Le poëte y comptait sans doute, lorsqu'il négligeait avec tant de liberté les règles ordinaires de la vraisemblance et le soin de la composition ; lorsqu'il multipliait, avec si peu de scrupule, les allusions les plus étrangères à son sujet. Il pouvait compter aussi sur des beautés dramatiques bien dignes d'excuser, d'effacer tant de défauts.

Ces beautés, auxquelles j'ai cru devoir m'arrêter de préférence, ont été froidement louées par la plupart des critiques modernes, et elles ont entièrement échappé à l'attention de La Harpe. *La seule chose* qui lui paraisse *remarquable* dans *les Suppliantes*, *c'est*, dit-il, *qu'on y trouve au dénoûment une scène de spectacle qui a pu donner à Voltaire l'idée du bûcher d'Olympie*[1]. J'ai mis le lecteur à même de juger si *les Suppliantes* n'ont en effet d'autre mérite qu'une ressemblance accidentelle avec un des plus faibles ouvrages de la vieillesse de Voltaire[2].

L'antiquité jugeait plus favorablement cette tragédie:

---

1. *Lycée.*
2. Il peut encore s'édifier à cet égard, en lisant l'éloquente analyse qu'a donnée en 1849, de la tragédie d'Euripide, M. Saint-Marc Girardin, dans le chapitre XXXII de son *Cours de littérature dramatique*, intitulé : *De la pitié envers les morts.* — L'Antigone *de Sophocle.* — Les Suppliantes *d'Euripide.* — La Thébaïde *de Stace.* — *Les* Nuits *d'Young.*

une anecdote curieuse, rapportée par Diodore de Sicile[1], nous fait connaître qu'à l'époque où elle parut, elle s'empara vivement de l'imagination des spectateurs.

La veille de la bataille navale livrée près des îles Arginuses, l'un des généraux athéniens qui devait le lendemain commander la flotte, Thrasyle, vit en songe le théâtre d'Athènes rempli d'une foule prodigieuse de peuple, devant laquelle il jouait, avec six de ses collègues, *les Phéniciennes* d'Euripide, tandis que les chefs ennemis jouaient sur la même scène *les Suppliantes* du même poëte. Il lui sembla que son parti avait remporté la victoire, mais que tous ses acteurs étaient morts, à l'exemple des Sept Chefs devant Thèbes. Le devin consulté sur ce songe prononça que six des généraux athéniens périraient.

Ovide se souvenait des *Suppliantes*, lorsque dans cette énumération des héroïnes de l'amour conjugal qui ouvre le troisième livre de son Art d'Aimer[2], comme pour en racheter par avance les profanes leçons, à la suite de Pénélope, de Laodamie, d'Alceste, il introduisait Évadné, et lui faisait dire, se précipitant dans le bûcher de son époux : « Reçois-moi, Capanée ; que nos cendres soient confondues ! »

> Accipe me, Capaneu; cineres miscebimur, inquit
> Iphias; in medios desiluitque rogos.

On ne peut douter que Stace ne se soit aussi souvenu des *Suppliantes* comme de l'*Antigone*. Ces deux tragédies ont contribué[3], pour une part égale, à fournir la matière du dernier livre de sa Thébaïde. Elles n'ont pas d'ailleurs exercé d'influence sensible sur le goût d'un poëte trop ami de l'emphase et de la recherche, peut-être pour bien sentir, mais certainement pour exprimer la vérité grecque. Chez lui, l'action touchante d'Euripide

---

1. XIII, 97. Cf. Xenoph., *Hist. græc.*, I, 7.
2. V. 11 sqq.
3. Voyez notre t. II, p. 283.

disparaît au milieu des lieux communs épiques de toutes sortes, dénombrements d'armées, descriptions d'armes, détails de combats et de blessures, qu'il s'arrête à développer curieusement, prétentieusement ; les scènes s'y tournent en harangues ampoulées, où la douleur d'Évadné, interprète des Suppliantes, et la générosité de Thésée, ne deviennent pas moins déclamatoires que l'inhumanité de Créon. Il ne manque cependant pas, on doit le dire aussi, dans cette transformation, de beaux traits, et même de morceaux frappants. Telles sont ces paroles de Thésée immolant Créon :

« Te plaît-il enfin d'accorder à tes ennemis morts les justes honneurs du bûcher, aux vaincus la terre du tombeau ? Va recevoir aux enfers ton châtiment, sans souci toutefois de ta sépulture. »

Vade atra dature
Supplicia, extremique tamen secure sepulcri [1].

Telle est surtout cette tirade, le plus beau passage, je crois, le moins mêlé de faux goût du poëme, sur l'autel de la Clémence, de la Pitié [2], vers lequel le poëte a eu l'heureuse idée, l'idée tragique, qu'eût enviée le pathétique Euripide, de conduire ses Suppliantes :

« Au centre de la ville était un autel dont on n'avait honoré aucun des dieux puissants du ciel. La douce Clémence y a fixé son séjour et les malheureux l'ont consacré. Jamais il n'est sans suppliants ; il ne repousse aucun vœu. Là sont entendus tous ceux qui prient ; le jour, la nuit, on en peut approcher et y apaiser la divinité seulement par la plainte. On l'honore à peu de frais ; point d'encens jeté dans la flamme, point de sang répandu à grands flots ; des larmes seules le baignent. L'offrande pieuse de tristes chevelures, les vêtements du malheur déposés

---

1. *Thebaïd.*, XII, 779 sqq.
2. Ἔλεος, Apollod., *Biblioth.*, II, 8, 1 ; Misericordia, Quintilian, *Inst., orat.*, V, 11, 38 ; Apul., *Metam.*, II ; Clementia, Plin., *Hist. nat.*, II, v ; Stat., *Thébaïd.*, XII, 482.

Misericordiam.... prudentissima civitas Atheniensium non.... pro affectu, sed pro numine consecravit.   QUINTILIAN., *ibid.*

Flentibus aram
Et proprium miseris numen statuistis Athenæ.
CLAUDIAN., *de Bell. Gildon.*, 404.

dans une meilleure fortune, voilà ses ornements. Autour est un bois au doux ombrage, des lauriers religieusement parés de bandelettes, l'olivier, cet arbre des suppliants. Point d'image ; la figure de la déesse n'est confiée à aucun métal ; c'est dans les cœurs qu'elle aime à faire son séjour. Cet autel n'est jamais sans adorateurs tremblants, sans une foule malheureuse qui l'assiége ; il n'est ignoré que des heureux. On dit que, protégés par les armes d'Athènes, après les funérailles du dieu leur père, les enfants d'Hercule le fondèrent. C'est une tradition au-dessous de la vérité. On doit croire que les dieux eux-mêmes, ces hôtes de l'Attique, qui lui ont donné des lois, des mœurs nouvelles, les rites sacrés, les semences nourricières, confiées au sol jusque-là stérile, que ces dieux y ont eux-mêmes consacré un asile commun à tous les malheureux, duquel n'approchassent ni la colère, ni la menace, ni les volontés tyranniques, dont les caprices violents de la Fortune respectassent la sainteté. Dès lors il était connu de nations innombrables : guerriers vaincus, citoyens exilés, rois déchus, involontaires coupables, s'y rendent en foule et viennent y chercher la paix. Cette demeure hospitalière a plus tard vaincu les fureurs d'Œdipe, sauvé Olynthe de la destruction, de la mort, soustrait à la poursuite de sa mère le malheureux Oreste[1]. »

1. *Thebaïd.*, XII, 481 sqq.

CHAPITRE DIX-NEUVIÈME.

Continuation du même sujet.

Le moule dramatique dans lequel Euripide avait jeté ses *Suppliantes*, il y a aussi, à une autre époque, pour une autre occasion, jeté un autre sujet, celui de ses *Héraclides*. Si l'on peut s'étonner du sans-façon qui lui a fait reproduire, au bout de quelques années, une combinaison presque absolument pareille de personnages, de situations, de tableaux, il y a lieu aussi d'admirer la singulière flexibilité d'esprit et de talent, qui a su l'accommoder à des circonstances contraires, à un ordre différent d'aventures. La seconde pièce, en effet, est aussi hostile aux Argiens que la première leur était favorable, et la générosité d'Athènes, toujours égale à elle-même en toute occurrence, s'y exerce envers de nouveaux suppliants; non plus les mères, les fils des guerriers morts sous les murs de Thèbes et barbarement privés de sépulture, mais la famille, la postérité d'Hercule, que poursuit, depuis la mort du héros, par toute la Grèce, l'impitoyable Eurysthée.

Cette troupe errante s'est arrêtée à Marathon[1], l'une des villes qui composent la Tétrapole[2], partie de l'Attique échue en héritage[3] à l'un des deux fils de Thésée,

---

1. V. 32.
2. V. 80. Cf. Aristoph., *Lysistr.*, 285, schol.; Diod. Sic., IV, 57; XII, 45; schol. Soph. ad *Œd. Col.*, 689; Strabon, VIII, etc. Voyez Musgrave, ad. v. 36; Raoul-Rochette, *Théâtre des Grecs*, édition de 1821, t. IX, p. 414.
3. V. 36. Cf. 114.

Démophon[1]. Elle s'y est réfugiée dans le temple de Jupiter[2]. Elle a enfin trouvé un asile doublement domestique, si on peut le dire, auprès d'un roi parent des Héraclides, d'un dieu leur aïeul. Deux vieillards, qui, succombant au poids de l'âge et du malheur, auraient besoin eux-mêmes de soutiens et de protecteurs, ont guidé la fuite de ces malheureux enfants, et veillent sur eux. Autour d'Alcmène sont rassemblées les filles, dans l'intérieur du temple; près de l'autel extérieur se pressent les fils, non pas tous: ceux à qui leur âge permet déjà des soins virils, et à leur tête Hyllus, sont en quête d'un nouveau lieu de refuge qui reçoive les exilés, si la protection d'Athènes venait à leur manquer. Les plus jeunes cependant restent sous la garde d'Iolas, neveu d'Hercule, qui autrefois s'est dévoué seul à partager ses périls, conduisant son char, portant ses armes, combattant avec lui[3], et maintenant, tout vieux et cassé qu'il est, se dévoue à la défense de sa postérité. C'est Iolas qui est chargé du prologue, office dont il ne s'acquitte pas sans arriver bientôt d'un début sentencieux[4], et de la préface qui le suit, à cette expression déjà dramatique de son noble caractère et de sa tragique situation :

« ... Exilés, je partage leur exil; malheureux, leur malheur. Je rougirais de les abandonner et que l'on pût dire : Voyez! ces enfants n'ont plus de père, et Iolas, leur parent, ne prend pas leur défense[5]!...

« .... O mes enfants, mes enfants, venez près de moi et attachez-vous à mes vêtements. Je vois s'approcher le héraut d'Eurysthée, celui qui nous poursuit, qui nous chasse partout

---

1. D'autres traditions faisaient arriver les Héraclides dans l'Attique du vivant de Thésée. Voyez Diod. Sic., IV, 57; Pausan., *Att.*, XXXII, etc.
2. Apollodore (*Bibl.*, II, 8) et d'autres disent que les Héraclides se réfugièrent à l'autel de la Pitié. Voyez la note de Barnès sur le v. 79, où il cherche à mettre d'accord les deux traditions. Voyez aussi ce qui a été dit précédemment de l'autel de la Pitié, p. 203 sq.
3. V. 6 sqq., 86 sqq., 215 etc. Cf. Hesiod., *Scut. Herc.*, v. 77, etc.
4. On peut le rapprocher de celui du *Philoctète*, chez le même poëte. Voyez t. II, p. 132.
5. V. 26 sqq.

devant lui. Homme odieux, puisses-tu périr et celui qui t'envoie ! C'est toi qui, de cette même bouche, as dénoncé tant d'ordres cruels à leur généreux père [1]. »

Ce ministre du tyran d'Argos, c'est Coprée, nom qui n'est pas prononcé dans la pièce, mais qu'a fourni Homère à la liste des personnages, par ces vers touchants de l'Iliade [2], où il peint l'excellent fils d'un si méchant père expirant, à la vue de ses compagnons épouvantés et attendris, sous la lance d'Hector. Une violence brutale, le mépris du droit, du malheur, de la faiblesse, des discours d'une arrogance à laquelle rien n'impose, tels sont les traits qui caractérisent Coprée. Euripide les a exprimés avec énergie, et non sans variété, dans une suite de scènes où il le peint, d'abord insultant à la débilité d'Iolas, qu'il renverse et foule aux pieds, pour aller arracher de l'autel ses jeunes victimes; puis, s'expliquant avec dédain devant les vieux citoyens de Marathon, accourus aux cris de détresse que pousse le protecteur impuissant des Héraclides, le suppliant insulté d'Athènes et de Jupiter; bravant enfin insolemment jusqu'à la majesté royale dans la personne de Démophon, lorsque le fils de Thésée, le souverain de la Tétrapole, attiré lui-même, avec son frère Acamas [3], par cette scène de désordre, vient lui demander compte de sa conduite, indigne de l'habit grec qu'il porte, et convenable seulement à un barbare. Il est, répond-il, Argien; il réclame justement des fugitifs qu'Argos a condamnés au supplice. Athènes n'osera point ce que nul peuple n'a osé, se compromettre pour leur cause. Si elle les livre, ou du moins refuse de les accueillir, elle s'acquiert l'alliance du puissant Eurysthée; autrement, elle s'expose à sa vengeance, qui ne se fera pas attendre. Et pour qui encore son roi lui ferait-il courir ce danger, et mériterait-il ainsi sa colère? pour un vieillard qui n'est déjà plus qu'une ombre, pour des enfants

1. V. 48 sqq.
2. XV, 638 sqq.
3. V. 118. Cf. 665, 959. Comme d'autres personnages du même théâtre, Acamas ne joue dans la pièce qu'un rôle muet.

qui ne pourront de longtemps, si jamais ils le peuvent,
s'acquitter envers leurs bienfaiteurs. Qu'elle ne commette
point la folie qui lui est trop ordinaire de préférer l'alliance des faibles à celle des forts ! Ce discours, dont l'emportement et l'insolence ne manquent pas d'artifice, et où
sont assez habilement touchées des raisons de prudence
et d'utilité qui trop souvent retiennent les mouvements
généreux du cœur, ne peut rien sur ceux auxquels il s'adresse, sur ces représentants héroïques d'un peuple qui
mettait sa gloire à s'exposer pour la défense des opprimés,
et acceptait comme un éloge, nous l'avons vu dans *les
Suppliantes*[1], nous le retrouvons ici[2], les reproches qu'on
lui faisait de son imprudence.

Démophon, à qui le poëte a donné une magnanimité
simple, une dignité calme, n'y réplique pas et se contente d'inviter Iolas à dire, à son tour, ses raisons. C'est,
remarque en commençant ce dernier, avec un à-propos
qui devait charmer ses auditeurs, ceux du drame, ceux
de l'amphithéâtre, par une allusion délicate à l'équité
des jugements chez les Athéniens, c'est un avantage nouveau pour lui ; il a enfin rencontré une terre de liberté,
où on ne lui refuse pas, comme ailleurs, la faculté d'entendre et de répondre. Il répond donc et d'une manière
bien persuasive, repoussant les prétentions injustes d'Argos sur ceux qu'elle a bannis et qui sont devenus pour
elle des étrangers ; réclamant les droits des enfants d'Hercule à la protection des fils de Thésée, proche parent de
leur père, et, toute la Grèce le sait, en de si grands besoins, son obligé ; intéressant adroitement, mais avec une
adresse qui n'a ici rien de la rhétorique, que semblent
seuls suggérer à l'orateur son danger, sa passion, à une
cause si juste, l'orgueil d'Athènes, la générosité, la compassion de Démophon.

« . . . . Parce qu'on est exilé d'Argos, faudra-t-il donc qu'on
le soit du reste de la Grèce ? non pas d'Athènes du moins. La

1. V. 322 sqq., 578 sqq. Voyez plus haut, p. 192.
2. V. 328 sqq. Cf. 175 sqq.

crainte des Argiens ne lui fera pas repousser de son territoire les enfants d'Hercule. Ce n'est pas ici Trachine, ou quelques-unes de ces petites villes de l'Achaïe, d'où tu as pu, non pas assurément par de justes raisons, mais en faisant valoir, comme tout à l'heure, le nom d'Argos, chasser des suppliants assis au pied de l'autel. S'il en devait être ainsi, si un décret des Athéniens confirmait tes discours, je ne les tiendrais plus pour libres. Mais je connais leur esprit, leur caractère : ils aimeront mieux mourir. La honte, pour les hommes généreux, compte plus que la vie. C'est en dire assez, je m'arrête. La louange, je le sais, peut devenir importune, j'en ai moi-même senti le poids[1].

« .... Ces enfants réclament aujourd'hui de toi le prix des bienfaits de leur père; ils te conjurent de ne point les livrer, de ne point souffrir qu'arrachés à tes dieux, ils soient rejetés de cette terre. Il y aurait de la honte pour toi, du déshonneur pour Athènes, à ce que des parents, malheureux, fugitifs, suppliants (hélas! regarde-les, regarde-les!), éprouvassent cette violence. Je t'en conjure, tendant vers toi ces rameaux, par tes mains, par ton visage que je touche, ne refuse pas d'ouvrir les bras aux enfants d'Hercule. Sois pour eux un parent, un ami, un père, un frère[2], un maître même : tout vaut mieux pour eux que de tomber au pouvoir des Argiens[3]. »

Le chœur est ému de cette prière; Démophon ne l'est pas moins : il se rend noblement, quoi qu'il puisse lui en coûter, à ce qu'exigent de lui la religion, les droits du sang et de la reconnaissance, son honneur et celui d'Athènes; il reçoit sous sa protection les Héraclides; il congédie le héraut d'Argos. Nouvelles injonctions de celui-ci, nouvelles menaces, vivement relevées, et desquelles résulte un de ces entretiens coupés, qui, dans les scènes grecques comme dans la nature, succèdent vo-

---

1. V. 188-203.
2. Cf. Hom., *Iliad.*, VI, 429 sq. : « Hector, tu es désormais pour moi un père, une mère, un frère; tu es mon époux! »; Terent., *Andr.*, I, VI, 295 :
   Te isti virum do, amicum, tutorem, patrem.

Racine, *Iphigénie en Aulide*, acte III, sc. 5 :
   Elle n'a que vous seul : vous êtes en ces lieux
   Son père, son époux, son asile, ses dieux.

3. V. 219-230.

lontiers à des raisons plus continûment déduites. La dispute s'échauffe tellement que le héraut et le roi, entre lesquels le chœur s'interpose, sont tout près d'en appeler à la force, l'un pour mettre la main sur ceux qu'il réclame, l'autre pour châtier cet attentat contre le droit des gens par un attentat semblable. C'est ainsi, comme on l'a ingénieusement remarqué [1], qu'Euripide corrige et explique la tradition fâcheuse qui accusait les Athéniens d'avoir mis à mort, au mépris du droit des gens, l'envoyé d'Eurysthée [2]. Coprée se retire à la fin, menaçant de la guerre et de la guerre prochaine. On apprend de lui (ce détail n'est pas jeté ici sans intention : il prépare aux événements qui vont suivre, il justifie d'avance le poëte de les comprendre dans les étroites limites de son drame) qu'Eurysthée est déjà à la tête de son armée, sur les frontières de la ville d'Alcathus, c'est-à-dire de Mégare [3], tout près de l'Attique, attendant le résultat de la négociation et dans le dessein, si elle échoue, d'envahir et de ravager le pays :

« Dès qu'il saura votre outrage, il vous apparaîtra terrible, à toi et à tes citoyens, à cette terre et à ses productions [4]. »

On remarque ce dernier trait auquel prêtaient un intérêt tout présent les récentes dévastations de la guerre du Péloponèse, si funestes pour le sol athénien, et par lesquelles n'avaient pas été épargnés même ces oliviers que la tragédie de ce temps [5] représentait cependant comme placés sous la garde des dieux.

Un ennemi si redoutable, tout prêt à fondre sur eux, Démophon, et les vieillards de Marathon, au nom du peuple athénien, le bravent courageusement, soutenus par

---

1. H. Weil, *De Tragœdiarum Græcarum cum rebus publicis conjunctione*, p. 7 sq.
2. Philostrat., *Vit. Sophist.*, II, 1, 8.
3. Cf. Theogn., 774 ; Pausan., *Att.*, XLII ; *Ciris*, 105 sq.
4. V. 279 sq.
5. *Œdip. Col.*, v. 680 sqq. Voyez notre t. II, p. 228 sq.

la justice de leur cause et le sentiment de leur indépendance méconnue. Iolas, d'autre part, remercie les hommes généreux qui hasardent tant pour les nobles mais malheureux enfants d'Hercule. Ses paroles fort touchantes étaient accompagnées d'un jeu de scène qui ne l'était pas moins, et qu'à l'ordinaire elles nous retracent. Elles offraient en outre, je m'imagine, une allusion, avidement saisie, à quelque grief d'Athènes contre les descendants de ceux auxquels elle s'était montrée autrefois si secourable.

« . . . . Approchez, mes enfants, et donnez-leur la main ; ils ne la repousseront point. Ce sont vos vrais amis, nous en avons fait l'expérience. Si jamais vous revenez dans votre patrie et qu'il vous soit donné d'habiter la maison de votre père, de rentrer en possession de ses honneurs, regardez-les toujours comme vos sauveurs et vos amis. Pleins du souvenir de leurs bienfaits, que jamais il ne vous arrive de vous armer de la lance contre cette terre, cette ville ; qu'elles vous soient, au contraire, chères entre toutes. Ils méritent votre respectueuse reconnaissance ceux qui n'ont pas hésité à se faire de tels ennemis pour nous défendre, nous qu'ils voyaient cependant errants et sans ressource ; qui ne nous ont pas livrés, qui ne nous ont pas repoussés de leur territoire. Ah ! je t'exalterai par mes louanges, que je vive, que je meure. Oui, quand je serai mort, ô cher fils de Thésée, m'approchant de ton père, je réjouirai son cœur en lui contant tout ceci, avec quelle générosité tu as reçu, secouru les enfants d'Hercule, comme tu sais soutenir dans la Grèce la gloire paternelle. Tu es de bien noble race et ne te montres point inférieur au héros de qui tu es né, comme si peu savent faire ; car combien en est-il qui ne soient pires que leurs pères[1] ? »

On reproche à Euripide, non sans raison, l'abus des moralités, et des moralités satiriques. Il est juste cependant de reconnaître qu'il excelle à les amener. Avec quel naturel arrive, comme entraînée par le mouvement de la passion, celle qu'il emprunte à Homère et place à la fin de cette tirade ! Il y en avait, au commencement, du même genre, sur l'avantage de devoir le jour à de bons et nobles parents, la sagesse de s'unir par le mariage à

---

1. V. 306-327. Cf. Hom., *Odyss.*, II, 276 sq.

d'honorables familles, la folie de condamner d'avance, par d'indignes alliances, ses enfants à rougir [1], qu'introduisait à peu près aussi naturellement cette réflexion d'Iolas, que c'est à l'illustre mémoire d'Hercule que sa famille doit de trouver des protecteurs. Peut-être les inclinations épigrammatiques du poëte paraissaient-elles davantage lorsque le chœur, remontrant à Démophon combien l'occasion était pressante, faisait surtout valoir cette raison, que le héraut d'Eurysthée, dans son rapport à son maître, ne manquerait pas de grossir beaucoup de choses, ses injures, ses dangers, comme d'ordinaire font les hérauts [2].

Démophon n'a pas besoin qu'on le rappelle à ses devoirs de roi. Il montre un louable empressement à s'en acquitter. Il va, dit-il, faire observer par des éclaireurs les mouvements de son ennemi pour n'en pas être prévenu, rassembler, disposer l'armée athénienne, sacrifier aux dieux, et enfin consulter les devins. Dans la mention de cette dernière circonstance se trouve encore, il importe de le remarquer, une préparation habile à un des principaux incidents du drame. Iolas, invité par le roi à se retirer avec les jeunes suppliants dans son palais, préfère rester près de l'autel jusqu'à ce que l'événement ait décidé de leur sort : nouvelle adresse du poëte, mais cette fois assez maladroite, car elle est trop visible, pour retenir sur la scène un personnage dont la continuelle présence est nécessaire à l'action. Quoi qu'il en soit, Iolas exprime une pleine confiance dans la protection des dieux d'Athènes qu'il continuera d'implorer. Le même sentiment anime quelques strophes remplies de récriminations menaçantes contre la violence du roi d'Argos, contre l'insolence de son héraut, et par lesquelles le chœur termine vivement ce que l'on a longtemps appelé le premier acte de la tragédie. Cet intermède lyrique est, comme ceux qui viennent ensuite, d'une brièveté inusitée, et l'on a fait

---

1. V. 296 sqq.
2. V. 291 sqq. Cf. *Supp.*, 402 sqq.

cette observation[1], que leur nombre, de quatre seulement, rendait plus facile et plus naturelle l'application à cette pièce de la division en cinq actes.

Iolas voit revenir Démophon et lit d'avance dans ses regards quelle triste nouvelle il apporte. Le roi d'Argos, posté avec ses troupes sur une colline qui domine la plaine de Marathon, était en vue de l'armée athénienne prête à le recevoir. Dans l'attente du combat on se hâtait d'amener les victimes qui devaient rendre les dieux favorables, et tous les devins rassemblés par ordre du roi interrogeaient avec lui les anciens oracles, tant connus que secrets, auxquels est attaché le salut de l'État. Or, dans tous, on a vu qu'il n'était pas permis de compter sur la victoire, si l'on n'immolait d'abord à Proserpine[2] une fille née d'un noble père. Cette victime, Démophon, quelque dévoué qu'il soit à la cause des Héraclides, ne la prendra certainement pas dans sa famille ; il n'imposera non plus à aucun de ses concitoyens un sacrifice qui révolterait tout homme de sens. Et déjà le peuple ému se divise en partis contraires, les uns approuvant ce que le roi a fait pour des étrangers suppliants, les autres blâmant son imprudence. On touche à la guerre civile, qu'il est urgent de prévenir. Qu'Iolas voie donc s'il peut trouver quelque moyen de sauver à la fois et ceux qui l'intéressent, et Athènes elle-même, de rétablir l'harmonie troublée entre le prince et ses sujets : car, dit en finissant Démophon (cela contraste avec les maximes despotiques professées dans la tragédie des *Perses*[3]), le pouvoir qu'il exerce n'est pas celui des rois barbares ; il faut qu'il agisse justement pour être traité de même[4].

Cette déclaration, quelque adoucie qu'elle soit par la délicatesse vraiment remarquable et remarquée[5] qu'y apporte Démophon, est bien pénible à entendre, et elle

1. Elmsley.
2. V. 407. Cf. v. 600.
3. V. 215 sqq. Voyez notre t. I, p. 225.
4. V. 422 sq.
5. Voyez Brumoy, Prévost.

produit, dans la situation des Héraclides, une révolution, une péripétie, à la beauté de laquelle on dirait qu'Euripide lui-même, prévenant le suffrage du public et les éloges de la critique, a voulu rendre hommage par les premières paroles qu'il prête à son Iolas. Le malheureux vieillard se compare, lui et les siens, à des nautonniers qui, battus de la tempête, vont gagner le rivage, quand tout à coup un vent contraire les en repousse[1]. Au milieu des regrets, bien touchants, qu'il donne, non pas à son propre sort, il y est indifférent, mais à celui de cette famille qu'il voulait, qu'il espérait sauver, à ses efforts inutiles, à son attente trompée, un moyen de salut semble lui apparaître. Si le roi d'Athènes le livrait aux Argiens; c'est lui surtout, le compagnon d'armes d'Hercule, qu'Eurysthée, dans son ressentiment, souhaiterait avoir entre ses mains. Hélas ! il le croit ou tâche de le croire. Démophon n'a pas de peine à lui faire comprendre qu'Eurysthée est bien plus jaloux de tenir en sa puissance ces jeunes fils du héros chez qui doit vivre et grandir le souvenir de ses outrages et le désir de la vengeance. Iolas s'entend dire de nouveau, ou plutôt (c'est Euripide lui-même qui le remarque un peu plus loin[2], avertissant ingénieusement le spectateur d'une beauté qui eût pu lui échapper) les ménagements délicats de Démophon l'amènent à se dire que, s'il n'imagine rien de plus praticable, de plus efficace, il lui faudra songer sans délai à un autre asile.

En ce moment de détresse, d'anxiété, amené, prolongé si habilement, le temple de Jupiter, devant lequel, on ne l'a pas oublié, a lieu l'action, s'ouvre tout à coup, et il en sort l'aînée des filles d'Hercule. Elle est, comme l'aîné de ses fils, Hyllus, dont il sera aussi fort question dans la pièce, le fruit de son union avec Déjanire ; quant à son nom qui ne se trouve pas plus chez Euripide que celui de Coprée[3], les éditeurs anciens du poëte l'ont de même em-

1. V. 426 sqq.
2. V. 493.
3. Voyez, plus haut, p. 207.

prunté à la tradition mythologique. Il y avait dans le bourg de Marathon une fontaine de Macarie, ainsi nommée en souvenir de cette héroïque fille[1].

Macarie s'excuse d'abord de manquer, en se présentant ainsi librement devant des hommes, aux bienséances de son sexe. Mais de l'intérieur du temple où elle était, on s'en souvient aussi, avec ses sœurs, sous la garde de leur aïeule Alcmène, elle a entendu les gémissements d'Iolas ; elle a hâte de savoir de lui quel nouveau malheur menace la race d'Hercule. Iolas ne lui laisse pas ignorer à quel prix d'inflexibles oracles mettent la victoire dans laquelle est toute leur espérance. Elle répond à cette confidence en se désignant elle-même pour victime, avec une soudaineté, une fermeté de résolution, une force de raison, une hauteur de sentiments, une chaleur d'enthousiasme, qui émeuvent et transportent. Il faut la laisser parler elle-même :

Ne crains plus les lances d'Argos. De moi-même, ô vieillard, avant d'y être contrainte, je me présente pour mourir, j'offre ma tête au fer. Pourrions-nous, en effet, quand cette ville brave volontairement pour nous les plus grands dangers, laisser aux autres la peine, et, pouvant assurer notre salut, chercher seulement à ne pas mourir ? Non certes ; on rirait de nous, et justement, si, ne sachant que gémir en suppliants au pied des autels, nous montrions, enfants d'un tel père, tant de faiblesse. En quels lieux cette lâche conduite pourrait-elle être approuvée ? Peut-être je ferais mieux d'attendre que cette ville étant, ce qu'aux dieux ne plaise, prise par l'ennemi, je tombasse moi-même en ses mains, afin sans doute qu'ayant subi, fille d'un héros, ses outrages, je n'en finisse pas moins par aller voir Pluton ? Mais si, échappée de cette terre, j'errais de nouveau par la Grèce, ne rougirais-je pas de honte, lorsque j'entendrais dire : « Que venez-vous chercher ici avec vos rameaux et vos « bandelettes, lâches, trop épris de la vie ? Quittez à l'instant « cette terre ; ce n'est point à des lâches que nous accordons « notre secours. » Je n'aurais pas même, si je les laissais périr, et me sauvais seule, cet espoir d'un heureux avenir, qui trop souvent a fait trahir des amis. Qui voudrait d'une fille sans famille, abandonnée, pour en faire sa femme, pour avoir d'elle des enfants ? Ne vaut-il pas mieux mourir que de tomber dans

1. Pausan., *Att.*, XXXII. Cf. Strab., VIII.

une fortune indigne de moi, convenable peut-être à quelque autre qui serait de race moins illustre? Prenez donc ce corps et conduisez-moi où il faut que je meure ; couronnez-moi, consacrez-moi, comme il vous semblera bon ; et puis soyez vainqueurs de vos ennemis. Cette vie est à vous ; je vous l'abandonne, volontiers, sans contrainte. Oui, je le proclame, je veux mourir pour mes frères et pour moi-même. Je ne tiens pas à l'existence, et j'ai trouvé une noble voie pour en sortir[1]. »

A cette généreuse résolution, à ces nobles accents de la digne fille d'Hercule, le chœur éclate en acclamations. Iolas, plein d'admiration, et aussi de pitié, voudrait du moins que le sort choisît entre elle et ses sœurs la victime demandée. Elle s'y refuse, avec une sorte d'indignation, ne voulant tenir que de sa libre volonté la gloire de mourir pour les siens. Ainsi s'exalte de plus en plus son âme ; ainsi croît son héroïsme ; on le lui dit, et le poëte, toujours ingénieux commentateur de son œuvre, nous le dit à nous-mêmes, par la bouche d'Iolas[2], et non pas, comme on l'a voulu à tort[3], de Démophon, témoin muet de cette belle scène, jusqu'au moment peu éloigné, on le verra, où son tour viendra d'y intervenir.

Iolas se rend et dans des termes dont Macarie loue la curieuse réserve[4]. Il ne lui conseille pas de mourir, ce serait avoir part à sa mort; il ne l'en détourne pas non plus, il se rendrait coupable envers la déesse à qui elle s'est librement vouée[5]. Il se contente de lui dire que son dévouement sera utile à sa famille. Nous avons rencontré ailleurs[6], chez notre poëte, un autre exemple de cette résignation respectueuse et sans larmes à un sacrifice sanglant, volontairement accepté par la victime[7].

Macarie souhaite qu'Iolas l'assiste au moment suprême; troublée de cette inquiétude publique que les poëtes et les

---

1. V. 499-533.
2. V. 552 sqq.
3. Beck, attribuant, par erreur, cette disposition à Prévost.
4. V. 557.
5. V. 555. Cf. 599 sq.
6. *Iph. Aul.*, v. 1386 sqq. 1547 sqq.
7. Voyez t. III, p. 38 sq.

LES SUPPLIANTES. — LES HÉRACLIDES.   217

artistes de l'antiquité ont représentée avec charme comme la dernière pensée de leurs héroïnes[1], elle veut que le vieillard soit là, quand elle tombera sous le couteau sacré, pour jeter un voile sur son corps. Comme il s'en défend, n'ayant pas, dit-il, la force de la voir mourir, elle se borne à lui demander qu'il lui obtienne du roi d'Athènes la grâce d'exhaler sa vie entre les mains de femmes, loin du regard des hommes. C'est alors, seulement alors, cela m'est bien évident, que Démophon[2] reprend la parole pour l'assurer qu'il ne manquera envers elle à rien de ce que lui prescrivent l'honnêteté, la justice, son admiration pour tant de courage. Il la loue en quelques paroles simples, mais expressives, et puis il remplit l'austère devoir de l'avertir qu'il est temps qu'elle adresse à ce qu'elle aime ses dernières paroles. Alors commencent des adieux, d'une tendresse passionnée, d'une mélancolique tristesse, où s'amollit par intervalle cette grande âme, touchée de ce qu'elle quitte, troublée de ce qu'elle va chercher dans un monde inconnu.

« Adieu, vieillard, adieu ! Charge-toi d'élever ces enfants, de les rendre en tout sages comme toi-même, rien de plus; n'est-ce point assez? Tâche de les conserver, et pour cela ne te hâte point de mourir : nous sommes tes enfants; c'est de tes mains que nous fûmes nourris. Moi-même, tu le vois, dans la saison de l'hymen, je leur donne ma vie, je meurs pour eux. Et vous, mes frères, dont la foule m'entoure, soyez heureux, et que puissent ne pas vous manquer ces biens que vous doit assurer mon sang répandu à l'autel. Ce vieillard, cette femme chargée d'années, qui est là dans le temple, la mère de notre père, Alcmène, honorez-les; honorez ces étrangers. Quand vous aurez trouvé, par la volonté des dieux, la fin de vos disgrâces, que vous serez rentrés dans votre patrie, ne perdez point le souvenir de celle qui vous aura sauvés ; prenez soin de lui élever un tombeau, un tombeau superbe, cela est juste ; car je ne vous ai point failli, je meurs pour ma famille[3]. Ce monument me

1. Voyez notre t. III, p. 382.
2. Non, comme chez Brumoy et autres, Iolas.
3. Cette orgueilleuse approbation de soi-même, Euripide l'a prêtée à une autre héroïne, Alceste mourant pour son époux. Voyez notre t. III, p. 205 sqq.

tiendra lieu d'enfants et d'hyménée, s'il reste encore sous la terre quelque sentiment. Oh! qu'il n'en soit pas ainsi! que hors de ce mortel séjour nous ne retrouvions pas nos peines! Quel serait alors notre refuge? La mort ne serait plus, comme on le dit, le souverain remède de tous les maux[1]. »

Quelques paroles d'Iolas qui, par crainte religieuse, précipite une trop douloureuse séparation, et va s'asseoir, accablé, et la tête cachée dans son manteau, au pied de l'autel; deux strophes dans lesquelles le chœur l'exhorte à la soumission envers les dieux arbitres souverains de notre destinée, et s'efforce de détourner sa pensée vers la considération de la gloire dont se couronne en mourant la noble enfant qui lui est ravie, voilà par quoi se termine ce qui, dans les anciennes éditions et traductions de la pièce, en formait le second acte.

La partie que j'ai analysée jusqu'ici peut être considérée comme une tragédie à part, beaucoup plus longue que celle qui va suivre et, quoique celle-ci ne soit pas, à beaucoup près, sans beautés, beaucoup plus frappante. Cette fois encore il est arrivé à Euripide d'épuiser en commençant sa force tragique, de prodiguer dès l'abord l'intérêt des situations, des péripéties, la pitié, la terreur, l'admiration, pour laisser ensuite son drame se refroidir, par degrés, jusqu'au dénoûment. Nous ne tremblerons plus pour les enfants d'Hercule désormais hors de danger: Macarie (c'est là le défaut capital de l'ouvrage, celui qui lui est le plus généralement reproché[2]), Macarie, dont le dévouement nous a tant émus et élevés, il n'en sera plus question. Démophon ne reviendra point de son armée, Iolas ira l'y rejoindre, la scène restée vide ne sera guère remplie que par des récits, et les nouveaux personnages qui s'y montreront, Alcmène, Eurysthée, ne dédommageront point de ceux qu'elle aura perdus. Si la première moitié de la pièce se prêtait à être distribuée en deux actes, on ne pourrait en faire trois de la seconde, sans

---

[1]. V. 573-695.
[2]. Brumoy, Prévost, la Harpe, Métastase, etc.

qu'ils parussent bien courts, quelquefois bien pauvres, sans que la décadence de l'intérêt y fût bien sensible. C'est une raison de laisser là cette division factice, malgré la facilité matérielle de l'établir[1]; une raison de rendre, dans cette analyse, à la conclusion d'Euripide, sa continuité, sa rapidité.

Un esclave d'Hyllus vient, de la part de son maître, trouver Iolas, qui appelle, hors du temple, Alcmène, pour recevoir avec lui la nouvelle heureuse qu'apporte ce messager. Iolas avait eu d'abord quelque peine à le reconnaître, et Alcmène, de son côté, l'esprit et les sens également affaiblis par l'âge, par les chagrins, s'obstine longtemps à voir en cet homme, dont elle a aussi perdu le souvenir, un héraut envoyé par Eurysthée. Enfin, on lui donne audience et on apprend de lui qu'Hyllus vient d'arriver avec un corps de troupes ; qu'il a pris place à l'aile gauche de l'armée athénienne ; que la bataille, où doit se décider le sort des Héraclides, va se livrer; que déjà ont été conduites hors des rangs les victimes qu'il faut avant tout immoler aux dieux. Quelles sont ces victimes ? le messager ne le dit pas, soit que, nouveau venu en Attique, ainsi qu'Hyllus, il n'en sache rien[2], soit que, par cette réticence, il veuille ménager l'affection d'Iolas et l'ignorance d'Alcmène. On a droit de s'étonner toutefois que la mention de cette circonstance n'arrache pas à l'un quelque témoignage involontaire de douleur, et que l'absence étrange et prolongée de l'aînée des filles d'Hercule n'ait pas déjà éveillé chez l'autre quelque vague soupçon de ce qui se passe[3]. Le même étonnement sera plus légitime encore quand un nouveau messager, leur racontant la bataille, et n'omettant pas le sacrifice humain qui l'a précédée, s'abstiendra de même, mais cette fois à dessein, on n'en peut pas douter, de nommer la victime[4].

1. Voy. plus haut, p. 212 sq.
2. On peut le conclure des vers 628 sq.
3. Brumoy, Prévost.
4. V. 816 sq.

Cependant l'esclave d'Hyllus parle de repartir ; avant que la bataille commence, il veut être auprès de son jeune maître. Iolas alors déclare que lui-même s'y trouvera. En vain l'esclave, avec une familiarité quelquefois respectueuse, quelquefois légèrement ironique, le chœur avec l'expression d'une admiration compatissante, lui rappellent son âge, sa faiblesse, son impuissance ; en vain Alcmène le conjure de ne pas l'exposer à rester seule chargée de ces orphelins dont il était surtout l'appui ; Iolas demeure inébranlable : il ne manquera pas aux siens dans une épreuve si décisive ; il paraîtra une fois encore parmi les guerriers, il honorera par un dernier fait d'armes ses derniers jours. A sa juvénile ardeur, en un corps tout cassé, conviendrait la comparaison fameuse tirée par Sophocle du coursier vieillissant, « dont les années n'ont pu glacer le sang généreux, et qui, dans le péril, dresse encore l'oreille[1]. » Par son ordre on détache du temple de Jupiter des armes consacrées au dieu, et qu'il lui restituera fidèlement, s'il échappe à la mort. Il les fait emporter pour s'en revêtir au moment de l'action ; et, appuyé sur une lance, soutenu par l'esclave, il se met en route, hâtant de son mieux sa marche tremblante, et non sans craindre le présage fâcheux de quelque faux pas[2]. Tout en avançant, bien lentement au gré de son guide et au sien, il rappelle, avec orgueil et avec regret, ce qu'il était dans le temps de sa jeunesse, quand il combattait à côté d'Hercule. C'est Nestor qui vante avec complaisance sa force, sa valeur d'autrefois[3] ; c'est Évandre qui les pleure[4] ; c'est Priam armant d'un trait qu'elle ne peut plus lancer sa débile main[5]. Il s'y trouve quelque autre chose encore, qui appartient au génie particulier d'Euripide, le contraste plus marqué peut-être qu'il n'appartiendrait à la tragédie, de la jactance guerrière avec les misères de la caducité. Euripide est un

---

1. *Electr.*, v. 25 sqq. Voyez t. II, p. 297.
2. V. 725.
3. *Iliad.*, VII, 157 ; XI, 669 ; XXIII, 626.
4. *Æn.*, VIII, 560.
5. *Ibid.*, II, 506 sqq.

moraliste, un satirique, qui, voyant l'homme dans le héros, sourit quelquefois et nous fait sourire des plus touchantes, des plus nobles figures retracées par son pinceau.

Une courte prière du chœur aux dieux protecteurs d'Athènes sépare le départ d'Iolas et la nouvelle de la victoire où l'a enfin emporté la cause des Héraclides. Cette nouvelle est apportée par un esclave encore, non plus d'Hyllus[1], mais, la chose est bien évidente, d'Alcmène[2], qui, dans le premier transport de sa joie, lui promet la liberté, et paraît, à la fin de la scène, avoir un peu trop oublié cette promesse, prudemment rappelée par le pauvre messager. C'est encore là un de ces traits par lesquels Euripide ne craint pas de s'approcher des limites de la comédie. Après une annonce succincte, ainsi qu'il était naturel, de ce que sa maîtresse est d'abord pressée de savoir, c'est-à-dire de ce qui se rapporte particulièrement à ceux qui lui sont chers, l'esclave d'Alcmène lui fait des événements de ce grand jour un long récit plein de mouvement, de vivacité, où comme dans les morceaux de ce genre, fréquents chez les tragiques grecs, s'allient heureusement une aisance familière avec la richesse, la magnificence épique et même le merveilleux des détails. Il est plus court de le citer que de l'analyser et de le louer.

« Les deux armées, déployées dans la plaine, étaient en présence. Entre elles paraît Hyllus, descendu de son char. « Chef « des Argiens, dit-il.... combattons seul à seul ; si tu suc- « combes, je serai rétabli dans les honneurs et la maison de mon « père. » On applaudit à une proposition qui peut finir les maux de tous et témoigne d'un grand cœur. Mais Eurysthée, sans égard pour le sentiment de ceux qui l'ont entendue, sans crainte qu'on accuse son courage, un général ! n'ose venir se mettre à la portée de la lance. Cet homme n'était qu'un lâche, et pensait toutefois réduire en esclavage la postérité d'Hercule ! Hyllus donc se retire parmi les siens, et les devins, n'espérant plus

---

1. Brumoy.
2. Beck, Elmsley, Prévost.

qu'un combat singulier mette fin à la guerre, s'empressent de faire couler du sein de victimes humaines le sang qui doit rendre les dieux propices. Les uns montent sur leurs chars ; les autres se pressent dans les rangs, couverts de leurs boucliers. Le chef des Athéniens adresse à son armée des paroles dignes d'un brave : « O mes concitoyens, la terre qui vous nourrit, qui « vous a engendrés, c'est maintenant qu'il faut lui porter secours. » Le chef ennemi, de son côté, suppliait ses alliés de ne pas laisser outrager Argos, outrager Mycènes. Lorsque eut retenti l'éclatant signal de la trompette tyrrhénienne, que le combat fut engagé, avec quel bruit pensez-vous que retentirent les boucliers qui se heurtaient, les cris de joie ou de détresse ? D'abord le choc de l'armée argienne nous rompit ; puis ils reculèrent à leur tour : longtemps, pied contre pied, homme contre homme [1], on combattit avec acharnement. Beaucoup tombaient et, de part et d'autre, se faisaient entendre ces exhortations : « O vous qui ensemencez les champs d'Athènes, les champs « d'Argos, ne repousserez-vous pas la honte de votre patrie ? » Enfin, à grand'peine, après beaucoup d'efforts et de fatigues, nous avons mis en fuite l'armée des Argiens. Le vieil Iolas cependant, voyant Hyllus s'élancer à la poursuite de l'ennemi, étendit vers lui la main, et le pria de le recevoir sur son char ; ensuite, prenant les rênes, il poussa vers Eurysthée. Ce qui suivit, d'autres me l'ont raconté[2] ; j'avais vu moi-même tout le reste. Comme ils passaient près du bourg de Pallène, consacré à la divine Minerve, Iolas aperçut le char d'Eurysthée, et s'adressant à Hébé et à Jupiter, il les pria de permettre qu'il rajeunît pour un seul jour, afin de tirer vengeance de ses ennemis. Vous allez entendre une merveille. Deux astres parurent au-dessus du char, aussitôt enveloppé d'une sombre nuit. C'étaient, ont pensé les plus sages, ton fils et la déesse Hébé. Quand Iolas sortit du nuage, il fit paraître la vigueur de ses jeunes années. Il atteignit, près des rochers de Sciron, les coursiers d'Eurysthée, s'en empara, chargea leur maître de chaînes, et s'en revint avec le plus glorieux butin, un général prisonnier[3], cet homme au sort jusque-là si prospère. Par sa

---

1. V. 831 sq. Cf. Hom., *Iliad.*, XIII, 130 sqq. ; Virg., *Æn.*, X, 361 :
    Concurrunt : hæret pede pes, densusque viro vir.

2. V. 842 sq. Ces mots désignent la partie merveilleuse du récit ; il semble, selon une judicieuse remarque (voyez E. Roux, *Du merveilleux dans la tragédie grecque*, 1846, p. 125), que le poëte veuille en décliner la responsabilité.

3. Selon d'autres traditions, que n'a pas suivies Euripide, Eurysthée fut tué près des rochers de Sciron ; Apollodore (*Biblioth.*, II, 8) dit par Hyllus ; Pindare (*Pyth.*, IX, 79 sqq.), Pausanias (*Att.*, XLIV), par Iolas. Voyez encore Pherecyd., apud Antonin. Liberal., 33 ; Strab. VIII, etc.

disgrâce il semble adresser à tous les mortels cette grande leçon[1], qu'il faut se garder de croire au bonheur de celui qu'on n'a pas vu mort. La fortune n'a qu'un jour[2]. »

A ce récit succèdent, de la part d'Alcmène, les témoignages d'une vive joie, de la part du chœur, de religieuses actions de grâces. Bientôt un messager, un de ceux peut-être qui ont déjà été introduits sur la scène, probablement le dernier, amène à la mère d'Hercule le captif annoncé tout à l'heure, Eurysthée. C'est un spectacle frappant que celui de cet homme qui a tant abusé de sa puissance, tombé entre les mains du plus faible de ses ennemis : du plus faible et du plus impitoyable ; Euripide, qui s'est complu quelquefois, par ce penchant de moraliste satirique que nous remarquions en lui, à réunir chez un même personnage, avec l'extrême caducité, l'ardeur, la frénésie de la vengeance, a peint plus qu'il n'aurait fallu peut-être, d'après cette idée, son Alcmène. Sans doute il pouvait s'autoriser de la tradition qui attribuait à cette femme irritée, envers la dépouille d'Eurysthée, d'atroces raffinements de cruauté[3]. Mais la suivre en cela trop fidèlement, c'était s'exposer, ce qui lui est arrivé, à manquer l'intérêt. On ne peut nier que cette dernière scène ne nous refroidisse singulièrement pour les Héraclides. Quand Alcmène accable Eurysthée de ses invectives, qu'elle prend plaisir à lui annoncer sa mort prochaine, qu'elle s'obstine à le faire périr malgré les réclamations des Athéniens dont l'humaine législation protégeait les vaincus épargnés sur le champ de bataille, qu'elle a recours pour sortir d'embarras à cette abominable subtilité, que ce qu'elle veut c'est sa vie, mais qu'elle rendra son corps à ceux qui le redemanderont ; qu'enfin, par une contradiction si choquante que pour l'expliquer on a eu recours quelquefois[4] à la supposition

1. Sur cette maxime, souvent répétée par les tragiques grecs, voyez t. II, p. 65 sq. ; 196 sq. ; III, 15.
2. V. 795-861.
3. Apollod., *ibid.*
4. Heath, Beck, Elmsley.

d'une erreur de copiste, se vengeant encore par delà le trépas, elle condamne ses restes à devenir la pâture des chiens, peu s'en faut qu'on ne prenne parti contre elle, pour celui qui fut si longtemps et si cruellement l'oppresseur de sa famille. Celui-ci d'ailleurs défend assez dignement, du moins en apparence, sa vie menacée. Il ne souhaite pas, dit-il, il ne craint pas de la perdre ; mais elle lui a été laissée par ses vainqueurs ; on ne peut, sans se rendre coupable, la lui ravir. Ensuite, ce qu'il a fait contre Hercule, Junon l'avait ordonné ; ce qu'il a fait contre les enfants d'Hercule, sa propre sûreté le voulait. Cette justification, qui n'est pas présentée sans habileté, à laquelle même est mêlé sans affectation, du ton le plus sincère, l'éloge du héros, ne peut rien pour ce malheureux, irrévocablement condamné. Le chœur lui-même ne le défend plus qu'à demi quand il a appris que sa mort pouvait être à Athènes de quelque utilité. Eurysthée, en effet, par reconnaissance pour ceux qui voulaient le sauver, leur révèle un ancien oracle qui regarde sa sépulture. Pendant de longues années, il n'en a pas tenu compte, confiant dans la protection de Junon ; mais il est bien forcé maintenant de croire à son infaillibilité. D'après cet oracle, son corps enseveli dans le bourg de Pallène[1], celui précisément non loin duquel il est tombé entre les mains d'Iolas[2], doit être pour Athènes un gage de victoire contre les Argiens, les Héraclides, si jamais, ce qui arrivera certainement, oubliant ses bienfaits, ils lui devenaient ennemis. La pièce finit, non sans raison, sans dessein, par ce détail qui se rattache à l'intérêt politique et présent du sujet.

Cet intérêt, ce sujet distinguent suffisamment la tragédie qui nous occupe de la précédente avec laquelle elle a, je l'ai dit en commençant, c'est le moment d'y revenir, pour la disposition générale du plan, une si grande conformité. Dans toutes deux, en effet, on voit des suppliants

1. V. 1026.
2. V. 844. Voyez, plus haut, p. 222.

qui se mettent sous la protection d'un autel, un vieillard qui les guide et parle en leur nom, un héraut, brutal et arrogant ministre d'un tyran, qui les poursuit, un roi, un peuple généreux qui embrassent leur défense et livrent pour eux de rudes combats ; dans toutes deux, un sacrifice volontaire et sanglant attriste la victoire. Mais cet incident pathétique est diversement placé, dans *les Suppliantes* à la fin de la pièce, dans *les Héraclides* au commencement ; en outre, il n'est dans la première tragédie qu'un épisode, il fait partie de l'action dans la seconde, à laquelle assureraient quelque avantage, comme œuvre dramatique du moins, les péripéties qui s'y rattachent, si ce qui suit ne laissait se refroidir, et à la fin, se glacer l'émotion.

Ce n'est pas seulement aux *Suppliantes* que ressemblent *les Héraclides*, mais à la première partie de l'*Hercule furieux*, où les jeunes enfants du héros, sans autre protection qu'une femme et un vieillard, leur mère Mégare, leur aïeul Amphitryon, cherchent en vain au pied des autels un asile contre les fureurs du tyran Lycus[1].

Euripide n'évitait guère de se répéter, bien sûr qu'il saurait aussi se renouveler par la variété des détails, le tour différent de la pensée et de l'expression. Les *Héraclides* offrent de ces répétitions des exemples bien nombreux, trop nombreux peut-être. La violence de Coprée n'est pas sans analogie avec celle d'Hermione, de Ménélas[2]. Par sa pureté, son courage, son héroïsme, Macarie rappelle Praxithée, Iphigénie, Polyxène[3], dont les admirables rôles, pareils et pourtant divers, ne méritaien guère d'être traités, comme ils l'ont été[4], de lieux communs tragiques. Il y a dans les réminiscences guerrières du vieil Iolas quelque chose d'approchant du comique,

1. Voyez, plus haut, p. 2 sqq.
2. Dans l'*Andromaque*. Voyez, t. III, p. 274 sqq.
3. Dans l'*Érechthée*, l'*Iphigénie en Aulide*, l'*Hécube*. Voy. t. I, p. 130 sqq.; III, 36 sqq., 378 sqq.
4. Elmsley : « .... Omnes (orationes) locis communibus refertæ sunt, quarum multo patientiores fuerunt Athenienses quam nostri homines. »

qui se retrouve dans l'innocente jactance du bon Pélée[1]. Alcmène, enfin, par l'excès de son humeur vindicative, se dégrade absolument de même qu'Hécube[2].

Il arrive à Euripide, assez souvent, et particulièrement dans cette pièce, de se trouver, soit rencontre, soit plutôt imitation, sur la trace de ses devanciers. *Les Héraclides* doivent certainement beaucoup aux *Suppliantes* et aux *Perses* d'Eschyle. Dans les scènes du vieux tragique, où le héraut égyptien s'efforce d'entraîner les filles de Danaüs, où le roi Pélasgus réprime son insolence[3], se trouve le modèle des scènes de Coprée avec Iolas et avec Démophon. Alcmène, après la bataille qui a décidé du sort des siens, s'informe d'eux à peu près comme la mère de Xerxès s'informe de son fils ; et dans le récit même de la bataille, plus d'un passage semble échauffé par le souvenir de l'historien-poëte, du soldat de Salamine[4].

Les rapports de la tragédie des *Héraclides* avec l'*Œdipe à Colone* de Sophocle ne sont pas moins évidents. Qu'on se rappelle l'attentat de Créon sur la liberté d'Œdipe, suppliant d'Athènes et des Euménides, la dignité affectée, l'habileté perfide avec lesquelles ce méchant homme s'explique devant Thésée, le présent que fait Œdipe aux Athéniens de sa cendre dont la possession leur assurera dans l'avenir la victoire sur les Thébains[5]. Seulement, l'auteur des *Héraclides* étant mort avant l'auteur d'*Œdipe à Colone*, qui n'eut pas le temps de faire lui-même représenter sa pièce[6], il est clair que la priorité appartient ici à Euripide.

Je dois faire aux *Héraclides* le même reproche qu'à l'*Hercule furieux*[7] ; c'est que ces réminiscences, ces imitations leur retirent une grande part de leur originalité

---

1. Dans l'*Andromaque.* Voyez t. III, p. 279 sqq.
2. Dans l'*Hécube.* Voyez t. III, p. 341.
3. Voyez t. I, p. 168, 176 sqq.
4. Voyez *ibid.*, p. 227 sqq.
5. Voyez t. II, p. 222 sqq., 226 sq., 229 sqq.
6. Voyez t. I, p. 65 sq., 70 ; II, 206 sqq.
7. Voyez, plus haut, p. 31 sqq.

et, par suite, de leur effet. Ils n'en restent pas moins, après tout, un ouvrage de grande valeur et trop peu apprécié de la critique. L'expression naïvement éloquente des mœurs, de la passion, nous y attache encore, et il charma de plus les Athéniens, non-seulement par l'à-propos piquant des allusions contemporaines, mais par la reproduction animée d'un des faits les plus glorieux de leurs annales fabuleuses, faisant revivre ce que leur rappelaient çà et là leurs monuments : dans le bourg de Pallène, le tombeau d'Eurysthée[1] ; à Marathon, la fontaine de Macarie[2] ; au sein d'Athènes même, la peinture de Pamphilus[3].

Cette aventure et celle qui fait le fond des *Suppliantes*, les orateurs athéniens, je l'ai dit ailleurs[4], ne manquaient guère, dans leurs panégyriques d'Athènes, de les rappeler. Les exemples que j'en ai cités étant tous postérieurs à Euripide, il est permis d'attribuer en grande partie à ses deux tragédies la popularité de ce moyen oratoire. En voici un pourtant qui la fait remonter plus haut. Lorsque, avant la bataille de Platée, les Athéniens disputèrent aux Tégéates le commandement d'une des ailes de l'armée grecque, celui qui fit valoir les titres dont ils appuyaient leur prétention, n'omit pas d'y comprendre le secours accordé par Athènes, dans les temps anciens, aux restes insultés des sept chefs, à la famille persécutée d'Hercule[5].

A de tels sujets s'attachait, sur le théâtre de Bac-

---

1. Voyez, plus haut, p. 224. Cf. Pausan., *Att.* XLIV.
2. Voyez, plus haut, p. 215.
3. Aristoph., *Plut.*, 385 : « Il me semble voir déjà quelqu'un assis près du tribunal avec sa femme et ses enfants, un rameau de suppliant à la main, il ressemblera tout à fait aux Héraclides de Pamphile. » (Trad. de M. Artaud.) Quelques-unes des scolies où est commenté ce passage d'Aristophane font de Pamphilus, non un peintre, mais un poëte tragique, et de son œuvre, une tragédie au lieu d'un tableau. Cette opinion peu soutenable a été réfutée par M. W. C. Kayser, *Hist. crit. trag. Græc.*, 1845, p. 20 sq.
4. Voyez t. I, p. 133.
5. Herodot., IX, 27.

chus, un intérêt tout national[1], qui devait s'affaiblir sur les autres scènes de la Grèce, et dont, à plus forte raison, il ne resterait rien dans les imitations où les Romains, où les peuples modernes essayeraient de les reproduire. Aussi ces imitations paraissent-elles avoir été fort rares. On n'en cite guère que deux[2], assez près de nous. C'est en 1720, en 1752 seulement, que Danchet et Marmontel donnèrent leurs Héraclides. Je dis leurs, et, en effet, ce n'étaient plus ceux d'Euripide, ni même ceux d'Athènes. Il n'y était plus question que pour mémoire de la sainteté des suppliants, de celle des oracles et des dévouements religieux, c'est-à-dire du sujet même, du sujet tout entier, dans sa réalité antique. Tout s'y faisait pour l'amour et par l'amour ; on n'y parlait que d'amour, comme le voulait, non pas la loi, mais la jurisprudence, en vigueur encore, après tant d'années, de notre tragédie. Transformée, par les deux auteurs, en personnage romanesque, la fille d'Hercule avait perdu, avec son caractère, jusqu'à son nom, ce nom que consacrait le souvenir d'un acte héroïque, et que Racine assurément, si fidèle aux traditions, non-seulement de l'histoire, mais de la fable, eût respecté. Ce n'était plus Macarie, mais une Astérie, une Olympie, fort occupées, dans une circonstance si critique, entre les autels d'Athènes et les prisons, les supplices d'Argos, de leurs affaires de cœur. Le roman de Danchet n'est guère qu'une édition nouvelle et non corrigée, il s'en faut, soit pour la pensée, soit pour le style, de celui par lequel, douze ans auparavant, en 1708, Crébillon avait déshonoré le grave sujet d'Électre[3].

1. Cela a été trop méconnu par La Harpe, lorsqu'il a dit (*Lycée*) : « .... il n'est plus question.... que de la victoire des Athéniens et de la mort d'Eurysthée, dont personne ne se soucie. » Chez nous, soit ; mais à Athènes c'était autre chose. Parmi les témoignages que l'on pourrait citer de l'estime que les anciens faisaient des *Héraclides*, il faut remarquer l'allusion de Philostrate, *Vit. Apollon.*, II, 32, 33.
2. On ne peut compter *les Héraclides* de De Brie, donnés sans succès en 1695, non imprimés, et connus seulement par une très-méprisante épigramme de J. B. Rousseau.
3. Voyez t. II, p 363 sqq.

Tout y roule, cela est vraiment extravagant et misérable, sur la passion d'Astérie pour Hyllus, qu'elle ne sait pas être son frère ; sur sa jalousie contre Laodice, fille de Démophon, dont Hyllus est épris ; sur la méprise qui, lui faisant croire Hyllus mort, la décide elle-même à se tuer. Le roman de Marmontel est plus raisonnable ; il ne manque même pas d'intérêt, et La Harpe, peu favorable aux tragédies de l'auteur, en a fait ressortir, dans une assez longue analyse, à laquelle je renvoie [1], l'ingénieuse conduite. On peut regretter seulement que l'exemple de Voltaire, qui, tout récemment, en 1750, avait cherché dans son Oreste à se rapprocher de la simplicité grecque [2], ne le lui ait pas fait abandonner. Il se fût épargné la peine fort inutile d'en tirer une tragédie qui ne pouvait rester, quand bien même le succès n'en eût pas été compromis par le pathétique aviné de Mlle Dumesnil [3]; une tragédie que l'on avait déjà, quoi qu'en ait dit Marmontel [4], en grande partie, et d'un autre ton, d'un autre style, dans l'Iphigénie en Aulide de Racine. A travers la différence des sujets et des situations, le public aperçut fort bien cette conformité doublement fâcheuse qui, sous les noms nouveaux de Déjanire, d'Olympie, de Sthénélus, lui rendait trop et trop peu de la Clytemnestre, de l'Iphigénie, de l'Achille, exprimés en traits ineffaçables par le grand poëte. Voici du reste très-sommairement la fable de Marmontel : réfugiée, avec les autres enfants d'Hercule, chez les Athéniens, Olympie a inspiré au fils de Démophon, Sthénélus, une passion qu'elle partage et qui lui donne, dans le jeune prince, un intercesseur puissant auprès du roi et du peuple d'Athènes, un zélé et vaillant défenseur contre les intrigues et les armes d'Eurysthée. Cependant elle est informée de la condition mise par un oracle, encore secret, au salut de sa famille, aux succès de ses protecteurs ; elle s'offre et se fait accepter pour

1. *Lycée*. — 2. Voyez t. II, p. 366 sqq.
3. Voyez la préface du *Théâtre* de Marmontel, et ses *Mémoires*, liv. IV.
4. *Ibid*.

victime, s'efforçant seulement, ce qui ne lui est pas longtemps possible, de tromper sur son sort sa mère et son amant. Au moment où elle va périr, Sthénélus découvre que l'oracle a été dicté à un prêtre imposteur par Coprée, l'agent d'Eurysthée : dérobée par lui au couteau sacré, ou plutôt sacrilége, emportée sur son char au milieu de ses soldats, prix du combat et gage de la victoire, Olympie voit celui qu'elle aime mettre en fuite les Argiens et immoler leur roi. L'idée du faux oracle et du dénoûment heureux qu'amène la découverte de l'imposture, n'était pas nouvelle. Elle avait été employée, sinon peut-être imaginée, en 1727, par Boissy, dans une détestable Alceste que j'ai précédemment exhumée[1]. Elle plaisait peut-être alors par les déclamations obligées contre les fraudes sacerdotales qu'elle amenait à sa suite. Elle paraît aujourd'hui, comme presque tout le reste, quelque chose de bien moderne, de bien étranger à l'esprit, à la couleur du sujet. A part ce défaut de convenance, qui ne choquait pas en ce temps, le plan de Marmontel, assez bien conçu, je l'ai déjà dit avec La Harpe, prêtait à des scènes touchantes, surtout par la situation où il plaçait le principal personnage, Olympie, entre les affections du sang, les mouvements de la passion et l'inflexible loi d'un cruel devoir, entre l'emportement de sa douleur et le besoin de la cacher sous des apparences tranquilles. Mais le mérite de la conception a été comme annulé par le vice de l'exécution, par une pensée constamment vulgaire, un style dont l'auteur lui-même[2], qui l'a plus tard un peu amendé, ne s'est pas dissimulé la négligence et la faiblesse ; un style quelquefois incorrect, presque toujours lâche, vague, décoloré, surtout commun, comme ce qu'il exprime. Deux passages, deux seulement, doivent être exceptés de cette critique. C'est une noble prière d'Olympie au roi d'Athènes[3] ; ce sont de tendres adieux dont elle le

1. T. III, p. 228 sq.
2. *Ibid.*
3. Acte I, sc. 4.

charge pour son fils[1]. On me saura gré de les rapporter ici, quoique l'un d'eux, le dernier, qui est aussi le meilleur, ait été cité par La Harpe :

. . . .
Comme à nous, d'un héros le sang vous fut transmis,
Seigneur : dignes rivaux et généreux amis,
Ainsi que leurs dangers, leur gloire fut commune.
Nous n'avons pas comme eux une égale fortune :
Vous régnez; nous fuyons. Mais le sort peut changer.
Aux rois, par votre exemple, apprenez à venger
Les descendants des dieux qu'ose opprimer un traître.
Si nous sommes proscrits, vos neveux peuvent l'être.
Hélas ! peut-être un jour, comme nous malheureux,
Ils chercheront l'appui d'un prince généreux ;
Peut-être que leur sort dépend de votre exemple ;
Que, pour vous imiter, l'avenir vous contemple ;
Et que les justes dieux leur feront éprouver
L'accueil qu'à vos genoux nos malheurs vont trouver.
Vous seul, entre vingt rois, au fer de l'homicide
Vous aurez dérobé la famille d'Alcide !
Quelle gloire pour vous, grand roi ! Du haut des cieux,
Thésée en est jaloux : il a sur vous les yeux ;
Et, fier en ce moment de vous avoir fait naître,
A ses propres vertus il va vous reconnaître.
Il domptait les tyrans, et vous les braverez.
Il nous eût défendus, et vous nous vengerez.
. . . .
Consolez un héros, dont mon cœur fut charmé.
Que je le plains, s'il m'aime autant qu'il est aimé !
Dites-lui qu'au tombeau j'emporte son image ;
Qu'entre une mère et lui mon âme se partage.
Témoin de mon amour, témoin de mes douleurs,
Rendez-lui mes adieux. Confiez-lui mes pleurs ;
Dites-lui qu'effrayé du coup qui nous sépare,
Mon cœur s'est révolté contre une loi barbare;
Dites-lui que la fille et d'Hercule et des dieux
N'a cherché qu'en tremblant un trépas glorieux.
Ne m'attribuez point un orgueil qui le blesse.
Il verra plus d'amour dans un peu de faiblesse.
Je lui lègue une mère : il sera son appui.
Si sa fille eût pu vivre, elle eût vécu pour lui.
Mais pourquoi s'attendrir? ce ne sont point des larmes

1. Acte III, sc. 4.

> Qui doivent assurer le succès de vos armes ;
> Et ce n'est point à vous à pleurer sur mon sort,
> Quand je vole à la gloire en m'offrant à la mort.
> La route à tous les deux en doit paraître aisée ;
> Je suis fille d'Hercule, et vous fils de Thésée.
> Allez, seigneur ; pressez ce glorieux instant,
> D'un front aussi serein que ma vertu l'attend.

Il y a sans doute quelque chose à reprendre, même dans ces vers ; mais si toute la pièce eût été ainsi écrite, elle eût ramené, pour plus longtemps, sur la scène tragique, quoique bien défiguré, l'antique sujet des *Héraclides*.

CHAPITRE VINGTIÈME.

Les Bacchantes.

Il était naturel qu'à Athènes, où la tragédie était sortie du dithyrambe, où ses représentations étaient restées un des accessoires du culte de Bacchus, où les acteurs s'appelaient artistes de Bacchus, son théâtre, théâtre de Bacchus, où, sur les murailles du temple voisin de cet édifice, et aussi consacré à Bacchus, étaient peintes les principales aventures du cycle Dionysiaque[1], l'histoire du dieu fournît beaucoup de sujets aux poëtes tragiques.

La matière en avait été dès longtemps préparée par des récits du genre de celui qu'on lit dans un des hymnes attribués à Homère[2], et par les innombrables compositions des poëtes dithyrambiques.

Aussi, à une époque bien voisine du temps où les Grecs ne connaissaient encore d'autres formes littéraires que celles de l'épopée et de l'ode, dès l'origine de l'art dramatique, son fondateur, Thespis, choisit-il fort naturellement, à ce qu'il semble, *Penthée* pour le héros d'une de ses pièces, dont le souvenir s'est conservé[3].

Plus tard, un de ceux qui, après lui, dégrossirent la tragédie encore informe, la préparèrent pour les génies originaux qui allaient venir, Phrynichus, entre autres drames dont nous avons la liste, du reste assez peu certaine, donna une *Érigone*[4].

1. Pausan., *Att.*, xx.
2. Hom. *Hymn.* VI, *in Bacchum.*
3. J. Poll., *Onomast.*, VII, 12. Voyez notre t. I, p. 19.
4. Suid., v. Φρυνίχος.

Vint Eschyle, à qui la légende de Bacchus inspira trois de ses trilogies : celle à laquelle l'antiquité elle-même[1] a donné le titre général de *Lycurgie;* celles que la critique moderne[2] a intitulées l'une *Penthée*, l'autre *Athamas.*

La *Lycurgie*, on le sait par un scoliaste[3], se composait de trois tragédies, *les Édoniens*[4], *les Bassarides*[5], *les Jeunes gens*[6], suivies d'un drame satyrique, *Lycurgue.* Selon les explications les plus probables de critiques qui l'ont restituée avec beaucoup de science et de sagacité, on voyait dans *les Édoniens* l'arrivée de Bacchus en Thrace, l'opposition du roi de ce pays, Lycurgue, à l'établissement du nouveau culte, la défaite et l'arrestation du dieu et de ses sectateurs; dans *les Bassarides*, au contraire, la délivrance des Bacchantes et le châtiment de Lycurgue, peut-être aussi, épisodiquement, la mort d'Orphée, déchiré par les Ménades furieuses et enseveli par les Muses; enfin dans les *Jeunes gens*, dont la matière est beaucoup plus obscure, l'apothéose de Lycurgue et son association, chez ses anciens sujets, aux honneurs de la divinité qui l'avait puni[7]. Que restait-il pour le

---

1 Aristoph. *Thesmoph*, 135; schol. Aristoph., m. s. ap. Seidler (God. Hermann, *De comp. tetralog. Opusc.*, t. II, p. 309). Voyez notre t. I, p. 29.

2. Welcker, *Trilog.*; God. Hermann, *De Æschyli Lycurg. Opusc.*, t. V, p. 1 sqq.; Ahrens, *Æschyl.*, F. Didot, 1842, fragm.

3. Celui d'Aristophane, cité, d'après God. Hermann, dans une des notes précédentes.

4. Peuple de Thrace.

. . . . Non ego sanius
Bacchabor Edonis.
(HORAT., *Carm.*, II, VII, 27.)

5. Un des noms portés par les Bacchantes, selon les uns de βασσάρα, peau de renard; selon d'autres, d'une ville de Lydie : allusion au vêtement ou à l'origine de ces femmes. De là en latin *Bassaris :*

Et raptum vitulo caput ablatura superbo
Bassaris. . . . .
(PERS., *Sat.* I, 100.)

6. Νεανίσκοι.
7. Voyez, plus haut, p. 167.

drame satyrique auquel Lycurgue, sans doute devenu dieu, donnait son nom? On le sait encore moins que le reste. Seulement les fragments qu'on en a[1], semblent contenir, sur une certaine liqueur fermentée, faite avec du grain, le vin de ce pays barbare, des plaisanteries analogues au trait que nous avons remarqué chez le même poëte, dans une belle scène de ses *Suppliantes*[2], et tout à fait en rapport avec ses habitudes bachiques[3].

On a donné[4] le nom collectif de *Penthée* à trois tragédies d'Eschyle, tirées de la même légende mythologique, dont la scène était, non plus en Thrace, mais à Thèbes. Dans la première, *Sémélé*, qui avait encore un autre titre, *les Hydrophores*[5], et où paraissait un dieu de l'invention du poëte, Amphidromus[6], la naissance de Bacchus était exposée avec des circonstances par lesquelles s'expliquait peut-être l'origine des deux fêtes athéniennes, les Amphidromies et les Hydrophories. La vengeance tirée par Bacchus irrité, et de la sœur de sa mère, Agavé, et de son neveu Penthée, formait, à ce que l'on a cru, la matière des deux tragédies suivantes, lesquelles avaient pour titres, l'une *les Bacchantes* ou *Penthée*[7], l'autre un mot peu intelligible pour nous, diversement expliqué[8], dans lequel il faut peut-être voir une appellation nouvelle des Bacchantes, *les Xantries*. Il reste de ces pièces bien peu de débris, et des débris

---

1. Athen., *Deipn.* X.
2. V. 952. Voyez notre t. I, p. 178 sqq.
3. Voyez notre t. I, p. 35.
4. Welcker, *ibid.*
5. Index Fabul. Æschyli; schol. ad Hom., *Iliad.*, IV, 319.
6. Hesych. Cf. Harpocrat.
7. Aristoph. Byz., Præfat. ad *Bacchas* Euripidis.
8. Voyez Welcker, Ahrens, *ibid.*; Bode, *Hist. de la poés. grecq.*, *Tragéd.*, t. III, p. 336. Cf. Bœckh, *Græc. trag. princ.*, III. Ce dernier se fondant sur le sens ordinaire de Ξάντριαι, *les Cardeuses*, conjecture que le sujet de la pièce était la punition des filles de Minée, qui seules à Thèbes s'étaient abstenues de célébrer la fête du dieu :

> Intempestiva turbantes festa Minerva,
> Aut ducunt lanas, aut stamina pollice versant,
> Aut hærent telæ, famulasque laboribus urgent.
> (Ovid., *Metam.*, IV, 33.)

qui ne font guère connaître ce qu'elles pouvaient être. Toutefois, du rapprochement d'une scolie sur un vers d'Aristophane [1] avec un passage de Platon [2], un critique d'une grande pénétration [3] a tiré ce détail curieux, que, dans la troisième, Junon paraissait sous la figure empruntée d'une vieille prêtresse quêtant pour les nymphes des montagnes, filles d'Inachus. On sait encore, par un passage de Suidas [4], qu'Eschyle y avait donné l'exemple, suivi par Euripide dans son *Hercule furieux* [5], de faire agir et même parler le personnage allégorique de la Rage, Lyssa, lointain précurseur de la Haine introduite sur notre scène lyrique par Quinault [6].

Junon, ennemie de Bacchus, comme de tous les enfants nés de Jupiter et de ses maîtresses, traita, on le sait, bien cruellement la sœur de Sémélé, Ino, et son mari, le roi béotien Athamas, qui s'étaient chargés d'élever le jeune dieu. De là sur l'égarement d'Athamas, qui prend sa femme et ses enfants pour une lionne avec ses lionceaux, et fait périr de sa main le jeune Léarque, sur la fuite d'Ino avec son autre fils Mélicerte, et leur admission merveilleuse parmi les dieux de la mer, enfin sur l'institution par Sisyphe, ou le rétablissement par Thésée des jeux isthmiques destinés à honorer celle qui avait payé si cher l'honneur d'être la nourrice et la gouvernante de Bacchus, sur ces sujets divers trois tragédies, indirectement, on le voit, Dionysiaques, *les Faiseurs* ou *les Traîneurs de filets* [7], *Athamas*, *les Théores* ou *les Isthmiastes*, qu'on a groupées [8] en trilogie, sous le titre général d'*Athamas*.

Sophocle, auteur de deux *Athamas*, a fait aussi, comme Euripide, une *Ino*, mais non des *Bacchantes*. Il ne paraît

1. *Ran.*, 1385.
2. *Republ.*, II, 5.
3. Valckenaer, *Diatr. in Eurip. fragm.*, II.
4. V. Ὀκτώπουν.
5. Voyez, plus haut, p. 16 sq. Cf. *Bacch.*, 970.
6. *Armide*, acte III, sc. 3 et 4.
7. Δικτυουργοί, Δικτυουλκοί.
8. Welcker, *ibid*.

pas qu'il ait touché aux deux grands sujets tragiques que présentait surtout l'histoire de Bacchus, et qu'on avait retracés de préférence sur les murailles de son temple à Athènes[1], Lycurgue et Penthée.

En revanche, ces deux sujets, et plus particulièrement le dernier, tantôt sous le titre de *Penthée*, tantôt sous celui des *Bacchantes*, peut-être sous les deux à la fois, furent traités de nouveau par le fils de Sophocle, Jophon[2], par le rival heureux d'Euripide, Xénoclès[3], par Chérémon[4], par Cléophon, Lycophron[5]. Ajoutons, pour finir, que Carcinus, Diogène Œnomaüs, Spintharus sont cités[6] comme ayant fait, après Eschyle, chacun une *Sémélé*[7].

De cette revue, sans doute incomplète, et dont on me pardonnera la sécheresse nécessaire, ressort avec évidence ce que j'avançais en commençant, que rien n'était plus commun sur le théâtre de Bacchus, dans les représentations dramatiques ramenées par les fêtes du dieu, que des tragédies empruntées à son histoire. Cela peut faire apprécier l'étonnement que cause à Brumoy le choix du sujet traité par Euripide dans *les Bacchantes*; l'apologie par laquelle il essaye de sauver l'honneur du poëte, en insinuant que cette pièce, d'une poésie si élevée et d'un effet si terrible, était un drame satyrique ou quelque chose d'approchant[8]; en conjecturant, avec une timidité bien étrange, qu'après tout cette pièce, drame satyrique ou tragédie, avait fort bien pu être destinée à la décoration de quelque solennité bachique, comme si la chose n'était pas vraie de toutes les pièces

---

1. Paus., *Att.*, XX.
2. Suid. Stob. Cf. Valckenaer, *Diatrib.*, II; God. Hermann, *Opusc.*, t. I, p. 49 sq.
3. Ælian., *Var. hist.*, II, 8.
4. Suid. Aristot., *Rhet.*, II, 23.
5. Suid.
6. Athen., *Deipn.*, XIII, XIV.
7. Sur tous ces poëtes, voyez, en dernier lieu, F. G. Wagner, *Euripid.*, F. Didot, 1846, t. II, p. 915 sqq., *Poet. trag. græc. fragm.*, et dans notre t. I, les p. 30 sq., 69, 73 75, 99 sqq.
8. « .... Adeo tragicam formam refert, ut nonnisi imperito satyrica fabula videri potuerit. » (Bœckh, *Græc. trag. princ.* XXIV.)

grecques, de tous genres et de tous sujets, sans exception.

Les Bacchantes, je l'ai dit ailleurs[1], furent données avec l'*Iphigénie en Aulide* et l'*Alcméon* du même poëte, après sa mort, l'année même ou l'année suivante, à Athènes, par Euripide le jeune[2]. Si, comme on l'a cru, comme il y a lieu de le croire, ces tragédies, déjà connues du public[3], étaient alors ramenées sous ses yeux par un hommage pieux à la mémoire du grand homme qu'il venait de perdre, le fait seul de cette reprise, honorable pour toutes trois, témoignerait de l'estime dont jouissaient en particulier *les Bacchantes*.

Elles furent au nombre des pièces d'élite qui, souvent représentées sur les scènes diverses de la Grèce, passèrent de là en Asie. On les y jouait encore, j'ai eu aussi occasion de le dire[4], au temps de la défaite de Crassus. Elles eurent place dans le répertoire que le rude génie

---

1. D'après le scoliaste d'Aristophane, ad *Ran.*, v. 67. Voyez t. I, p. 70. Cf. 134 sq.; III, 8.
2. Selon Bœckh (*Græc. trag. princ.*, XXIII, XXIV), ce fut avec des changements dont le savant critique croit retrouver la trace dans certaines variétés de leçons, qui ne manquent à aucun ouvrage ancien, sans qu'on songe cependant à en tirer cette conséquence ; dans certaines ressemblances avec des passages d'autres ouvrages d'Euripide, ressemblances faciles à expliquer chez un poëte aussi fécond, et qui, comme tous ceux qui produisent beaucoup, s'est beaucoup répété ; dans certains traits sophistiques, qu'à ce titre même il peut fort bien revendiquer ; dans certaines contradictions qui viennent ou d'une inadvertance de l'auteur, ou de l'obscurité mythologique du sujet; enfin, ce qui serait plus spécieux, dans certains mots, certains vers cités par les anciens comme appartenant aux *Bacchantes*, et qui ne s'y trouvent plus aujourd'hui. Il est bien vrai, M. Bœckh le dit lui-même, qu'ils peuvent avoir été cités ainsi à tort, et avant lui déjà, il le rappelle aussi, on avait fait la remarque que peut-être ils avaient leur place à l'endroit où existe malheureusement une lacune assez considérable, c'est-à-dire après les v. 1319, 1320. Voyez, sur un autre argument de M. Bœckh, qu'on peut aussi ne pas trouver assez concluant, notre t. I, p. 134, sq.
3. Quelques critiques (voyez, entre autres, G. H. Meyer, *de Euripidis Bacchabus*, Gotting., 1833, p. 60; M. Artaud, traduction d'Euripide, *Notice sur les Bacchantes*, t. II, p. 207) pensent que *les Bacchantes* furent composées et représentées en Macédoine dans les dernières années de la vie de l'auteur. Elles auraient alors été tout à fait nouvelles pour le public athénien quand Euripide le jeune les fit jouer avec l'*Iphigénie en Aulide* et l'*Alcméon*.
4. T. I, p. 122 sq.

d'Attius surtout[1] créa, avec les chefs-d'œuvre du théâtre grec, pour le théâtre de Rome. Nulle tragédie, et ici il me faut de nouveau renvoyer aux exemples que j'en ai cités[2], n'a fourni, en plus grand nombre, à l'entretien des hommes illustres, de ces allusions qui montrent la popularité d'un ouvrage. Enfin, chez les rhéteurs, chez les poëtes de l'antiquité, on rencontre partout sa trace : par exemple chez Philostrate, qui, dans un des tableaux qu'il décrit[3], chez Théocrite, qui, dans une de ses pièces[4], en donnent comme l'argument; chez Catulle[5], Virgile[6], Horace[7], Properce[8], Ovide[9], Perse[10], Sénèque[11], Stace[12], qui lui empruntent à l'envi des expressions, des images, des tableaux, des exemples, quelquefois même des motifs de parodie. Ces emprunts sont pour elle autant de titres glorieux que je devrai recueillir à mesure que me les rappellera l'analyse de la pièce.

Par un contraste singulier, cette même pièce, si admirée des anciens, n'a pas plu, il s'en faut, aux critiques modernes. Brumoy la défend à peine, Prévost la condamne plus hardiment, La Harpe la rejette avec mépris, Métastase en plaisante; W. Schlegel seul, revenant, non sans quelque exagération[13], au sentiment de l'antiquité, la proclame le chef-d'œuvre d'Euripide.

---

1. *Pacuvius* aurait traité le même sujet sous le titre de *Penthée*, s'il en fallait croire Servius, in *Æn.* IV, 469. Mais peut-être ce scoliaste de Virgile a-t-il fait confusion avec *les Bacchantes* d'Attius. C'est l'opinion d'Elmsley, *in Euripid. Bacch.*, et récemment, de O. Ribbeck, *Trag. latin. reliq.*, 1852, p. 92, 290.
2. T. I, p. 134, 135, 138.
3. *Imag.*, I, xviii. Voyez notre t. I, p. 151.
4. *Idyll.*, xxvi.
5. *Carm.*, lxiii, 23; lxiv, 61, 252 sq.
6. *Æn.*, IV, 301, 469 sqq.; VII, 385 sqq.
7. *Carm.*, II, xix; III, i, 1-4; xxv; *Sat.*, II, iii, 302; *Epist.*, I, xvi, 73.
8. *Eleg.*, III, xvii, 24; xxii, 33.
9. *Metam.* III, 511 sqq.; IV, 1 sqq.; VI, 587 sqq.
10. *Sat.*, I, 100.
11. *Œdip.*, 404 sqq.
12. *Theb.*, IV, 565 sqq.
13. On en peut dire autant, je crois, de l'apologie qu'en a faite en 1833 G. H. Meyer, dans la dissertation citée plus haut, p. 410.

D'où vient entre les anciens et les modernes un tel désaccord? De la diversité du point de vue. Nous sommes, nous, dans *les Bacchantes*, moins charmés de la forme que blessés du fond, pour lequel les anciens étaient et devaient être indulgents. Une divinité toute sensuelle, une divinité qui se venge, et si cruellement, ne les révoltaient point : le poëte avait dû les accepter de la tradition[1]; ils les acceptaient du poëte sans difficulté, à la condition toutefois que, de cette fable consacrée, il saurait tirer des effets touchants, terribles, poétiques. Nous sommes loin d'apporter au jugement de l'œuvre d'Euripide une disposition semblable, de pouvoir nous détacher aussi complétement de ce qu'elle exprime, pour ne songer qu'à l'expression elle-même.

Il faut cependant être juste envers Euripide et penser qu'il apercevait, à peu près aussi bien que nous, ce qu'il y avait de déraisonnable, de choquant dans la légende qu'après, avant tant d'autres, et comme eux, sauf des différences d'exécution, il transportait sur la scène. Cette légende était placée sous la garde de la religion, adoptée par la dévotion populaire, vivante en quelque sorte, non-seulement dans les représentations de l'art[2], mais dans des monuments regardés comme authentiques. Ne voyait-on pas, ne révérait-on pas, sur une place de Corinthe, deux statues de Bacchus, fabriquée avec le bois même de l'arbre du Cithéron, où s'était placé Penthée pour observer les mystères secrets des Bacchantes[3]? Euripide, après Eschyle et d'après lui[4], composa sa tragédie sur des données de leur nature invariables, en quelque sorte inviolables, soustraites à la libre disposition de l'écrivain, comme aussi au contrôle de la critique; il ne se proposa, c'était son droit, dont il serait injuste de lui demander compte aujourd'hui, que d'en tirer littéraire-

---

1. Voyez Nonn., *Dionys.*, XLIV, XLV, XLVI; Apollod., *Bibl.*, III, v. 2; Hygin., *Fab.* CLXXXIV, etc.
2. Pausan., passage déjà cité.
3. Id., *Corinth.*, II.
4. Aristoph., gramm. in *Bacch.*

ment le meilleur parti possible, leur témoignant, par la consécration nouvelle qu'elles recevaient de son art, une déférence officielle, et se permettant sans doute de les juger, à part lui, ce qu'elles valaient.

Cette situation un peu équivoque, qui fut toujours celle d'Euripide[1], s'exerçant, avec une conviction apparente, sur des sujets réprouvés par sa raison, ne semble-t-il pas qu'elle se trahisse dans des paroles qu'il prête à un personnage de ses *Bacchantes*, mais où c'est lui-même qui s'explique, on l'a remarqué[2], et cela est bien évident, car il y appelle antiques croyances ce qui précisément s'établit dans sa pièce.

« Je ne dispute pas sur les dieux. Ces traditions des ancêtres, contemporaines des plus vieux âges, quel raisonnement les pourrait ébranler? que trouveraient contre elles les plus grands esprits[3]? »

C'est là un langage assez semblable à celui d'Horace, lorsque, faisant amende honorable de son incrédulité, il se dit sage d'une fausse sagesse, « insapientis.... sapien-« tiæ consultus[4]; » à celui de Tacite, lorsqu'il prétend que, sur les actes des dieux, il est plus religieux, plus respectueux de croire que de savoir : « Sanctius est ac re-« verentius de actis deorum credere quam scire[5]. » *Les Bacchantes* ne manquent pas de passages[6] où Euripide oppose encore de même, aux témérités sceptiques du libre penser, la docilité de la foi. Par là je ne pense pas qu'il ait l'intention, comme on l'a prétendu[7], de faire une allusion, qui serait peu généreuse, aux irrévérences, chèrement payées, d'Alcibiade; je pense plutôt, avec d'autres[8], qu'il veut se mettre à couvert contre les accu-

---

1. Voyez notre t. I, p. 43 sqq.
2. Musgrave, etc.
3. V. 198. Cf. Valckenaer, *Diatr. in Eurip. fragm.*, v.
4. *Carm.*, I, xxxiv, 3. Cf. Pind., *Olymp.*, ix, 56.
5. *Germ.* xxxiv.
6. V. 393, 424 sqq., 882 sq., 1339 sq.
7. Musgrave; M. Artaud, *Notice sur les Bacchantes*, citée plus haut, p. 238.
8. Tyrwitt; Valckenaer, *ibid.*, etc.

sations d'impiété qu'avaient plus d'une fois provoquées ses hardiesses et auxquelles devait bientôt succomber Socrate. Toutefois, dans ces passages mêmes, perce son dissentiment. On y aperçoit, ceux du moins qui savent comprendre, qu'il se soumet, sans que sa raison y adhère, à la religion de l'État; que, s'adressant à deux sortes d'auditeurs, il parle à la fois et en poëte chargé d'exprimer, au milieu de solennités religieuses, sur une scène sainte, les croyances publiques, et en philosophe qui adroitement, prudemment s'en sépare.

Cette duplicité d'intention a souvent refroidi ses ouvrages; mais elle n'a pas le même inconvénient pour celui-ci, où, se contentant de quelques rares et discrètes réserves, qui échapperont à la foule, il entre plus franchement, plus pleinement que partout ailleurs, dans l'esprit de son sujet. Lui qui trop souvent se plut à expliquer scientifiquement, philosophiquement, et par là, à dénaturer, à supprimer les merveilles mythologiques qu'il était censé célébrer, consent ici à se placer, avec un art plus naïf et non moins ingénieux, dans une sphère toute merveilleuse. Le merveilleux semble, dès le début, prendre possession de la scène elle-même par des vers qui nous invitent à y voir, dans une enceinte sacrée dont Cadmus a interdit l'approche aux profanes, et que la piété d'un fils a entourée d'un rempart de pampres verts, le tombeau de Sémélé et les ruines de son palais : ruines fumantes, où vit encore la flamme qui le consuma, monument immortel de l'amour de Jupiter et du courroux de Junon [1]. La tragédie qui doit se développer sur une scène ainsi décorée, pour les yeux de l'esprit du moins, est remplie, à peu près tout entière, de la divinité de Bacchus. Bacchus, c'est pour les acteurs du drame, trompés par l'apparence, seulement un jeune serviteur du dieu, beau, aimable, plein de mollesse et de douceur, dont le courroux ne s'exprime que par l'ironie; mais, pour les spectateurs mis dans le secret de l'action, c'est

---

1. V. 5 sqq.

le dieu lui-même, tantôt le plus bienfaisant, tantôt le plus redoutable des dieux[1]. Des signes surnaturels, en général plutôt décrits que montrés, signalent sa puissance : les fers tombent de ses mains ; les cachots ne peuvent le retenir ; le palais où il est prisonnier s'embrase de lui-même et s'écroule ; le son de sa voix se fait entendre hors même de sa présence ; sa volonté interrompt l'ordre de la nature, change les cœurs, détruit la raison. Au double personnage, visible et invisible, rempli par Bacchus, au double caractère de bonté charmante et d'implacable, d'effroyable ressentiment, qui lui est attribué, correspond un contraste analogue entre deux classes fort diverses de Bacchantes. Les unes, ce sont celles qui composent le chœur, qui occupent constamment la scène, docilement soumises à l'empire de Bacchus, n'en éprouvent que les salutaires influences ; les autres, Bacchantes involontaires, sont livrées à d'incroyables fureurs, douées d'une force destructive et terrible, dont les effets sont attestés par des récits pleins d'une vraisemblance persuasive[2]. On n'a pas assez dit tout ce qu'il y a d'art dans cette exposition des aspects contraires du culte mystérieux de Bacchus ; dans une disposition qui fait, des prodiges d'un tel sujet, deux parts, dont la plus forte, éloignée des yeux, est rendue présente à la seule imagination, qui peut tout croire, quand on sait lui mentir habilement. Cette heureuse expression du merveilleux est à la fois l'excuse et le principal mérite de la pièce. Le merveilleux enlève les événements qu'elle retrace à l'ordre commun des choses,

---

1. Cf. Horat., *Carm.*, II, XIX, 25.

Choreis aptior et jocis
Ludoque dictus, non sat idoneus
Pugnæ ferebaris ; sed idem
Pacis eras mediusque belli.

« On ne t'avait cru propre qu'aux danses, aux jeux, aux ris, peu fait pour les combats ; mais tu pouvais te partager entre la paix et la guerre. »

2. Aux vers 50 sqq. du prologue, les premières semblent désignées par le nom de Ménades, les secondes plus spécialement par celui de Bacchantes. Voyez Musgrave, Brunck, etc.

la dispense des vraisemblances ordinaires, l'absout des vulgaires critiques, et en même temps lui communique un intérêt de l'ordre le plus élevé.

Ce qui caractérise encore cette pièce, c'est l'inspiration lyrique, dithyrambique qui y domine. Par là, en même temps qu'elle reproduit un des premiers sujets traités par la tragédie naissante, elle revient aussi, mais sans rien perdre de ce que l'art avait acquis depuis ce temps, à sa forme primitive, celle d'une longue cantate entremêlée de récits et de dialogues. Cette cantate est d'une vivacité, d'un éclat qui suffiraient seuls à expliquer la grande fortune faite chez les anciens par *les Bacchantes*.

Quelque chose qui l'explique encore, et dont nous devons tenir compte, c'est l'attrait du spectacle, du mouvement inusités par lesquels Euripide, qui, de tant de manières, avait renouvelé la scène, osait ici l'animer. Il enlevait au chœur, non pas peut-être le premier, car Eschyle avant lui pouvait avoir prêté à ses *Bacchantes* les mouvements désordonnés de ses *Euménides*, il enlevait au chœur son attitude calme et presque immobile, sa démarche régulière; ce chœur couronné de pampre et de lierre, vêtu de peaux de bêtes fauves, armé de thyrses, c'est ainsi qu'il se décrit lui-même, Euripide le faisait bondir tumultueusement aux sons mêlés de la timbale et de la flûte phrygienne.

En résumé, le goût très-vif des anciens pour une tragédie peu appréciée des modernes s'explique et par l'autorité, alors au-dessus de tout examen, des fables qui en étaient le fondement, et par le talent du poëte à exploiter le merveilleux consacré de son sujet; à entourer son œuvre des séductions les plus puissantes de la poésie et du spectacle; ajoutons à faire jaillir, par intervalles, de cette étrange mythologie, les traits de nature, si vrais, si pathétiques, qui jamais ne manquèrent à l'un des interprètes les plus éloquents qu'ait eus la misère humaine. C'en est assez sur ces préliminaires. Il faut finir notre préface de critique et arriver à la préface du poëte, c'est-à-dire au prologue par lequel, en son nom, Bacchus lui-même fait l'ouverture du spectacle.

Pourquoi Euripide le jeune n'a-t-il pas retranché ce prologue avec celui de l'*Iphigénie en Aulide*[1]? par une raison bien simple; c'est que la pièce ne pouvait s'en passer. De même qu'au début de l'*Ajax*[2] Minerve seule pouvait faire connaître ce qu'elle savait seule, par quel égarement d'esprit avait été abusé le héros, de même ici on ne pouvait apprendre que de Bacchus que, sous une forme mortelle, sous les traits et l'apparence d'un ministre du dieu, c'était le dieu lui-même qui paraissait.

A cette confidence s'en ajoutent beaucoup d'autres que je dois aussi redire.

Ayant quitté la Lydie, la Phrygie, où se sont élevées ses premières années[3], il a parcouru successivement, pour y établir son culte, la Perse, la Bactriane, la Médie, l'Arabie, l'Asie Mineure enfin, avec sa population mêlée de Barbares et de Grecs : il entre pour la première fois dans une ville grecque, celle de Thèbes. Mais sa divinité n'y est pas reconnue, tout au contraire. Les sœurs mêmes de sa mère, les filles de Cadmus, Agavé, Autonoé, Ino, prétendent que Sémélé, par le conseil de son père, a imputé au maître des dieux le crime d'un simple mortel, et que ce mensonge sacrilége a été justement puni par un coup de foudre. Leur fils, et leur neveu, Penthée, à qui Cadmus, accablé d'ans, a remis le gouvernement de Thèbes, n'est pas plus disposé à recevoir comme dieu celui qu'il croit aussi le fils d'un mortel, à l'admettre au partage des honneurs divins, des libations, des sacrifices. Bacchus annonce le dessein de se venger de tous ces mépris et sans retard. Déjà, remplies par lui d'une fureur étrange, les trois filles de Cadmus, et avec elles toutes les femmes nubiles de Thèbes, ont quitté, en habit de

---

1. Voyez t. III, p. 8 sqq.
2. *Ibid.*, t. II, p. 10 sqq.
3. Je suis une distinction proposée par Musgrave, et qui sauve le désordre géographique reproché à cette énumération par Strabon, liv. I.

Bacchantes, leurs demeures pour aller errer dans les solitudes du Cithéron[1]. Il va les y rejoindre, et cependant appelle sur la scène de jeunes Lydiennes, servantes volontaires et passionnées de Bacchus, qui ont suivi, à ce qu'elles pensent, un de ses prêtres, et lui-même en réalité. Il leur ordonne de faire retentir au scuil même du palais de Penthée, avec le bruit de leurs tambours sacrés, leurs chants religieux. Elles obéissent, et, dans des strophes d'une audace, d'un emportement, d'un désordre dithyrambique, elles proclament le nouveau dieu, rappelant les merveilles de sa naissance, expliquant les rapports de son culte avec ceux de Jupiter et de Cybèle, peignant sa propagation rapide sur la terre, son passage d'Asie en Europe; enfin, par le tableau le plus animé de ses saintes extases, de ses entraînantes orgies, tableau qu'accompagnaient sans doute une expressive pantomime, une danse tumultueuse, elles y convient hautement le peuple thébain. Cette magnifique introduction dont se sont quelquefois souvenus, je l'indiquerai en note, les grands poëtes latins, est un morceau trop caractéristique pour ne le point citer, bien que les dégradations du texte, qui en ont redoublé l'obscurité primitive, le rendent difficile à entendre, et qu'il ne soit pas plus facile à traduire.

1. V. 35 sqq. A ce passage du prologue paraissent se rapporter quelques-uns des rares débris des *Bacchantes* d'Attius :

Deinde omnes, stirpe cum incluta Cadmeïde,
Tumultu percitatæ, matronæ vagant.
(NON., v. *Vagas*.)

Et nunc silvicolæ, ignota invisentes loca.
(MACROB., *Sat.*, VI, 5.)

. . . . Ubi sanctu' Cithæron
Frondet vidirantibu' fœtis.
(NON., v. *Fœtis*.)

« A la suite des illustres filles de Cadmus, se sont précipitées en tumulte toutes les dames de Thèbes.... et maintenant, retirées dans des solitudes ignorées, elles habitent les bois.... en ces lieux où se couvrent de verts feuillages les sommets sacrés du Cithéron.... »

Voyez au sujet des fragments de cette pièce, sur le texte desquels on n'est pas toujours d'accord, Bothe, *Poet. latin.*, *scenic.*, 1823, p. 187 sqq.; O. Ribbeck, *ibid.*, p. 140 sqq., 335 sqq.

« Des régions asiatiques, des hauteurs du Tmolus, doux travail ! aimable fatigue ! j'ai, pour le service de Bromius, précipité ma course, célébrant les louanges du dieu. Qui est là, qui est là, dans ces rues, dans ces maisons? Qu'on s'écarte, que chacun commande à sa langue un silence religieux ! Je vais, selon les saintes lois, entonner l'hymme de Bacchus [1].

« Oh ! bienheureux le mortel qui, instruit dans la science sacrée, et s'abandonnant sur les montagnes à de pieux transports, purifie sa vie, sanctifie son âme ; qui célèbre les vénérables orgies de la grande déesse, Cybèle, ou bien, le thyrse en main, la tête couronnée de lierre, se consacre au service de Bacchus ! Allez, Bacchantes, allez ; Bromius, Dionysus, ce dieu enfant d'un dieu, amenez-le des montagnes de la Phrygie dans les vastes villes de la Grèce.

« Surprise des douleurs de l'enfantement, au moment où volaient vers elle ces foudres de Jupiter qui devaient la frapper d'un coup mortel, sa mère le rejeta de son sein ; mais le fils de Saturne le reçut, et, pour le soustraire à Junon, le cacha dans sa cuisse que refermèrent des agrafes d'or. Il l'engendra de nouveau quand les Parques, achevant l'œuvre, eurent rendu capable de naître le dieu aux cornes de taureau. Il lui ceignit la tête d'une couronne de serpents, et de là vint que la Ménade, armée du thyrse, entrelaça depuis sa proie venimeuse avec les tresses de ses cheveux [2].

« Thèbes, nourrice de Sémélé, couronne-toi de lierre ; pour célébrer la fête bachique, pare-toi, pare-toi des rameaux verdoyants, des grappes fleuries du smilax, des feuilles du chêne ou du pin : revêts la dépouille tachetée de la biche, et par-dessus, la blanche toison de la brebis : qu'en tes mains le flambeau s'agite et menace. Tout ce peuple bientôt prendra part à la danse sacrée. C'est Bromius qui la mène à la montagne, à la montagne [3] où déjà habitent ces femmes chassées en foule, loin de leurs navettes et de leurs fuseaux, par l'aiguillon du dieu.

« Antre divin de Crète, qui fus la demeure des Curètes et le berceau de Jupiter, c'est dans ta retraite sauvage que les Corybantes, balançant sur leur front la triple aigrette de leur casque, inventèrent cet instrument arrondi que recouvre une peau sonore ; ils en mêlèrent le bruit aux doux accents de la flûte phrygienne ; ils le placèrent dans les mains de Rhée, qui

---

1. Cf. Horat, *Carm.*, III, 1, 1 sq. :
    Odi profanum vulgus et arceo :
    Favete linguis. . . . .
2. Cf. Horat., *Carm.*, II, xix, 19 sq. :
    Nodo coërces viperino
    Bistonidum sine fraude crines.
3. V. 120. Cf. 165, 979.

en accompagna le chant des Bacchantes. Ravis et transportés, les Satyres l'obtinrent de la déesse, et en animèrent les chœurs de ces Triétérides[1], qui charment Dionysus.

« Oh! quelle joie, dans les montagnes, portant la sainte peau de cerf, ou de suivre le chœur rapide, ou de s'en séparer pour se jeter sur la terre, y déchirer de ses mains les chairs saignantes des boucs, et puis reprendre sa course vers les sommets de la Phrygie, de la Lydie! C'est Bromius dont la voix vous guide : Évoé! Évoé! De la terre coule le lait, coule le vin, coule le nectar des abeilles[2]. On respire comme la vapeur de l'encens de Syrie. Bacchus cependant, agitant la flamme de son flambeau, pressant de ses cris la marche furieuse, livre lui-même au souffle du vent sa molle chevelure. On l'entend qui s'écrie : « Allons, allons, Bacchantes, délices du Tmo-« lus et de ses sources au sable d'or, faites, en l'honneur de « Dionysus, résonner vos tambours. Évoé! Évoé! Chantez, « chantez votre dieu, et que les accents phrygiens de vos voix « s'unissent à ceux dont la flûte harmonieuse réjouit votre « troupe toujours errante! A la montagne! à la montagne! » Ainsi dit-il, et joyeuse, comme le jeune coursier qui suit sa mère emportée[3], bondit d'un pied léger la Bacchante[4]. »

A ce chœur si vif, si hardi, si élevé, succède la scène la plus familière : une de celles qui, par des traits approchant du comique, ce qui n'est pas rare dans la libre

---

1. Cf. Virg., *Æn.*, IV, 301 ;

. . . . Qualis commotis excita sacris
Thyas, ubi audito stimulant Trieterica Baccho
Orgia, nocturnusque vocat clamore Cithæron.

Stat., *Theb.*, II, 661 :

. . . . . Non hæc Trieterica vobis
Nox patrio de more venit.

2. Cf. Horat., *Carm.*, II, xix, 9, sqq. :

Fas pervicaces est mihi Thyadas
Vinique fontem, lactis et uberes
Cantare rivos, atque truncis
Lapsa cavis iterare mella.

3. Cf. Horat., *Carm.*, I, xxiii, 1 sqq. :

Vitas hinnuleo me similis, Chloë,
Quærenti pavidam montibus aviis
Matrem, non sive vano
Aurarum et siluæ metu.

4. V. 64-167.

tragédie des Grecs, ont pu suggérer à Brumoy cette étrange idée, que *les Bacchantes* étaient une sorte de drame satyrique.

On y voit paraître cependant de bien graves personnages, le fondateur de Thèbes, Cadmus, son devin Tirésias; l'un qui va bientôt disparaître de cette antique légende, l'autre qui s'y perpétuera, acteur obligé de toutes les fables qu'en doit tirer le théâtre, déjà qualifié de vieillard dans celle-ci, et quatre générations après les événements qu'elle retrace [1], retrouvant encore un rôle dans ceux qui font le sujet de l'*Œdipe roi*, des *Phéniciennes*, de l'*Antigone* [2].

Tous deux ont ceint de lierre leur tête blanche, revêtu de la peau de cerf leur corps courbé, armé du thyrse leur main tremblante; préludant, autant que l'âge peut le leur permettre, aux extravagances consacrées de l'orgie bachique, ils se mettent joyeusement en route, l'aveugle Tirésias guidé par le chancelant Cadmus, pour aller rejoindre, sur le Cithéron, la troupe furieuse des femmes thébaines. Euripide, dans cette scène, s'est proposé sans doute d'exprimer l'entraînement du culte nouveau, auquel rien n'échappe, pas même la froide raison, la débile caducité du vieillard. Rien de mieux; mais n'y a-t-il pas, comme cela lui est arrivé plus d'une fois [3], trop sacrifié, bien qu'il s'en défende [4], la dignité de la vieillesse ?

C'est le sentiment de Penthée, qui survient. Il débute par un long discours, auquel on peut reprocher de n'être adressé à personne, et de paraître simplement une continuation du prologue. Rentrant, dit-il, après une absence, dans son royaume, il a appris avec indignation les désordres scandaleux des femmes thébaines, qui, sous prétexte d'honorer leur nouveau dieu, célèbrent en réalité d'autres

---

1. Cf. Eurip., *Phœniss.*, 7 sqq.
2. Voyez t. II, p. 168 sqq., 272; III, p. 302 sqq.
3. Voyez t. II, p. 348 sq.; III, 214, 262 sq., 279 sqq.; IV, 219 sqq., 223.
4. V. 202 sqq.

mystères. Plusieurs sont déjà tombées entre ses mains, et par son ordre ont été chargées de fers, renfermées dans les prisons publiques ; il va faire poursuivre les autres et ne les épargnera pas davantage, celles même qui lui tiennent de près, Ino, Autonoé, sa mère Agavé. Il se propose surtout de sévir contre l'auteur de leurs égarements, un étranger venu de Lydie, imposteur séduisant, dont les cheveux sont blonds et bouclés, dont les yeux noirs ont toutes les grâces de Vénus, qui passe avec ces femmes les jours et les nuits, pour les initier sans doute aux secrets du dieu qu'il annonce : « Si je le tiens une fois dans ce palais, ajoute-t-il, il cessera bientôt de frapper la terre de son thyrse et d'agiter sa chevelure ; sa tête tombera sous le fer[1]. »

Là-dessus Penthée aperçoit les deux vieillards dans leur bachique accoutrement, et, avec une colère qui se modère à l'égard de Cadmus, mais ne garde envers Tirésias aucun ménagement, il leur reproche leur folie, si malséante à leur âge. Tirésias, de son côté, déplore l'aveuglement qui fait méconnaître à Penthée un dieu justement révéré des hommes, comme l'est Cérès elle-même, pour ses bienfaits, doué, ainsi qu'Apollon et Mars, d'une puissance prophétique et guerrière, dont le culte va s'étendre glorieusement sur toute la Grèce, auquel il sera bien dangereux d'avoir refusé ses hommages.

Dans cette longue apologie, on doit distinguer un passage[2] que cita, je l'ai dit ailleurs[3], avec à-propos, Aristippe à Platon. Penthée vient de reprocher aux orgies bachiques de corrompre les mœurs des femmes. Tirésias répond qu'elles ne peuvent rien sur celles dont le cœur est pur : réponse adroite, mais, bien que répétée plus loin

---

1. V. 231 sqq. Peut-être est-ce dans une imitation de ce portrait qu'il faut placer le passage suivant d'Attius :

      Formæ figura, nitiditate, hospes regius.
                              (Non., *de Nitiditas*.)

2. V. 312 sqq.
3. T. I, p. 134.

par Bacchus lui-même[1], insuffisante ; Penthée eût pu répliquer qu'elles ménagent aux autres des occasions de faillir, et que c'est bien assez pour que le législateur les condamne.

Il me semble aussi que, si le poëte l'eût voulu, Penthée eût eu le droit de trouver bien subtile l'explication étymologique[2] que lui donne Tirésias de la tradition d'après laquelle Bacchus enfant était resté enfermé quelques mois dans la cuisse de Jupiter, cette tradition que rappellent, sans y rien changer, nous l'avons vu[3], et cela se retrouve encore plus loin[4], les Bacchantes lydiennes, bien instruites apparemment de ce qui concerne leur dieu[5].

En général, ce discours de Tirésias, qui n'est pas, j'en conviens, sans beautés, a quelque chose de sophistique. Quand Tirésias insinue[6] que Cérès, ce n'est qu'un nom par lequel est désignée la terre, ou plutôt celle de ses productions qui nourrit les hommes ; quand il invite par là à ne voir de même dans Bacchus qu'un autre nom, celui de la liqueur bienfaisante qui réjouit leur cœur et charme

---

1. V. 479 sqq.
2. V. 284 sqq.
3. V. 91 sqq.
4. V. 517.
5. M. Bœckh, à qui il répugne (*Græc. trag. princ.*, XXIV) de mettre sur le compte d'Euripide un passage de si mauvais goût, et la contradiction qui en résulte, tire de là un de ses principaux arguments pour établir que *les Bacchantes* n'ont pas été remises au théâtre sans de graves et quelquefois de malheureux changements. Voyez, plus haut, p. 238, et t. I, p. 134 sq.
6. V. 274 sq. L'épicurien Lucrèce n'a pas depuis parlé autrement :

> Hic si quis mare Neptunum, Cereremque vocare
> Constituet fruges, et Bacchi nomine abuti
> Mavult, quam laticis proprium proferre vocamen ;
> Concedamus, ut hic terrarum dictitet orbem
> Esse deum Matrem, dum vera re tamen ipse.
> (*De Nat. rer.*, II, 655.)

« Que s'il plaît à quelqu'un d'appeler la mer Neptune, le blé Cérès, d'employer par abus le nom de Bacchus au lieu du terme propre qui désigne le jus de la vigne, je lui accorderai aussi de dire la Mère des dieux, au lieu du globe de la terre, pourvu que ce globe n'en reste pas moins ce qu'il est. »

leurs chagrins, n'y a-t-il pas là une sorte de symbolisme peu convenable à un personnage qui professe une foi simple aux mystères divins, mal placé dans une pièce où est sans cesse recommandée une semblable disposition d'esprit, où est sans cesse blâmé, en fait de religion, ce scepticisme curieux qu'on reprochait à Euripide, et dont il semblait qu'ici il voulût s'abstenir?

Aux raisons de Tirésias, Cadmus en ajoute une qui n'est pas plus convaincante. Penthée devrait, dit-il, Bacchus ne fût-il pas dieu, le reconnaître comme tel, dans l'intérêt de leur famille, de laquelle il est sorti. Il l'engage ensuite, plus convenablement, à éviter le sort de son jeune parent, le fils d'Autonoé, Actéon, récemment puni par Diane (cette tradition ne se trouve, je crois, que chez Euripide[1]), pour s'être orgueilleusement préféré à la déesse de la chasse.

Penthée persiste avec obstination, avec emportement, dans son hostilité contre le dieu. Il laisse aller ses deux vieux serviteurs, se bornant à punir, sur le siége augural du devin, qu'il veut que l'on renverse outrageusement, sur les attributs de son art, qu'il fait disperser et détruire, le crime qu'il lui impute, d'avoir, par ses discours, égaré la raison affaiblie de Cadmus ; mais il ordonne qu'on arrête au plus tôt et qu'on lui amène, afin qu'il le livre au supplice, le prêtre de Bacchus.

Des critiques scrupuleux ont demandé pourquoi, dans sa colère, il laisse si tranquilles ces femmes lydiennes, qui tout à l'heure menaient leurs chœurs bachiques autour de son palais, qui ensuite, présentes à sa contestation avec Tirésias et Cadmus, y sont intervenues pour approuver ses adversaires et lui donner tort. C'est que ces femmes composent le chœur, et qu'il faut bien acheter, par quelque invraisemblance, il y a de cela plus d'un exemple[2], sa présence continuelle sur la scène.

Il l'occupe une seconde fois par un intermède lyrique,

---

1. V. 337 sq.
2. Voyez t. III, p. 57 sq., 131 ; IV, 152 sq.

où est éloquemment détestée l'audace impie de Penthée et des mortels qui lui ressemblent. On peut dire cependant, et on a dit, qu'il semble lui donner raison, lorsque ce culte de Bacchus, qu'il a déjà quelque peu compromis en le liant au culte de Cybèle, il le rattache maintenant à celui de Vénus. Un peu plus loin, il est vrai, comme par compensation, il en transporte, par la pensée, le siége, de la voluptueuse Paphos au sublime Olympe, séjour des Muses. Ces relations secrètes entre les diverses religions de la Grèce, dont le mystère a si vivement intéressé la curiosité de la science moderne[1], sont indiquées dans ce morceau avec moins de clarté que de charme poétique.

Cependant on amène à Penthée celui que réclamait sa vengeance, et qui de lui-même, en souriant, a tendu les mains à ses satellites, lesquels, par crainte religieuse, n'osaient le saisir. On lui annonce en même temps l'évasion de ses captives; leurs fers se sont détachés, les portes de leur prison se sont ouvertes pour leur livrer passage[2]; invoquant Bacchus à grands cris, elles ont été rejoindre leurs compagnes dans les forêts du Cithéron. Cette fuite merveilleuse ne trouble point Penthée, qui se croit plus sûr de son nouveau prisonnier.

C'est une situation bien frappante que celle de ce roi superbe, en présence d'un ennemi qui lui semble si faible, si méprisable, qu'il raille, qu'il insulte, qu'il menace à plaisir, et qui pourtant, sous l'extérieur le plus paisible, le plus serein, cache un dieu puissant, irrité, prêt à tirer de ses affronts une affreuse vengeance. Cette situation, dont le spectateur a le secret, donne à chaque trait du dialogue, même aux plus simples, à ceux qu'on croirait le moins tragiques, une signification terrible.

Aristophane fait quelque part[3] aux *Édoniens* d'Eschyle

1. Voyez le bel ouvrage de Creuzer, si heureusement reproduit par M. Guigniaut sous le titre de *Religions de l'Antiquité*, liv. VII, ch. 2.

2. Sponte sua patuisse fores, lapsasque lacertis
Sponte sua, fama est, nullo solvente, catenas.
(OVID., *Metam.*, III, 699.)

3. *Thesmoph.*, 134.

une allusion de laquelle on a cru pouvoir conclure [1] que, dans cette tragédie, Lycurgue tenait envers Bacchus, qu'on lui amenait prisonnier, le même langage ironique que lui adresse ici Penthée :

« Mais, en effet, étranger, tu ne manques pas d'agrément; tu as ce qu'il faut pour séduire les femmes, soin qui, sans doute, t'amène à Thèbes. Ta longue et flottante chevelure, qui se répand amoureusement autour de tes joues [2], n'est pas celle d'un lutteur, et ce teint blanc et délicat, il ne s'est pas formé aux ardeurs du soleil, mais à l'ombre, où tu amorces par ta beauté la proie de Vénus [3]. »

Vient ensuite un interrogatoire dans lequel Penthée croit rire du captif, qui insulte au contraire à son aveuglement, à ses menaces, à son impuissance. Là sont des vers célèbres par l'usage qu'en ont fait les philosophes stoïciens [4], et que comme eux en a fait Horace [5], pour exprimer l'inviolabilité du sage :

BACCHUS.
A quoi dois-je m'attendre ? quel supplice me prépares-tu ?

---

1. Voyez God. Hermann, Welcker, Ahrens, *ibid.*
2. V. 449 sq. Attius, dans son vieux style, avait fait effort pour rendre la grâce de ce passage, comme en témoignent ces fragments :

    Lanugo flora nunc genas demum irrigat....
    Nam flori crines video ut propexi jacent.
               (SERV., ad Virg. *Æn.*, XII, 605.)

3. V. 447 sqq.
4. Arrian., *Epictet. dissert.*, XVIII, 17; XIX, 8. Voyez notre t. I, p. 135 sqq.
5. *Epist.*, I, XVI, 74 sqq.

    Vir bonus et sapiens audebit dicere : Pentheu,
    Rector Thebarum, quid me perferre patique
    Indignum coges? — Adimam bona. — Nempe pecus, rem,
    Lectos, argentum: tollas licet. — In manicis et
    Compedibus sævo te sub custode tenebo. —
    Ipse deus, simul atque volam, me solvet. Opinor,
    Hoc sentit : moriar; mors ultima linea rerum est.

« L'homme de bien, le sage osera dire : Penthée, roi des Thébains, quel indigne traitement me faut-il attendre de toi ? — Je t'enlèverai tes biens. — Quoi ? mes troupeaux, mes terres, mes meubles, mon argenterie? tu les peux prendre. — Je chargerai de fers tes pieds et tes mains ; je te retiendrai dans une cruelle prison. — Le dieu lui-même quand je voudrai, me délivrera. Il veut dire, ce me semble, je mourrai. La mort est le terme de tous les maux. »

Voyez notre t. I, p. 142.

PENTHÉE.

D'abord je ferai tomber cette élégante chevelure.

BACCHUS.

Elle est sacrée; elle appartient au dieu pour qui je l'entretiens[1].

PENTHÉE.

Il faudra que tu me livres ce thyrse.

BACCHUS.

Ose me l'arracher. C'est celui de Bacchus.

PENTHÉE.

Pour toi, je te jetterai dans les fers.

BACCHUS.

Le dieu me délivrera, quand je voudrai[2].

Ce qui suit n'est pas moins remarquable :

PENTHÉE.

T'entendra-t-il? il est avec ses Bacchantes.

BACCHUS.

Il voit en ce moment même ce que j'endure; il est ici.

PENTHÉE.

Où donc? mes yeux ne l'aperçoivent point.

BACCHUS.

Avec moi; mais tu n'es qu'un impie; comment pourrais-tu le voir?

PENTHÉE.

Saisissez-le; il m'insulte, il insulte Thèbes.

BACCHUS.

Arrêtez; suivez, si vous êtes sages, un sage conseil.

PENTHÉE.

Et moi, je veux qu'on t'enchaîne, je suis le maître.

BACCHUS.

Tu ne sais ce que tu fais, ni ce que tu es.

---

1. Cf. Virg., *Æn.*, VII, 393.

. . . . . Molles tibi sumere thyrsos,
Te lustrare choro, sacrum tibi pascere crinem.

2. V. 486 sqq.

PENTHÉE.

Moi, le fils d'Agavé et d'Échion, Penthée!

BACCHUS.

Tu portes un nom de bien fâcheux augure.

Ici, comme ailleurs encore dans la pièce[1], il est fait allusion au sens étymologique du nom de Penthée, lequel voulait dire deuil. Cette allusion est une menace fort dramatique sur la scène grecque où, j'ai dû le répéter souvent[2], au choix même des noms propres, tout fortuit qu'il paraissait, était attribuée une influence fatale. Le poëte tragique Chérémon, auteur, je l'ai dit, d'un *Penthée*, l'a reproduite dans cet esprit[3]; mais Théocrite, qui l'a transportée dans sa poétique analyse des *Bacchantes* d'Euripide[4], n'en a fait qu'un détestable jeu de mots.

Penthée, ne pouvant réduire son adversaire au silence, ordonne, tout hors de lui, qu'on le jette dans un cachot obscur, près de l'étable de ses chevaux. L'autre sort avec des paroles que Penthée ne comprend point, mais qui sont comprises du spectateur, et lui annoncent de loin le terrible dénoûment:

« Les outrages dont tu m'accables, tu les payeras à ce Bacchus, qui n'est rien selon toi. En me jetant dans les fers, c'est à lui que tu fais injure[5]. »

Il ne faut pas omettre de faire remarquer que cette fois les Bacchantes lydiennes ont été comprises dans les menaces de Penthée. Il les vendra, a-t-il dit, ou bien en fera ses esclaves. En attendant, il les a encore laissées sur la scène, où leur présence était nécessaire[6]. Elles y font de nouveau entendre de belles strophes, dans lesquelles elles reprochent à Thèbes de laisser insulter impunément les

---

1. V. 502. Cf. 365.
2. Voyez t. I, p. 320; II, 17; III, 110, 320.
3. Aristot., *Rhet.*, II, 23.
4. *Idyll.*, XXXIII, 26.
5. V. 510 sqq.
6. Voyez plus haut, p. 252.

ministres d'un dieu qu'elle a vu naître, et que bientôt elle adorera; dans lesquelles aussi, s'adressant au dieu lui-même, quelque part qu'il soit (et tous les lieux où il peut être, le vol de leur imagination les y transporte), elles le pressent de venir défendre, contre un roi impie et audacieux, son prophète opprimé.

A cet appel répond de l'intérieur du palais la voix de Bacchus lui-même. Un entretien merveilleux s'engage entre le dieu invisible et ses suivantes fidèles, qui l'ont reconnu, et l'excitent à la vengeance[1]. La terre tremble, le palais s'écroule[2] et s'embrase, la flamme jaillit du tombeau de Sémélé. Ivres de joies, mais en même temps remplies d'une sainte horreur, les Ménades tombent, la face sur la terre, d'où vient les relever leur jeune guide, miraculeusement délivré des fers de Penthée.

Un récit assez court, mais d'une grande vivacité d'expression, fait connaître les scènes extraordinaires qui viennent d'avoir lieu dans le palais. On se rappelle que, par un raffinement de mépris, Penthée avait ordonné qu'on emmenât près des étables le prétendu ministre de Bacchus. Il l'y a suivi, et, pensant le charger de liens, il n'a, jouet d'une étrange illusion, garrotté qu'un taureau,

---

1. Macrobe (*Sat.*, VI, 5) a conservé de la scène correspondante d'Attius des passages ainsi rassemblés par Bœckh (*Græc. trag. princ.*, XXIV), et qui traduisent à peu près les vers 570 sqq. d'Euripide :

CHORUS.
Quis me jubilat?
BACCHUS.
Vicinus tuus antiquus.
CHORUS.
O Dionyse pater,
Optime viti' sator.
O Semela genitus,
Evie !

« Qui m'appelle? — Votre ancien compagnon. — O divin Dionysus, père bienfaisant de la vigne, fils de Sémélé, Évius ! »

2. Cf. Horat., *Carm.*, II, XIX, 14 sq. :

Tectaque Penthei
Disjecta non leni ruina.

tandis que l'autre, tranquillement assis, le regardait faire. Ensuite Bacchus est venu, qui a embrasé le palais : Penthée alors s'est empressé avec ses esclaves pour éteindre l'incendie. Enfin, croyant que le captif s'échappait, il a couru, l'épée à la main, après un fantôme que Bacchus, sans doute, je le pense ainsi, dit en souriant le narrateur, avait formé pour abuser ses regards[1] ; longtemps il s'est fatigué dans cette vaine poursuite, qui le ramène enfin sur la scène, haletant, effaré, et bientôt frappé de stupeur, quand il voit au seuil du palais, engagé dans un paisible entretien avec les Bacchantes, son fugitif, qui, content d'avoir été tiré de prison par le libérateur qu'il attendait, proteste d'ailleurs qu'il n'a nulle envie de s'éloigner.

A ces merveilles s'en ajoutent d'autres, sujet d'un second et admirable récit, qui achève de transporter l'imagination dans une sphère d'idées toute merveilleuse. Il n'est fait cependant que par un homme de bien basse condition, un bouvier, qui vient apporter au roi, non sans prendre d'abord quelques précautions contre son naturel impatient et colère, des nouvelles assez fâcheuses de ce qui se passe sur le Cithéron. Comme les personnages assez ordinairement employés en pareille occasion par les tragiques grecs, comme le berger de l'*Iphigénie en Tauride*[2], et, qu'on me passe le mot, le palefrenier de l'*Hippolyte*[3], il commence par des circonstances qui lui sont personnelles, circonstances bien familières, mais dont s'est offensée à tort la délicatesse des critiques[4].

« Mon troupeau s'avançait vers le sommet de la montagne, à l'heure où le soleil échauffe la terre de ses premiers rayons. Je vois trois troupes de femmes, sous la conduite d'Autonoé, d'Agavé votre mère, enfin d'Ino. Toutes dormaient sur la terre, les unes appuyées contre des branches de pin amoncelées, d'autres reposant leur tête sur une couche de feuilles de chêne, mais avec modestie, n'ayant rien de celles que vous dites,

1. Cf. Hom., *Iliad.*, V, 449 sq.; *Æn.*, X, 636 sqq.
2. Voyez, plus haut, p. 94 sqq.
3. Voyez t. III, p. 60 sqq.
4. Musgrave, blâmé par Brunck.

ivres de vin, troublées par les sons de la flûte, poursuivre avec fureur, dans les bois, les plaisirs de Vénus. Aux mugissements de mes bœufs, votre mère s'éveille et s'élance en hurlant du milieu des Bacchantes. Elles secouent le sommeil profond qui ferme leurs paupières, elles se dressent, se lèvent de toutes parts, n'offrant à l'œil ravi que de pudiques images, et les jeunes, et les vieilles, les vierges encore libres du joug de l'hymen. Et d'abord elles répandent leurs cheveux sur leurs épaules, elles rattachent les nœuds de leurs vêtements, et, se faisant une ceinture de serpents qui lèchent leurs joues[1], elles fixent sur leur corps la peau du cerf, ou la dépouille tachetée des bêtes sauvages. Quelques-unes portent dans leurs bras un chevreau, ou le petit d'un loup, offrant à ces animaux le lait dont leur mamelle est encore pleine ; car elles viennent d'être mères et ont abandonné leurs enfants. Elles se couronnent de lierre, de feuilles de chêne, de smilax fleuri[2]. Il en est qui, saisissant le thyrse, frappent un rocher, et il en sort une eau limpide. Une autre abaisse sa torche vers la terre, d'où le dieu fait jaillir une source de vin. D'autres veulent s'abreuver d'un lait pur, qui coule aussitôt de la terre écartée par leurs doigts. Leurs thyrses, couronnés de lierre, distillent la douce rosée du miel[3]. Non, vous n'eussiez pu vous-même, à ce spectacle, vous défendre d'adorer le dieu que maintenant vous repoussez. Cependant nous nous attroupons, bouviers et gardeurs de brebis, pour deviser entre nous de ces nouveautés étranges, de ces prodiges. Un homme de la ville, un discoureur, un imposteur, nous dit à tous : « Habitants de ces sommets sacrés, « voulez-vous que nous nous emparions, parmi ces Bacchantes, « d'Agavé, pour la ramener à son fils, qui nous en saura « gré ? » Nous trouvons l'avis bon, et nous mettons en em-

1. Cf. Horat., *Carm.*, II, xix, 20.
2. V. 686. Cette toilette, ce lever des Bacchantes se trouvent ainsi rendus dans quelques fragments de l'imitation d'Attius :

    Deinde ab jugulo pectus glauco pampino.
                   (CLEDON., *de Part. orat.*)

    Tum silvestrem exuviam laeto pictam lateri accommodant.
                   (NON., *v. Accommodatum.*)

Ou bien, selon la restitution de Bœckh (*Graec. trag. princ.*, XXIV :

    Deinde ab jugulo pectus glauco pampino
    Obnixe obtexunt; tum pecudum silvestrium
    Exuvias laevo pictas lateri accommodant.
    Indecorabiliter alienos alunt.
                (CHARIS.)

« Elles couvrent leurs épaules et leur poitrine de pampres verts.... Elles appliquent sur leurs flancs la dépouille tachetée des bêtes sauvages.... Elles offrent sans honte leurs mamelles à des nourrissons qui leur sont étrangers.... »

3. Cf. Horat., *Carm.*, II, xix, 9 sqq. Voyez plus haut, p. 248, note 2.

buscade dans des broussailles. A l'heure accoutumée, elles s'arment toutes du thyrse et commencent la bacchanale, invoquant, à grands cris, Iacchus, Bromius, le fils de Jupiter : et il semblait que la montagne, que les bêtes sauvages, que tout prît part à la fête et fût emporté par la danse sacrée[1]. Non loin de moi bondissait Agavé; je m'élance du bocage où j'étais caché, pour la saisir; elle s'écrie : « O mes chiens ra-
« pides, nous voilà prises par ces hommes; suivez-moi, suivez-
« moi, armées de vos thyrses. » Nous fuyons pour nous dérober aux Bacchantes qui vont nous déchirer. Elles se jettent avec leurs mains désarmées sur nos bœufs qui paissaient, et vous les eussiez vues, ou étouffer dans leurs bras la génisse mugissante, ou la mettre en pièces, dispersant ses membres arrachés, et couvrant d'affreux lambeaux les arbres ensanglantés. Les taureaux, d'ordinaire si terribles et si menaçants[2], tombaient à terre sous la main de toutes ces jeunes femmes, et leur peau était enlevée en moins de temps que vous n'en mettriez, ô roi, pour fermer vos paupières. Bientôt elles s'abattent, comme une nuée d'oiseaux, sur les plaines arrosées par l'Asopus, où croissent les moissons thébaines. Elles attaquent en ennemies, sur les penchants du Cithéron, les villes d'Hysies, d'Erythres[3]; elles ravagent, elles pillent, elles enlèvent les enfants à leurs mères; le butin dont elles se chargent, le fer, l'airain qu'elles emportent, se tient comme suspendu sur leurs épaules, sans lien, par un miraculeux pouvoir; elles posent impunément des torches ardentes sur leurs têtes; et quand ceux qu'elles ont dépouillés s'arment avec colère pour se venger, spectacle étrange, ô roi! leurs traits s'émoussent contre elles, tandis que les thyrses qu'elles lancent portent d'inévitables blessures et font fuir des hommes devant ces femmes, sans doute par le pouvoir de quelque divinité. Enfin elles reviennent d'où elles étaient parties, à ces fontaines que leur dieu a fait jaillir pour elles; elles lavent le sang qui les couvre et que lèche sur leurs joues la langue de leurs serpents[4].... »

Ce récit, naïf, gracieux, énergique, plein tout ensemble de naturel et de merveilleux, prêterait par ses beautés de détail à bien des commentaires. Il serait long de dire

---

1. V. 717 sqq. Cf. Virg., *Buc.*, VI, 27 :
   Tum vero in numerum Faunosque ferasque videres
   Ludere, tum rigidas motare cacumina quercus.

2. V. 734. Cf. Virg., *Georg.*, III, 232; *Æn.*, X. 725; XII, 104; Ovid., *Metam.*, VIII. 882.

3. Cf. Pausan., *Bæot.*, II.

4. 668-759.

combien d'inspirations heureuses en ont pu recevoir les poëtes et les artistes[1], les Praxitèle et les Scopas[2], les Virgile et les Horace, pour peindre ou le calme contemplatif, la stupeur immobile, ou le frénétique emportement de la Bacchante. Lui-même, sans doute, devait beaucoup à ce qui l'avait précédé en ce genre. Nous avons de la *Lycurgie* d'Eschyle, de ses *Édoniens*[3], quelques vers dans lesquels retentit avec fracas la sauvage et délirante musique du cortége de Bacchus; un autre encore où, plus hardi qu'Euripide (Longin[4] le lui reproche, peut-être mal à propos), le vieux poëte avait représenté comme saisi de la fureur dionysiaque, emporté par le mouvement de la bacchanale, non pas les bêtes sauvages, la forêt, la montagne, mais le palais de Lycurgue, à l'approche de Bacchus.

L'homme simple par lequel notre poëte fait raconter tant de merveilles, en conclut sensément la nécessité de céder au dieu, d'ailleurs bienfaisant, qu'elles annoncent. Mais Penthée, dont la colère redouble l'aveuglement, ne s'occupe que de rassembler des soldats pour réprimer sans délai les excès, les attentats des Bacchantes. Alors cet hôte importun[5], qu'il n'a pu tout à l'heure retenir dans ses fers, et dont il ne peut maintenant enchaîner la langue, lui fait sentir l'imprudence de s'engager dans une lutte où la défaite serait honteuse, l'amène par degrés, bien qu'il s'en indigne d'abord (et ici se rencontre le vers par lequel Platon refusa la robe de pourpre que lui offrait Denys[6]), l'amène à l'idée de prendre, afin de pouvoir observer en sûreté les actes des femmes qu'il veut punir, un costume de Bacchante; lui offre enfin, pour l'aider à se revêtir de ce déguisement, ses services, que

1. Voyez t. I, p. 146 sqq.
2. Plin., *Hist. nat.*, XXXI, 4, 7.
3. Strab., X. Cf. Athen., *Deipn.*, XI; schol. Hom. Eustath. ad *Iliad.*, XXIII, 34.
4. *De Subl.*, xv.
5. Et non le berger, selon une vicieuse distribution des personnages, empruntée à d'anciennes éditions, entre autres à celle de Barnès, par Brumoy, et qu'ont justement blâmée Heath, Brunck, Prévost, etc.
6. V. 826. Voyez t. I, p. 134.

Penthée accepte avec une confiance où paraît déjà l'égarement de son esprit. A cet effet, il le suit dans son palais, non sans avoir auparavant (les tragiques grecs n'ont point de secrets pour leurs spectateurs) annoncé les suites de l'insidieux conseil qu'il vient de donner. Bacchus, qui n'est pas loin[1], troublera de plus en plus la raison de Penthée, qui, oubliant sa fierté, sa dignité, se laissera conduire par la ville en habit de femme, et ira tomber, au Cithéron, sous les coups de sa propre mère.

A cette annonce, le chœur célèbre la lente, mais sûre justice des dieux, qui à la fin atteint toujours l'impie; il blâme l'orgueil qui se révolte contre les lois divines.

Parmi plusieurs moralités, fort bonnes en elles-mêmes et fort bien exprimées, mais dont la liaison n'est pas très-sensible, on remarque, répétée deux fois[2], dans une sorte de refrain, une maxime que le poëte ramenait en quelque sorte à son berceau; car, selon Théognis[3], les Muses elles-mêmes et les Grâces l'avaient chantée aux noces de Cadmus : « Ce qui est beau, toujours on l'aime[4]. » C'est à peu près le sens de cette maxime, qui perd à être traduite.

Dans une première strophe, les jeunes Lydiennes, se félicitant de la liberté que va leur rendre la chute du tyran de Thèbes, l'expriment sous la forme d'une comparaison complaisamment prolongée, exemple remarquable et charmant de ces épisodes poétiques que ne s'interdisait pas l'épopée et que recherchait l'ode :

« Je pourrai donc mêler encore mes pas aux chœurs nocturnes de Bacchus, livrer de nouveau aux fraîches haleines des vents ma chevelure : telle la biche se joue sur la verte prairie, quand elle ne craint plus la poursuite du chasseur, qu'elle a franchi ses filets. Mais voilà que, derrière elle, il presse de ses cris la meute ardente. Rapide comme la tempête,

1. V. 839.
2. V. 872, 893.
3. V. 15.
4. Ὅ τι καλὸν, φίλον ἀεί.

elle bondit le long du fleuve, dans la plaine, allant chercher au sein de la forêt, la sombre et solitaire retraite où elle se plaît loin des hommes [1]. »

Après ce chœur, assez court, le palais se rouvrait et offrait aux yeux, parée, en quelque sorte, pour le sacrifice, par les mains mêmes du dieu, la victime de Bacchus. Quand Penthée, les sens troublés, l'esprit en délire, s'écriait [2], comme l'a répété Virgile [3], qu'il voyait deux soleils, deux Thèbes ; quand il croyait suivre un taureau et que son guide lui disait que maintenant il ne se trompait pas [4] (on sait quel attribut tenait Bacchus de l'origine astronomique de son culte, quels surnoms lui donnait le rituel sacré, *dieu porte-cornes, aux cornes d'or, aux cornes de taureau, au front de taureau, dieu taureau;* quelques-unes de ces épithètes se rencontrent dans cette pièce même [5], et tout à l'heure c'était précisément un taureau que garottait Penthée, croyant lier son ennemi [6]); quand le malheureux, dont la raison s'égarait de plus en plus, donnait ordre d'emporter des leviers pour déraciner le Cithéron, demandant s'il pourrait charger sur ses épaules la montagne avec les Bacchantes ; quand, occupé de son déguisement bachique, voulant en faire parade devant les Thébains, il en vantait avec complaisance l'exactitude, ou bien le laissait rajuster par ces mains, dérisoirement empressées, qui le conduisaient à la mort; quand il applaudissait, sans y rien comprendre, à ces sarcasmes cruels par lesquels on lui annonçait sa fin : « Tu les prendras probablement, si tu n'es pris toi-même.... C'est moi qui te conduis, un autre te ramènera.... tu reviendras porté.... dans les bras de ta mère.... » ce qu'il y avait, dans une

---

1. V. 852 sqq.
2. V. 911 sq.
3. *Æn.*, IV, 469 :

Eumenidum veluti demens videt agmina Pentheus,
Et geminum solem et duplices se ostendere Thebas.

4. V. 913 sqq.; 917.
5. V. 103. Voyez, plus haut, p. 247; v. 1008, 1149.
6. Voyez, plus haut, p. 257.

scène si hardiment familière, de hasardé, de touchant au ridicule, était, je m'imagine, bien effacé par la terreur qu'excitait le spectacle de la raison humaine misérablement détruite au gré d'une divinité vengeresse, par la vue rapprochée et déjà distincte de l'effroyable catastrophe.

Cette catastrophe, le chœur des Lydiennes l'appelle avec fureur :

« O Bacchus, le chasseur qui poursuit tes Bacchantes, enlace-le en souriant dans tes lacs, quand il tombera au milieu de leur troupe meurtrière [1]. »

Bien plus, justifiant ce qui a été dit [2] de la puissance prophétique que possèdent le dieu et ses ministres, il voit l'événement, il le décrit; on le sait déjà, quand un serviteur de la maison de Cadmus, plein de trouble et de douleur, vient le raconter à ces femmes qui en triomphent. Il me sera permis de citer encore ce récit, qui ne le cède point au précédent en verve poétique, en vivacité, en mouvement, où le poëte sait prendre tous les tons, gracieux, pathétique, terrible, poussant même hardiment jusqu'à l'horreur tragique.

« Avant passé les limites du sol thébain, traversé les eaux de l'Asopus, nous gravîmes le Cithéron, Penthée, moi, car j'avais suivi mon maître, et l'étranger qui nous conduisait. D'abord nous nous assîmes sur l'herbe, dans un bois, cessant de marcher, retenant nos voix, afin de voir sans être vus. C'est dans une vallée profonde, fermée par des rochers, arrosée par des eaux courantes, ombragée par des pins, qu'étaient retirées les Ménades, se livrant à d'aimables délassements. Les unes recouvraient de lierre leurs thyrses dépouillés; les autres, se jouant comme de jeunes coursiers détachés du joug, répétaient tour à tour les paroles de l'hymne bachique. Penthée ne les voyait point : « Étranger, dit-il, du lieu où nous
« sommes, mes regards n'atteignent point jusqu'à ces Mé-
« nades dissolues. Si je montais sur un tertre, sur quelque
« cime d'arbre, je pourrais être témoin de leur honte. » Alors je vis un prodige opéré par l'étranger. Il saisit une haute

1. V. 1011 sqq. — 2. V. 296 sqq. Voyez, plus haut, p. 250.

branche de pin qui se dressait vers le ciel, l'attira, l'abaissa, jusqu'à ce qu'elle touchât la terre, arrondie comme un arc, ou le cercle que forme le mouvement d'une roue rapide…. Dessus il plaça Penthée, et, prenant soin de le soutenir pour qu'il ne tombât point, il la laissa remonter avec lui dans les airs. Ainsi en vue, Penthée fut aperçu des Bacchantes, avant de les apercevoir lui-même. Cependant l'étranger avait disparu. Une voix cria d'en haut, celle de Bacchus sans doute : « O femmes, « je vous amène celui qui vous méprise, vous, moi, mes « saintes orgies : punissez-le. » Et, à ces mots, une lumière éclatante illumine le ciel et la terre ; l'air est en silence ; les feuilles immobiles se taisent ; on n'entend plus le cri des bêtes sauvages. Les Bacchantes n'avaient pas saisi l'ordre du dieu ; elles restaient en suspens, promenant de tous côtés leurs regards, quand la voix retentit de nouveau. Reconnaissant enfin le signal donné par Bacchus, les filles de Cadmus s'élancent, rapides comme une volée de colombes, Agavé d'abord, puis ses sœurs, et toute la troupe des Bacchantes ; elles bondissent à travers la vallée, par-dessus les torrents, les rochers, emportées furieuses par le souffle du dieu. Quand elles découvrirent mon maître, d'abord, d'un rocher, qui lui faisait face, elles lancèrent vers lui une grêle de pierres, quelques-unes des branches de pin, d'autres leurs thyrses, le tout vainement : le lieu élevé où le malheureux s'était imprudemment laissé placer, le sauvait pour le moment de leurs atteintes. A la fin, s'armant de morceaux de bois de chêne et s'en servant comme de leviers, elles essayèrent de déraciner l'arbre. Comme, après bien des efforts, elles n'y pouvaient réussir, Agavé s'écria : « Allons, Ménades, entourez, saisissez ce tronc, afin de pren- « dre la bête sauvage qui nous échappe, et que les secrets de « nos chœurs sacrés ne soient point divulgués. » Mille mains alors pressèrent le pin, qui fut arraché. Précipité du faîte, Penthée tomba sur la terre, poussant de grands cris[1] ; il comprenait enfin quel sort l'attendait. La première, comme la prêtresse chargée du sanglant sacrifice, sa mère se précipite sur lui. Il arrache de son front la mitre qui le déguise, afin que l'infortunée le reconnaisse et ne le tue point ; il lui crie, touchant sa joue : « C'est moi, ma mère, Penthée, ton fils, « celui que tu as fait naître dans la maison d'Échion. Aïe pitié « de moi, ma mère, et, quels que soient mes torts, ne tue « point ton enfant. » Mais elle, l'écume à la bouche, les yeux renversés, n'était plus maîtresse de sa raison ; elle était pos-

---

1. Ici trouve son explication un vers de Properce (*Eleg.*, III, xxii, 33), qui ne paraît pas avoir été entendu par tous les commentateurs :

Penthea non saevae venantur in arbore Bacchae.

sédée de Bacchus[1] ; il ne la peut fléchir. Elle lui saisit le bras
gauche, et des flancs du malheureux se faisant un point d'appui, l'arrache, non par sa propre force, mais par cel e que lui
donnait le dieu. Ainsi fait Ino de l'autre côté. Autonoé, toute
la foule des Bacchantes se pressent à l'entour : ce n'est qu'un
cri. Usant d'un reste de force, Penthée pousse des plaintes
que couvrent leurs hurlements. L'une emporte un bras, l'autre
un pied avec sa sandale ; des entrailles, à découvert, toutes,
les mains sanglantes, arrachent d'affreux lambeaux, qu'elles
jettent çà et là. Le corps entier est dispersé, les rochers, les
branches en portent les débris ; qui pourrait les rassembler ?
La tête est restée entre les mains d'une mère égarée, qui l'a
attachée au haut de son thyrse, la croyant celle d'un lion tué
dans la montagne. Elle a laissé ses sœurs parmi les Ménades,
et se promène seule sur le Cithéron, fière de sa déplorable
conquête ; elle vient la faire voir dans ces murailles, invoquant
à grands cris Bacchus, son compagnon de chasse et de proie,
l'auteur de sa victoire, d'une victoire qui lui coûtera bien des
larmes[2]. »

Le tableau que promet la fin de ce récit, Euripide ne
nous l'envie pas. Il nous montre Agavé, avec son affreux
trophée, et dans les transports d'une joie atroce à laquelle inhumainement s'associe le chœur. Plusieurs témoignages font connaître à quel point une si terrible scène
frappa l'antiquité[3], et j'ai raconté[4] comment elle servit,
dans une cour barbare, de divertissement pour célébrer
la défaite et la mort de Crassus. Aux violentes impressions qui en résultent, se mêle quelque émotion pathétique, quand la malheureuse femme, appelant tout le peuple thébain au spectacle de sa victoire, y convie aussi son
père Cadmus, son fils Penthée, et se plaint, à plusieurs
reprises, de leur trop longue absence[5]. C'est le trait de

---

1. Cf. Virg., *Æn.*, VI, 77 :

> At Phœbi nondum patiens, immanis in antro
> Bacchatur vates, magnum si pectore possit
> Excussisse deum : tanto magis ille fatigat
> Os rabidum. . . . .

2. V. 1033-1137.
3. Voyez Horat. *Sat.*, II, iii, 303 ; Pers., *Sat.*, I, 100.
4. Voyez t. I, p 122 sq.
5. V. 1183 sqq.; 1200 sqq.

notre Thyeste[1], s'écriant, l'horrible coupe dans la main :

. . . . Mais cependant je ne vois point mon fils.

Arrive Cadmus, avec des serviteurs qui portent ce qu'on a pu recueillir sur le Cithéron des membres de Penthée. C'est lui que regarde le triste office d'éclairer Agavé, bien malheureuse dans sa folie, mais qui le sera davantage quand elle retrouvera sa raison. Le vieillard lui-même fait cette remarque, que nous avons eu ailleurs occasion de faire, au sujet de l'égarement d'Ajax et de la désolante lumière qui le suit[2]. Elle explique ici, dans un de ces ingénieux commentaires, ajoutés par les tragiques grecs eux-mêmes à leurs œuvres, l'effet dramatique de l'éclaircissement qu'on va lire :

CADMUS.
D'abord regarde le ciel.
AGAVÉ.
Je le regarde ; mais pourquoi ?
CADMUS.
Paraît-il toujours le même à tes yeux ?
AGAVÉ.
Il me paraît plus pur, plus serein encore qu'auparavant.
CADMUS.
Ton âme est donc toujours égarée ?
AGAVÉ.
Je ne puis comprendre.... Mais il me semble qu'une révolution soudaine se fait en moi, que je retrouve mes sens et mes esprits.
CADMUS.
Veux-tu m'écouter et me répondre ?
AGAVÉ.
O mon père, tout ce que j'ai dit, je ne m'en souviens plus.
CADMUS.
Dans quelle maison t'a fait entrer l'hyménée ?
AGAVÉ.
Dans celle d'Échion, né, dit-on, des dents du serpent.
CADMUS.
Et quel fils as-tu donné à ton époux ?
AGAVÉ.
Penthée, né de tous deux.

1. Crébillon, *Atrée et Thyeste*, acte V, sc. 6.
2. Voyez t. II, p. 15.

CADMUS.

Que tiens-tu dans tes mains?

AGAVÉ.

La tête d'un lion, m'ont dit les chasseresses, mes compagnes.

CADMUS.

Regarde-la, un instant suffit.

AGAVÉ.

Ah! que vois-je? que porté-je?

CADMUS.

Regarde encore; apprends....

AGAVÉ.

La plus grande des douleurs, ô malheureuse!

CADMUS.

Te semble-t-il que ce soit la dépouille d'un lion?

AGAVÉ.

Non, c'est la tête de Penthée. Infortunée!

CADMUS.

Je le pleurais, que tu le méconnaissais encore.

AGAVÉ.

Qui l'a tué? Comment ses restes sont-ils en mes mains?

CADMUS.

Terrible vérité! que ta venue est désolante!

AGAVÉ.

Achève, mon cœur s'élance vers tes paroles.

CADMUS.

Tu l'as tué, toi et ta sœur.

AGAVÉ.

Où donc? dans ce palais? en quel lieu?

CADMUS.

Au lieu où Actéon fut dévoré par ses chiens.

AGAVÉ.

Mais qui conduisait au Cithéron ce malheureux?

CADMUS

Le désir d'insulter à Bacchus et à vos cérémonies.

AGAVÉ.

Et nous, comment y étions-nous?

CADMUS.

Par suite de la fureur dont Bacchus a rempli toute la ville.

AGAVÉ.

Ah! Bacchus nous a perdus.

CADMUS.

Vous l'aviez offensé [1]!...

Sénèque se souvenait de ce beau dialogue, il en faisait indirectement un éloge que nous devons recueillir, quand il peignait la stupeur des Bacchantes contemplant, sans se croire coupables de sa mort, les restes déchirés de Penthée [2].

Par une disposition fort naturelle, il est suivi d'une tirade dans laquelle se répand la douleur de Cadmus privé de celui qui était le soutien de sa vieillesse, l'espoir de sa maison. Nous n'avons plus, le temps nous l'a ravi, le morceau correspondant, une autre tirade, où se lamentait à son tour Agavé. Nous tenons seulement d'un ancien, du rhéteur Apsine [3] ou de Longin [4], qu'elle y apostrophait dans son désespoir, comme l'Hécube des *Troyennes* gémissant sur le corps d'Astyanax [5], chacun des membres de son fils. Il faut blâmer Euripide d'avoir suggéré à Stace l'étrange idée de représenter, dans les enfers, Échion qui s'occupe de rajuster le corps de Penthée [6]; à Sénèque, le

---

1. V. 1254-1287.
2. . . . . . . Jam, post laceros
Pentheos artus, Thyades œstro
Membra remissæ, velut ignotum
Videre nefas.
(*OEdip.*, v. 441 sqq.)
3. Ed. Ald., p. 723 sq.
4. Fragm. VIII. Voyez l'édition de M. E. Egger, 1837, p. 118.
5. V. notre t. III, p. 356. M. J. A. Hartung, *ibid.*, p. 557, s'est appliqué, après Porson, à restituer ce passage perdu de la tragédie des *Bacchantes*. Il y a rapporte un certain nombre de vers de *La Passion du Christ* de saint Grégoire de Nazianze. Voyez, sur cette pièce, t. I, p. 157 sq.; III, 190.
6. . . . . Lacerum componit corpus Echion.
(Stat., *Theb.*, IV, 569.)

modèle de l'abominable inventaire qu'il fait faire par Thésée des restes d'Hippolyte[1]. Mais il faut dire que si les tragiques grecs, auxquels on a fait si gratuitement un mérite de ne point ensanglanter la scène, y produisent quelquefois des spectacles qui passent en horreur tous les meurtres, ils n'en font pas, comme leurs prétendus imitateurs latins, un texte pour les jeux les plus subtils du bel esprit.

Il nous manque également le commencement du discours que tenait aux deux infortunés Bacchus, venant, selon le trop constant usage des dieux-machines d'Euripide, clore le spectacle, non plus sous la forme humaine qu'il avait revêtue pendant le reste de la pièce, mais dans l'appareil de sa divinité. Il leur expliquait un acte de justice vengeresse, qu'ils avaient le droit, le poëte l'a insinué plus d'une fois, de trouver excessif et odieux[2] ; il leur annonçait ce qu'ils avaient encore à attendre du sort.

Agavé, selon la loi des Grecs, ne peut rester à Thèbes, qu'elle a, bien qu'involontairement, épouvantée, souillée, par un meurtre exécrable. Cadmus lui-même doit s'en exiler avec son épouse, la fille de Mars, Harmonie. Tous deux vivront chez les peuples de l'Illyrie; métamorphosés

---

1. *Hipp.*, v. 1082-1107. Voyez notre t. III, p. 101.
2. V. 1238 sq ; 1337 sqq. De ce que Bacchus, dans ses reproches (v. 1333, 1336, 1338) et dans ses châtiments (v. 1321 sqq.), confond l'innocent Cadmus avec ses coupables filles ; de ce que Cadmus tantôt se sépare d'elles (v. 1249, 1287, 1292), tantôt accepte une solidarité qu'il pourrait rejeter (v. 1238), quelquefois accuse la vengeance du dieu d'avoir été trop loin (v. 1238, 1337), quelquefois aussi la trouve juste (v. 1335), faut-il conclure, avec Bœckh (*Græc., trag. princ.*, xxiv), que *les Bacchantes*, dans leur état actuel, accusent un remaniement le plus souvent maladroit? Je ne le pense pas. Il n'y a rien là qui ne soit d'accord avec l'idée que les anciens se faisaient et de leurs dieux, dieux passionnés, emportés, comme les hommes, par la colère et le ressentiment, bien au delà des bornes de la justice, et de leur fatalité, puissance irresponsable, à qui on ne demandait pas compte de ses étranges décrets ; rien qui ne reproduise les apparentes contradictions de langage auxquelles se laisse aller la douleur. Cadmus se contredit-il réellement, lorsqu'il fait cause commune avec le crime ou le malheur de ses filles, et qu'il s'écrie (v. 1238) : « Le dieu nous punit justement; « ou bien (v. 1335) : « Bacchus, nous avons failli ! » N'y a-t-il pas là un oubli de sa propre cause, naturel chez un père? une concession également naturelle à la violence du dieu?

en serpents[1], ils deviendront une sorte de signe belliqueux, de gage de victoire, pour ces barbares, qui les placeront sur un chariot traîné par des bœufs, en tête de leurs armées, quand ils marcheront contre les Grecs[2]. A la fin, Mars, prenant en pitié sa fille et son gendre, les transportera dans les îles Fortunées.

La perspective lointaine d'un repos si chèrement acheté ne console point la douleur présente de Cadmus. Les adieux déchirants du père et de la fille prolongent la pièce peut-être un peu au delà des bornes, par une conclusion fort semblable, en cela et en d'autres points encore, à celle de l'*Électre* du même poëte[3].

J'ai rapporté en note quelques fragments de l'imitation que fit Attius de cette tragédie au septième siècle de Rome. Elle n'eût peut-être pas été possible dans le siècle précédent, en présence du terrible sénatus-consulte qui, plus efficace que les ordres de Penthée, extirpa de l'Italie le culte secret de Bacchus[4]. On peut conclure d'un vers de Juvénal[5], qu'à une autre époque, Stace écrivit, d'après Euripide, sous le titre d'Agavé, une sorte de livret tragique pour le pantomime Paris[6]. Dans l'intervalle, Ovide avait composé, de l'hymne d'Homère et de la tragédie d'Euripide, non sans quelque mélange du faux goût qui lui était propre, un de ces beaux drames épiques qui forment le tissu de ses Métamorphoses[7].

Au quatrième siècle de notre ère, l'auteur des Dio-

---

1. V. 1321 sqq. Cf. Apollod., *Bibl.*, III, 5 ; Hygin., *Fab.*, vi; Horat., *Epist. ad Pisones*, 187 ; *Metam.*, III, 98 ; IV, 562 sqq.; Nonn., *Dyon.*, XLIV.
2. V. 1324 sqq. Cf. Herodot., IX, 42; Appian., *Illyr.*, iv; Strab. VII; Pausan., *Bœot.*, v.
3. Voyez t. II, p. 361. Je ne sais sur quel fondement Bode prétend (*Histoire de la poésie grecque, tragédie*, t. III, p. 517 sq.) que le dénoûment des *Bacchantes* est une addition d'Euripide le jeune. Il se serait, en ce cas, bien fidèlement conformé aux exemples du poëte.
4. L'an 566 de Rome. Voyez Tite Live, XXXIX, 8, 19.
5. *Sat.*, VII, 87 :

   Esurit, intactam Paridi nisi vendat Agaven.
6. Voyez notre t. I, p. 156.
7. III, 511-733. Voyez notre t. I, p. 143 sqq.

nysiaques, sur lequel un important travail de critique, de traduction, d'interprétation[1], rappelait récemment l'attention et la curiosité, Nonnus, a tiré à son tour de la pièce grecque trois de ses chants[2] dans lesquels brillent sans doute la régularité savante de sa versification, l'harmonie et l'élégance de son style, la richesse de son imagination, mais trop chargés, à son ordinaire, dans leurs longues narrations, leurs plus longs discours, de curiosités mythologiques, de caprices descriptifs, et où la vérité d'Euripide se retrouve moins que les exagérations et les recherches de Sénèque. Ici doit s'arrêter notre revue, car je ne crois pas que chez les modernes le sujet des *Bacchantes*, si complétement étranger à leurs idées, à leurs sentiments, se soit reproduit ailleurs que dans les traductions d'Ovide.

1. *Nonnos, les Dionysiaques ou Bacchus,* poëme en XLVIII chants, grec et français, rétabli, traduit et commenté par le comte de Marcellus, 1856.
2. Les XLIV°, XLV°, XLVI°.

APPENDICE.

Sur le drame satyrique des Grecs et sur le Cyclope d'Euripide.

Les *Bacchantes* nous conduisent au *Cyclope*, où paraît également le cortége de Bacchus, mais son cortége comique, les Satyres et Silène au lieu des Ménades. Ce n'est pas une tragédie que le *Cyclope*, c'est un drame satyrique[1].

Dans les fêtes Dionysiaques, berceau commun de tous les genres de composition dramatique, il y avait, comme dans nos fêtes religieuses du moyen âge, une partie sérieuse et une partie bouffonne. De la première sortit, on sait comment[2], la tragédie; et, plus tard, quand celle-ci

---

1. Sur le drame satyrique, voyez surtout Casaubon, *de Satyrica Græcorum poesi et Romanorum satyra*, Paris, 1605; Spanheim, *les Césars de l'empereur Julien*, etc., *Préface sur les Césars de Julien, et en général sur les ouvrages satyriques des anciens*, Amsterd., 1728; Brumoy, *Théâtre des Grecs, Discours sur le Cyclope d'Euripide et sur le spectacle satyrique*, Paris, 1730; Vico, notes sur l'*Art poétique d'Horace*, v. 225 sqq.; Bunle, *de Fab. sat. Græc.*, Gœttingue, 1787 : Barthélemy, *Voyage d'Anacharsis*. c. LXIX, Paris, 1788. Eichstaedt, *de Dram. Græcor. comicosatyrico, imprimis de Sosithei Lithyersa*, Leipsick, 1793; God. Hermann, *Epist. de Dram. com. sat.; Comment. sociel. Philolog.*, t. I, 1801; *Opusc.*, t. I, Leipsick, 1827; Schœll, *Histoire de la littérature grecque profane*, liv. III, ch. 12; IV, 28, Paris, 1813 et 1824; Pinzger, *de Dramatis Græcorum satyrici origine disputatio*, Breslau, 1822 : Welcker, *Trilogie d'Eschyle, Supplément*, p. 183-339, Francfort-sur-le-Mein, 1826 (voyez les auteurs qu'il indique. p. 326, en note); Rossignol, *Dissertation sur le drame que les Grecs appelaient satyrique*, Paris, 1830; Friebel, *Græcorum satyrographorum fragm.*, Berlin, 1837; Orelli, *Q. Horat. Flacc.*, t. II, p. 617 sqq., 657 sqq., Zurich. 1838; Bode, *Histoire de la poésie grecque, tragédie*, t. III, Berlin, 1839; J. A. Hartung., *Euripides restitutus*, 1843, t. I, p. 230 sq., 436 sqq.

2. Voyez t. I, p. 6 sqq.

eut atteint ou fut près d'atteindre à toute sa gravité[1], le besoin de délasser d'une trop grande contention d'esprit la masse la plus grossière des spectateurs[2], celui de rattacher en quelque chose le spectacle à son origine bachique, dont il s'était fort écarté, de répondre aux réclamations des dévots serviteurs du dieu, lesquels n'y trouvaient plus rien qui eût rapport à son culte[3], l'une ou l'autre de ces raisons, peut-être toutes deux ensemble, firent qu'on s'avisa d'emprunter à ce que nous venons d'appeler la partie bouffonne de ces antiques fêtes l'élément principal du drame satyrique, les Satyres. Ils avaient primitivement été introduits dans les chœurs dithyrambiques, à ce que l'on rapporte du moins[4], par Arion : une fois ces chœurs devenus, au moyen de certaines additions, de certains retranchements, la tragédie, ils y furent ramenés, soit, on l'a cru[5], d'après un passage d'Horace[6] surtout, par Thespis lui-même, soit par un de ses successeurs, qui fut l'un des contemporains et des rivaux d'Eschyle[7], par Pratinas[8], comme on le pense plus généralement[9] et avec plus de vraisemblance. Pra-

---

1. Aristot., *Poet.*, IV.
2. Horat., *Epist. ad Pisones*, v. 226 sqq.; Diomed., III : M. Victorin., II, etc.; Casaubon, *ibid.*, I, 3 ; Spanheim, Brumoy, *ibid.*, etc.
3. Zenob., *Proverb.*, V, 40 ; Suid., v. Οὐδὲν πρὸς τὸν Διόνυσον (voy. notre t. I, p. 8 sq.) ; Casaubon, *ibid.*, I, I; Dacier, *Remarques sur l'Art poétique d'Horace*, v. 223 ; Brumoy, Pinzger, Welcher, Friebel, *ibid.*, etc.
4. Suid., v. Ἀρίων. Cf. Athen., *Deipn.*, XIV.
5. Bentley, *Respons. ad Boyl.*; Eichstaedt, *ibid.*; beaucoup d'autres, comme Kannegiesser, Thiersch, Jacobs, Schneider, etc., cités par Pinzger, *ibid.*, qui s'attache à les réfuter, et par Welcker, *ibid.*, p. 259 sqq.
6. Horat., *Epist. ad Pisones*, v. 220 sqq. :

> Carmine qui tragico vilem certavit ob hircum
> Mox etiam agrestes Satyros nudavit et asper
> Incolumi gravitate jocum tentavit. . . . .

Selon de bons critiques, Welcker entre autres, *ibid.*, p. 323, qui doit s'entendre non de Thespis, mais collectivement des premiers tragiques.
7. Voyez t. I, p. 17, 23, 28, 79 sq., 82.
8. Suid., v. Πρατίνας; Acr., in Horat., *Epist. ad Pisones*, v. 216. On y lit par erreur *Cratinus*.
9. Voyez encore la revue des critiques favorables à cette opinion, chez Welker, *ibid.*, p. 276.

tinas était de Phlionte, ville à laquelle Phlias, fils de Bacchus avait donné son nom[1]; il était du pays des Doriens, où avaient été institués par Arion, où s'étaient perpétués dans le dithyrambe, dans cette tragédie de l'ancien temps, les chœurs bouffons des Satyres; on conçoit que ce soit lui plutôt qu'un autre qui les ait restitués à la tragédie athénienne[2]. De là ce qu'on a appelé le drame satyrique[3], drame de nature mixte, dans lequel reparaissaient[4] les personnages habituels de la tragédie, ses lieux et ses héros, avec la dignité de leurs mœurs et de leur langage, mais un peu compromis cependant, un peu rabaissés par la familiarité de l'intrigue; par le commerce de personnages d'ordre subalterne, quelquefois risiblement effrayants, centaures, cyclopes, brigands, tyrans fameux, et autres; enfin par la pétulante gaieté d'un chœur, témoin consacré de ce genre d'actions, qui donnait à la composition, plus que tout autre chose, sa forme, son caractère, qui lui imposa son nom, d'un chœur de Satyres.

Homère, on l'a remarqué[5], dans quelques récits em-

1. Pausan., *Corinth.*, XII; Didym., schol. ad *Iliad.*, II, 571.
2. Est-ce à Phlionte d'abord, est-ce seulement à Athènes qu'eut lieu cette restitution? O. Muller (*Dor.*, II, 369) est pour la première opinion; Welcker (*ibid.*, p. 280), pour la seconde.
3. Les Grecs disaient : Σατυρική ποίησις, Σατυρικὸν δρᾶμα, Σατυρική, Σατυρικόν, Σάτυρος, et même Σάτυροι appliqué à une seule pièce. Les Latins ont dit de même *Satyrica fabula, satyrus* : on lit chez Horace (*Epist. ad Pisones*, v. 235) : *Satyrorum* scriptor. Voyez Casaubon, *ibid.*, I, 1; Dacier, *Remarques sur l'Art poétique*, v. 221, etc. Trompé par une de ces expressions dans un passage de Pausanias (*Corinth.*, x II), Winckelmann (*Histoire de l'Art*, liv. IV, ch. 2) a compté parmi les artistes qui ont sculpté des satyres, Pratinas, Aristias, Eschyle!
4. Horat., *Epist. ad Pisones*, v. 227 sq. :

Ne quicumque deus, quicumque adhibebitur heros,
Regali conspectus in auro nuper et ostro. . . . .

Il ne faut pas, avec Dacier, conclure de ces vers, que dans le drame satyrique étaient ramenés nécessairement les acteurs divins ou héroïques mis en jeu dans la trilogie à laquelle il succédait. On pourrait citer bien des exemples du contraire. Comme le remarque Orelli, *ibid.*, après God. Hermann, *ibid.*, et Welcker, *ibid.*, p. 323, *conspectus nuper* désigne la tragédie en général, les personnages que les spectateurs ont l'habitude d'y voir figurer.
5. Eustath., ad *Odyss.*, XVIII.

preints à la fois de sérieux et d'enjouement, avait encore le premier mis sur la voie de ces pièces tragi-comiques, de ce genre qu'un ancien a appelé la tragédie en belle humeur[1]. Jusqu'où lui était-il permis de descendre ? Beaucoup plus bas assurément que ne le ferait supposer Horace quand il la représente essayant, sans trop oublier sa gravité, de la plaisanterie, *Incolumi gravitate jocum tentavit*[2], et, comme une dame romaine qui prend part modestement à la danse sacrée dans un jour de fête, se mêlant, la rougeur sur le front, à la compagnie folâtre des Satyres :

> Effutire leves indigna tragœdia versus,
> Ut festis matrona moveri jussa diebus,
> Intererit Satyris paulum pudibunda protervis[3].

Cette dignité, cette pudeur de Melpomène étaient mises dans le drame satyrique des Grecs à de rudes épreuves, et ne s'en retiraient pas aussi intactes que semble le prétendre Horace. La muse s'y prêtait de bonne grâce à des jeux dignes de la Thalie d'Aristophane, où rien, sauf peut-être les gros mots, *inornata et dominantia nomina*[4], n'était interdit; rien, la saleté, l'obscénité même. Nous

---

1. Παίζουσα τραγῳδία. Demetr., *de Elocut.*, § 169.
2. Peut-être (c'est l'avis de Welcker, *ibid.*, p. 323) Horace entend-il que dans ces pièces les héros ne se relâchaient en rien de leur dignité, à quelques situations, avec quelques personnages qu'ils se trouvassent d'ailleurs mêlés Cela est vrai, sauf exceptions. Hercule, par exemple, héros aux appétits tout humains, et de plus héros thébain, qualité qui l'exposait fort à la raillerie athénienne, était parfois présenté d'une façon aussi familière dans le drame satyrique que dans la comédie elle-même. On s'y égayait sans façon aux dépens de sa voracité (voyez ce que dit de l'*Hercule* du second Astydamas W. C. Kayser, *Hist. crit. trag. græc.*, 1845, p. 66 sq.); et même un poëte dramatique de qui on n'eût pas attendu tant de gaieté, Denys le tyran, alla jusqu'à le montrer souffrant d'une indigestion et se laissant administrer par Silène, d'assez mauvaise grâce, un lavement! (Voyez le passage d'Eustathe, sur le v, 514 du XI° livre de l'*Iliade*, que cite Fr. G. Wagner, *Poet. trag. græc., fragm.*, éd. F. Didot, 1846, p. 110.) On trouvera plus loin, chez un même poëte, Euripide, dans l'Ulysse de son *Cyclope*, dans l'Hercule de son *Sylée*, des exemples de l'une et de l'autre manière.
3. *Epist. ad Pisones*, v. 231 sqq.
4. *Ibid.*, v. 234.

ne le saurions pas par ce qui s'est conservé des traits les plus libres de l'étrange gaieté permise, dans ces saturnales dramatiques, à la tragédie, que nous l'apprendrions d'Ovide, qui y a cherché une excuse pour la licence relativement plus discrète, et pourtant si rigoureusement punie, de ses vers :

> Est et in obscenos deflexa tragœdia risus,
> Multaque præteriti verba pudoris habet:
> Nec nocet auctori mollem qui fecit Achillem
> Infregisse suis fortia facta modis [1].

Cette idée de rapprocher, d'opposer, dans une même composition dramatique, les points extrêmes du noble et du trivial, du terrible et du bouffon, n'est point, on le voit, il est bon de le dire en passant, aussi complétement moderne qu'on l'a cru quelquefois, qu'on l'a, de nos jours, ingénieusement soutenu [2]. Elle ne date point des lumières nouvelles du christianisme sur notre double nature ; elle ne date point du drame de Shakspeare, à la fable complexe, aux faces changeantes et disparates, aux tons divers et heurtés, aux frappantes, quelquefois aux sublimes dissonances, et, pour ne parler que d'ouvrages analogues à ceux qui nous occupent [3], de sa divertissante pièce de Troïle et Cressida, par exemple, où, s'inspirant de nos vieux romans, il a traité si lestement, avec si peu de révérence, les héros de l'Iliade. Cette idée était venue aux Grecs, même sous la discipline d'Homère, et, par l'industrieuse émulation de leurs tragiques, et des plus

---

1. *Trist.*, II, 409 sqq. Les deux derniers vers font probablement allusion à un drame satyrique de Sophocle, intitulé *les Amants d'Achille*, dont il sera parlé plus loin. Welcker (*ibid.*, p. 168) pense qu'il y est plutôt question des *Myrmidons* d'Eschyle, et que tout ce passage s'applique aux licences de la tragédie, et non du drame satyrique; il semble revenir, plus loin, p. 305 sq., à l'opinion qu'il a d'abord contestée.
2. M. V. Hugo, préface de *Cromwell*.
3. Dans ses *Chroniques*, le joyeux Falstaff et ses facétieux compagnons ont paru à M. Hartung (*ibid.*, p. 428) jouer auprès du noble Henri à peu près le même rôle que le drame satyrique faisait jouer auprès des héros à Silène et aux Satyres.

grands, elle enrichit leur théâtre de toute une classe d'ouvrages, destinés, il est vrai, c'est là la différence, et elle est considérable, uniquement à amuser, à égayer l'esprit. Dans ce que pouvait présenter de divertissant le contraste des sentiments relevés du héros, avec les appétits sensuels, la gaieté brutale, la morale plus que facile, la malice, la lâcheté avouée du Satyre, était tout le plaisir, toute la portée de ce genre de drame.

Chez un peuple où les arts avaient leurs limites qu'on ne passait point, où la tragédie, avec ses accents familiers, la comédie, avec ses saillies de sérieux et de tristesse, se rapprochaient sans se confondre, le drame satyrique forma, entre ces deux genres, un genre à part, qui eut aussi sa forme spéciale; pour décoration, non plus, comme le premier, le péristyle d'un palais ou d'un temple, comme le second, une place avec des maisons, mais la représentation de quelque solitude champêtre, des bois, des rochers, des antres [1]; pour acteurs, en regard des dieux, des héros, et d'autre part de quelques monstres grotesques, sacrifiés à la gaieté publique, dont les catastrophes funestes, sanglantes même, échappaient au pathétique, à la pitié [2], n'excitaient que des ris, particulièrement le vieux Silène et ses fils les Satyres, vêtus de peaux de bêtes, parés de guirlandes [3], dansant, le thyrse en main, la pétulante, la sautillante Sicinnis [4]; enfin, pour arriver à ce qui concerne l'expression poétique, un style, une versification qui avaient leurs attributs propres, et dont le caractère général paraît avoir été, comme celui de la composition elle-même, une sorte de compromis entre la gravité tragique et la familiarité comique, entre l'exactitude sévère et la licence [5].

1. Vitruv., V. 8.
2. Welcker l'a fort bien montré, *ibid.*, p. 329 sqq.
3. J. Poll., IV, 18, 19.
4. Plat., *de Leg.*, VII; Lucian., *de Saltat.*, XXII, XXVI; Athen., *Deipn.*, XIV, etc. Sur l'étymologie du mot *Sicinnis*, et les opinions diverses à ce sujet, voyez une note intéressante de Welcker, *ibid.*, p. 338.
5. Horat., *Epist. ad Pisones*, 225 sqq., 244 sqq.; Hephæst.; M. Vic-

Le système du drame satyrique, comme celui de la tragédie, de la comédie, ne se forma sans doute que par degrés. C'est sans doute aussi progressivement qu'il devint la petite pièce, la pièce finale du spectacle tragique. On a cru[1] pouvoir conclure de la disproportion qui se remarque, dans le catalogue des compositions de Pratinas, entre ses dix-huit tragédies et ses trente-deux drames satyriques[2], que ce dernier genre d'ouvrages fut d'abord donné isolément; qu'on ne s'avisa pas tout de suite de le rattacher, soit par le sujet, soit seulement par le lien d'une représentation commune, aux trois tragédies comprises dans la trilogie; d'en faire, ce qu'il ne cessa guère d'être dans la suite, le complément de la tétralogie. D'autres[3] ont tiré du même fait une conclusion bien différente, pensant qu'on avait bien pu, dans l'origine, rattacher à une seule tragédie plus d'un drame satyrique. Peut-être la constitution théâtrale qui régla définitivement quelle part, quelle place appartiendrait au drame satyrique dans la distribution du spectacle, constitution dont il n'est point possible de déterminer avec certitude le commencement[4], doit-elle être rapportée seulement au temps des succès d'Eschyle, attribuée à ce véritable fondateur du théâtre grec.

Quoi qu'il en soit, en présence de Pratinas, auteur du genre, de son fils Aristias, qui, après lui, s'y distingua[5], de Chérilus, à qui un vers cité par un grammairien[6] at-

---

torin.; Casaub., *ibid.*, I, III; God. Hermann, *Elem. doct. metr.*, II, 14, etc.

1. Buhle, Eichstaedt, Pinzger, Friebel (*ibid.*) et autres, desquels se sépare Welcker, *ibid.*, p. 280.
2. Voyez t. I, p. 28. L'argument tiré de ces expressions de Zenobius, Diomède, M. Victorinus (*ibid.*) : Τοὺς Σατύρους.... προεισάγειν ..; *Quo spectatoris animus inter tristes res tragicas Satyrorum jocis relaxetur....* n'est pas aussi concluant. Il faut les prendre tout à fait à la rigueur pour y voir que la place du drame satyrique ne fut pas toujours à la fin du spectacle.
3. Voyez Welcker, *ibid.*, p. 280.
4. Voyez t. I, p. 26 sqq.
5. Voyez t. I, p. 79.
6. Plotius, *de Metris*; Putsch, 2633.

tribue dans ce même genre une sorte de royauté[1], Eschyle le traita avec autant de supériorité que la tragédie[2]. J'ai parlé ailleurs de la scène spirituelle que l'on place dans son *Prométhée*[3], celle du Satyre, qui, ravi à l'aspect, pour lui tout nouveau, du feu, veut l'embrasser, et que l'on avertit du danger auquel cette tendresse expose sa barbe de bouc; j'ai parlé du *Protée*[4], du *Lycurgue*[5], qu'il lia à son *Orestie*, à sa *Lycurgie*; d'une pièce encore qui n'était peut-être pas dans un rapport moins direct avec les tragédies dont on lui a composé, non sans vraisemblance, une *Danaïde*, de l'*Amymone*[6]; c'était le nom d'une des filles de Danaüs, que son aventure avec un Satyre semblait destiner, plus que tout autre personnage fabuleux, à devenir l'héroïne d'un drame satyrique. Quel rôle jouaient les Satyres dans son *Glaucus, le Dieu marin*, dont j'ai eu plus d'une occasion[7] de rappeler le titre? on ne le sait; dans son *Sisyphe*, sa *Circé*, pièces auxquelles avaient fourni des sujets très-convenables pour ce genre d'ouvrages, deux fourbes illustres du même sang, le père et le fils, l'un qui trouvait moyen de s'évader des enfers, l'autre qui rendait à la forme humaine et à la liberté ses compagnons captifs dans les étables de l'enchanteresse? on a cru en démêler quelque chose au moyen de certains fragments, du reste assez peu clairs[8]. Là c'est la troupe folâtre, qui, tandis que la terre tremble et s'entr'ouvre, en voit sortir, au lieu d'un rat qu'elle attend, Sisyphe lui-même, Sisyphe remontant des sombres bords, et d'abord tout ébloui de la clarté du jour, puis disant gaiement adieu aux divinités infernales, et se faisant apporter, pour se laver les pieds après son long voyage, la fameuse cu-

---

1. ʹΗνίκα μὲν βασιλεὺς ἦν Χοίριλος ἐν Σατύροις.
2. Pausan., *Corinth.*, XIII; Diog. Laert., II, 17.
3. Voyez t. I, p. 28, 288 sq.
4. *Ibid.*, p. 29, 320, 332, 371. (Cf., Welcker, *ibid.*, p. 297; Bode, *Hist. de la litt. gr., tragédie*, t. III, p. 331 sqq.)
5. *Ibid.*, p. 29; IV, 234 sq.
6. *Ibid.*, t. I, p. 170 sq. (Cf. E. A. J. Ahrens, *Æsch. fragm.*, éd. F. Didot, 1842, p. 252.)
7. *Ibid.*, t. I, p. 28, 216.
8. Voyez Ahrens, *ibid.*

vette d'airain tant cherchée dans la suite par l'amateur de curiosités qu'a fait parler Horace, par le prodigue Damasippe

. . . . Olim nam quærere amabam
Quo vafer ille pedes lavisset Sisyphus ære [1].

Ici la même troupe, dans ses ébats, s'apprête à mettre en broche les cochons de Circé, et menace de faire ainsi un mauvais parti aux amis du roi d'Ithaque. Quand, dans le *Cercyon*, le jeune Thésée, allant de Trézène à Athènes, attaquait, chemin faisant, ce redoutable brigand, il est probable, quelques scènes du *Cyclope* d'Euripide le donnent à penser, qu'il avait pour alliés, dans sa hasardeuse entreprise, les Satyres dont la jactance et la poltronnerie égayaient cette aventure tragique. Le chant de l'Odyssée dans lequel Ulysse évoque les ombres des morts semble avoir fourni à Eschyle le sujet d'une pièce dont le titre [2] pourrait se traduire par *l'Évocation*. Mais cette pièce était-elle une tragédie ou un drame satyrique? Le dernier, selon un critique [3] qui dans des paroles, où assez évidemment Tirésias annonce à Ulysse sa destinée [4], a trouvé un exemple frappant de la grossièreté d'images, plus que familières, que se permettait quelquefois le genre. Combien on doit regretter qu'aucune de ces pièces et de celles que j'omets, ne soit parvenue jusqu'à nous! On aimerait à connaître la plaisanterie, la bouffonnerie de ce terrible et sublime génie, de ce Shakspeare antique, également favorisé de l'une et de l'autre muse.

Les titres, les fragments, qui seuls représentent aujourd'hui, en trop petit nombre encore [5], les drames saty-

1. *Epist*, II, III, 20.
2. Ψυχαγωγία.
3. Orelli, *ibid.*, p. 619.
4. Schol. Homer., *Odyss.*, XI, 133.
5. Quant aux fragments, du moins. On varie du reste, et beaucoup, sur les titres, que, par exemple, Bœckh (*Græc. trag. princ.*, x) porte jusqu'à trente, et que Welcker (*ibid.*, p. 287 sq) réduit à dix-neuf. La tragédie et le drame satyrique se touchant en bien des points, il est difficile et périlleux de décider, uniquement d'après le caractère ou

riques de Sophocle, nous montrent le successeur, l'émule d'Eschyle traitant ainsi que lui familièrement, tournant en plaisanterie[1] l'histoire des dieux et des héros, le sujet de plus d'une tragédie. Dans le *Jugement*[2], comme dans un dialogue de titre semblable[3], écrit par ce Lucien qu'on rencontre si souvent[4] sur la trace des anciens poëtes dramatiques, paraissaient les trois déesses qui disputaient devant le berger Paris le prix de la beauté; dans *Pandore*, dans *Inachus*, le père de la nymphe Io[5], dans *Comus* ou *Momus*, dans *Cédalion*, c'est le nom d'un Cyclope, étaient mises en scène des divinités d'ordre secondaire, aux dépens desquelles le drame satyrique était plus libre encore de s'égayer. Dans d'autres pièces, de sujets non moins convenables au genre, on voyait Persée délivrant *Andromède*[6]; *Hercule au Ténare*, ramenant du sombre empire son gardien Cerbère; Pollux triomphant du féroce roi des Bébryces, *Amycus*; l'aveugle *Phinée*[7] délivré des harpies par les Argonautes; *Salmonée*, parodiste insolent des foudres de Jupiter, puni de son impiété. La légende de la guerre de Thèbes avait fourni à ce théâtre tragi-comique de Sophocle un *Amphiaraüs*;

plus noble ou plus familier des fragments, si la pièce était une tragédie ou un drame satyrique. De là, entre des critiques de tant d'autorité, ces diversités d'opinion dont on peut s'étonner.

1. . , . . Ita vertere seria ludo. . . .
(HORAT., *Epist. ad Pisones*, v. 226.)

2. Κρίσις, d'après une restitution de Th. Tyrwhitt, adoptée par Brunck. Voyez Brunck, sur les fragments de Sophocle. Voyez aussi, en dernier lieu, après Welcker et autres, Ahrens, *Sophocl. fragm.*, éd. F. Didot, 1842, p. 263.

3. Θεῶν Κρίσις, *Deor. Dial.*, 20.

4. Voyez t. I, p. 256, 204.

5. Dans les fragments de l'*Inachus*, il est question d'Argus et de Mercure. Ce drame satyrique avait donc pour sujet ce dont Eschyle a tiré de si tragiques peintures dans son *Prométhée*. Voyez t. I, p. 274 sqq.

6. Voyez sur l'*Andromède*, tragédie d'Euripide, notre t. I, p. 63. Welcker (*ibid.*, p. 287, 294) et après lui Ahrens (*ibid.*, p. 331), regardent l'*Andromède* de Sophocle comme ayant été aussi une tragédie.

7. Tragédie encore, selon Welcker (*ibid.*, p. 287, 292) et Ahrens (*ibid.*, p. 322).

celle des héros de la guerre de Troie[1], deux pièces dont on sait des choses à la conservation desquelles n'était certes pas intéressée la gloire du poëte, mais qui éclairent heureusement l'histoire si incomplète du drame satyrique, qui font particulièrement connaître ces excès dont j'ai parlé précédemment[2], auxquels s'emportait parfois un genre beaucoup moins contenu dans sa gaieté qu'on ne l'a pensé. Au reste, quand on se rappelle quelle passion Eschyle a célébrée dans ses *Myrmidons*[3], Sophocle dans sa *Niobé*[4], dans ses *Femmes de Colchide*[5], Euripide dans son *Chrysippe*[6], peut-on s'étonner de rencontrer parmi les monuments de la tragédie en belle humeur un drame impudemment intitulé *les Amants d'Achille?* Quant à l'autre pièce, *l'Assemblée des Grecs*, ou bien encore *les Convives, le Banquet*[7], à supposer que ces divers titres désignent véritablement un même ouvrage[8], elle ne différait pas beaucoup de la tragédie par les in-

1. Welcker, qui a rapporté, avec tant de savoir et de sagacité à leurs origines épiques, outre les tragédies, les drames satyriques des Grecs, remarque (*ibid.*, p. 331) qu'un petit nombre seulement de ces derniers ont été empruntés au cycle thébain, et surtout au cycle troyen. Il en donne pour raison le caractère sérieux, élevé surtout, que ces deux cycles avaient reçu du génie des poëtes, et qui les défendait mieux que d'autres contre les entreprises d'une gaieté quelque peu irrespectueuse.
2. Voyez, plus haut, p, 276 sqq.
3. Fragm., VI, VII. Plutarch., *Amator;* Lucian., *Amor.*, 54; Athen., *Deipn.*, XIII. Consultez, à ce sujet, l'Eschyle de Boissonade, t. II p. 283. Sur la pièce, voyez, plus haut, p. 148, 277.
4. Plutarch. Athen., *ibid.*
5. Athen., *ibid.* Voyez le Sophocle de Boissonade, t. II, p. 384.
6. Voyez notre t. I, p. 48.
7. Voyez Brunck, Boissonade, etc.
8. Ils en désignent deux, selon Welcker (*ibid.*, p. 169 sq., 295, 332), et du genre tragique : l'un, Ἀχαιῶ σύλλογος, emprunté, selon lui, au IXe livre de l'*Iliade*, et auquel lui semblent avoir dû appartenir les fragments, sans indication précise d'origine, où il est question d'une querelle entre les généraux de l'armée grecque; l'autre, Σύνδειπνοι, dont l'*Odyssée*, dans la peinture des repas donnés au palais d'Ithaque en l'absence d'Ulysse, pourrait avoir fourni le sujet. En les renvoyant également à la tragédie, il n'a pas tenu compte d'un fragment qui va être cité, et dans lequel un grand nombre de critiques, entre autres Bœckh (*Græc. trag. princ.*, x), avaient reconnu un sûr indice de drame satyrique. M. Ahrens, dans les articles qu'il a consacrés (*ibid.*, p. 254, 295) aux deux tragédies distinguées par Welcker, n'en a pas non plus tenu compte.

vectives que s'y permettaient les uns contre les autres Achille, Diomède, Ulysse, ivres sans doute [1]; mais elle s'en séparait tout à fait par la grossièreté du récit, renouvelé d'Eschyle [2], où les héros d'Homère étaient représentés se jetant à la tête, il faut bien dire le mot que n'a pas évité le grave Sophocle [3], des pots de chambre [4]! J'aime à croire que l'Odyssée n'était pas aussi salie que l'Iliade, dans le drame où nous savons [5], je l'ai plus d'une fois rappelé [6], que Sophocle lui-même joua le rôle noble et gracieux de *Nausicaa* [7].

Parmi les drames satyriques que je viens de passer en revue, il y en a bon nombre qui donnent l'idée d'un canevas convenu qu'avec d'autres noms, d'autres situations, on se plaisait à reproduire, j'en ai déjà touché quelque chose, et duquel résultaient des ouvrages analogues, pour la conception et l'effet, à nos vieux contes de géants, d'ogres, d'enchanteurs. C'était assez souvent la défaite, la destruction de quelque monstre redoutable, dont la merveille n'était point prise au sérieux, comme Cerbère tiré des enfers par Hercule, la baleine pourfendue par Persée, l'homme aux cent yeux endormi et massacré par Mercure, les harpies mises en fuite par Calaïs et Zéthus, etc.; c'était le châtiment de personnages féroces ou perfides, pleins d'une confiance insolente dans leur

---

1. Fragm. II, IV, VII, VIII, IX; Athen., *Deipn.*, XV; schol. Soph., *Aj.*, 190; Plutarch., *de Discernendo adulatore*; Herodian. Villois., *Diat.*, p. 94.
2. Fragm. incert.; Athen., *Deipn.*, I.
3. Ce mot se retrouvait, avec une légère variante qui n'en corrigeait pas la grossièreté, dans sa *Pandore*, autre drame satyrique d'ailleurs. J. Pollux, *Onomast.*, X, 44. Cf. Brunck, Lexic. Soph., v. Ἐνούρηθρον.
4. Fragm. I; Athen., *Deipn.*, I.
5. Eustath., ad *Odyss.* VI, 100, etc.
6. V. t. I, p. 106, 154 sq.
7. Welcker (*ibid.*, p. 290) retire cette pièce du nombre des drames satyriques, par cette raison, qu'il étend à d'autres pièces encore, que le second titre sous lequel la *Nausicaa* est citée, *les Laveuses*, indique un chœur de femmes et non un chœur de Satyres. M. Ahrens (*ibid.*, p. 293) y voit aussi une tragédie. Il ne la comprend pas parmi les drames satyriques de Sophocle qu'il passe en revue et explique (*ibid.*, p. 362 sqq.).

force, dans leur puissance, qui, avant de succomber à la ruse d'un Ulysse, au bras d'un Pollux, d'un Hercule, d'un Thésée, à l'inévitable vengeance d'une divinité irritée, passaient d'abord par les railleries, les facéties des Satyres et le gros rire de la foule. Dans ce cadre général trouvent place, avec l'*Hercule au Ténare*, l'*Andromède*, l'*Inachus*, le *Phinée*, avec la *Circé*, l'*Amycus*, le *Cercyon*, le *Sisyphe*, à peu près tous les drames satyriques (ils sont malheureusement encore en bien petit nombre) que l'on attribue à Euripide. Disons-en quelque chose avant d'arriver à son *Cyclope*, objet principal de ce chapitre.

Dans l'*Autolycus*, le fils du dieu des voleurs, voleur lui-même fort habile, et, par la protection de son père, fort impuni, rencontrait enfin son maître en fait de ruse chez le fourbe Sisyphe, ou peut-être succombait sous le bras vengeur d'Hercule[1]. Dans le *Sisyphe*, pièce quelquefois confondue, à ce qu'il paraît[2], avec une tragédie de même titre, composée par Critias, étaient peut-être reproduits, après Eschyle[3], le bon tour joué par ce célèbre ennemi des dieux au roi des enfers et le châtiment qu'il ne tarda pas à en recevoir[4]. Un des fragments[5] donnerait à penser, selon la remarque d'un critique[6], qu'il y mourait de la main d'Hercule encore, instrument de tant de justices, et non pas, comme d'autres[7] l'ont raconté, de celle de Thésée[8]. Thésée était bien évidemment le héros du *Sciron*, ainsi nommé d'un de ces monstres dont il purgea, dans sa jeunesse, les routes de la

---

1. Hygin., *Fab.* CCI, etc. Sur cette pièce, voyez, en dernier lieu, J. A. Hartung, *ibid.*, t. II, p. 126; F. G. Wagner, *Euripid. fragm.*, éd. F. Didot, 1846, p. 681.
2. Voyez t. I, p. 75 sq.
3. Voyez, plus haut, p. 280 sq.
4. Schol. Homer., *Iliad.*, VI, 153, ex Pherecyde.
5. Le deuxième, emprunté à Suidas et à l'auteur du *Grand Etymologique*, v. Χαίρω.
6. Musgrave.
7. Schol. Stat., *Thebaid.*, II, 380.
8. Sur le sujet, fort douteux de cette pièce, voyez, en dernier lieu, Hartung., *ibid.*, t. II, p. 285, qui en fait un *second Autolycus*; Wagner, *ibid.*, p. 781.

Grèce[1]. Hercule devait jouer le principal rôle dans l'*Eurysthée*, où peut-être, on l'a cru d'après quelques fragments[2], il surprenait de son retour imprévu le tyran d'Argos, qui avait cru se débarrasser de lui pour toujours en l'envoyant aux enfers. Qui ne connaît, a dit Virgile[3], l'histoire de Busiris et de son autel[4]? Ce fils de Neptune, tyran de l'Égypte, instruit par un devin cypriote ou phénicien, nommé Phrasius ou Thrasius, que le moyen de préserver son royaume de la stérilité était d'immoler chaque année aux dieux un étranger, adopta l'usage de ces sanglants sacrifices, qu'il commença, bien entendu, en faisant mettre à mort celui qui les lui avait conseillés. Il les continua jusqu'au jour où, s'étant saisi d'Hercule que ses courses aventureuses avaient conduit en Égypte, et se préparant à en faire une nouvelle victime, il fut lui-même sacrifié sur son barbare autel par le héros. Quel était le sujet du *Busiris* d'Euripide, qu'un grammairien[5] nous donne, avec l'*Autolycus*, pour un drame satyrique? Peut-être le meurtre du malencontreux devin; peut-être celui du tyran lui-même; peut être l'un et l'autre, librement rapprochés[6].

1. Voyez, en dernier lieu, sur cette pièce, Hartung., *ibid.*, t. I, p. 493; Wagner, *ibid.*, p. 782.
2. Musgrave. Voyez encore, Hartung, *ibid.*, t. I, p. 313; Wagner, *ibid.*, p. 707.
3. *Georg.*, III, 5.
4. Schol. Apollon., IV, 1396; Apuleius, *de Orthographi*, 2, ex Pherecyde; Apollod., *Bibl.*, II, v. 7; Hygin., *Fab.* LVI; Serv. ad Virg., *ibid.*
5. Diomède, III.
6. La seconde de ces suppositions, la plus vraisemblable, est adoptée également par Hartung (*ibid.*, t. II, p. 360) et par Wagner (*ibid.*, p. 690); mais, par le premier, bien hardi d'ordinaire dans la restitution de ces monuments perdus et dont le dessin est resté si obscur, avec des additions qui ont paru trop arbitraires. On lit d'ailleurs avec intérêt, dans son chapitre, cette description d'une peinture antique, où avait été reproduite, à ce qu'il semble, l'action du *Busiris*: « ....In Amphoræ pictura, quæ servatur in museo Borbonico (vol. 12), repræsentatur Busiris in throno sedens, corpore ornatu barbarico distincto, altera manu sceptrum tenens, altera cultrum, quo Herculem immolaturus est, qui quidem vinctus a duobus Æthiopibus.... funibus cohibetur.... sed jam Hercules, ruptis vinculis, clavam sustulit, quam in caput barbari demissurus est.... » (Cf. Millengen, *Peint. de Vas.* pl. 28.)

Un drame satyrique d'Euripide, sur lequel nous possédons plus de renseignements que sur aucun autre, et dont les fragments sont aussi des plus propres qu'il soit possible [1] à nous introduire dans le véritable caractère du genre, le *Sylée*, présente ce même Hercule dans une situation à peu près semblable, dépendant en apparence d'une puissance tyrannique dont il se rit et qu'il brise. *Les Bacchantes* nous ont appris que d'une telle situation pouvaient résulter les effets les plus tragiques. Ce qui reste du *Sylée*, ce que l'on en sait, suffit pour nous faire connaître qu'elle pouvait être aussi très-féconde en effets d'une tout autre nature.

Les mythologues [2] racontent qu'un oracle ayant prescrit à Hercule d'expier le meurtre d'Iphitus par un esclavage volontaire de quelques années, Mercure le vendit à Omphale, et que, tandis qu'il servait cette reine de Lydie, il délivra le pays de brigands qui l'infestaient, comme les Cercopes, de tyrans dont il était opprimé, comme un certain Sylée, fils de Neptune, qui forçait les voyageurs de travailler à ses vignes, et les payait sans doute fort mal de leurs peines. Dans le drame satyrique [3], c'était à Sylée qu'Hercule était vendu. Le portrait que lui en faisait Mercure [4], ce qu'il en voyait lui-même, ne le prévenait pas d'abord beaucoup en faveur de cette acquisition. Il disait [5] au prétendu esclave, en vers qui

1. Voyez Orelli, *ibid.*
2. Apollod., II vi, 3; Diod. Sic., 31; Tzetzès, *Chil.*, II, 432.
3. Voyez ce que citent, ce que rapportent de cette pièce Philon (*de Josepho*; *Quod omnis probus liber*); Eusèbe (*Præparat. Evang.*, VI), etc. Comparez à leurs témoignages celui d'un grammairien qu'ont récemment fait connaître les *Anecdota* de Cramer, t. I, p. 3 sqq., et qui a été reproduit en 1840, par Meineke. *Fragm. comic. Græc.*, t. II, p. 1239 sq.; en 1842, par MM. Firmin Didot, en tête de leur édition du scoliaste d'Aristophane, p. xix.
4. Fragm. iii; Phil., *ibid.*
5. Fragm. iv, v; Phil., *ibid.* Barnès, et, à ce qu'il semble, Musgrave, placent, comme je le fais, ces paroles dans la bouche de Sylée. Matthiæ préfère les prêter à Mercure; ainsi fait Hartung, *ibid.*, t. I, p. 160 sqq. Wagner, *ibid.*, p. 784 sqq., reste dans le doute à ce sujet. On est loin, d'ailleurs, de s'accorder sur la distribution de ces premiers fragments dans les scènes par lesquelles s'ouvrait le drame.

nous montrent que le point de départ du drame satyrique était, si bas qu'il dût descendre, le ton de la tragédie :

« Nul ne se soucie d'acheter, de placer dans sa maison plus fort que soi, de se donner un maître. Rien qu'à te voir, on tremble ; ton œil est plein de feu, comme celui du taureau attendant l'attaque du lion. Dans ton silence même, se trahit ton caractère. On peut juger que tu serais un serviteur peu docile, plus disposé à commander qu'à obéir. »

Ces appréhensions de Sylée ne tardent pas à se vérifier ; il est bientôt aussi embarrassé de son nouveau serviteur, que l'est, dans *les Bacchantes*, Penthée de son prisonnier[1]. Hercule envoyé aux vignes, au lieu de les façonner, les déracine, en forme un immense fagot qu'il rapporte sur ses épaules ; avec le feu qu'il allume, il fait cuire d'immenses pains, rôtir un superbe taureau, immolé à Jupiter, mais dont il prendra lui-même sa part, une large part ; il force le cellier ; il défonce les tonneaux ; en quelques moments tout est prêt pour son repas, qu'il prend sur les portes de l'habitation, dont il s'est fait une table, mangeant, selon son habitude, célébrée même dans la tragédie[2], et que le drame satyrique, dont il est le personnage de prédilection, ne pouvait omettre, de grand appétit, buvant à longs traits et sans eau, chantant à pleine voix et se faisant servir d'autorité, par le maître de la ferme interdit, des fruits de la saison et des gâteaux. Cependant survient Sylée, fort irrité du dégât fait dans sa maison des champs, et surtout des façons insolentes de son serviteur, qui, sans s'émouvoir, l'invite à se mettre à table, à lui faire raison la coupe à la main[3]. Ces scènes, dont on nous a transmis des esquisses. devaient être véritablement fort réjouissantes. Mais au milieu des mille traits bouffons qui les animaient reparaissait de temps à autre la tragédie ; par exemple, dans

1. Voyez, plus haut, p. 256 sqq.
2. Voyez t. III, p. 215 sq., la scène de son repas dans l'*Alceste*.
3. Fragm. VI; Phil., *ibid.*

ces paroles de l'impassible Hercule à son maître menaçant :

« Vienne le feu, vienne le fer ! brûle, consume mes chairs ; gorge-toi de mon sang. Les astres descendront au-dessous de la terre, la terre s'élèvera au-dessus du ciel, avant que tu entendes de ma bouche d'humbles et flatteurs discours [1]. »

« Je suis juste pour les justes ; mais les méchants n'ont pas sur la terre de plus grand ennemi que moi [2]. »

La légende racontait qu'avec Sylée, Hercule avait fait périr sa fille Xénodice, sans doute après l'avoir déshonorée. Quelques fragments, qui contiennent la menace d'un tel attentat [3], faisaient descendre la pièce jusqu'à cette obscénité [4], l'un des étranges agréments du genre, à ce qu'il semble, et dont j'ai déjà indiqué des exemples. Hercule terminait ses exploits tragi-comiques en détournant les eaux d'un fleuve pour noyer la demeure même de Sylée.

A cette classe de drames satyriques, qui viennent d'être parcourus, appartient bien évidemment, par la nature du sujet, par le caractère de la composition, *le Cyclope*, que le témoignage d'Athénée [5] et l'accord unanime des manuscrits permettent d'attribuer incontestablement à Euripide [6]. Dans cette pièce, où le poëte a reproduit un sujet déjà traité sous la même forme par un des premiers auteurs de drames satyriques, Aristias [7], se retrouve aux prises avec l'habileté et le courage d'un héros, avec la gaieté d'une troupe de Satyres, une sorte de monstre grossier et féroce, dont la catastrophe que l'on sait, et de

---

1. Fragm. II ; Phil., Euseb., *ibid.*, etc.
2. Fragm. I ; Stob., tit. XLVI.
3. Fragm. VII, VIII ; *Antiatt.* Bekk. ; Eustath., in *Iliad.* I, etc.
4. Cf. Valken., *Diatr. in Eurip. fragm.*, XIX.
5. *Deipn.*, I, XIV.
6. Voyez Casaub., *ibid.*, I, VI.
7. Suidas, v. Ἀριστίου Κύκλωψ. Cf. *id.*, v. Ἀπωλέσας ; Zenob., *Proverb.*, II, 16 ; V, 45 ; Diogenian., II, 32 ; Apostol., IV, 7, etc. Sur le *Cyclope* d'Aristias, voyez, en dernier lieu, W. C. Kayser, *Hist. crit. trag. Græc.*, 1845, p. 72 ; Fr. G. Wagner, *Poet. trag. Græc. fragm.*, éd. F. Didot, 1846, p. 17 ; A. Nauck, *Trag. Græc. fragm.*, 1856, p. 563.

plus le ridicule, font également justice ; là se rencontrent encore ensemble la dignité de la tragédie et un comique qui ne s'abstient ni du gros sel ni de la gravelure. Les fragments du théâtre d'Eschyle, de Sophocle, d'Euripide auraient suffi pour nous apprendre que tels étaient les éléments du drame satyrique ; mais, si une heureuse fortune ne nous avait conservé *le Cyclope*, nous aurions ignoré de quelle manière ils se combinaient dans un tout harmonieux ; comment de telles pièces pouvaient être tirées, aussi bien que les tragédies, du fonds commun des récits épiques ; comment il était toujours loisible, quel qu'en fût le sujet, d'y introduire le personnage obligé des Satyres[1].

Le prologue, car il y en a un, tout à fait semblable, sauf quelques traits de gaieté, à ceux par lesquels s'ouvrent toutes les tragédies d'Euripide, le prologue, dis-je, fait connaître quelle combinaison du neuvième livre de l'Odyssée, avec une donnée également homérique, fournie par l'hymne à Bacchus, a produit cette pièce du *Cyclope*. Le neuvième livre de l'Odyssée offrait au poëte l'aventure à la fois terrible, pathétique et par intervalles discrètement facétieuse d'Ulysse et de Polyphème, c'est-à-dire la matière toute préparée d'un drame satyrique, moins les Satyres eux-mêmes. L'hymne à Bacchus lui a suggéré un moyen ingénieux et naturel de faire intervenir ces indispensables Satyres, dans une fable à laquelle ils semblaient complétement étrangers. Il a supposé qu'à la nouvelle de ce que raconte l'hymne, c'est-à-dire de l'enlèvement de Bacchus par les pirates tyrrhéniens, les folâtres serviteurs du dieu s'étaient aussitôt mis en route, sous la con-

1. La difficulté de comprendre cette introduction dans un certain nombre de sujets qui paraissent s'y refuser, a fait retrancher du nombre des drames satyriques plusieurs pièces données comme telles par les anciens, par exemple la *Nausicaa* de Sophocle. (Voyez Welcker et Ahrens cités plus haut, p. 284, note 7. Cf. Bode, *Hist. de la Litt. gr., trag.*, t. III, p. 425 sq.) Cette difficulté n'existerait-elle pas à peu près au même degré pour *le Cyclope* d'Euripide, si la pièce ne nous était pas parvenue, et peut-on, par conséquent, s'en prévaloir pour contredire, sur le genre des ouvrages dont il s'agit, les témoignages exprès de l'antiquité ?

duite de leur père, le vieux Silène, pour le retrouver ; mais que, jetés par une tempête sur les côtes de la Sicile, ils étaient tous devenus les esclaves de Polyphème. C'est sans doute d'après ce chapitre nouveau de l'histoire des Satyres, qu'un peintre accoutumé à profiter des idées d'Euripide[1], Timanthe, représenta dans un de ses tableaux, auprès du monstrueux Cyclope endormi, les Satyres occupés à mesurer son pouce avec un thyrse[2].

Ces faits de l'avant-scène, comme nous disons, voilà ce qu'explique d'abord, dans le prologue, au seuil de l'antre habité par le Cyclope, et s'encourageant de son absence, Silène lui-même. Son langage devait satisfaire le poëte qui a dit :

« Pour moi, ô Pisons, si j'écrivais des Satyres, je ne me contenterais pas des mots propres, des gros mots, et pour éviter la couleur tragique, je n'irais pas jusqu'à confondre par le langage Dave ou l'effrontée Pythias qui fait cracher un talent à Simon, et Silène le père nourricier, le serviteur d'un dieu. »

Non ego inornata et dominantia nomina solum,
Verbaque, Pisones, Satyrorum scriptor, amabo :
Nec sic enitar tragico differre colori,
Ut nihil intersit, Davusne loquatur et audax
Pythias, emuncto lucrata Simone talentum,
An custos famulusque dei Silenus alumni[3].

Dans les premières paroles du Silène d'Euripide, des expressions vives et poétiques peignent la navigation des Satyres, leur naufrage aux côtes de la Sicile, les mœurs des terribles habitants de cette ile. En même temps, le sérieux d'une telle préface est égayé par quelques traits plaisants, comme lorsque le vieillard, qui ne passait point pour brave assurément, se vante d'avoir combattu à côté de Bacchus contre les Géants, et même d'avoir fait tomber sous sa lance Encélade[4] ; lorsque, interrompu sans

---

1. Voyez t. I, p. 147 sq. ; III, 40.
2. Plin., *Hist. nat.*, XXXV, 36, 6.
3. Horat., *Epist. ad Pisones*, 234 sqq.
4. Dans ce passage, Welcker (*ibid.*, p. 297 sq.) voit une allusion à

doute par des éclats de rire, il s'écrie : « Comment donc? l'aurais-je rêvé? Non, j'en suis bien sûr [1]. » Par cette façon familière de prendre à partie le public, ce morceau est pour nous un intermédiaire précieux entre les prologues d'Euripide et les prologues de Plaute. Au reste, le vainqueur d'Encélade se présente sur la scène dans un bien modeste appareil : il tient en main, non pas la terrible lance dont il lui parlait, mais un râteau de fer avec lequel il lui faut nettoyer l'étable où vont revenir les troupeaux que ses fils, chargés en raison de leur âge d'un service plus actif, font paître en ce moment dans les pâturages de l'île.

L'arrivée de cette troupe de pasteurs, dansant gaiement la Sicinnis, comme dans un temps plus heureux, fait, selon les habitudes de la tragédie, suivies ici exactement, succéder au prologue le chœur, mais un chœur bucolique, qui, par de rustiques agréments, par une grâce sauvage [2], annonce de loin les idylles de Théocrite. Ce morceau, trop caractéristique pour n'en point citer quelque chose, n'est pas sans rapport avec un autre que nous n'avons pas, mais dont quelques allusions bouffonnes d'Aristophane [3] nous permettent de nous former une idée. Philoxène, selon les scoliastes, y avait peint le Cyclope Polyphème avec la besace du berger, conduisant au son de la lyre, d'une lyre bien grossière sans doute, son troupeau, et lui adressant, comme font ici les Satyres, en chantant, de familières exhortations.

---

quelque drame satyrique dont le sujet aurait été ce que racontent plusieurs auteurs (Eratosth., *Catast.*, II ; Hygin, *Poet. Astron.*, II, 23 ; schol. Germanic., 146) du combat des Satyres contre les Géants. Un autre passage qui se rencontre plus loin, v. 37 sqq., et dans lequel il est question de Bacchus conduit par le chœur joyeux des Satyres dans la maison de sa maîtresse Althée, lui paraît renfermer une allusion du même genre.

1. V. 8 sq.
2. « Quid suavius ? » dit Casaubon, *ibid.*, I, vi.
3. *Plut.*, 290 sqq. Aristophane, dans ses allusions, semble réunir au *Cyclope* de Philoxène celui d'Euripide. Un peu plus bas, il est possible qu'il se soit souvenu d'un autre drame satyrique sur Circé, de la *Circé* d'Eschyle peut-être.

« Où donc, enfant de nobles pères, de nobles mères, où donc t'égares-tu ? Là n'est point l'abri de l'étable[1], le vert fourrage, l'eau bouillonnante du torrent, reposant dans des auges le long de l'antre ; là ne sont point les bêlements de tes petits.

« Pst ! pst[2] ! que vas-tu faire par là, sur cette pente humide de rosée ? Oh ! je te lancerai une pierre, si tu ne reviens, si tu ne reviens à l'instant, animal aux longues cornes, vers l'habitation de ton sauvage pasteur, le Cyclope.

« Et toi, livre à mes mains tes mamelles gonflées, que j'en approche tes tendres agneaux, abandonnés sur leur couche. Ils y ont dormi tout le jour, et maintenant te redemandent, te rappellent par leurs bêlements. Quitteras-tu bientôt l'herbe des champs, pour rentrer à l'étable, dans les cavernes de l'Etna[3] ?... »

Silène cependant aperçoit un vaisseau qui aborde, des étrangers qui en descendent et se dirigent vers l'antre, dans le dessein, selon toute apparence, d'y renouveler leurs provisions. Il les plaint de l'ignorance funeste qui leur fait chercher une demeure si inhospitalière, un hôte si redoutable. C'est l'émotion et même le style de la tragédie. Cette expression, par exemple, de *rois de la rame*[4], qu'Aristote[5] a blâmée comme ambitieuse dans le *Téléphe* d'Euripide, sans se souvenir que c'était un emprunt fait aux *Perses*[6] d'Eschyle, sert ici, dans ce drame qui va devenir si familier, à désigner les compagnons d'Ulysse.

C'est Ulysse, en effet, qui s'approche, non sans étonnement[7], des Satyres et se fait connaître à eux. « Ah ! oui, dit Silène, descendant un moment de sa hauteur tragique, je sais, un beau parleur, le fils rusé de Sisyphe[8]. » Une explication suit, ainsi que dans les tragédies : les Satyres apprennent d'Ulysse qu'il vient de Troie, prise par les

---

1. Je suis, comme donnant un sens plus naturel, la correction et la ponctuation de Musgrave.
2. V. 49 sqq. Cf. Theocrit., *Idyll.*, iv, 45 sqq. ; v. 100 sqq
3. V. 41-62.
4. V. 86.
5. *Rhet.*, III, 2.
6. V. 382.
7. Voyez sur la lenteur qu'il met à les reconnaître, une judicieuse explication de M. Rossignol, *ibid.*, p. 7.
8. V. 104.

Grecs, et qu'en route pour Ithaque, sa patrie, les vents contraires l'ont jeté sur ce bord, absolument comme eux-mêmes. En retour, il apprend d'eux vers quelle contrée, chez quel peuple barbare, dans la demeure de quel monstre, avide du sang des hommes, son mauvais sort l'a conduit. Il n'y a là qui déroge, et agréablement, à la dignité tragique que ce trait de dialogue :

« De quoi vivent-ils ? des fruits de Cérès ? — Non : de lait, de fromage, de la chair de leurs troupeaux. — Mais le breuvage de Bacchus, le jus de la vigne, le possèdent-ils ? — Point du tout : c'est un bien triste pays[1] ! »

Ulysse, pressé de repartir (le Cyclope qui est à la chasse pourrait revenir d'un moment à l'autre), demande qu'on lui vende quelques provisions, et il en offre un prix qui charme Silène, et pour lequel ce divin ivrogne donnerait de grand cœur tous les fromages, tous les troupeaux de Polyphème ; c'est une outre d'excellent vin que le roi d'Ithaque tient de Maron lui-même, le fils de Bacchus[2]. Ce vin, avant de l'accepter en payement, il le goûte et avec des transports de joie, une volupté, un enthousiasme exprimés très-plaisamment, trop plaisamment même ; car ici, comme souvent ailleurs, je l'ai dit plus d'une fois, la tragédie participant à l'ivresse de Silène s'égaye plus qu'il ne conviendrait, plus que ne le voudraient, selon notre sentiment du moins, le bon goût et la décence[3].

C'est le caractère de la scène suivante, dans laquelle, en l'absence de Silène qui a été chercher les provisions promises à Ulysse, les Satyres s'approchent du héros, et lui adressent des questions sur cette guerre de Troie dont le bruit remplit tout l'univers. Plus d'une scène tragique a été faite sur ce texte, et par Euripide lui-même. Mais on est jeté bien loin de la tragédie par les plaisanteries,

---

1. V. 121 sqq.
2. V. 141 sqq. Cf. Hom., *Odyss.*, IX, 196. sqq.
3. V. 169 sqq.

plus que libres, que se permettent les Satyres au sujet d'Hélène[1]. Je ne les rapporterai pas ; j'aime mieux citer un trait qui n'est que gai, et dans lequel on peut voir une parodie volontaire des déclamations du poëte contre les femmes. « Sexe funeste, fait-il dire à son chœur de Satyres ! Plût aux dieux qu'il n'eût jamais existé.... que pour moi seul[2] ! »

Au moment où va se conclure le marché d'Ulysse avec Silène, on voit venir le Cyclope. Tous tremblent, et le héros lui-même parle de fuir et de se cacher ; mais, lorsqu'il en comprend l'impossibilité, il fait bravement face au péril. La tragédie, d'après l'épopée, lui a prêté partout ce genre de résolution, et nulle part il ne l'exprime plus noblement qu'ici :

« Troie aurait trop à gémir, si nous fuyions devant un seul homme. Que de fois mon bouclier n'a-t-il pas soutenu l'effort d'une foule de Troyens ? S'il nous faut mourir, mourons généreusement, ou si nous sauvons notre vie, que ce soit en sauvant aussi notre gloire[3]. »

Enfin arrive Polyphème, interrogeant, grondant, menaçant en maître de maison d'un service difficile. La peur des Satyres se cache sous des facéties par lesquelles ils parviennent quelquefois à dérider leur terrible maître :

« Le dîner est-il prêt ? — Il l'est ; fais seulement que ta mâchoire le soit aussi. — A-t-on rempli de lait les cratères ? — Tu peux en boire, si tu le veux, tout un tonneau. — Sera-ce du lait de brebis, du lait de vache, ou tous deux ensemble ? — Tout ce qui te plaira : seulement ne va pas m'avaler en même temps. — Je n'ai garde : vous me feriez mourir, gambadant, gesticulant encore dans mon estomac[4]. »

La plaisanterie n'est pas délicate, mais c'est une plaisanterie de Cyclope, et elle a pour nous l'avantage de nous peindre la démarche et la pantomime par lesquelles

1. V. 179 sqq.
2. V. 186 sq.
3. V. 198 sqq.
4. V. 214 sqq.

le chœur des Satyres animait perpétuellement la scène de ce genre de drame.

Tout à coup le monstre aperçoit les étrangers, et auprès d'eux les provisions qu'ils allaient emporter, des agneaux attachés avec des liens d'osier, des vases remplis de fromages : il les prend naturellement pour des voleurs. D'autre part, il remarque que Silène a le front rouge et gonflé : il suppose que ce fidèle serviteur a été battu en voulant s'opposer au larcin. Silène n'a garde de le détromper, bien au contraire ; et quand le Cyclope, que ses faux rapports ont de plus en plus irrité, ordonne les apprêts de l'horrible repas qu'il médite, disant, en gastronome blasé, qu'il est las de gibier, rassasié de cerfs et de lions, que depuis bien longtemps il n'a pas mangé de chair humaine, Silène va jusqu'à l'encourager à ce changement de régime. On le voit, le ministre de Bacchus n'est pas plus flatté dans cette pièce que, dans les Grenouilles d'Aristophane, Bacchus lui-même : il y est représenté comme un ivrogne, un poltron, un effronté menteur, qui veut se tirer d'affaire aux dépens d'autrui ; il risquerait fort de révolter, si, dans la naïve expression de ses goûts sensuels, de sa lâcheté, de son désir de se sauver à tout prix, ce n'était la gaieté qui dominait.

Contredit par Ulysse, Silène, après maint serment ridicule et sans révérence pour les dieux, invoque le témoignage de ses fils, qui le lui refusent en honnêtes gens ; les Satyres, c'est le chœur, et dans le drame satyrique aussi bien que dans la tragédie, le chœur est toujours du parti de la vérité et de la justice. Au reste et Silène et les Satyres font tour à tour usage d'une forme de serment très-bouffonne ; ils consentent, si on peut les convaincre de mensonge, à la mort, l'un de ses chers enfants[1], les autres de leur père bien-aimé[2]. Entre leurs assertions contraires, le Cyclope est bientôt décidé ; il en croit celle qui se trouve d'accord avec ses appétits féroces ; les

1. V. 268 sq.
2. V. 271 sq.

étrangers tombés entre ses mains ne peuvent être, comme le prétend Silène, que des voleurs, car il veut les manger. En vain, répondant à ses questions et cherchant à l'intéresser, les malheureux lui disent qu'ils sont des Grecs qui reviennent de la guerre de Troie [1] ; il ne leur en sait aucun gré, et dans cette expédition entreprise pour une femme, et une femme coupable, il trouve contre eux un nouveau grief. Ainsi, chez le fabuliste, raisonne le loup, pour mettre l'agneau dans son tort, et le manger en sûreté de conscience.

C'est merveille de voir, je suis obligé de le redire sans cesse, comme s'entrelacent habilement, dans cette petite pièce, les émotions diverses de la comédie et de la tragédie. Le poëte fait, pour quelques instants, diversion à la gaieté, par la noble et touchante prière d'Ulysse [2]. Polyphème est fils de Neptune, à qui les Grecs ont élevé des temples sur tous les rivages ; il habite une contrée qu'on peut regarder comme grecque ; qu'il ait pitié de compatriotes assez éprouvés par le malheur ; qu'il respecte des suppliants, qu'il protége des hôtes ; qu'il craigne, par un acte impie, d'offenser les dieux ! On ne peut parler plus éloquemment ; mais c'est de l'éloquence en pure perte. Silène, persistant dans son rôle de complaisant, conseille au Cyclope, quand il mangera Ulysse, de le manger tout entier, sans oublier sa langue qui fera de lui un orateur, et comme s'il l'était déjà devenu, Polyphème, reprenant un à un les arguments d'Ulysse, s'applique à les réfuter dans un discours suivi où le mépris des lois divines et humaines est érigé par l'ogre sophiste en système de sagesse pratique, en philosophie, en religion. Il semble qu'ici encore Euripide se soit fait son propre parodiste, et que, parmi les formes de la tragédie dont il offrait une copie bouffonne, il n'ait pas voulu oublier les thèses contradictoires de morale subtile, de hasardeuse théologie, dont on lui reprochait l'abus. Il faut citer ce discours de

---

1. Cf. Hom. *Odyss.*, IX, 259 sqq.
2. Cf. Hom., *ibid.*, 226 sqq.

Polyphème, exemple frappant de la gaieté spirituelle, et aussi, pour tout dire, de la grossièreté hardie qui se rencontraient, qui se touchaient dans les productions, si étranges pour nous, du drame satyrique :

« La richesse, mortel chétif, voilà le dieu des sages: tout le reste n'est que paroles sonores, expressions pompeuses et vides. Que me font ces temples des rivages, consacrés à mon père ? qu'avais-tu affaire d'en parler? Pour la foudre de Jupiter, je ne la crains point, étranger. Je ne sache pas, vraiment, que Jupiter soit un dieu plus puissant que moi : enfin je ne m'en soucie point [1]. Et pourquoi ? tu vas le savoir. Quand il fait tomber la pluie, je trouve sous cet antre un abri sûr, et là, paisiblement étendu, je gorge mon estomac des chairs rôties d'un veau ou de quelque bête sauvage; je l'arrose par intervalles d'une pleine amphore de lait, faisant retentir, à l'envi des foudres célestes, le bruit de mon tonnerre [2]. »

On ne peut rapprocher de ce dernier trait que l'explication donnée par le Socrate d'Aristophane, au stupide Strepsiade, du phénomène de la foudre [3]. Les deux poëtes sont d'accord, cette fois, pour mettre de côté toute délicatesse. Ce trait, qui a justement révolté le goût de Voltaire [4], je n'ai pas cru, quelque repoussant qu'il soit, le devoir omettre ; il est caractéristique ; il montre que non-seulement l'impureté, nous l'avons vu et le reverrons, mais l'ordure étaient comme les assaisonnements reçus d'un genre, destiné à délasser du spectacle tragique, avec les honnêtes gens, le brutal populaire,

Rusticus urbano confusus, turpis honesto ;

d'un genre que son nom seul, et la présence obligée du personnage sans pudeur, sans vergogne qui le lui donnait, invitait, autorisait à tout oser ; d'un genre enfin qui, comme la comédie, couvrait ses licences, même les plus

---

1. Cf. Hom., *ibid.*, 273 sqq.
2. V. 316-328.
3. *Nub.*, 384 sq.
4. *Dictionnaire philosophique*, articles *Anciens et modernes*, *Tonnerre*.

graves, par l'élégance continue, la poésie du style. Il n'y a plus rien de pareil dans ce qui me reste à citer le la harangue bouffonnement sentencieuse du Cyclope :

« Quand le vent de Thrace, Borée, vient à répandre la neige, j'entoure mon corps d'une peau de bête fauve, j'allume du feu, et alors la neige ne m'inquiète plus. La terre, de nécessité, qu'elle le veuille, qu'elle ne le veuille pas, produit l'herbe qui engraisse nos troupeaux ; et ce n'est pas pour que je les sacrifie à quelque autre divinité qu'à moi-même, qu'à ce ventre le plus grand des dieux. Car, bien manger, bien boire, selon le besoin de chaque jour, c'est, pour les sages, le vrai Jupiter, et aussi ne se point tourmenter. Maudits soient les faiseurs de lois, qui en ont embarrassé la vie humaine ! Je ne cesserai point, pour moi, de me bien traiter, de me tenir en joie ; et d'abord je te mangerai. Les dons d'hospitalité que tu recevras de moi, pour que j'échappe aux reproches, ce sera du feu, et cette chaudière paternelle, chaud vêtement destiné à tes membres délicats. Allons, animaux rampants, entrez, et offerts à l'autel du dieu de cette caverne, procurez-moi un bon repas[1]. »

Ulysse obéit, non sans avoir pathétiquement déploré sa destinée, réclamé le secours accoutumé de Minerve, la vengeance due par Jupiter aux droits de l'hospitalité violés. Malgré la contagion de tant de bouffonneries, il ne cesse pas, cela est remarquable, de penser, de parler en héros tragique. Dans quelle tragédie trouverait-on une image plus vive que celle-ci ?

« Hélas ! hélas ! j'ai échappé aux travaux de Troie, aux dangers de la mer, et c'était pour faire naufrage contre l'âme inabordable de cet impie[2]. »

Après un chœur dans lequel est très-sérieusement détestée la barbarie du Cyclope, Ulysse vient raconter qu'il l'a vu dévorer deux de ses compagnons. Il fait chez Homère[3] le même récit et trace le même tableau, mais, on s'en souvient, en quelques traits rapides, énergiques, terribles, auxquels ni Virgile[4], ni même Ovide[5], n'ont cru

1. V. 329-346.
2. V. 347 sqq.
3. *Odyss.*, IX, 287 sqq.
4. *Æn.*, III, 622 sqq.
5. *Metam.*, XIV, 154 sqq.

devoir ajouter. Euripide, avec moins de goût, mais peut-être selon les convenances du drame satyrique, qui se plaisait à amuser les imaginations de merveilles[1] monstrueuses et parfois grotesques, a rapetissé la scène par un long détail de la façon dont s'y prend pour tuer, dépecer, cuire et rôtir ses victimes, celui qu'il appelle, ce mot résume l'esprit du morceau et en contient la critique, le cuisinier de Pluton[2].

Euripide se tient plus près d'Homère dans le reste du récit, quand Ulysse, après avoir peint vivement le désespoir et l'effroi de ses compagnons, raconte quelle résolution lui ont inspirée les dieux et de quelle manière il a déjà commencé de la mettre à exécution[3]. Offrant au Cyclope ravi coupe sur coupe de ce vin délicieux dont tout à l'heure il faisait fête à Silène, il va l'amener par l'ivresse au sommeil, et alors, s'armant d'un pieu énorme, trouvé dans la caverne, dont il aiguisera et durcira au feu l'extrémité, il crèvera l'œil du monstre. Cette confidence faite aux Satyres, auxquels, ainsi qu'à leur père Silène, l'entreprise hardie d'Ulysse doit rendre la liberté, le héros rentre dans la caverne.

On avait quelque droit de s'étonner qu'il en fût sorti si librement. Le Cyclope d'Homère, qui ne s'y retire jamais sans en fermer l'entrée avec un rocher que nulle force humaine ne pourrait ébranler[4], garde plus soigneusement ses prisonniers. Euripide, qui avait certainement conscience de cette invraisemblance nécessaire, semble avoir été au-devant d'une autre qu'on aurait pu être tenté de lui reprocher, en prêtant à Ulysse ces généreuses paroles :

« Je n'abandonnerai pas mes amis, pour me sauver seul, comme je pourrais le faire, étant sorti de l'antre. Il ne serait pas juste de fuir sans eux des dangers où je les ai conduits[5]. »

1. Voyez v. 375.
2. V. 396.
3. Cf. Hom., *Odyss.*, IX, 318 sqq.
4. *Ibid.*, 240 sqq., 304 sq., 313 sq.
5. V. 476 sqq. C'est un héroïque dévouement au sort de ses compa-

Quand Ulysse a communiqué son dessein aux Satyres, ils ont, dans leur enthousiasme irréfléchi, dont ils pourront plus tard se repentir, obtenu qu'il leur serait permis d'y prendre part. Maintenant, toujours pleins d'une généreuse ardeur, ils se disputent à qui mettra le premier la main à l'arme vengeresse. Le Cyclope cependant fait retentir la caverne des accents de sa joie brutale, de ses chants grossiers et discordants; et le chœur donne de loin à cet ignorant comme une leçon [1] de poésie bachique, en chantant lui-même le vin, l'amour, et quel amour ! Il y a ici des traits par lesquels sont compromises de plus en plus la gravité, l'honnêteté d'Euripide, et dont la licence prépare aux monstrueuses obscénités de la scène suivante.

Cette scène ramène Polyphème, tout appesanti par son odieux repas et se comparant lui-même à un bâtiment de transport qui fléchit sous sa charge[2], la tête déjà toute troublée par les vapeurs du vin. Il vient, en chancelant, faire sa partie dans le joyeux concert[3]. Les paroles par lesquelles on salue son entrée, annoncent obscurément la catastrophe qui s'apprête; il y est question du flambeau déjà allumé pour la nouvelle épouse, de la guirlande aux vives couleurs dont va se parer son front[4]. Ces équivoques sinistres et menaçantes ne sont pas rares dans la tragédie grecque, et, sans qu'il soit besoin d'en chercher plus loin des exemples, chacun se rappelle de quel ton,

gnons, dont il ne veut pas se séparer, qui fait rentrer l'Ulysse d'Euripide dans l'antre du Cyclope. On a quelquefois vu une allusion à l'Ulysse de quelque autre drame satyrique dans ce mot de Caton l'ancien à Polybe, rapporté par Plutarque (*Vit. Cat. maj.*, c. IX) : Le Sénat ayant consenti, non sans peine, au retour des exilés d'Achaïe dans leur patrie, Polybe voulait se présenter de nouveau devant cette assemblée pour en obtenir leur rétablissement dans leurs anciens honneurs. Caton qu'il sondait à ce sujet, lui répondit en riant : « Il me semble, Polybe, qu'échappé comme Ulysse de l'antre du Cyclope, vous voulez y rentrer, pour prendre votre chapeau et votre ceinture, que vous y avez oubliés. »

1. V. 489 sq.
2. V. 502 sq.
3. V. 439 sq. Voyez l'explication de Boissonade, t. II, p. 358 de son Euripide.
4. V. 511 sqq. Voyez les notes de Boissonade, *ibid.*, p. 359.

dans *les Bacchantes*, Bacchus insulte à l'égarement de Penthée[1].

Le dialogue d'Ulysse avec le monstre redoutable qui va devenir sa victime et dont il prend plaisir à provoquer les saillies grossières, les quolibets impies, a aussi ce caractère; c'est de la farce tragique. On doit louer le poëte de l'art avec lequel il inspire des doutes sur le succès de l'entreprise; c'est quand Polyphème, qui semble avoir le vin assez bon, parle de faire partager aux Cyclopes, ses frères, son heureuse fortune. Ulysse a bien de la peine à l'en détourner, et il n'y réussit qu'avec l'assistance de Silène, lequel, on le comprend, ne se montre nullement favorable à cette idée de partage.

C'est ici que le Cyclope, se déridant de plus en plus, demande gracieusement à Ulysse son nom, et que trouvent leur place des facéties, vénérables par leur antiquité, et qu'Euripide a empruntées, presque textuellement, au grave et solennel récit d'Homère[2].

LE CYCLOPE.

Dis-moi, ô étranger, quel nom il faut que je te donne.

ULYSSE.

Personne. Mais de quelle grâce aurai-je à te remercier ?

LE CYCLOPE.

De tous tes compagnons tu seras le dernier que je mangerai.

ULYSSE.

Voilà ce qui s'appelle bien traiter un hôte, ô Cyclope[3].

La scène va toujours s'égayant. Silène, qui fait office d'échanson, trouve moyen, par mainte espièglerie[4], comme Sganarelle au souper de don Juan, tantôt en dérobant la coupe, tantôt en s'occupant gravement de la remplir selon les règles, une autre fois en enseignant

---

1. Voyez, plus haut, p. 263.
2. *Odyss.*, IX, 355-370.
3. V. 544 sqq.
4. Voyez encore une ingénieuse note de Boissonade, *ibid.*, p. 359, sur le v. 566.

comment on boit savamment, élégamment, de détourner, à son profit, une bonne part de la liqueur contenue dans l'outre [1]. Le Cyclope, pour sauver le reste, réclame les services d'Ulysse, qui achève de l'enivrer. La coupe qu'on lui présente, et où se plonge en quelque sorte le géant avide, lui semble un océan duquel il s'échappe à la nage. Il voit les cieux ouverts, et, au milieu de la cour de Jupiter, les Grâces qui lui font des agaceries [2]. Mais il n'a garde d'y répondre ; ses tendresses grotesques sont pour Silène, son favori, qu'il embrasse à l'étouffer. Je n'oserais dire à quels excès s'emporte ici le drame satyrique, combien il dépasse les limites de la plaisanterie décente, recommandée depuis par Horace à cette tragédie égayée.

> Effutire leves indigna tragœdia versus
> Intererit Satyris paulum pudibunda protervis [3].

Ulysse rentré, comme Polyphème, dans la caverne, après de vifs et pressants appels à l'assistance des cieux, en ressort bientôt pour annoncer aux Satyres que le Cyclope est endormi, le flambeau allumé, la vengeance prête, qu'il n'attend plus que leur aide, souvent et solennellement promise. Ici se place une péripétie bouffonne. Les Satyres, jusqu'alors si courageux en paroles, reprennent subitement leur caractère ; ils ne se disputent plus à qui marchera le premier, mais à qui ne marchera point du tout [4] ; ils sont bien loin ; ils sentent leurs jambes qui leur manquent, leurs yeux qui se remplissent comme de sable et de cendre ; ils sont émus d'une tendre compas-

---

1. Un bas-relief antique donné par Zoëga (*Bassiril.*, 69), et qui semble à Welcker (*ibid.*, 328) se rapporter aux inspirations du drame satyrique, représente un Satyre vidant furtivement la coupe d'Hercule. Plusieurs scènes semblables se voient parmi les monuments rassemblés par M. Guigniaut dans le IV° volume de ses *Religions de l'antiquité*, pl. CLXXV, 683ª; CXCII, 683. Hercule, frustré de son repas, est au nombre des sujets rebattus, qu'Aristophane se vante (*Vesp.*, 60) de ne pas reproduire.
2. V. 579.
3. *Epist. ad Pisones*, v. 231 sq.
4. V. 625 sqq. Cf. 481 sqq.

sion pour leurs épaules et leurs mâchoires menacées ; ils disent enfin savoir un certain chant d'Orphée, si puissant, qu'à l'entendre seulement, le tison se dirigera de lui-même vers l'œil du Cyclope. Ulysse, qui les traite, sans cérémonie, de poltrons, est bien forcé d'accepter le seul secours qu'il en puisse tirer, celui de leurs chants[1] pendant lesquels, seul avec ses compagnons, il accomplit l'œuvre[2].

On entend les plaintes du Cyclope ; on le voit paraître tout sanglant. A son aspect n'éclatent point ces cris d'effroi et de douleur qui accueillaient Œdipe aveugle[3], mais des railleries, d'insultantes risées. Homère[4] en a encore fourni le texte :

LE CHŒUR.

Qu'as-tu donc à crier, Cyclope ?

LE CYCLOPE.

C'est fait de moi.

LE CHŒUR.

Tu es affreux à voir.

LE CYCLOPE.

Et bien malheureux.

LE CHŒUR.

Est-ce que, dans ton ivresse, tu serais tombé parmi les charbons ardents ?

LE CYCLOPE.

L'auteur de mon mal, c'est PERSONNE.

LE CHŒUR.

Nul ne t'a donc maltraité ?

1. V. 649 sqq. Ils ont été savamment et ingénieusement expliqués et rapprochés d'un chœur des *Grenouilles* d'Aristophane dans un mémoire lu en 1853, par M. Rossignol, à l'Académie des inscriptions et belles-lettres, et inséré en 1857 au tome XXI, p. 310 sqq. des *Mémoires* de cette compagnie.
2. Non pas, comme quelques critiques ont paru le croire, devant les spectateurs, mais dans l'intérieur de l'antre, où se passent bien d'autres choses, *intus digna geri*.
3. Voyez t. II, p. 189 sq., 218.
4. *Odyss.*, IX, 407-414.

LE CYCLOPE.

Je te dis qu'on m'a crevé l'œil et que c'est Personne.

LE CHŒUR.

Tu n'es donc point aveugle ?

LE CYCLOPE.

Puisses-tu l'être aussi peu que moi !

LE CHŒUR.

Mais comment, par le fait de personne, devenir aveugle ?

LE CYCLOPE.

Tu me railles ! Mais où est-il, Personne ?

LE CHŒUR.

Nulle part, Cyclope[1].

Polyphème veut à son tour se venger de ses bourreaux ; il demande où ils sont : à droite, à gauche, de ce côté, de cet autre, répond le chœur, continuant à se jouer de sa rage impuissante, et sur ces malignes indications, le monstre stupide va se heurter rudement la tête contre les rochers. Ce n'est plus la caricature d'Œdipe, mais celle de Polymestor, poursuivant dans l'ombre la troupe fugitive des Troyennes[2].

Enfin retentit à son oreille la voix d'Ulysse, qui, cette fois, se donne son véritable nom. Polyphème reconnaît dans cette aventure l'accomplissement d'une prédiction qui lui fut autrefois adressée, et dont l'effet était inévitable[3]. C'est la fatalité de la tragédie étendue au drame satyrique. Tandis qu'il s'apprête à gravir la montagne pour lancer de là un quartier de roche sur le vaisseau d'Ulysse, le héros prend le chemin du rivage avec les Satyres qui s'applaudissent de n'avoir plus désormais d'autre maître que Bacchus[4]. C'est le dernier mot de la pièce, et je ne doute guère qu'à la fin des autres drames satyriques, ne fût de même marquée, par quelque trait,

---

1. V. 663-669.
2. Voyez t. III, p. 390.
3. Cf. Hom., *Odyss.*, IX, 506 sqq.; Ovid., *Metam.*, XIII, 770 sqq.
4. V. 703.

la destination religieuse de ce genre d'ouvrages, d'ailleurs si futile, qui payait au culte du dieu, en bouffonneries, la dette de la tragédie.

Assurément *le Cyclope* d'Euripide, indépendamment de ses divers mérites, est un morceau d'antiquité fort curieux, et Brumoy l'aurait traduit aussi complétement que le pense La Harpe [1], qu'il n'y aurait pas lieu de tant admirer la patience du traducteur. Dès le temps d'Eustathe [2], c'était déjà le monument unique du genre ; il représentait seul ce qu'en ont tiré, pendant plusieurs siècles, non-seulement les trois grands tragiques, mais la foule de leurs devanciers, de leurs rivaux, de leurs successeurs. Ces légers ouvrages, simple complément du spectacle, auxquels et leurs auteurs et le public attachaient sans doute peu d'importance, qui n'ajoutaient pas grande valeur aux tétralogies couronnées dans les concours dramatiques, qu'en ont séparés, dans leurs recueils, les savants collecteurs d'Alexandrie, Aristarque, Apollonius, pour ne tenir compte que des trilogies [3], ont dû la plupart disparaître d'assez bonne heure. La critique moderne s'est appliquée à en retrouver la trace bien effacée [4]. Elle n'a réussi qu'à rassembler, qu'à classer, avec quelques noms de poëtes, un petit nombre de titres et de fragments, trop peu intelligibles [5]. Ce qui, dans cet inven-

---

1. *Lycée.*
2. Ad *Odyss.*, XVIII.
3. Schol. Aristoph., *Ran.*, 1124.
4. Voyez surtout Welcker, Friebel, *ibid*. Aux drames satyriques mentionnés par Friebel, il faut peut-être ajouter, avec Welcker, *la Naissance de Jupiter*, Ζηνὸς γοναί, du poëte tragique Timésithée. Voyez Suidas, à ce mot.
5. Je ne sais si on était suffisamment autorisé à comprendre parmi les drames satyriques la *Gigantomachie* d'Hégémon de Thasos (Barthélemy, Schoell, *ibid.*), la *comédo-tragédie* d'Alcée de Mytilène, les *hilaro-tragédies* de Rhinton (Eichstaedt, *ibid.*). Welcker montre fort bien (*ibid.*, p. 334) combien le drame satyrique, qui n'enlevait point aux héros mythologiques leur dignité, qui ne se proposait point la censure des mœurs, différait de plusieurs genres avec lesquels on l'a, bien à tort, confondu, de la parodie, de la comédie à personnages héroïques, de la comédie proprement dite. Seulement, je le trouve bien rigoureux quand il blâme Eustathe d'avoir dit que ce drame était une sorte de milieu entre la tragédie et la comédie ; quand il défend

taire d'une partie si oubliée du théâtre antique, occupe le plus de place, ce sont les débris des drames satyriques d'Achæus[1]. On ne doit pas s'en étonner : selon le sentiment de certains juges, par exemple du philosophe d'Érétrie, Ménédème[2], son compatriote, il est vrai, Achæus était, après Eschyle, celui de tous les poëtes grecs qui avait le mieux réussi dans ce genre de composition.

La matière et l'intérêt du drame satyrique durent, je le pense, s'épuiser assez vite, et l'on fut naturellement amené à se permettre de compléter quelquefois les tétralogies par des tragédies d'un genre particulier, qui, contre l'ordinaire, se terminaient au bonheur, à la joie. Tel fut, nous le savons, j'ai eu plus d'une occasion de le rappeler[3], la destination de l'*Alceste*, et par là s'explique l'expression, au premier abord étrange, du scoliaste qui trouve dans cette pièce quelque chose de *satyrique*[4]. On a conjecturé la même chose de l'*Oreste*, de l'*Hélène*, d'autres pièces encore, et trouvé dans cette nouvelle constitution de la tétralogie, introduite, ce semble, par Euripide, une explication du petit nombre de drames satyriques, huit seulement, que présente le catalogue de ses ouvrages.

Faut-il croire que les Satyres, desquels la tragédie s'accoutumait ainsi à se passer, furent recueillis par la comédie, et qu'à côté du drame tragico-satyrique, vécut quelque temps, pour finir par le remplacer tout à fait, celui qu'on a appelé comico-satyrique? Plusieurs critiques l'on prétendu[5] ; mais leur opinion, imposante assurément, a ren-

---

de lui appliquer l'épithète de tragi-comique. Pour justifier ces expressions, ne suffit-il pas du mélange de sérieux et de plaisant qui s'y rencontre ?

1. Voyez, sur ce poëte, t. I, p. 80, 71 sq., 93.
2. Diog. Laert., II, 5, 133.
3. T. I, p. 28, 31 ; III, 210, 220.
4. Voyez t. III, p. 210. Cf. p. 270. C'est à ce genre de tragédie que plusieurs critiques (voyez, plus haut, p. 230 sq.) renvoient les pièces dans lesquelles ils ne peuvent reconnaître des drames satyriques, faute de pouvoir s'expliquer quel rôle y jouaient les Satyres.
5. Casaubon, *ibid.*, I, v ; Spanheim, *ibid.*; surtout Eichstaedt, dont

contré de graves contradicteurs[1], et me semble aujourd'hui abandonnée[2].

Une inscription fort curieuse, que j'ai plus d'une fois rappelée[3], parmi un certain nombre de poëtes dramatiques et de comédiens, couronnés dans la ville béotienne d'Orchomène, à la fête des Grâces, en la CXLV^e olympiade, c'est-à-dire de 200 à 197, mentionne un Aminias, Thébain, comme auteur de drames satyriques, spécialement. Il en résulte qu'à cette époque le drame satyrique était redevenu, ce qu'on suppose qu'il avait été d'abord[4], indépendant de la trilogie tragique ; qu'il avait en propre ses auteurs, ses représentations, ses récompenses.

La forme du drame satyrique paraît avoir été quelquefois employée par d'autres poëtes que des poëtes d'Athènes, mais dans des intentions de moquerie contemporaine et personnelle, jusque-là étrangères au genre. Elle se reproduisit, pense-t-on, avec ce nouveau caractère, quand Philoxène, au fond des carrières de Denys l'Ancien, osa peindre allégoriquement l'oppresseur de son goût révolté, son tyrannique rival auprès de la belle Galatée, sous le personnage du Cyclope[5], si toutefois le poëme qu'il intitula ainsi était bien un drame satyrique[6], et même, on en peut douter, malgré quelques témoignages[7], un drame[8]. C'étaient plus incontestablement des drames satyriques que ces autres poëmes où Python, soit de Catane, soit de Byzance, d'autres disaient Alexandre lui-même,

---

j'ai déjà cité, p. 273, le livre *de Dramate Græcorum comico-satyrico*; d'après lui Schœll., *ibid.*, IV, 28, etc.

1. God. Hermann, *Epist. de Dramate comico-satyrico*, citée plus haut, p. 273.
2. C'est ce qu'a dit assez récemment Friebel, *ibid.*, p. 17.
3. T. I, p. 6, 101.
4. Voyez, plus haut, p. 279.
5. Plutarch., *de Fort. Alex.*; Ælian., *Var. hist.*, XII, 44 ; Athen., *Deipn.*, I.
6. Eichstaedt, *ibid.*, p. 31 sq.
7. Schol. Aristoph., *Plut.*, 290, 298. Cf. Aristot. *Poet.*, II. Dans ce dernier passage, *le Cyclope* semble rapporté à la poésie lyrique.
8. Eichstaedt, *ibid.*, p. 32 sq.

tourna en ridicule Harpalus et les Athéniens [1] ; où Lycophron insulta à la frugalité trop philosophique des repas de son compatriote Ménédème [2]. Au reste, de ces trois ouvrages, un seul probablement, le second, fut porté sur une scène. Il fut représenté, mais, on le croit [3], isolément, sans lien avec une trilogie tragique, aux bords de l'Hydaspe, dans le camp d'Alexandre, lorsqu'on y célébrait les fêtes de Bacchus [4]. Le conquérant, dans ses réjouissances militaires, semblait ramener le cortège du dieu aux lieux d'où le faisaient venir les croyances mythologiques.

Le passage est naturel de Lycophron à Sosithée, comme lui de la pléiade tragique d'Alexandrie [5], qui dut de même, dans de savants pastiches, reproduire, avec la tragédie d'Athènes, son drame satyrique, et qu'une épigramme de Dioscoride [6] célèbre précisément comme ayant été le restaurateur du genre, comme lui ayant restitué sa forme antique, le dorisme des chœurs particulièrement, dont ce document curieux nous fait comprendre qu'on s'était écarté. Un vers, que cite de lui Diogène Laërce [7], pourrait faire penser qu'il se servit de ce genre contre le philosophe Cléanthe, à peu près de la même manière que Lycophron contre le philosophe Ménédème. Quoi qu'il en soit de cette conjecture [8], on doit voir un drame satyrique, et, comme on l'entend généralement, c'est-à-dire relevant de la tragédie, et non de la comédie [9], dans ce *Lityerse*, ou ce *Daphnis* (on donnait à la pièce ces deux noms), dont les fragments [10], accrus

---

1. Athen., *Deipn.*, I, XIII.
2. Athen., *Deipn.*, II, X ; Diog. Laert., II, 140.
3. Casaubon, *ibid.*, I, v, etc.
4. Athen., I, XIII.
5. Voyez t. I, p. 119.
6. *Anthol. palat.*, VII, 40. Cf. Fr. Jacobs, *Anthol. græc.*, t. I, p. 252 ; VII, 397 sqq.
7. VII, 5.
8. Friebel, *ibid.*, p. 120.
9. Eichstaedt, *ibid.*, et, d'après lui, Schœll, *ibid.*
10. Athen., *Deipn.* X ; Tzetzès, *Chil.*, II, 592 ; VI, 300.

d'une façon notable en 1584 [1], ont, depuis cette époque, tant exercé la science philologique [2]. Lityerse, c'était un fils de Midas qui régnait sur la ville de Célènes en Phrygie. Ce prince, grand mangeur, grand buveur, traitait fort largement ses hôtes ; mais il leur faisait payer cher sa bonne réception : il les conduisait dans ses champs pour l'aider à les moissonner, et, vers le soir, prenant son temps, leur abattait la tête avec sa faux, puis rapportait leur corps roulé dans ses gerbes, riant beaucoup d'un si bon tour [3]. Le fameux berger Daphnis, en quête de sa maîtresse, que des pirates avaient enlevée et vendue à Lityerse, aurait trouvé, comme tant d'autres, la mort à la cour de ce monstre, si le sort n'y eût envoyé un redoutable travailleur, Hercule, qui le traita lui-même ainsi qu'il traitait ses victimes, et le jeta dans le Méandre [4]. Considéré comme moissonneur habile et infatigable, ce Lityerse avait donné son nom aux chansons que chantaient, en travaillant, les moissonneurs [5] : sa légende [6] était, du reste, merveilleusement propre au drame satyrique : elle offre une ressemblance frappante

---

1. Par Casaubon, *Lect. Théocrit.*, c. XII, d'après des scolies manuscrites de Théocrite.

2. Dalechamps, 1597, *Annot.* in Athenæum, lib. X, p. 767 ; Fr. Patrizzi, Jac. Mazzoni, divers écrits publiés à la fin du XVI° siècle (voy., sur leur polémique très-vive, Lor. Crasso, *Ist. de Poeti greci*, Neap., 1678, p. 480 ; Ant. Mongitore, *Biblioth. sicul.*, Palerm., 1707, t. II, p. 235 ; Moreri, *Dictionn.*, t. II, p. 1155 ; Ginguené, *Hist. litt. d'Italie*, t. VI, p. 324) ; G. Arnauld. *Specim. animadv. critic.*. Amstel., 1730, c. IX, p. 48-56 ; Jac. Saint-Amand, *Theocriti Wartoniani addend. et corrigend.*, 1770, t. II, p. 325 sqq.; A. H. L. Heeren, *Bibl.*, etc. Gotting., 1789, VII, p. 10 sqq. ; Eichstaedt, God. Hermann, Friebel, *ibid.*, etc.; en dernier lieu Wagner, *ibid.*, p. 150 ; Nauch, *ibid.*, p. 639.

3. Voyez, outre les fragments de Sositheé, Athen., *Deipn.*, X ; J. Poll. IV, VII, 54, 55 ; Hesych., Phot., Suid., *Lexic.*, v. Ἀττυέρσης ; Mich. Apostol., XII, 7 ; Schol. Theocrit. *Idyll.* X, 41, etc.

4. Servius ad Virg., *Buc.*, VIII, 68.

5. Theocrit., *ibid.*; Cf. Athen., J. Poll., Hesych., Suid., *ibid.*; La Nauze, *Sur les Chansons de l'ancienne Grèce*, Mém. de l'Ac. des inscr. et belles-lettres, t. IX, p. 348 sqq.

6. Voyez-en l'explication symbolique, d'après Creuzer, dans les *Religions de l'Antiquité* de Guigniaut, liv. IV, ch. v (t. II, 1ʳᵉ part., p. 188 sq.).

avec celle de laquelle Euripide a tiré son *Sylée*¹, et je ne voudrais pas répondre que ce poëte ne l'ait pas traitée lui-même, avant Sosithée, dans ses *Moissonneurs*, qui, je l'ai dit ailleurs², terminaient une de ses tétralogies.

Selon Diogène Laërce³, ce philosophe caustique, qui, au temps de Ptolémée Philadelphe, se moqua en vers déplaisants, non-seulement des philosophes ses confrères, mais aussi des littérateurs entretenus dans le musée d'Alexandrie⁴, Timon avait composé comme eux, avec force comédies et tragédies⁵, des drames satyriques. Timon était de Phlionte, et parmi tant de genres divers auxquels s'appliqua son talent flexible, ne pouvait oublier celui qui avait pris naissance en son pays.

Diogène Laërce⁶ attribue encore des drames satyriques à un certain Démétrius, qu'il range, comme auparavant⁷ un tragique du nom de Bion, parmi les poëtes tarsiques, ce qui ne veut pas dire natifs de Tarse, mais bien, Casaubon l'a expliqué⁸, composant, écrivant dans un genre, une manière auxquels cette ville avait donné son nom. L'époque à laquelle la métropole de la Cilicie devint le siége d'un mouvement littéraire assez considérable,

---

1. Voyez, plus haut. p. 287 sqq. Lityerse et Sylée sont un même personnage pour Friebel, *ibid.*, p. 13. L'auteur d'une dissertation, publiée à Berlin, en 1831, *De Cantilenis popularibus veterum Græcorum*, Hermann Koester, avance, p. 27, ainsi que Bode, *ibid.*, p. 480, 523, sans preuves, il est vrai, que le *Sylée* d'Euripide et ses *Moissonneurs* étaient une seule et même pièce. Il le dit probablement d'après Welcker (*Trilog. Suppl.*, p. 288, 302), qui, rapportant aussi à un même ouvrage les deux titres, avait de plus donné à Friebel l'exemple de confondre en un seul personnage Sylée et Lityerse. Depuis, Hartung, *ibid.*, t. I, p. 163, 374, Wagner, *ibid.*, p. 709, les ont distingués, mais ont émis cette opinion que dans son drame satyrique des *Moissonneurs* Euripide avait traité un sujet à peu près semblable à celui du Lityerse.
2. Voyez t. I, p. 31.
3. IX, 12.
4. Athen., *Deipn.*, I. Voyez notre t. I, p. 118 sq.
5. *Ibid.*, p. 119.
6. V, 85.
7. IV, 58.
8. *Ibid.*, I, v,

pour que ses écrivains, comme ceux de Rhodes, par exemple, pussent faire école, est celle du géographe Strabon, qui y avait étudié, et auquel nous devons quelques détails curieux[1] sur cette littérature tarsique ; un, entre autres, qu'il m'importe de recueillir comme supplément à l'histoire générale que j'ai retracée ailleurs[2] de la tragédie grecque. Il n'y a rien au monde d'absolument nouveau. Les littérateurs qui, de nos jours, en Italie et même en France, ont osé improviser des tragédies, apprendraient peut-être avec surprise qu'ils ont eu, il y a près de deux mille ans, chez les hommes de lettres de Tarse, grands improvisateurs en vers aussi bien qu'en prose, des prédécesseurs dans ce genre de tour de force.

Nous voici arrivés, avec le Démétrius de Diogène Laërce, à peu près au temps où Vitruve[3], réglant la décoration de la scène, disait qu'elle devait varier selon qu'on représentait des tragédies, des comédies, ou des drames satyriques ; au temps où Horace, dans son Épitre aux Pisons[4], donnait du drame satyrique une poétique complète. L'attention particulière accordée à ce genre, tout à la fois, par le grand architecte, par le grand critique, paraîtrait vraiment bien extraordinaire, si le drame satyrique avait été aussi complétement étranger à la littérature latine, que l'ont prétendu les grammairiens[5], s'il fallait croire avec eux que les drames satyriques des Romains étaient uniquement les fables atellanes. Qu'il y ait eu entre les deux genres, qui offraient plus d'un trait de ressemblance[6], qui surtout admet-

---

1. XIV.
2. T. I, p. I sqq.
3. V, 8.
4. V. 220-250.
5. Diomed., III ; Marius Victorinus, II.
6. Voyez Burette, *Mém. de l'Acad. des inscript. et belles-lettres*, t. I ; Spanheim, *ibid.*; Sanadon, *Remarques sur Horace* ; Eichstaedt, *ibid.*; parmi des critiques plus récents, C. Magnin, *Origines du théâtre moderne*, 1838, introduction, c. 3, t. I, p. 318 sqq.; Munck, *De Fabulis Atellanis*, Leipzig, 1840, p. 76 sqq., etc.

taient également certains personnages bouffons, toujours les mêmes, le premier, Silène et les Satyres, le second son Maccus, son Bucco, etc., de certaines analogies ; qu'ils aient été, l'un à l'égard de l'autre, dans la même relation où se trouvaient la tragédie, la comédie traduites, imitées du grec, et la tragédie, la comédie de sujets romains, la *fabula crepidata* et la *fabula prætextata*, la *palliata* et la *togata* [1], on peut le concevoir. Mais ce qui ne se concevrait pas aussi facilement, c'est que Vitruve eût dessiné pour l'atellane la scène satyrique, c'est qu'Horace, dans sa poétique du drame satyrique, eût voulu donner les règles de l'atellane [2]. Faut-il regarder et la description de Vitruve et la définition d'Horace comme s'adressant aux Grecs et non pas aux Romains, ou bien les prendre pour un conseil indirect donné à ces derniers, de suivre plutôt les exemples des Grecs que ceux du pays des Osques ? Ces explications [3] sont ingénieuses, je n'en disconviens pas, mais bien forcées, et il me paraît plus naturel d'admettre

---

1. Aux indications données sur ces divers genres et leurs relations par Donat. (*de Trag. et Comœd.*; in Terent., *Adelph.*, prol. 7), par Diomède (III), se sont ajoutées celles qu'on a trouvées dans un ouvrage de Lydus (*de Magistrat, reip. Rom.*), publié à Paris, en 1812, par MM. Fuss et Hase. Du rapprochement de ces témoignages, Rouvens (*Collectan. litterar., sive Conject. in Attium, Diomedem, Lydum*, etc., Leyde, 1815) a tiré une classification, reproduite en 1831, par l'éditeur de la *Bibliotheca classica latina*, Lemaire, dans un intéressant *excursus* de son Horace, t. II, p. 556 sqq.
2. Dacier, *Remarques sur l'Art poétique* d'Horace.
3. Eichstaedt, Munck., *ibid.*, etc. Cf. Orelli, *ibid.* Wieland avait émis cette opinion, fort spécieuse, qu'Horace, en montrant aux fils de Pison la difficulté de l'art des vers, s'était surtout proposé de provoquer leurs réflexions sur les dangers d'une vocation douteuse, et par là de les détourner de la carrière poétique. M. Orelli est allé plus loin : ne pouvant s'expliquer l'insistance singulière du poëte à définir le caractère, à développer les règles d'un genre qui paraît n'avoir guère été cultivé que par les Grecs, dont il n'existe, dans toute l'histoire de la littérature latine, que quelques vestiges, et encore fort obscurs, il a pensé que ce genre, encore intact ou à peu près, était probablement l'objet particulier de l'ambition poétique d'un des jeunes Pisons, et qu'Horace, à qui n'échappait pas l'extrême difficulté de le naturaliser à Rome, de le faire goûter aux Romains de ce temps, avait voulu dégoûter d'une entreprise si hasardeuse le fils de son ami.

que, dans l'universelle reproduction de la littérature grecque par les Romains, le drame satyrique n'a pas été oublié, bien que, je ne dis pas aucun monument, mais presque aucun débris, aucune trace ne l'attestent. Il suffirait de ce vers :

Agite, fugite, quatite, Satyri !

s'il était plus sûr qu'on n'y doit pas voir un exemple de métrique arbitrairement forgé par le grammairien lui-même [1] qui le rapporte [2]. Étaient-ce des drames satyriques que ce Lycurgue de Névius [3], dans lequel Silène avait un rôle ; que ces comédies de Sylla, traitées de satyriques par Athénée [4] ? Il est permis d'en douter. Le frère de Cicéron, ce tragique amateur, a-t-il imité la petite pièce dans laquelle Sophocle avait trop gaiement représenté le repas des généraux grecs [5] ? Le passage de la correspondance de l'orateur [6] qui a paru l'établir [7] n'a pas malheureusement toute la clarté désirable [8]. Il y a moins de doutes, ce semble, au sujet de l'Atalante, du Sisyphe, de l'Ariane, attribués par le scoliaste d'Horace, Porphyrion [9], sous le titre de drames satyriques, à Pomponius, probablement Pomponius Secundus, tragique romain, célèbre sous les règnes de Caligula et de Claude. On souhaiterait toutefois à ce fait un garant d'une autorité plus irrécusable. Le personnage bouffon que remplit Silène dans les Césars de Julien, se rapporte bien aux souvenirs du drame satyrique des Grecs [10], mais ne fait pas de cet ouvrage un drame satyrique proprement dit. Concluons

---

1. Marius Victorinus, IV.
2. Casaubon, Eichstaedt, Orelli, *ibid.* Cf. Neukirch, *de Fabula togata Romanorum*, 1833.
3. Varro, *de Lingua latina*, VII, 63. Cf. Orelli, *ibid.*, p. 620.
4. *Deipn.*, VI. Cf. Plutarch., *Vit. Syll.*, II.
5. Voyez plus haut, p. 283 sq.
6. *Ad. Quint. frat.*, II, 16.
7. Orell., *ibid.*, p. 656.
8. Voyez la note de J. V. Le Clerc.
9. *Epist. ad Pison.*, v. 221.
10. Spanheim, *ibid.*

que, si l'on peut croire raisonnablement à l'existence de ce genre dans la littérature, soit latine, soit grecque, des Romains, on n'est nullement en droit de l'affirmer.

Quelque chose me l'atteste cependant; c'est que, dans l'espèce de traduction, faite sous les empereurs, de tout le théâtre tragique des Grecs par la pantomime [1], la tragédie enjouée, le drame satyrique avait certainement sa place. Des vers d'Horace [2] nous font assister à un Cyclope, traduit probablement d'Euripide par le geste animé, expressif, varié, suffisant à toutes les situations, à tous les personnages de la pièce, à Polyphème et aux Satyres tout à la fois, ou de Pylade ou de Bathylle.

Il est, au reste, facile de comprendre comment le drame satyrique n'ayant pu retrouver à Rome le sens, l'intérêt, la valeur qu'il avait à Athènes, les ouvrages de cette sorte, traduits ou imités par des poëtes latins, ont dû disparaître bien plus facilement encore et plus complétement que leurs originaux grecs.

Chez les modernes, il ne pouvait être question, en aucune manière, de drame satyrique, et c'est par l'effet du hasard que le caprice des écrivains en a quelquefois reproduit comme l'analogue ; par exemple, lorsque Shakspeare, je l'ai déjà dit [3], a présenté, sous un aspect si familier, les grandes figures de l'Iliade ; lorsqu'à l'exemple de la tragi-comédie espagnole, Quinault et les autres fondateurs de notre Opéra ont opposé à la partie héroïque de leurs œuvres une contre-partie comique, bouffonne même, quelque chose qui rappelait le mélange des Satyres avec les dieux et les héros ; ou bien encore lorsque la Comédie italienne s'est amusée si souvent à mettre en présence des personnages fameux de la fable et de l'histoire,

---

1. Voyez t. I, p. 143 sqq.
2. *Sat.* I, v, 63 ; *Epist.* II, II, 125 :

    Pastorem saltaret uti Cyclopa rogabat....
    Ludentis speciem dabit et torquebitur, ut qui
    Nunc Satyrum, nunc agrestem Cyclopa movetur.

3. Voyez, plus haut, p. 277.

son Arlequin, son Gille, ses grotesques de toutes sortes, pour ainsi parler, ses Satyres. Je ne puis dire ce que c'était qu'une tragédie de Polyphème, traduite de l'italien de Lélio père par Legrand, et représentée avec des divertissements en 1722. Il serait curieux de savoir ce qui s'y était conservé du drame satyrique des Grecs, et du *Cyclope* d'Euripide [1].

1. En 1863, l'auteur de *la Fille d'Eschyle* (voyez t. I, p. 42), M. J. Autran, a donné, le premier je crois, du *Cyclope* d'Euripide une traduction en vers français, aussi fidèle que le permettait la bienséance, et dont l'élégante facilité se plie souvent très-heureusement au double caractère de sérieux tragique et de gaieté folâtre offert par le modèle.

LIVRE CINQUIÈME.

JUGEMENTS DES CRITIQUES SUR LA TRAGÉDIE GRECQUE.

Si nous devions espérer de trouver quelque part une appréciation exacte de la tragédie antique, ce serait sans doute dans les écrits des anciens, pour qui elle était faite. Ils n'ont pu, ainsi que les modernes, se tromper sur son esprit, sur ses effets, sur sa constitution. Mais comme c'étaient là des choses familières à tout le monde, ils ne se sont pas mis beaucoup en peine de les expliquer. Il y a mille détails dont on juge inutile d'entretenir ses compatriotes, ses contemporains, parce qu'on les sait sur tout cela aussi instruits que soi-même. De là tant de lacunes dans l'histoire des peuples et aussi dans celle des arts. Ne nous étonnons donc point que les Grecs ne nous aient pas révélé tous les secrets de leur poésie dramatique, et qu'ils aient laissé, sur ce sujet, une ample matière à nos recherches. Il ne paraît pas d'ailleurs que ce peuple, doué d'une imagination si vive et si féconde, qui ne se lassait point d'admirer et de produire, ait eu longtemps le loisir de s'arrêter aux discussions de la critique, dont s'alimente aujourd'hui la curiosité beaucoup moins active des peuples modernes. Leur littérature était primitivement toute animée, toute vivante; elle s'exprimait par la parole et non pas par des livres; on écoutait les poëtes au théâtre et dans les temples, les orateurs à la tribune, les rhéteurs et les philosophes dans leurs écoles; les historiens eux-mêmes récitèrent plus d'une fois leurs annales devant le peuple assemblé. On écoutait, je le répète; mais on ne lisait point, ou du moins on lisait très-peu. Le sentiment délicat que ce peuple privilégié avait des beaux-arts se produisait à l'instant même par l'émotion naïve des auditeurs, par l'éclat involontaire de leur gaieté ou de leur attendrissement, par les approbations bruyantes de leur enthousiasme. Ils n'attendaient point au lendemain pour apprendre d'un littérateur de profession s'ils s'étaient ennuyés ou divertis. Ils n'avaient pas besoin qu'on les mît dans le secret de leurs affections, qu'on leur justifiât à eux-mêmes leurs dégoûts et leurs préférences : encore moins qu'on leur prouvât qu'ils avaient eu tort de siffler ou d'applaudir. Il y avait dans leur conscience littéraire, que ne faussaient point encore les systèmes et les théories, plus de certitude et de sécurité qu'il ne s'en trouve aujourd'hui dans la nôtre, préoccupée comme elle l'est de tant d'autorités contradictoires, et qui ne se décide plus guère qu'après réflexion, et presque toujours sur la foi d'autrui. Les Grecs étaient guidés dans leurs jugements par un tact prompt et sûr, que leur avait donné sans doute la plus heureuse nature, mais que perfectionnait chaque jour, et, on peut le dire, à chaque heure et à chaque instant, cette foule de productions admirables, qui faisaient pénétrer par tous les sens, jusqu'à leur intelligence, les pures et simples notions du vrai et du beau. Leurs poétiques étaient dans les œuvres de leurs artistes et de leurs poëtes, qui parlaient à tous un langage que tous savaient comprendre. Cette science qui s'exerce sur les conceptions de l'esprit, qui les explique et les juge, en les rapportant aux principes généraux des arts, lesquels ne sont autres que ceux de notre propre nature, cette science n'existait point encore; chacun la possédait à son insu, et l'appliquait spontanément en toute occasion; mais elle ne devint elle-même un sujet de recherches et d'études, elle ne parut dans des ouvrages spéciaux, dans des dissertations, des traités, que lorsque la verve créatrice qui animait la Grèce de Périclès commença à se ralentir. Avant qu'Aristote entreprît de soumettre à son analyse ces compositions, dont personne n'avait imaginé avant lui de séparer les éléments, on ne connaissait d'autre critique que l'admiration ou le dédain irréfléchi, mais presque toujours infaillible du peuple athénien; tout au plus pouvait-on donner ce nom aux justices littéraires exercées en son nom, avec tant de gaieté et souvent avec tant de rigueur, par l'ancienne comédie[1]. Cette progression est naturelle : dans l'âge de l'imagination, la critique se montre sous des formes vivantes; elle emprunte le langage de la passion; elle s'exprime par la satire et par l'épigramme; elle se mêle aux jeux de la scène et se couvre du masque grotesque que lui prête Aristophane. Dans l'âge de la réflexion, qui ne tarde pas à suivre, elle devient plus sérieuse, plus grave, plus élevée; elle quitte le théâtre pour l'école des philosophes et, associée aux plus hautes spéculations, elle prononce ses arrêts par la bouche d'Aristote. Je dis d'Aristote et je n'ajoute point de Platon, qui s'est borné à censurer la tragédie, qu'il aimait cependant, et admirait autant que personne, au nom de la religion, de la morale, de la politique[2].

Arrêtons-nous un instant à considérer le caractère si divers de ces deux juges, dont l'autorité doit être également imposante pour nous. Ce n'est pas manquer de respect au philosophe que de rapprocher de lui, en pareille matière, le poëte dont les fictions, pleines de gaieté et d'esprit tout ensemble, charmèrent le même peuple qui applaudissait aux œuvres pathétiques et sublimes des Sophocle et des Euripide; l'écrivain si élégant et si pur, en qui ses compatriotes se plaisent à reconnaître toutes les grâces du génie attique et dont Platon, le divin Platon, faisait sa lecture assidue. Si quelques modernes, plus délicats, n'ont vu en lui qu'un farceur indécent et grossier, s'ils n'ont pas voulu apercevoir sous les imagi-

1. On pourrait ajouter, chose étrange! par la tragédie elle-même. On s'autoriserait de quelques passages d'Euripide dans son *Électre*, dans ses *Phéniciennes*, particulièrement, que nous avons rappelés. t. I, p. 61, 347 sqq.; II, 349; III, 303 sq.
2. Voyez notre t. I, p. 77, 134.

nations bouffonnes qu'offrent, au premier abord, ses compositions, ce bon sens satirique qui s'y cache, comme pour inviter à le chercher, nous serons moins sévères ou plus justes, et nous recueillerons dans ses comédies les censures rigoureuses, mais raisonnables, qu'il a osé porter contre les grands poëtes dramatiques ses contemporains, et qui, pour être présentées sous cette forme tranchante et avec cette exagération que commandait l'esprit de l'ancienne comédie, n'en doivent pas moins être regardées comme l'expression du goût public d'Athènes. Quand nous voulons savoir ce que pensaient nos pères des ouvrages qui paraissaient de leur temps, et qui sont venus jusqu'à nous, nous recherchons les journaux d'alors, croyant trouver en eux les interprètes naturels de cette opinion que nous désirons consulter. Une telle ressource nous manque quand il s'agit d'interroger le goût des anciens Grecs, qui n'avaient point de journaux. Mais heureusement les sentiments du public trouvaient à Athènes un autre organe, dans la liberté que permettaient à la comédie les mœurs démocratiques, et qui, s'attaquant sans contrainte à tout ce qui semblait le plus respectable dans l'État, aux juges, aux généraux, aux orateurs, à ceux qui administraient et gouvernaient sous le nom du peuple, et, ce qui est plus fort, au peuple lui-même, ne devait certainement pas avoir pour les poëtes chargés de le divertir plus de ménagement.

Cette irrévérence révolte La Harpe, qui y voit un grave attentat contre la dignité de la littérature : « On doit s'étonner, dit-il très-sérieusement [1] au sujet de la comédie des Grenouilles, qu'on ait laissé représenter une satire contre deux [2] écrivains illustres, qu'Athènes admirait et qu'elle venait de perdre. » Cet étonnement rappelle celui de Voltaire, qui ne pouvait non plus comprendre que le gouvernement n'interdît pas la représentation d'une parodie de Sémiramis, dont il était fort chagriné, et qu'il parvint,

---

1. *Lycée.*
2. Il eût été plus exact de dire « un écrivain ». Il n'y a dans cette pièce de véritablement attaqué qu'Euripide.

je crois, par l'activité de ses démarches, à faire enfin supprimer. Il faut être bien spécialement de son siècle et de son pays, pour ne pas entrer plus avant dans l'esprit des mœurs antiques que n'y entre La Harpe, en parlant d'Aristophane, qu'il prétend juger. Les Athéniens trouvaient tout simple ce qui le surprend si fort. On ne voit pas que les hommes d'État, joués par les poëtes comiques, les aient accusés, en justice, de calomnie et de diffamation; Socrate, cet homme vertueux, souffrit sans se plaindre qu'on le traduisît sur la scène, comme le représentant des sophistes; il fit plus, il s'amusa, dit-on, lui-même, avec ses concitoyens, de cette peinture qui lui ressemblait si peu, mais qui ressemblait à bien d'autres. Lorsque la satire morale et politique était de droit commun, il n'est pas bien surprenant qu'on ait autorisé la satire littéraire. Euripide, je n'en doute pas, malgré quelques mouvements d'impatience, qui se sont trahis dans ses tragédies elles-mêmes[1], se résignait de meilleure grâce que Voltaire à l'impertinence des parodistes; il était trop Athénien pour ne pas accorder volontiers à la jalousie populaire ce léger dédommagement de l'admiration qu'il lui arrachait.

On répète souvent que la haine est aveugle; elle est aussi quelquefois très-clairvoyante. Personne n'a plus finement démêlé les secrètes imperfections des compositions d'Euripide qu'Aristophane, qui les cherchait avec toute la sagacité d'un critique et tout le zèle d'un ennemi. Ses raisonnements subtils, ses fausses maximes, les peintures séduisantes qu'il trace d'égarements coupables, l'abus qu'il fait du pathétique, les moyens matériels et peu dignes de l'art par lesquels trop souvent il excite la pitié, la négligence imprévoyante de ses plans, la mollesse de sa poésie et de son style, rien de tout cela n'échappe à la vue perçante d'Aristophane, qui ne se croit pas obligé d'apercevoir les beautés, ou du moins de les célébrer (il les connaissait; il était même accusé, et ne s'en défendait

---

1. Voyez la *Mélanippe*, fragm. XXII ; Athen. *Deipn.*, XIV.

pas, d'imiter le poëte qu'il dénigrait[1]); mais qui en revanche est fort habile à découvrir les défauts, et sait les placer dans le jour le plus divertissant et le plus comique. Veut-il se moquer de ces lambeaux, de ces haillons, dont Euripide habillait d'ordinaire ses héros, pour ajouter par cet appareil de misère à l'émotion naturelle que devait inspirer le tableau de leur infortune, il introduit, je l'ai dit ailleurs[2], on me pardonnera de me répéter, « un pauvre homme, accusé devant le peuple, et qui, cherchant les moyens de toucher son juge, imagine d'aller trouver le peintre des douleurs de *Télèphe*, et de lui emprunter quelque pièce bien déchirée, bien lamentable, de cette friperie dramatique, tant de fois reproduite aux yeux des Athéniens, et qui n'a pas encore lassé leur sensibilité[3]. » Veut-il peindre le fol engouement des générations nouvelles pour leur poëte favori, Euripide, qu'elles n'admirent pas toujours par ses meilleurs côtés, il fait raconter à Strepsiade, dans les Nuées[4], comment est venue sa querelle avec son fils Phidippide. Il lui a demandé de chanter, à la fin du repas, quelque chose de Simonide : « Vieille coutume ridicule! Méchant poëte! a répliqué le jeune homme peu respectueux pour les usages et la littérature du temps passé. — Eh bien! a repris le père, quelque chose d'Eschyle. — Méchant poëte encore, dur, ampoulé, bruyant! — Quelque chose donc de plus moderne. — Ah! bien volontiers. » Et le jeune homme a chanté des vers du poëte aimé de la jeunesse, du poëte à la mode, des vers d'Euripide, sur un inceste! Veut-il montrer qu'Euripide a rabaissé l'art tragique, il rapproche de nouveau dans un même cadre[5] et le poëte qui amena, par ses exemples, les peintures de la comédie nouvelle et fut comme le précurseur de Ménandre, et le sublime

---

1. Εὐριπιδαριστοφανίζων, a dit de lui plaisamment, au rapport du scoliaste de Platon, son rival et ennemi Cratinus. Voyez, avec les fragments d'Aristophane, éd. F. Didot, 1838, p. 501 (*Mulieres scenas occupantes*, 1), Meineke, *Fragm. com. Græc.*, 1839, t. I, p. 54; II, 225.
2. T. I, p. 50.
3. *Acharn.*, 409-493. — 4. V. 1339 sqq.
5. *Ran.*, passim. Voyez notre t. I, p. 70 sq., 94 sqq., 207 sqq.

créateur du théâtre, qui osa y faire paraître les dieux et les Titans, et dont on a pu dire avec vérité qu'il semble se contraindre, lorsqu'il ne peint que des hommes [1]. Le contraste est saillant, et Aristophane le fait encore ressortir par l'intarissable gaieté qui anime son parallèle; à la grandeur souvent démesurée d'Eschyle, à son emphase, à son obscurité, à ses locutions hardies et inusitées, à ses grands mots qui s'élèvent, dit-il, comme des tours du milieu de son style, il oppose plaisamment la morale quelquefois corruptrice d'Euripide, les grâces un peu efféminées, les faiblesses, les langueurs de sa composition et de sa poésie. Ainsi se trouvent caractérisés, avec un goût exquis, sous les formes les plus bouffonnes et les plus folles en apparence, deux des grands poëtes tragiques qu'a possédés la Grèce. Quant à Sophocle, il ne paraît point sur cette scène satirique où sont traduits ses illustres rivaux; son nom seul y est rappelé avec des éloges que ne restreint aucune censure; la prééminence qu'Aristophane semble par là lui accorder, et que lui confirment tous les bons juges, est le dernier trait de ce tableau plein de vérité comme d'enjouement, auquel applaudirent les Athéniens, qui y retrouvaient l'expression de leurs propres sentiments, et où La Harpe, qui avait d'Athènes et de sa littérature une connaissance certainement bien superficielle, n'a voulu voir que maladresse et mauvaise foi [2].

1. W. Schlegel.
2. Voyez, chez Aristophane, outre les passages qui viennent d'être cités, sur Eschyle : *Acharn.*, 92 sqq., 890; *Equit.*, 836; *Nub.*, 525 sqq., 896 sqq., 1352 sqq.; *Vesp.*, 592 sq.; *Pax*, 180; *Av.*, 805 sq., 1237; *Thesmoph.*, 134 sqq.; *Lysistrat.*, 138, 196, 711; *Eccles.*, 413. Sur Sophocle : *Nub.*, 253; *Vesp.*, 592 sqq., 726 sq.; *Pax*, 696 sqq. *Av.*, 100, 339, 1325; *Eccles.*, 79 sqq., 585. Sur Euripide : *Acharn.*, 47 sqq., 337 sq., 500, 509, 552, 567 sq., 839, 900 sq ; *Equit.*, 16, 814, 1238, 1246, 1248 sq., 1288 sq.; *Nub.*, 882, 914, 1402, 1413; *Vesp.*, 61, 111, 313, 726 sq., 769, 775, 1097, 1436; *Pax*, 135 sq., 147 sq., 536 sq., 723; *Av.*, 209, 523, 1235; *Thesmoph.*, 5, 87, 173, 177, 194, 272, 275, 383 sqq., 404, 413, 690 sqq., 776 sqq., 790 sq q., 849, 851 sqq., 1010 sqq., 1131 sq.; *Lysistr.*, 156, 602 ; *Plut.*, 601. Sur le style tragique en général: *Av.*, 1230 sqq. ; *Eccles.*, 1 sqq., 590; *Plut.*, 519. Dans ce relevé des critiques ou des parodies dont les tragiques ont fourni le sujet à Aristophane, il est très-peu question de

Aristote devait être à l'abri de pareils reproches. La passion ne peut se montrer dans ses jugements, qui tous ont l'art même pour objet. S'il s'occupe quelquefois des artistes, ce n'est jamais dans le dessein de leur distribuer l'éloge et le blâme ; c'est uniquement pour chercher dans leurs compositions la confirmation de ses théories, ou pour en rendre, par des exemples, l'intelligence plus claire et plus facile. La poésie dramatique tient, comme on sait, une grande place dans sa Poétique, disons-mieux, dans le fragment mutilé, ou dans l'extrait incomplet, ou encore dans l'ébauche imparfaite et confuse (on l'a considérée sous ces trois points de vue[1]) que nous en possédons. Il s'y applique surtout à pénétrer l'essence de la tragédie, et la connaissance de son but, que lui révèlent de concert l'expérience et la spéculation, le conduit à la vue nette et distincte de ses moyens ; il en assigne le nombre avec cette hardiesse, cette audace d'analyse, qui avait osé compter toutes les formes possibles du raisonnement, et soumettre d'avance à son calcul les inspirations de l'éloquence. On ne peut voir sans étonnement, sans admiration ce législateur de l'art, qui, em-

Sophocle, un peu davantage d'Eschyle, beaucoup, au contraire, d'Euripide. La censure y est répartie absolument comme dans les Grenouilles. Sur la critique littéraire dans Aristophane, on pourra consulter une dissertation, insérée sous ce titre, en 1845, dans les Mémoires de l'Académie des sciences de Toulouse, par M. Hamel.

1. Outre les anciennes éditions savantes de la Poétique d'Aristote, et particulièrement celle de God. Hermann, en 1802, voyez une remarquable thèse, Analyse critique de la poétique d'Aristote, imprimée à Caen, et soutenue devant la Faculté des lettres de Paris, en 1836, par M. H. Martin. Voyez aussi, sur cette thèse, le Journal général de l'Instruction publique, 17 avril 1836, t. V, n° 49, p. 390. Quant aux travaux nombreux dont la Poétique a depuis été l'objet, ceux de MM. Ritter, en 1839, Lersch, Düntzer, en 1840, Spengel, en 1841, Mommsen, en 1842, etc., on consultera avec fruit M. E. Egger qui les a tous résumés, discutés, et surtout complétés dans l'excellent volume où il a joint, en 1849, à sa traduction et à son commentaire de la Poétique une Histoire de la critique chez les Grecs. Qu'il nous soit permis de renvoyer aussi aux comptes rendus de ce volume dans le Journal des Savants, cahiers d'octobre 1850, p. 577, de mai 1852, p. 305. Au risque de quelques répétitions, je les reproduis, comme appendice, à la suite de ce cinquième livre. — En 1858, la Poétique d'Aristote a trouvé un nouveau traducteur, un nouveau commentateur de grande autorité dans M. Barthélemy Saint-Hilaire.

brassant dans sa prévoyance les conceptions les plus variées de l'imagination, entreprend de soumettre à des lois une faculté si active et si libre, et de lui fixer les limites qu'elle ne peut franchir. L'enceinte où il la renferme n'est pas, je le crois, si resserrée et si étroite que l'ont faite, à l'envi, les interprètes superstitieux, et aussi, dans un esprit bien différent, les trop hardis censeurs d'un traité souvent obscur. De grands, de hasardeux, d'irréguliers génies s'y sont trouvés à l'aise. S'ils ont renversé les barrières qu'une critique étroite, qu'on disait *aristotélique*, opposait à leur marche impétueuse, ils se sont arrêtés d'eux-mêmes devant les bornes inébranlables posées par la main d'Aristote. Je ne citerai point Corneille, venu dans un temps où la poétique des anciens faisait loi, et pour le pédantisme, qui en répétait servilement la lettre, et pour le génie, qui, plus librement, en pénétrait, en développait l'esprit, en appliquait les principes. Je citerai de préférence des poëtes, des critiques (on peut leur donner ce double titre), considérés comme d'audacieux novateurs, Lessing et Schiller. Voici comme parle le premier[1] : « L'idée que je me suis formée de la poésie tragique est la même, absolument, qu'Aristote avait extraite des innombrables chefs-d'œuvre du théâtre grec. Je n'hésite pas à reconnaître que je considère sa Poétique comme un ouvrage non moins infaillible que les éléments d'Euclide. Les principes en sont tout aussi vrais, tout aussi certains, seulement un peu moins faciles à saisir, et par conséquent plus sujets à la chicane. Je me fais fort de prouver que la tragédie ne peut s'écarter d'un pas de la ligne tracée par Aristote, sans s'écarter d'autant de sa perfection véritable. » Écoutons maintenant le second : « Ce qu'Aristote exige du poëte, le poëte l'exige de lui-même, pour peu qu'il sache ce qu'il veut : ce sont des conditions inhérentes à la nature des choses...[2] » Les apologistes les

1. *Dramaturgie.*
2. Voyez une lettre de Schiller, dans sa *Vie* par Henri Dœring, Weimar, 1822, ouvrage analysé au XVIIe volume, p. 331, de la *Revue encyclopédique*.

plus prononcés des libertés de la scène moderne, W. Schlegel[1], par exemple, ont opposé à ceux qui les traitaient de licences répréhensibles, l'autorité même d'Aristote ; ils ont défendu Shakspeare et son école par Aristote. Une théorie si générale et si universelle, qu'elle offre un point commun de réunion aux systèmes les plus divers, doit, par cela même, ne point suffire à l'étude spéciale d'un seul théâtre. Cela nous explique comment Aristote, qui a pris pour point de départ de sa théorie la pratique ordinaire des poëtes dramatiques de la Grèce, dont il avait une parfaite connaissance, qui nous a appris sur eux et sur leurs œuvres tant de choses qu'on chercherait vainement ailleurs, ne nous a point donné cependant des notions complètes sur le caractère propre de leur théâtre, parce qu'il s'est élevé bien au-dessus des habitudes locales et des usages particuliers, jusqu'aux principes suprêmes de l'art. On peut même dire que la tragédie qu'il décrit est quelquefois tout autre chose que la tragédie grecque : celle-ci, régulière et raisonnable dans la conduite de l'intrigue, ne se piquait pas cependant de cette vivacité de développement, de cette progression d'effet que nous avons ajoutées à leur système dramatique, et qui nous donnent sur les anciens, et même sur la plupart des modernes, pour la composition de la fable, une supériorité incontestable. Les poëtes grecs ne se distinguaient point, au même degré que les nôtres, par cette disposition ingénieuse qui éveille notre attention, qui nous tient continuellement dans l'attente, qui accroît de plus en plus notre intérêt et notre surprise, qui nous conduit ainsi, ou plutôt qui nous entraîne, à travers toutes les inquiétudes et toutes les espérances, jusqu'à un dénoûment longtemps désiré et adroitement suspendu. Au lieu d'exciter la curiosité, ils se hâtaient dès l'abord de la prévenir et de la satisfaire, se bornant à captiver les spectateurs par le charme, pour ainsi dire contemplatif, de chaque situation. L'action n'était pour eux qu'un lien qui rattachait entre elles et ramenait à l'unité des scènes où le sentiment

---

1. Voyez son *Cours de littérature dramatique*, Xᵉ leçon.

s'épanchait avec abandon, sans être jamais contraint de se hâter, comme il l'est dans nos drames si vifs et si rapides, qui courent à l'événement. Je ne compare point les deux manières et ne recherche point laquelle est la meilleure ; je vois seulement qu'elles sont fort diverses, et qu'elles mettent entre la tragédie des Grecs et la nôtre, pour l'esprit général de la composition et les effets qui doivent en résulter, une différence considérable. Or, quand Aristote, dans une classification qui sert de base à sa Poétique [1], reconnaît l'action comme la plus importante des parties constitutives de la tragédie, et n'accorde aux mœurs qu'un rang secondaire, il peut être plus ou moins conforme au vrai système de l'art, mais il contredit certainement la pratique ordinaire des poëtes grecs, qui semblent s'être toujours proposé pour objet principal la peinture des mœurs, et s'être servis de l'action seulement comme d'un moyen. Ce n'était donc pas réellement, comme je le disais tout à l'heure, la tragédie grecque que décrivait Aristote; c'était une autre tragédie qui devait se montrer, bien longtemps après lui, sur la scène française, et dont un seul ouvrage, qu'il cite sans cesse, il est vrai, l'*Œdipe roi* de Sophocle, avait pu lui donner quelque idée. En établissant cette vérité, qui résulte avec évidence de la comparaison de sa Poétique avec les principaux chefs-d'œuvre de la scène grecque, je ne retire rien à sa gloire ; bien au contraire, j'y ajoute. Il a été accordé à peu de critiques de devancer ainsi, par le seul effort de la méditation, les progrès de l'art, et de le contempler de loin avec ce nouveau caractère qu'il doit un jour recevoir des artistes créateurs [2]. Mais, en lui accordant ce privilége bien rare, il doit m'être permis de dire que son livre, si instructif pour quiconque y cherchera seulement la théorie de l'art, ne l'est plus au même degré pour ceux qui lui demanderaient de les initier à la connaissance du théâtre grec;

1. *Poet.*, vi.
2. Ainsi paraît se montrer Aristote, lorsqu'il dit, *Poet.*, iv, 2: « Maintenant la tragédie a-t-elle pris toutes les formes qu'elle peut prendre (est-elle parfaite), soit en elle-même, soit par rapport aux spectateurs ? C'est une autre question. » (Trad. de M. Egger.)

qu'il ne peut guère leur être dans ce dessein d'une plus grande utilité que ne leur serait, pour étudier le génie d'une langue particulière, un traité de grammaire générale. Ils n'y trouveront rien, par exemple, sur cette croyance à la fatalité, inspiration intime de la tragédie grecque, qui la fit presque tout ce qu'elle fut aux trois âges principaux de son histoire; rien, par conséquent, ou peu de chose sur ce merveilleux que la fatalité ne cessa d'y amener, qui y occupa toujours une place si considérable; rien encore sur les passions diverses qui y disputaient à la fatalité la conduite de l'action: quant à la forme même, dont Aristote semble s'être plus préoccupé que du fond, son livre ne leur dira rien non plus de ce qui, dans les premiers temps, a dû la modifier sensiblement, la réunion de trois pièces distinctes dans l'unité complexe de la trilogie[1]. Mais si les mêmes passions inspiraient toujours les poëtes, la trilogie avait depuis longtemps passé; la fatalité elle-même s'était par degrés effacée du drame. Aristote ne portait son attention que sur ce qui était indépendant des combinaisons, des opinions passagères; il cherchait le général, l'universel, ce cadre tragique propre à recevoir en tous lieux, en tout temps, tous les sujets.

J'oserai dire, ou répéter, que dans ce cadre ne trouvent point leur place un certain nombre de tragédies grecques, regardées cependant, sans contestation, comme des chefs-d'œuvre. Il en est, en effet, tout le monde les nommerait, qui ne sont nullement conformes à ces règles trop absolues, trop exclusives : que la tragédie ne doit représenter ni des personnages vertueux qui d'heureux deviennent malheureux, ni des personnages criminels qui passent du bonheur au malheur; que la fable ne doit pas être double, c'est-à-dire mener à deux dénoûments contraires, un pour les bons, un pour les méchants; qu'elle ne doit pas se

1. Peut-être cependant y a-t-il des allusions aux trilogies d'Eschyle dans certains passages des chapitres IV, V et XVII de la *Poétique*. M. Egger n'est pas éloigné de le croire. Voyez son livre, déjà cité, aux pages 207 sqq., 359, 418, 455.

terminer heureusement, sous peine d'être renvoyée à la comédie ; que les mœurs exprimées par le poëte doivent être bonnes, et par là on entend d'une bonté morale[1]. La tragédie grecque offre certainement des infortunes imméritées, comme celles d'Iphigénie, de Polyxène, d'Hécube ; des crimes couronnés par le succès ou atteints par le châtiment, comme celui de Clytemnestre et d'Égisthe, d'une part dans l'*Agamemnon*, de l'autre dans les *Choéphores*, dans l'*Électre* ; des dénoûments complexes, où contraste le triomphe des bons avec la ruine des méchants, comme dans cette même tragédie d'*Électre* ; des conclusions heureuses, comme à la fin du *Philoctète*, de l'*Alceste*, de l'*Ion*, des deux *Iphigénie* ; des caractères d'une grande perversité, comme est le caractère, je ne dirai pas du Ménélas d'Euripide, blâmé par Aristote, mais du Créon de Sophocle. On le voit, l'auteur de la Poétique, parti de la tragédie grecque, s'est éloigné quelquefois beaucoup de son point de départ[2].

Aristophane et Aristote ne furent pas, il s'en faut, les seuls représentants de cette critique qui s'exerçait, chez les Grecs, sur les compositions de leurs tragiques, d'abord au théâtre même, dans la comédie, ensuite dans des ouvrages d'intention et de formes plus didactiques. Autour, à la suite du premier, se rangent les poëtes de l'ancienne, de la moyenne et même de la nouvelle comédie, dont bien peu se sont interdit la censure de leurs rivaux de gloire, les poëtes tragiques. Au second se rattache cette longue succession de littérateurs, qui, dans le monde grec, en Grèce, à Alexandrie, à Pergame, firent de l'art dramatique, de l'histoire de la scène et particulièrement de ce qui concernait la tragédie d'Athènes, l'objet de leurs recherches et de leurs études.

---

1. *Poet.*, xiii, xiv.
2. Voyez sur les rapports de la *Poétique* d'Aristote avec les monuments de la tragédie grecque, en dernier lieu, outre le livre de M. Egger, rappelé plus haut, page 324, note 1, la dissertation déjà souvent citée de M. E. Roux : *Essai sur le merveilleux dans la tragédie grecque*, 1846, particulièrement pages 51 et suiv.

J'ai parlé ailleurs[1] des pièces où des auteurs du même âge comique qu'Aristophane, Phérécrate et Phrynichus, avaient, avant lui, en même temps que lui, célébré le génie d'Eschyle, le génie de Sophocle, non, très-probablement, sans dédommager comme lui leur malignité de ces témoignages d'admiration, aux dépens d'Euripide. D'autres encore durent faire de même : on le sait de Platon, le comique[2]; on le soupçonne de Strattis[3], dont la Médée, les Myrmidons, le Philoctète, les Phéniciennes, le Troïle, le Chrysippe, ne pouvaient guère être que des parodies dirigées surtout contre Euripide. Ce genre de moquerie, fréquent chez Aristophane et dans tout ce qui nous reste de l'ancienne comédie, par lequel elle s'attaquait librement, et aux traditions de la fable et surtout aux images qu'en exprimait la poésie, devint pour la comédie moyenne, dont la sévérité des lois avait si fort restreint la liberté, l'occasion spéciale d'un grand nombre de pièces[4]. Un savant d'Alexandrie, Antiochus, a consacré tout un livre à la revue des poëtes ainsi traduits en ridicule par la comédie moyenne[5]. C'était particulièrement aux poëtes tragiques qu'elle s'adressait, et non-seulement à ceux du temps, par exemple à Denys de Syracuse, dont les prétentions dramatiques et les faux succès excitèrent justement la verve vengeresse d'un Ephippus, d'un Eubulus[6]; mais, par une sorte de justice ou de rancune rétroactive, à des tragiques de l'âge précédent, et de préférence encore à celui dont les œuvres provoquaient le plus la censure, dont le génie était le plus contesté, à Euripide. On ne peut regarder comme une attaque contre Eschyle, on doit plutôt prendre pour un hommage indirect à la gloire du vieux poëte, cette pièce où Timoclès fit un usage si bouffon et si spirituel des grandes scènes de ses *Euménides*[7]. Mais ce qui chez Eubulus, chez

1. T. I, p. 94 sq.
2. Voyez Meineke, *Fragm. comic. græc.*, t. I, p. 170.
3. Id., *ibid.*, p. 232, 233.
4. Id., *ibid.*, p. 279 sqq.
5. Athen., *Deipn.*, XI.
6. Meineke, *ibid.*, p. 362. Voyez notre t. I, p. 84, sqq.
7. *L'Autoclide-Oreste*. Voyez notre t. I, p. 371.

Antiphane[1], se rapporte au souvenir d'Euripide, n'a pas certainement le même caractère. Il est dit dans l'argument grec de l'*Alceste* d'Euripide, que le dénoûment de cette pièce, dénoûment heureux, joyeux même, celui de l'*Oreste*, de nature à peu près semblable, avaient été tournés en ridicule, comme étrangers à la tragédie, par les poëtes comiques[2]. Un savant et judicieux critique[3] ne doute pas que cette censure ne se trouvât dans l'Alceste d'Antiphane. Au nombre des personnages immolés par la comédie moyenne était l'admirateur fanatique d'Euripide, le *Phileuripide*. Axionicus donna une pièce sous ce titre que reproduisit, en tête d'une de ses compositions, Philippide, poëte de la nouvelle comédie[4]. Les choses alors étaient bien changées ; l'art comique avait abandonné la satire littéraire pour la peinture des mœurs générales de la société, et, loin de plaisanter d'Euripide, il lui rendait hommage par la bouche de Diphile et de Philémon[5] ; si toutefois leurs paroles ont bien le sens qu'on leur donne, si elles sont l'expression de leur propre sentiment, s'il n'y faut pas voir encore des saillies d'admiration folle prêtées, comme chez Axionicus, chez Philippide, à quelque personnage de comédie, à quelque *euripidomane*. Un tel hommage était d'ailleurs bien naturel à l'égard d'un poëte dont le temps avait enfin consacré la renommée, qui était à son tour devenu un ancien, et que la comédie nouvelle, aux peintures de laquelle il avait ouvert la voie, pouvait à juste titre regarder comme son précurseur[6].

Combien on doit regretter d'être réduit, sur ce point intéressant de l'histoire littéraire, à de si rares et si incomplètes indications ; de ne point posséder, en plus grand nombre, des vers tels que ceux où Antiphane[7], comparant malignement à la comédie la tragédie, trouvait celle-ci bien heureuse de recevoir ses sujets de la tradition, tout préparés ; de n'avoir point à les inventer, presque à les dis-

1. Meineke, *ibid.*, p. 323 sq., 356 sq.
2. Voyez t. III, p. 210 sq., 269 sq., 307.
3. Meineke, *ibid.*, p. 323.
4. Id., *ibid.*, p. 287, 341, 417, 474. — 5. Voyez t. I, p. 54.
6. Voyez t. I, p. 54. — 7. Athen., *Deipn.*, VI.

poser; d'être dispensée par la notoriété publique de tous frais d'exposition, et de pouvoir compter, dans ses embarras, sur la ressource commode des dénoûments à machine: des vers tels que ceux où Timoclès[1] expliquait, à peu près comme l'a fait depuis Marc Aurèle[2], mais non sans ironie, je crois, quelle est l'utilité morale de la tragédie. Je vais traduire ces derniers, me réservant de donner un peu plus loin la traduction des autres.

« Écoute, mon cher, ce que j'ai à te dire et que tu jugeras peut-être raisonnable. L'homme est un animal malheureux de sa nature, auquel la vie apporte nécessairement bien des peines. Or il y a trouvé le soulagement que voici. L'esprit, se détournant de ce qui l'affecte pour s'amuser des affections d'autrui, en reçoit à la fois du plaisir et de l'instruction. Vois, je te prie, les acteurs de tragédie, combien ils sont utiles à tous. Le pauvre, considérant que Télèphe est plus pauvre encore que lui, endure plus facilement sa misère. Au maniaque s'offre utilement la folie d'Alcméon ; à l'aveugle, l'aveuglement des fils de Phinée. Cet homme a perdu son fils ; le spectacle de Niobé lui rend le cœur plus léger. Celui-ci est boiteux ; il voit que Philoctète l'est aussi. Enfin chacun venant à penser que ses propres maux ne sont rien auprès de ceux que d'autres ont éprouvés, est moins disposé à se plaindre du sort. »

Aux censures malignes, et, par exceptions bien rares, aux éloges de la comédie, succédèrent les travaux de la critique, travaux innombrables, immenses, commencés sous les auspices d'Aristote. Aristote qui, en toutes choses, politique, philosophie, littérature, partait des données de l'expérience, et arrivait par l'histoire à la spéculation, s'était, d'après cette méthode, préparé à traiter dogmatiquement, dans sa Poétique, de la tragédie, en faisant l'inventaire de toutes les compositions tragiques jusqu'alors connues[3]. Il

1. Athen. *Deipn.* VI.
2. *Comment.*, etc., XI, 6 : « La tragédie a été d'abord instituée pour nous remettre en mémoire les accidents humains, nous montrer qu'ils tiennent à notre nature, et que ce qui nous charme sur la scène, il ne faut pas s'indigner de le retrouver sur un plus grand théâtre. On y voit, en effet, que le cours des choses doit inévitablement s'accomplir, et que ceux-là ne peuvent pas plus que d'autres se soustraire à la nécessité, qui crient si haut : Cithéron ! »
3. Dans les ouvrages intitulés : Διδασκαλίαι, Νῖκαι διονυσιακαί, Περὶ τραγῳδῶν. Diog. Laert., V. 1, 12, cf. III, 32, 47 ; schol. Plat., *Apol. Socr.*, Bekk., p. 330; schol. Aristoph. ad *Av.*, 281, 1379 ; Suid., Phot.,

donna ainsi la première idée et le modèle de tous les inventaires de même sorte dressés depuis par les savants de l'époque alexandrine, par Philochorus[1], Dicéarque[2], Callimaque[3], Caryste[4], Aristophane, Aristarque, Cratès[5], par d'autres encore. Les éléments d'un pareil travail étaient dans les inscriptions soit individuelles, soit collectives, destinées à rappeler des victoires dramatiques; dans les collections ou particulières ou publiques des ouvrages qui les avaient remportées, et dont aucune sans doute ne l'avança autant que celles dont Athènes avait été redevable à Lycurgue[6], Alexandrie à Ptolémée Philadelphe, et à l'homme distingué qu'employa ce prince, le poëte tragique Alexandre d'Étolie[7]. Ces éléments se trouvaient encore dans des souvenirs traditionnels, dont l'incertitude prêtait aux disputes de la critique et permettait de recommencer sur de nouveaux frais ce qu'on avait déjà tenté tant de fois. De là tous les catalogues publiés sous divers titres, et le plus souvent appelés *Didascalies*[8]. On sait de quel mot[9], exactement traduit dans la langue latine[10], se servaient les Grecs,

etc., v. Ὀνου σκία; Harpocrat., v. Διδάσκαλος, etc. Voyez sur ces ouvrages et ceux qui les ont suivis en si grand nombre, W. C. Kayser, *Hist. crit. trag. græc.*, 1845, præfat., p. IX sqq., et plus récemment E. Egger, *Histoire de la critique chez les Grecs.*

1 Περὶ τῶν Ἀθήνησιν ἀγώνων. Athen., *Deipn.*, XI.
2 Ὑπομνήματα. Arg. gr. Med. Eurip.; Περὶ μουσικῶν sive διονυσιακῶν ἀγώνων. Suid., v. Σχολίον; Vit. Æschyli; schol. Aristoph., *Ran.*, 1329; Av. 1403; etc.
3. Πίναξ τῶν κατὰ χρόνους καὶ ἀπ' ἀρχῆς γενομένων διδασκαλιῶν. Athen., *Deipn.*, VI.
4. Περὶ διδασκαλιῶν. Athen., *Deipn.*, VI. Cf. Vit. Sophoclis.
5. Ἀναγραφαὶ δραμάτων. Athen., *Deipn.*, VIII.
6. Voyez t. I, p. 114 sqq.
7. Voyez des fragments de grammairiens inconnus, en grec et en latin, assez récemment publiés, d'après des manuscrits de la Bibliothèque du Roi, à Paris, et de celle du Collége Romain, à Rome par divers critiques, et, en dernier lieu, par M. Matter, *Histoire de l'École d'Alexandrie*, 2ᵉ édition, 1840, t. 1, p. 131 sqq., 359 sqq. Une partie en a été reproduite dans les *Prolégomènes*, p. XVII sqq., de l'édition du scoliaste d'Aristophane donnée en 1842 par MM. Firmin Didot.
8. Sur les *Didascalies*, voyez surtout Casaubon, *Animadv. in Athen.*, VI, 7; Bœckh, *Corp. inscript. græc.*, t. I, p. 350; God. Hermann., *de Rheso, Opusc.*, t. III, p. 263.
9. Διδάσκειν.
10. Docere fabulam. Voyez Bœttiger: *Quid sit docere fabulam*, Weimar, 1795, 1796; *Opusc.*, Dresde, 1837, p. 284, 299 sqq.

pour rendre ce que nous entendons par l'expression : monter une pièce. De ce mot vinrent et *Didascale* (*Tragédo-, Comédo-didascale*), qui désignait le poëte, et *Didascalie*, qui passa par plusieurs acceptions, exprimant successivement l'ouvrage donné par le poëte, la représentation de cet ouvrage, le monument ou la notice qui devait rappeler sommairement du temps de quel archonte, dans quelle fête, aux frais de quel chorége, par quel auteur, avec l'aide de quel acteur principal, sous quel titre il avait été donné, quel avait été son rang dans le concours et même quelquefois à quel chiffre il portait le nombre des ouvrages déjà produits par le même écrivain. Le mot *Didascalie* finit par désigner assez ordinairement ces grandes récapitulations qui embrassaient l'histoire entière du théâtre, ou comique ou tragique. C'était le titre de quelques-unes et on l'appliquait encore à celles qui avaient un autre titre. Quelquefois on renvoyait aux *Didascalies* en général, sans ajouter le nom de l'auteur; et alors ce témoignage avait et doit avoir pour nous une valeur très-grande, soit parce qu'on peut en conclure l'accord de tous les documents[1], soit parce qu'il se réfère à l'irrécusable autorité de monuments contemporains[2], qu'on peut croire à ce qu'il atteste, avec autant de certitude que si on le lisait dans l'antique Athènes, sur les inscriptions de la rue des Trépieds[3], à Alexandrie, sur les rouleaux de ses doctes bibliothèques. Les *Didascalies* étaient des annales dramatiques réglées par l'ordre des temps; on en tira d'autres ouvrages où les productions du théâtre étaient classées par auteur et commentées. Ainsi écrivirent : sur la vie des poëtes comiques et tragiques, Téléphe de Pergame[4]; sur les tragiques en général, Hiéronyme de Rhodes[5]; sur les trois grands maîtres de la tragédie athénienne, Héraclide de Pont[6]; sur un ou plusieurs d'entre

---

1. God Hermann, *ibid.* — 2. Bœckh, *ibid.*
3. Voyez t. I, p. 74. — 4. Suid.
5. Id., v. Ἀναγυράσιος; Apostol. *Prov.*, XI, 3.
6. Diog. Laert., V, 87, cf. 92 ; IX, 40. Voyez notre t. I, p. 115.

eux, Philochorus[1], Aristophane de Byzance, Denys de Thrace, Ister[2], Didyme, Sotéride[3], Praxiphane[4], Callistrate, Glaucus[5], Androtion, Horapollon[6], etc.; sur Thespis, Chaméléon[7] et Aristoclès[8]; sur Ion, Épigène et Aristarque, combattu par Didyme[9]. Bien souvent l'histoire du théâtre fut rattachée à quelques points de vue généraux ou particuliers. Sophocle en avait de bonne heure donné l'exemple par un traité sur le Chœur[10]. On cite l'Asclépiade de Tragile[11] un livre sur les sujets traités dans la tragédie; de Dicéarque[12], un autre livre sur les sujets choisis par Sophocle et par Euripide; des écrits d'Eugénius d'Augustopolis[13], sur les mètres d'Eschyle, de Sophocle, d'Euripide; d'Épitherse de Nicée[14], de Palamède d'Élée[15], sur les termes, les expressions comiques et tragiques; de Didyme[16], sur la diction tragique; d'Aristoxène[17], sur la danse tragique; d'Amarantus d'Alexandrie[18], sur la scène. Héphestion[19] avait résolu certaines questions relatives à la comédie et à la tragédie; Charicès[20] avait traité des concours dramatiques de la ville; Dionysodore[21], des fautes commises par les tragiques; Philostrate d'Alexandrie[22], des larcins de Sophocle; un certain Ptolémée, d'Alexandrie également[23], de ce qu'ont dit de semblable les poëtes tragiques; un troisième alexandrin, Antiochus[24], des poëtes dont s'est moquée la comédie moyenne. Ce devaient être, pour la plupart, des poëtes

---

1. Suid. — 2. Vit. Sophocl. — 3. Suid.
4. Schol. *Œdip. Col.*, 894. — 5. Argum. *Pers.* Æschyl. — 6. Suid.
7. Athen., *Deipn.*, I, IV, IX, X; Suid., v. Θέσπις; le même, Photius *Lexic.*, Apostol., *Prov.*, XIV, 13, v. Οὐδὲν πρὸς τὸν Διόνυσον.
8. Athen., *Deipn.*, IV, XIV. — 9. Id., *ibid.*, XI, XIII, XIV.
10. Suid. v. Σοφοκλῆς.
11. Τραγῳδούμενα. Plutarch., Phot., Steph. Byz., etc.
12. Sext. Empir., *Contra Mathem.*, III, I.
13. Suid. — 14. Steph. Byz. — 15. Suid.
16. Macrob., *Sat.*, V. 18; Hesych., Harpocrat.
17. Harpocrat. — 18. Athen., *Deipn.*, VIII. — 19. Suid.
20. Περὶ ἀττικοῦ ἀγῶνος. Athen., *Deipn.*, VIII.
21. Τὰ παρὰ τοῖς τραγῳχικοῖς ἡμαρτημένα. Schol. Vatic. ad *Rhesum*, 495.
22. Περὶ τῆς τοῦ Σοφοκλέους κλοπῆς. — 23. Τὰ ὁμοίως εἰρημένα τοῖς τραγικοῖς.
24. Athen., *Deipn.*, XI.

tragiques. Peut-être, on l'a pensé, faut-il substituer la tragédie à la comédie dans le titre d'un ouvrage attribué au tragique de la Pléiade alexandrine, Dionysiades[1] : les caractères ou l'ami de la comédie. Les faits contenus dans tous ces ouvrages étaient la matière d'histoires générales du théâtre, où la tragédie, et particulièrement la tragédie grecque, devaient tenir une grande place, celles de Juba[2], de Rufus[3], d'un Denys d'Halicarnasse[4] qui vivait au temps d'Adrien. Ils se retrouvaient comme développements, comme exemples, dans les traités généraux écrits sur la tragédie, après celui d'Aristote, par Duris de Samos[5], par Philostrate de Lemnos[6], et auparavant peut-être par le disciple et le successeur du philosophe de Stagire, par Théophraste. On l'a conclu d'une définition qu'il a donnée de la tragédie, et que nous a conservée un grammairien[7]. Toute cette partie de la littérature grecque est perdue, et l'on n'a pas, pour y suppléer, ce qu'en avaient probablement tiré les auteurs romains qui écrivirent en leur langue sur le théâtre, comme par exemple Attius ou Atteius, comme Varron, Suétone. De tant de recherches curieuses sur l'histoire de la scène grecque et de ses nombreux tragiques, de tant de commentaires, de jugements sur le caractère, le mérite des poëtes et de leurs œuvres, de tant de vues sur l'art lui-même, ses attributs présents, ses destinées futures, ses lois immuables, rien n'est resté que ce qu'en ont conservé les scolies de valeur bien inégale qui nous sont parvenues avec le texte d'Eschyle, de Sophocle, d'Euripide. L'appréciation vulgaire et vague de ces trois grands génies, par Denys d'Halicarnasse[8]; la comparaison de leurs trois *Philoctète*, par Dion Chrysostome[9] compa-

1. Χαρρακτῆρες ἢ φιλοκωμῳδός. Suid. Voyez Meineke, *Fragm. comic. græc.*, t. I, p. 12.
2. Ἱστορία θεατρική, Athen., *Deipn.*, IV ; Phot. Hesych., etc.
3. Ἱστορία μουσική sive δραματική. Phot. *Bibl.* 161 ; Schol. Aristidis ed. Dindorf, p. 537.
4. Ἱστορία μουσική. Suid. — 5. Περὶ τραγῳδίας, Athen., *Deipn.*, XIV. — 6. Suid. — 7. Diomed., III.
8. *De Priscis scriptoribus censura.*
9. Voyez notre t. II, p. 127 sqq.

raison curieuse par les faits qu'elle seule apprend mais où l'on peut relever certains défauts de justesse, ne sont guère propres à nous dédommager. Il en est autrement de ces passages dans lesquels l'éloquent rhéteur à qui nous devons le Traité du Sublime, a loué, avec un sentiment si vif de la beauté grecque, l'énergie sublime d'Eschyle, la pure élévation de Sophocle, la vérité passionnée d'Euripide.

Qu'on ne me reproche point d'accorder trop de place à l'opinion des Grecs, dans cette revue des jugements divers portés sur leur théâtre tragique. Je serai retenu moins longtemps par les Romains, dont la critique, comme la littérature, fut presque toute d'emprunt. De même que les Ennius, les Pacuvius, les Attius, transportèrent sur la scène latine les compositions d'Eschyle, de Sophocle, d'Euripide[1], Horace, avec un succès, sinon plus populaire et plus vif, du moins plus réel et plus durable, enferma dans des vers pleins de sens[2] quelques idées de la poétique grecque[3], qu'il a beaucoup contribué à répandre. Ces vers sont à peu près tout ce que les Romains nous ont laissé sur l'art dramatique et sur le théâtre grec. Comme le traité d'Aristote, dont quelques-uns paraissent empruntés, ils ne contiennent guère que des préceptes généraux, et nous n'y pouvons trouver en bien grand nombre ces notions spéciales que nous cherchons en ce moment dans les ouvrages des critiques anciens. Ne négligeons pas toutefois de le remarquer: personne n'a mieux défini que ne l'a fait Horace le caractère d'un personnage qui donnait à la tragédie des Grecs une physionomie particulière, de ce chœur qui était sur la scène le spectateur idéal de l'action, et l'inter-

---

1. Voyez t. I, p. 123. — 2. *Epist. ad Pisones.*
3. D'après Néoptolème de Parium surtout, au rapport de Porphyrion. Quelques vers de l'*Épître aux Pisons* peuvent toutefois être rapprochés de certains passages d'Aristote; tels sont les vers 80 sqq., sur le caractère dramatique de l'ïambe, cf. *Poetic.* IV ; les vers 101 sqq. sur la sympathie de laquelle résultent les impressions du drame, cf. *Poetic.*, XVII, *Rhet.*, III, 7 ; les vers 156 sqq. sur les traits propres aux divers âges, cf. *Rhet.*, II, 12, 13, 14 ; les vers 193 sqq. sur le rôle du chœur, cf. *Poetic.*, XVIII; les vers 338 sqq. sur la vraisemblance, cf. *Poetic*, XXV.

prête de la morale universelle[1]. Horace a de plus reconnu et célébré, dans les tragiques athéniens, cet art qui leur est propre, de s'abaisser en faisant parler la douleur, de descendre avec aisance jusqu'au naïf et au familier, et de s'approcher ainsi quelquefois des limites de la comédie, si sévèrement interdites à l'art tragique par la plupart des aristarques modernes[2]. L'auteur de l'Art poétique avait un sentiment profond de la poésie des Grecs, qu'il connaissait si bien, qu'il a tant de fois citée, rappelée[3]; il en parle avec respect, avec amour; il en prescrit l'étude assidue aux poëtes de Rome; lisez les Grecs, leur dit-il, relisez-les sans cesse, feuilletez-les et le jour et la nuit[4]. Il semble qu'il pressente déjà l'époque où, dans le silence du théâtre envahi par les pantomimes, la tragédie n'aura plus d'autre asile que les écoles des rhéteurs et des philosophes, d'autre langage que celui d'une morale déclamatoire; où, dépouillée de toute vérité dramatique, elle ne conservera des divers attributs qu'elle avait reçus des Grecs, que la forme du dialogue. Alors, si Quintilien[5] recommande encore la lecture d'Eschyle, de Sophocle, d'Euripide, ce ne sera pas dans le dessein de rendre des poëtes à une scène qui depuis longtemps n'existe plus; il ne cherchera dans leurs productions que des modèles de style et d'art oratoire pour le disciple qu'il destine au barreau; ses jugements sur le théâtre grec n'auront rien qui se rapporte à l'art dramatique; quelquefois même ils en contrediront les principes; il donnera la palme à Euripide, par la seule raison qu'il le croira plus utile que ses illustres devanciers aux études de l'orateur; et ce que nous serions tentés de reprocher quelquefois au poëte grec, comme une grave infraction à la première loi de son art, ces longs plaidoyers où il débat si ingénieusement le pour et le contre, ces controverses presque judiciaires, qu'il substitue trop souvent au débat animé des passions, se-

---

1. *Epist. ad Pison.*, v. 193 sq. — 2. *Ibid.*, v. 95 sqq. — 3. Voyez t. I, p. 142 de ces *Etudes*, et aussi l'*Etude sur la vie et les ouvrages d'Horace*, VI, p. LXXI, en tête de ma *traduction* de ce poëte, Paris, 1860.
4. *Epist. ad Pison.*, v. 268 sq. — 5. *Institut. Orat.*, X, I.

rent le principal motif de la préférence que lui accordera Quintilien.

Cicéron aussi avait loué les grands tragiques d'Athènes, comme de grands maîtres d'éloquence; lui-même avait pris de leurs leçons, et ses ouvrages témoignent partout de sa reconnaissance et de son admiration. Mais, plus réservé que Quintilien, il s'était abstenu de prononcer entre de si grands génies, et avec un bon sens modeste, qui est la condamnation des décisions tranchantes de la critique, il leur avait accordé à tous trois, dans des genres bien divers, un mérite à peu près égal [1]. Du reste, par la nature de son talent et les habitudes de son esprit, il était porté à voir en eux, ainsi que Quintilien, plutôt des orateurs que des poëtes dramatiques. Quelquefois cependant, c'est comme peintres des mœurs qu'il les considère [2]; il cherche dans les tableaux si vrais qu'ils ont tracés du cœur de l'homme la confirmation de ses principes philosophiques, il les traduit dans des vers d'une poésie un peu sauvage, mais énergique et naturelle [3]; il les commente, il les loue avec un enthousiasme quelquefois plus instructif que toutes les explications et tous les commentaires. Les grands maîtres savent trouver pour parler du beau une éloquence qui produit presque sur notre esprit l'effet du beau lui-même. Leur admiration est contagieuse; nous croyons voir ce qu'il nous montrent; et nous le voyons comme eux. On peut juger à quel point l'imagination de Cicéron était remplie des tableaux ravissants de la scène grecque, par le passage que je vais citer, et que j'emprunte à l'un de ces beaux préambules qu'à l'exemple de Platon il plaçait en tête de ses dialogues philosophiques [4].

Il a rassemblé ses interlocuteurs à Athènes, dans le jardin de l'Académie. On s'entretient des idées que réveille

1. *De Orat.*, III, 7.
2. *Oper. philosoph.*, passim.
3. *Tusc.*, II, 8, 10. Voyez notre t. I, p. 288 sqq. Cf. *ibid.*, III, 14, 25, 28; *de Nat. deor.*, II, 25; *de Divin.*, II, 5; *de Offic.*, III, 21, 29, etc.
4. *De Finib.*, V, 1.

en foule l'aspect de cette ville, où, selon son ingénieuse expression, on ne peut faire un pas sans marcher sur un souvenir ; chacun parle de préférence des lieux qui l'attirent le plus : les philosophes, de ces ombrages vénérables sous lesquels avait erré Platon, et après lui Speusippe, Xénocrate, Polémon ; les orateurs, de cette tribune qui vit Démosthène luttant contre Eschine, de cette mer dont il haranguait les flots, de ce rivage illustré par le tombeau de Périclès. Quintus, le frère de Cicéron, qui s'était un peu occupé de tragédies, qui connaissait les tragiques grecs, les citait, les louait volontiers[1], prend à son tour la parole, et l'on peut croire que Cicéron est de moitié dans les sentiments qu'il lui prête :

« En venant ici, dit-il, je me sentais attiré vers ce bourg de Colone, que Sophocle habita ; j'y croyais voir encore ce grand poëte, pour qui j'ai tant d'admiration et tant d'amour ; mon imagination remontait encore plus haut vers les temps anciens, et se représentait Œdipe, arrivant dans ces mêmes lieux, et demandant à sa fille, en vers de la plus douce harmonie, quelle est la contrée où il est parvenu. C'était, je le sais bien, une vaine illusion, mais elle n'a pas laissé de m'émouvoir[2]. »

Quel sentiment vif et passionné, quel éloge charmant de cette vérité exquise des Grecs, qui transforme presque leurs fictions en réalités historiques !

On ne peut attendre des modernes, dont le jugement est presque toujours altéré par des habitudes étrangères à l'antiquité, une intelligence si pure du génie dramatique des Grecs; il faut aujourd'hui, pour le sentir dignement, se transporter par le double effort du savoir et de l'imagination au sein d'un civilisation depuis longtemps disparue de la terre, se faire, pour ainsi dire, le contemporain des siècles passés.

Les connaissances ne manquaient certainement pas aux premiers critiques qui entreprirent de nous faire connaître par de laborieux et savants ouvrages, dignes assurément de beaucoup de reconnaissance et d'estime, en les éditant, les interprétant, les traduisant sans relâche, les chefs-d'œuvre

1. Voyez sa lettre à Tiron ; *Fam.*, XVI, 8.
2. Voyez notre t. II, p. 211 sqq.

du théâtre antique ; elles ne manquaient pas même aux poëtes, qui s'empressèrent d'imiter, dans un idiome encore barbare[1], ces modèles si longtemps enfouis, et enfin rendus au jour. La langue, les mœurs, l'histoire des nations anciennes leur étaient familières. Mais il leur manquait cette indépendance d'esprit qui ne peut souffrir un autre joug que celui de la raison et de la vérité; il leur manquait ce libre enthousiasme, le seul fécond, parce qu'il est le seul vrai, qui s'allume et s'échauffe de lui-même à la vue de la beauté, sans emprunter d'une admiration étrangère un éclat et une chaleur factices; il leur manquait la justesse du goût, la vivacité du sentiment, ce souffle créateur qui donne la vie aux conceptions des âges nouveaux, qui la rend aux conceptions des âges anciens, dont le poëte ne peut se passer, et dont le critique lui-même doit avoir reçu en partage quelque faible émanation. L'antiquité était trop souvent pour eux l'objet d'une admiration aveugle et indiscrète, d'un respect servile d'un culte superstitieux. Ils l'adoraient, toute morte qu'elle était, dans leurs froids commentaires, dans leurs imitations inanimées, à peu près comme les peuples de l'Égypte avaient adoré ces restes glacés de l'homme ou des animaux, que leur art pouvait bien défendre de la corruption, mais qu'il ne leur était pas donné de faire revivre. Lorsqu'ils expliquaient les œuvres des tragiques anciens,

1. Dans la première moitié du seizième siècle ont été traduits en français l'*Électre* de Sophocle, par Laz. de Baïf; l'*Iphigénie en Aulide*, l'*Hécube*, la *Médée*, l'*Hercule furieux* d'Euripide, par Th. Sibilet, Laz. et J. A. de Baïf, Bouchetel. Voyez, sur ces traductions, la *Biblioth. franc.* de Couget J'ai parlé de quelques-unes, t. II, p. 284 sqq., 365; III, 416 sqq. Feu Auguste de Blignières, dans son estimable *Essai sur Amyot*, p. 66, 228, a établi, d'après les témoignages contemporains, qu'Amyot s'était exercé dans sa jeunesse à traduire en vers un certain nombre de tragédies grecques. « Le titre de ces tragédies, dit-il, est resté inconnu. Cependant Amyot en revisa plus tard le manuscrit et le confia au célèbre imprimeur Frédéric Morel, son protégé et son ami. Celui-ci annonçait en 1618 qu'il se préparait à le mettre sous presse avec d'autres manuscrits d'Amyot.... » On cite particulièrement, au seizième siècle, les traductions latines de l'*Œdipe roi*, par J. C. Scaliger, de l'*Ajax*, par Jos. Scaliger, de l'*Hécube* et de l'*Iphigénie* par Érasme, de la *Médée* et de l'*Alceste* par Buchanan. Il a été question de quelques-unes, précédemment, t. II, p. 24 ; III, 169, 221 sq.

qu'ils les traduisaient et les imitaient, ils n'étaient point assez séduits par le charme de ces compositions si simples et si régulières, si naturelles et si élégantes ; c'était trop exclusivement un hommage qu'ils rendaient à l'antiquité de ces chefs-d'œuvre ; ils les révéraient moins comme vrais et comme beaux que comme anciens, et à ce titre ils confondaient dans une même estime, une même imitation, les mérites les plus divers et les plus inégaux. C'est ainsi que Sénèque, ou l'auteur inconnu qu'on a paré de son nom, était mis sans scrupule à côté d'Eschyle, de Sophocle, d'Euripide, que souvent même il leur était préféré[1]. L'oracle de la critique au seizième siècle, J. C. Scaliger, ne cachait guère cette préférence[2]. Il pensait à Sénèque lorsque, dans le trop court, trop incomplet, trop désordonné chapitre où il a parlé de la tragédie[3], il accordait tant d'attention aux sentences, les colonnes, selon lui, les piliers de tout l'édifice tragique[4] ; lorsque, pour l'instruction des poëtes, il traçait d'avance d'une tragédie d'Alcyone le plan dont s'est si justement moqué Marmontel[5] : au premier acte, une plainte sur le départ de Céyx ; au second, des vœux pour le succès de sa navigation ; au troisième, la nouvelle d'une tempête ; au quatrième, la certitude du naufrage ; au cinquième, la vue du cadavre de Céyx et la mort d'Alcyone. Ainsi avait composé Sénèque, ainsi composèrent, trop fidèles à Sénèque et à Scaliger, sans être ramenés dans une meilleure voie par les exemples des Grecs, les Jodelle et les Garnier. Une autre cause d'erreur pour la critique de ce temps, c'est que les préceptes d'Aristote et d'Horace, préceptes quelquefois obscurs et rarement éclaircis par la multiplicité de commentaires, étaient la seule règle des jugements ;

1. Voyez t. I, p. 160 sqq.
2. « .... Quem nullo Græcorum majestate inferiorem existimo, cultu vero ac nitore etiam Euripide majorem. Inventiones sane illorum sunt: at majestas carminis, sonus, spiritus ipsius.... » *Poetic.* 1561, lib. VI, c. 6.
3. *Ibid.*, lib. III, c. 96.
4. « (Sententiis) tota tragœdia est fulcienda. Sunt enim quasi columna aut pilæ quædam universæ fabricæ illius. »
5. *Eléments de littérature*, art. *Poétique*.

on rapportait à cette poétique mal comprise, et souvent
faussée par des interprétations arbitraires, toutes les
productions du théâtre ancien ; toujours elles lui étaient
jugées conformes, lors même que, pour parvenir à cette
conclusion arrêtée d'avance, il fallait en dénaturer le caractère, en altérer les proportions ; une critique barbare les
torturait sans pitié, pour les ramener toutes, malgré
leur diversité, à ce modèle uniforme qu'elle avait créé,
véritable instrument de supplice qui rappelle le lit de
Procuste.

Tel fut, sauf les exceptions rares et incomplètes que
peuvent offrir çà et là les ouvrages d'estimables interprètes d'Aristote, par exemple de Castelvetro[1], de Daniel
Heinsius[2], de Gérard Jean Vossius[3], de d'Aubignac[4], de
Rapin[5], de Dacier[6], l'esprit qu'on apporta longtemps à
l'étude de l'antiquité, et qui se perpétua chez les littérateurs jusque dans ces jours de gloire que les chefs-d'œuvre de Corneille et de Racine firent enfin luire sur
notre théâtre. A l'apparition de ces modèles nouveaux,
les esprits se sentirent tout à coup délivrés des chaînes
que leur avait imposées le pédantisme ; l'autorité despotique qu'exerçaient au nom d'Aristote ses commentateurs,
tomba tout à coup d'elle-même ; il se fit même contre ces
tyrans du bon goût, tant ancien que moderne, une sorte
de réaction violente, assez semblable à celles qui se remarquent dans les révolutions politiques. A l'intolérance
de l'érudition succéda brusquement celle de l'ignorance :
on insulta cette antiquité si longtemps encensée ; comme
on ne la connaissait assez généralement que sous les
fausses images qu'en avaient données de fanatiques interprètes, on put d'assez bonne foi, et avec quelque appa-

1. *Poetica d'Aristotele*, etc., Vienne, 1570.
2. *De constitutione tragica secundum Aristotelem*, Leyde, 1610.
3. *Institutiones Poeticæ*, Amsterdam, 1647.
4. *La Pratique du théâtre*, Paris, 1657.
5. *Réflexions sur la Poétique*, Paris, 1674.
6. *La Poétique d'Aristote*, etc., Paris, 1692. Quelques passages de la
Poétique d'Aristote sont ingénieusement et élégamment commentés
dans le *Discours de la tragédie*, écrit en 1638 par Sarrasin, sur l'ordre
de Richelieu d'ailleurs et à la louange de l'*Amour tyrannique* de

rence de raison, la tourner en ridicule. Ainsi s'engagea[1]
l'interminable guerre des anciens et des modernes, c'est-
à-dire de ceux qui s'en prétendaient les représentants.
Au milieu de deux partis également déraisonnables dans
leurs admirations et dans leurs mépris, se montraient
quelques hommes élevés par le génie au-dessus des emportements d'un zèle sans lumières. Véritables disciples
des anciens, auxquels ils ressemblaient, et dont ils
étaient, pour ainsi dire, la postérité vivante, ils péné-
traient sans effort dans un esprit vers lequel les attirait
une secrète sympathie; leurs émules, plutôt que leurs
imitateurs, ils les reproduisaient dans des œuvres originales, inspirées tout à la fois et par des modèles qui ne
peuvent vieillir, et par le spectacle nouveau de la société
au milieu de laquelle ils vivaient. Ces œuvres, faites pour
le siècle présent, étaient le plus fidèle commentaire de
l'antiquité, la plus complète réfutation de ses indiscrets
enthousiastes et de ses ignorants détracteurs. Ainsi, de
même qu'Aristote n'avait pas rencontré de plus pénétrant
interprète de sa théorie poétique que Corneille[2], les tragiques grecs n'avaient été sentis et rendus par personne
comme par Racine, et dans ces traductions subites qu'il
en faisait à d'illustres amis animés de son enthousiasme[3],
et dans la partie la plus véritablement antique de son

Scudéri, sans que Corneille y soit même nommé, et qu'il y soit question des tragiques grecs. Ceux-ci sont, au contraire, souvent et savamment allégués par Balzac dans sa *Dissertation sur l'Hérodes infanticida de Heinsius.*

1. Par deux ouvrages de Ch. Perrault, *le Siècle de Louis XIV*, poëme
en 1687 ; le *Parallèle des Anciens et des Modernes*, en 1688-1696.
2. *Discours sur le poëme dramatique, sur la tragédie, sur les trois
unités*, 1663 ; *Examens* de ses pièces. Voyez une dissertation de M. J.
A. l'Isle, intitulée : *Essai sur les théories dramatiques de Corneille,
d'après ses Discours et ses Examens*, Paris, 1852.
3. Voyez dans notre t. II, p. 159, note 4, le curieux récit de Valincour. Ce *livre* sur lequel Racine improvisa si éloquemment à Auteuil,
chez Despréaux, la traduction de l'*Œdipe roi*, l'avait-il apporté à Auteuil, et était-ce un de ces exemplaires des tragiques chargés de ses
notes, que conservent précieusement les bibliothèques de Paris et de
Toulouse, dont j'ai eu plus d'une occasion de parler (t. II, p. 8, 183 ;
III, 326), et auxquels M. le marquis de la Rochefoucauld-Liancourt,
dans ses *Etudes littéraires et modernes sur Racine*, 1856, a emprunté
d'intéressants extraits? L'imagination aime à se le figurer.

Andromaque, de son Iphigénie, de sa Phèdre[1]; par Fénelon, dans le quinzième livre de son Télémaque[2]; par l'un et par l'autre, dans ces écrits[3] où ils jugeaient en grands critiques ce qu'ils savaient reproduire en poëtes. Il ne fut pas toutefois donné aux grands écrivains de ce siècle de terminer par l'autorité de leurs productions, si anciennes et si modernes tout ensemble, si propres à réunir par ce double caractère des prétentions opposées, la folle querelle qui agitait le monde littéraire. Elle se transmit comme un héritage à une seconde génération de pédants et de beaux esprits, et ne finit, dans le siècle suivant, que par la lassitude des athlètes qui se disputaient la victoire, sans doute aussi par l'ennui des spectateurs[4].

L'ouvrage que le père Brumoy publia en 1730 sur le théâtre des Grecs, se ressent encore de ces passions si vives et si persévérantes ; au soin qu'il prend de les accorder, on s'aperçoit qu'elles n'ont pas cessé de diviser la critique. Brumoy se ménage avec adresse auprès des deux opinions régnantes ; il caresse tout à la fois le rigorisme de Dacier et les principes relâchés de Fontenelle et de La Motte[5]; il compose du mélange bizarre de doctrines si

1. En 1667, 1674, 1678. — 2. En 1699. Voyez notre t. II, p. 9) sqq.
3. Voyez les préfaces du premier, et, du second, ses *Lettres:* à l'Académie française *sur l'éloquence, la poésie, l'histoire,* etc. (imprimée en 1718) ; à La Motte, *sur les anciens et les modernes* (écrite en 1714). Les *Réflexions critiques sur quelques passages du rhéteur Longin,* dans lesquelles, en 1694, Boileau a repoussé les attaques de Ch. Perrault contre Homère et Pindare, ne contiennent malheureusement rien qui ait rapport aux tragiques grecs. Un ami de Boileau et de Racine, qui avait sans doute avec eux quelque communauté de goût, et fut le successeur du second à l'Académie française, Valincour, a donné, je ne sais en quelle année, des *Observations critiques sur l'Œdipe de Sophocle.*
4. Elle a repris pour nous tout son intérêt dans l'excellent livre publié en 1856 par H. Rigault, son *Histoire de la querelle des anciens et des modernes.* Il forme le premier volume de ses *OEuvres complètes,* sorte de monument funèbre que l'amitié et le goût de la bonne littérature lui ont élevé, bien prématurément, hélas! en 1859.
5. La Motte, dans ses ingénieux *Discours sur la tragédie,* imprimés en 1730, n'a parlé que d'une seule tragédie grecque, l'*Œdipe* de Sophocle, et pour y relever, avec discrétion, certains défauts de vraisemblance, qu'il a cherché à éviter dans le sien. C'est sur Homère qu'ont porté toutes ses censures. Les tragiques grecs ont été moins épargnés par Fontenelle. J'ai donné (t. I, p. 236) un exemple du ton qu'il prenait

contradictoires, une sorte du code assez flexible, dont il applique les articles, selon la circonstance, en vrai casuiste littéraire. Il est facile de juger, malgré les égards qu'il témoigne pour notre délicatesse moderne, que l'antique simplicité lui plairait davantage, mais il n'ose avouer franchement cette préférence. Il ne loue pas les Grecs, il les excuse, il les supporte; il montre, pour ce que nous nommons leurs défauts, et ce qu'on pourrait souvent appeler d'un autre nom, cette tolérance qu'un homme de bonne compagnie a dans le monde pour les singularités d'un étranger. Quelquefois cependant il lui arrive de prendre ouvertement leur défense, mais alors il compromet leur cause par le langage bas et grossier qu'il leur prête, ou, ce qui est plus fâcheux peut-être, par la parure vulgaire dont il prétend orner leur naïveté. La prose dans laquelle il les traduit[1] est loin de cette prose à la fois naturelle et élégante dans laquelle Fénelon savait conserver les grâces simples et nobles de la poésie d'Homère et de Sophocle. Qui pourrait reconnaître les Grecs sous ce déguisement qui les défigure? Et cependant cet écrivain, si peu propre à reproduire l'antiquité, n'est pas étranger à son génie, il sent quelquefois vivement ce qu'il est impuissant à rendre; il mêle à de plates traductions des remarques fines et ingénieuses. Du reste, son attention ne se porte guère que sur les détails des pro-

---

avec eux. Le même écrit (*Remarques sur quelques comédies d'Aristophane, sur le théâtre grec*, etc.) m'en aurait pu fournir bien d'autres. Si Eschyle y est appelé *fou*, certaines scènes d'Euripide y sont traitées de *basses*, même de *burlesques*, et les Athéniens, qui les trouvaient belles, de *barbares*. Dans sa *Digression sur les anciens et les modernes*, on rencontre ce trait, dépassé depuis par Voltaire : « Les meilleurs ouvrages de Sophocle, d'Euripide.... ne tiendront guère devant Cinna, Horace, Ariane.... » Thomas Corneille occupe ici, on devine pourquoi, la place de Racine, qui n'aurait pas moins à se plaindre de ce jugement tranchant que les poëtes grecs. Dans ses *Réflexions sur la Poétique*, ouvrage plein d'ailleurs de vues fines et ingénieuses, mais gâté par la même sorte de partialité, il est très-peu question de l'un, et point du tout des autres.

1. Il a traduit, pour les insérer dans ses analyses, des morceaux de tous leurs ouvrages, et, en entier, l'*Œdipe roi*, le *Philoctète*, l'*Électre* de Sophocle, l'*Hippolyte*, l'*Alceste*, l'*Iphigénie en Aulide*, l'*Iphigénie en Tauride*, d'Euripide.

ductions qu'il analyse; rarement il les envisage dans leur ensemble; plus rarement encore s'élève-t-il à des considérations générales sur l'esprit et les procédés de l'art tragique chez les Grecs et chez les nations modernes. Son livre, utile par les notions particulières qu'on y peut rencontrer, ne laisse dans l'esprit aucun système précis et arrêté sur cette belle partie de la littérature ancienne qu'il devait faire connaître; les idées y manquent à la fois d'étendue et d'unité; l'indécision en est le caractère dominant[1], et ce défaut s'est encore augmenté dans les éditions successives qu'on en a données[2], par le soin qu'ont pris les éditeurs, et qu'en effet ils devaient prendre, de contredire leur auteur toutes les fois que l'occasion s'en présentait, c'est-à-dire presque à chaque instant. Le texte original disparaît aujourd'hui au milieu des additions dont on l'a enrichi; les travaux du P. Fleuriau[3], de Brottier neveu, de Rochefort, de La Porte du Theil, de Prévost, en dernier lieu de Raoul-Rochette, ont donné une valeur nouvelle à un ouvrage qui leur appartient à vrai dire beaucoup plus qu'à Brumoy, mais auquel on a religieusement conservé le nom du critique qui n'en est plus pour nous que le fondateur. C'est ainsi que le vaisseau

1. C'est ce que remarque l'auteur d'un *Parallèle des tragiques grecs et françois* publié à Lille et à Lyon en 1760. Le P. Brumoy semble toutefois à cet auteur (l'abbé Jacquet) trop prévenu en faveur des premiers; il se montre lui, bien qu'avec réserve, plus favorable aux autres, leur tenant compte des gênes de notre système tragique qu'il leur a fallu vaincre. Cette argumentation le conduit à marquer les différences générales des deux théâtres, ce qu'il fait avec sagacité, avec justesse, dans un style élégant et quelquefois spirituel. Il est à regretter que cette dissertation, fort estimable, n'ait pas été comprise parmi les morceaux dont on a successivement grossi l'œuvre primitive du P. Brumoy.
2. En 1732, 1749, 1763, 1785, enfin en 1820.
3. Harles, dans ses notes sur la *Bibliothèque grecque* de Fabricius, t. II, p. 161, nomme parmi les nouveaux éditeurs du *Théâtre des Grecs* le P. Tournemine. On lit, en tête de la *Mérope* de Voltaire, une lettre écrite le 23 décembre 1738 par le P. Tournemine au P. Brumoy, dans laquelle le célèbre jésuite, renvoyant à son confrère le manuscrit de la *Mérope* que celui-ci lui avait confié, exprime vivement l'admiration que lui inspire cette belle production, son contentement de n'y point retrouver le mélange de ces intrigues d'amour par lesquelles le goût moderne était en possession d'altérer les sujets les plus graves, y reconnaît enfin « la simplicité, le naturel, le pathétique d'Euripide. »

de Thésée, soigneusement réparé par la piété des Athéniens, s'appelait encore au bout de mille ans, après avoir été renouvelé tant de fois, le vaisseau de Thésée.

Vers le temps où se publiait le livre du P. Brumoy, un littérateur formé à des principes de goût plus sévères, par les exemples domestiques du grand Racine, par les conversations de Boileau, par les leçons de Rollin, le judicieux et élégant auteur des Réflexions sur la poésie, lisait à l'Académie des inscriptions et belles-lettres[1] les mémoires où il a comparé, non sans une impartialité fort méritoire, l'Andromaque, l'Iphigénie, la Phèdre françaises et leurs modèles grecs. Ces mémoires, il devait les reproduire plus tard, en 1752, avec un travail plus complet sur le théâtre de son père, et un traité de la poésie dramatique, ancienne et moderne. La connaissance, l'amour de la tragédie grecque étaient, chez L. Racine, comme une tradition de famille à laquelle il ne pouvait manquer de rester fidèle. Toujours il en parle avec science, avec goût, avec agrément, mais peut-être aussi avec une préoccupation trop grande et de la Poétique d'Aristote, et de l'espèce particulière de tragédie que les spéculations de nos critiques et les œuvres de nos poëtes ont tirée de cette Poétique. Le même point de vue restreint qui lui a fait traiter avec une sévérité qu'on juge aujourd'hui excessive toutes les scènes modernes, la nôtre exceptée, et de la nôtre même ce qui n'était point conforme au type arrêté dans son esprit, ne lui a pas toujours permis d'apprécier assez librement, assez exactement, le génie tragique des Grecs, son unité à travers ses transformations diverses, l'originalité qui le distingue même des imitations qu'il a produites. Les idées de L. Racine à cet égard ne manquent pas, dans leur expression, de ces grâces sérieuses et simples, qui semblent, chez un écrivain de si noble maison littéraire, de si grave et si aimable école, un héritage, une tradition du grand siècle ; mais on a le droit de les trouver parfois incomplètes et vagues.

1. De 1726 à 1730, de 1731 à 1736. Voyez *Mémoires de l'Académie des inscriptions et belles-lettres*, t. VIII, p. 288, 300 ; X, 311.

La même critique, comme aussi quelques-unes des mêmes louanges, peuvent être adressées aux travaux nombreux dont les représentations dramatiques des anciens, l'histoire et les usages particuliers du théâtre des Grecs, le caractère général de leur tragédie et ses principaux monuments, fournirent le sujet, dans la première moitié du dix-huitième siècle, à de savants académiciens, confrères de L. Racine, Boindin[1], Vatry[2], Fraguier[3], Dacier[4], Boivin jeune[5], Sallier[6], Hardion[7], Sévin[8]; à ceux qu'y ajoutèrent, jusque dans les dernières années du même siècle, Batteux[9], Chabanon[10], Rochefort[11], Barthélemy[12], Lebeau jeune[13], Burigny[14], Dupuy[15]. En rappelant tous ces noms d'hommes qui ont

1. *Mémoires de l'Académie des inscriptions et belles-lettres*, t. I, p. 136; IV, 132: *sur la forme et la construction des théâtres anciens, sur les masques et les habits de théâtre des anciens.*
2. *Ibid.*, t. VIII, p. 188, 199, 211; XV, 255; XIX, 219, etc.: *sur la récitation des tragédies anciennes; sur les avantages que la tragédie ancienne retirait de ses chœurs; sur cette question: S'il est nécessaire qu'une tragédie soit divisée en cinq actes; sur l'origine et les progrès de la tragédie;* etc.
3. *Ibid.*, t. II; p. 438: *sur l'ancienneté des symboles et des devises établie par l'autorité d'Eschyle et d'Euripide,* etc.
4. *Ibid.*, t. III, p. 100: *sur l'Œdipe de Sophocle.*
5. *Ibid.*, t. III, p. 100; VI, 372: *sur l'Œdipe de Sophocle.*
6. *Ibid.*, t. V, p. 81, 105, 125; VI, 385; VIII, 224: *sur l'Agamemnon d'Eschyle, l'Œdipe à Colone de Sophocle, quelques passages d'Euripide.*
7. *Ibid.*, t. V, p. 116, 119; VII, 187; VIII, 243, 264, 276; IX, 36, 44; X, 323: *sur l'Iphigénie en Tauride, les Phéniciennes, la Médée, l'Andromaque, le Rhésus* d'Euripide.
8. *Ibid.*, t. V, p. 158: *sur quelques endroits de divers auteurs grecs et latins.*
9. *Ibid.*, t. XXXIX, p. 54, 62, 71. etc.: XLII, 452, 473: *sur la Poétique d'Aristote; sur l'Hippolyte d'Euripide et la Phèdre de Racine; sur l'Œdipe de Sophocle.*
10. *Ibid.*, t. XXX, p. 539: *sur Homère considéré comme poëte tragique.*
11. *Ibid.*, t. XXXIX, p. 126, 159: *sur l'objet de la tragédie chez les Grecs.*
12. *Ibid.*, t. XXXIX, p. 172: *sur le nombre des pièces qu'on représentait dans un seul jour au théâtre d'Athènes.*
13. *Ibid.*, t. XXXV, p. 432: *sur les allusions faites à des circonstances historiques par les tragiques grecs.*
14. *Ibid.*, t. XXIX, p. 58: *sur la partie historique des Perses* d'Eschyle.
15. *Ibid.*, t. XXVIII, p. 123; XXXI, 156, 173; XLI, 433: *sur l'Œdipe roi de Sophocle; sur le texte et les traductions du Philoctète de Sophocle, de l'Iphigénie en Tauride, de l'Hippolyte d'Euripide.*

été, dans des générations successives, à peu près contemporains, je ne les range pas précisément selon leur ordre chronologique, mais plutôt d'après la classification, énoncée plus haut, des divers objets de leurs recherches. Des travaux entrepris avec un tel ensemble, si multipliés, si suivis, sont assurément dignes de beaucoup d'estime ; ils ont été très-profitables ; s'ils n'ont pas suffi à tout expliquer, à tout éclaircir, ils ont beaucoup avancé l'œuvre : toutefois, ce qui y domine et devait y dominer, c'est plutôt la recherche érudite de certains faits historiques, la discussion de certaines difficultés philologiques, que le sentiment, l'intelligence, l'expression vive et passionnée du génie tragique des Grecs.

A ce qui leur manquait de ce côté, n'ont point assez suppléé les traductions des tragiques grecs publiées en assez grand nombre à la fin du dix-septième siècle et pendant tout le cours du dix-huitième, par plusieurs de ces savants comme Dacier [1], Boivin jeune [2], Brottier neveu [3], Dupuy [4], Rochefort [5], et par d'autres littérateurs comme Larcher [6], Lefranc de Pompignan [7], Prévost [8], Belin de Ballu [9]. Ce n'est point que je partage le mépris trop superbe professé aujourd'hui pour ces traductions, où leurs auteurs ont mis après tout beaucoup de science, de travail patient, quelquefois de pureté et d'élégance, et

---

1. Celle de l'*Œdipe roi* et de l'*Électre* de Sophocle, Paris, 1692.
2. Celle de l'*Œdipe roi* de Sophocle, posthume, Paris, 1729.
3. Celles des *Trachiniennes*, de l'*Œdipe à Colone*, de l'*Antigone*, dans la cinquième édition du *Théâtre des Grecs* de Brumoy ; Paris, 1785.
4. Celle de l'*Ajax*, des *Trachiniennes*, de l'*Œdipe à Colone*, de l'*Antigone* de Sophocle, Paris, 1762 ; de son théâtre entier, Paris, 1777.
5. Celle de l'*Ajax* de Sophocle, dans la cinquième édition du *Théâtre des Grecs* de Brumoy, Paris, 1785 ; de toutes ses tragédies, Paris, 1788.
6. Celle de l'*Électre* d'Euripide, Paris, 1750.
7. Celle du théâtre d'Eschyle, Paris, 1770 et 1786.
8. Celle du théâtre d'Euripide, à part, Paris, 1782, et, depuis, dans la cinquième édition du *Théâtre des Grecs* de Brumoy, Paris, 1785.
9. Celle de l'*Hécube* d'Euripide, Paris, 1783. L'auteur s'est proposé d'y mettre, et comme l'a remarqué Dupuy, dans le *Journal des Savants* de cette année, y a mis plus de fidélité à la lettre et à l'esprit du texte, que n'avaient fait ses devanciers.

qui n'ont été rien moins qu'inutiles à celles qu'on a faites depuis des mêmes chefs-d'œuvre. Il me semble qu'on abuse un peu trop contre elles du progrès que le temps a amené dans la correction et l'intelligence des textes, dans le sentiment de l'art antique, des changements qui se sont introduits dans la manière de traduire, et qui ne sont peut-être pas tous des progrès. Mais, ces réserves faites, je répéterai, ce que j'ai plus d'une fois dit ailleurs [1], que les auteurs de ces traductions se sont trop souvenus, en les écrivant, des habitudes de notre scène; qu'ils y ont trop ramené la scène antique; que, plus fidèles à la lettre qu'à l'esprit de ce qu'ils avaient à rendre, ils en ont trop souvent émoussé la vivacité poétique, trop souvent altéré, fardé la simplicité, la naïveté ; qu'en somme ils ont généralement, contre leur intention, exprimé laborieusement de la tragédie grecque une image assez peu ressemblante. J'excepterai la dernière en date de ces traductions, celle que La Porte du Theil a donnée d'Eschyle [2], et qui se distingue précisément par une application souvent heureuse, quelquefois pénible et bizarre, à suivre les allures les plus extraordinaires de son modèle.

Ces ouvrages que produisit dans le dix-huitième siècle l'étude sérieuse des tragiques grecs, n'étaient pas, pour bien des raisons, à cause de leurs défauts et même de leurs mérites, de nature à redresser les idées superficielles et fausses que ne cessait d'en donner une littérature plus mondaine à un public devenu, par le relâchement de l'éducation, par les distractions croissantes de la société, désormais peu capable de les vérifier. Le temps où la cour littéraire de Sceaux prêtait l'oreille aux éloquentes versions de Sophocle, d'Euripide, qu'y improvisait, comme naguère Racine devant ses amis [3], le savant Malezieu; où, sous la direction de cet ami des lettres antiques, elle s'amusait à représenter une traduction qu'il avait écrite pour

---

1. Voyez particulièrement t. I, p. 268 sq.; II, 60 sqq.
2. De ses *Choéphores*, Paris, 1770 ; de tout son théâtre, dans la cinquième édition du *Théâtre des Grecs* de Brumoy, Paris, 1785, et, à part, Paris, 1795.
3. Voyez, plus haut, p. 346, et t. II, p. 159.

elle de l'*Iphigénie en Tauride;* où le jeune Voltaire, admis à ces entretiens, à ces fêtes classiques, y concevait la première idée de son Œdipe [1]; où, dans une autre petite cour, non moins zélée pour la gloire de l'antique tragédie, on provoquait à la faire revivre le talent malheureusement impuissant de Longepierre [2]; ce temps, malgré les dates, appartenait plus au dix-septième siècle qu'au dix-huitième. De même, Saint-Évremond [3], homme du premier, avait, comme d'autres fauteurs de Perrault, anticipé sur la légèreté dédaigneuse du second, lorsqu'il lui avait plu de ne voir dans le théâtre tragique des Grecs qu'une école dangereuse de terreur superstitieuse et de lâche commisération; lorsque, vantant les progrès que a peinture de l'amour avait valus et promettait à notre tragédie, il avait prononcé ce singulier oracle, bientôt démenti par l'événement : « Qui pourrait traduire en français, dans toute sa force, l'*Œdipe* même, ce chef-d'œuvre des anciens? J'ose assurer que rien au monde ne nous paraîtrait plus barbare, plus funeste, plus opposé aux vrais sentiments qu'on doit avoir. » Le théâtre d'ailleurs, la grande école de l'époque, n'avait cessé de s'éloigner de la simplicité grecque, grâce aux vices apparemment impérissables que lui conservaient soigneusement les Lagrange-Chancel [4], les Danchet [5], les Boissy [6], les Châteaubrun [7], les Poinsinet de Sivry [8], les Marmontel [9], Lafosse [10] et Crébillon [11] eux-mêmes, et dont ne s'écartaient pas autant qu'on aurait pu le croire Guimond de La Touche, dans son Iphigénie en Tauride [12], Ducis, dans son Œdipe chez Admète [13], La Harpe, dans son Philoctète [14]; j'a-

---

1. Voyez Voltaire, Epître dédicatoire d'*Oreste* à la duchesse du Maine.
2. Voyez Voltaire, *ibid*, et ce qui, d'après d'autres ouvrages, est dit de cette tentative au t. II, p. 247 de nos *Études*.
3. *De la tragédie ancienne et moderne.*
4. Voyez nos *Etudes*, t. III, p. 225 sqq., IV, 125 sqq.
5. *Ibid.*, t. IV, p. 228 sq. — 6 *Ibid.*, t. III, p. 228 sq.
7. *Ibid.*, t. II. p. 146 sqq.; III ; 421 sqq. — 8. *Ibid.*, t. II, p. 52 sqq.
9. *Ibid.*, t. IV, p. 228 sqq. — 10. *Ibid.*, t. III, p. 421.
11. *Ibid.*, t. II, p. 363 sqq. — 12. *Ibid.*, t. IV, p. 127 sqq.
13. *Ibid*, t. II, p. 208 sqq. — 14. *Ibid.*, t. II, p. 92 sqq.

jouterai, grâce aux beautés nouvelles dont l'enrichissait Voltaire.

Si les premiers corrompaient le goût en défigurant par des intrigues puérilement romanesques, par des mœurs fausses, par un style déclamatoire et emphatique avec faiblesse, les fictions qu'ils empruntaient aux Grecs ; Voltaire en imprimant à la marche de notre tragédie un mouvement plus rapide et plus entraînant, en élevant le langage et les situations de ses drames à une dignité plus soutenue, rendait les spectateurs qu'il enchantait par ces nouveautés séduisantes, tout à fait étrangers au génie de la tragédie antique, si calme dans son développement régulier, si familière et si naïve dans ses peintures. Aussi tomba-t-elle insensiblement dans le mépris le plus universel : il suffisait qu'une scène fût imitée du grec, pour qu'elle fût rejetée par les comédiens ; les auteurs se gardaient soigneusement de suivre des modèles si décriés, ou si l'instinct du talent, que ne peuvent enchaîner les préjugés de la foule, les y ramenait, ils avaient soin, pour réparer un moment de faiblesse, de les insulter dans leurs préfaces. Voltaire avait donné l'exemple de cette ingratitude et de cette légèreté, après l'éclatant succès de son Œdipe, dans lequel Sophocle cependant était bien pour quelque chose[1] ; et depuis, à un âge où la réflexion devait avoir fixé ses idées, il se permit, entre beaucoup d'autres de même sorte, ces phrases dédaigneuses, résumé exact de presque tout ce qui se disait et s'écrivait alors sur le théâtre grec :

« .... Ce serait manquer d'âme et de jugement que de ne pas avouer combien la scène française est au-dessus de la scène grecque, par l'art de la conduite, par l'invention, par les beautés de détail, qui sont sans nombre[2].... »

« Les belles scènes de Corneille et les touchantes tra-

1. *Lettres sur Œdipe*, 1719.
2. *Dissertation sur la tragédie ancienne et moderne*, servant de préface à Sémiramis, 1748.

gédies de Racine l'emportent autant sur les tragédies de Sophocle et d'Euripide, que ces deux Grecs l'emportent sur Thespis [1].... L'idée de cette situation est dans Euripide, mais elle y est comme le marbre est dans la carrière, et c'est Racine qui a construit le palais [2].... Je m'imagine qu'Euripide serait honteux de sa gloire, qu'il irait se cacher, s'il voyait la Phèdre et l'Iphigénie de Racine [3]. »

Ce mépris de l'antiquité était trop injuste pour être tout à fait sincère. Son génie le lui reprochait en secret, et lui-même l'expia par plus d'un désaveu public [4]. Mais toujours l'y ramenèrent, soit une déférence intéressée pour une opinion qu'il voulait ménager, soit la jalousie ombrageuse d'une gloire qui ne pouvait souffrir de rivalité, même chez les anciens. Il eût suffi d'ailleurs, à part les caprices d'une sensibilité mobile, les calculs d'une vanité irritable, pour lui ouvrir cette fausse voie et l'y retenir, de l'esprit général du temps auquel lui-même ne pouvait rester étranger; de cet esprit si bien expliqué, dans un discours que j'ai grand plaisir et grand intérêt à citer, par un très-judicieux et très-spirituel historien, non-seulement des révolutions de l'ordre politique et moral, mais des révolutions du goût [5].

« Un des caractères distinctifs du dix-huitième siècle fut une présomption dédaigneuse, une conviction que tout devait être jugé de son propre point de vue, un aveugle-

1. *Dictionnaire philosophique*, 1764, art. *Anciens et modernes*.
2. *Ibid.*, art. *Art dramatique*.
3. *Discours aux Welches*, 1764. Voyez, sur ces attaques si fréquentes et si vives de Voltaire contre le théâtre tragique des Grecs, nos *Études*, t. I, p. 251 ; II, 159 sqq. ; III, 2. 73, 212, 215, etc. Voyez aussi sur les écrits de quelques-uns de ses défenseurs ou de ses adversaires, dans cette querelle, de Dumolard, de Gaillard, du duc de Lauraguais, notre t. I, p. 296, 373.
4. Voyez le *Discours* en vers prononcé en 1732, avant la représentation d'*Ériphyle* ; l'Épître dédicatoire d'*Oreste* à la duchesse du Maine, en 1750 ; quelques notes de son *Commentaire* sur Corneille, en 1764.
5. M. de Barante, *Discours* prononcé dans une séance publique de l'Académie française le 5 janvier 1843, pour la réception de l'auteur du présent livre. Voyez encore son *Tableau de la littérature française au dix-huitième siècle*, publié, je crois, en 1809, et depuis souvent réimprimé.

ment sur les circonstances qui avaient dû, selon les époques, agir nécessairement sur les peuples, les hommes, les mœurs, les lois et les œuvres de l'esprit. Reconnaissant avec orgueil la marche progressive de la civilisation, il appliqua à tout cette loi de perfectionnement. Chaque année, chaque pas, avait dû, selon lui, amener une supériorité du lendemain sur la veille, non-seulement dans les sciences qui recueillent des faits pour en expliquer la cause, mais aussi dans la poésie, les beaux-arts et le langage, c'est-à-dire dans la région du sentiment et de l'imagination. »

Un écrivain célèbre, fondateur du grand monument scientifique et littéraire qui devait glorifier la civilisation moderne, un autre qui prêta à l'entreprise un zélé concours, Diderot et Marmontel, distingués tous deux dans la critique par des aperçus ingénieux, nouveaux, d'une hardiesse souvent aventureuse, auraient été disposés à plus de justice pour la tragédie grecque. Malheureusement ils la connaissaient peu et n'y touchèrent que par rencontre, en passant. Ce qu'ils en ont dit toutefois mérite un souvenir.

Diderot eût souhaité à notre scène un langage plus familier et plus véhément, plus de mouvement, plus de spectacle. La réforme dont il concevait l'idée eût brisé le joug, gênant pour la passion, de ce que les poétiques reçues appelaient la décence, les bienséances ; elle eût, dans l'intérêt d'une expression qui lui semblait froide si elle n'était frénétique et désordonnée, substitué aux longues tirades les courtes et vives répliques, plus souvent encore les apostrophes, les exclamations sans suite, le silence même ; elle eût fait une très-forte part à la pantomime, à ce que nous nommons aujourd'hui la mise en scène. Ce que sa théorie avait d'exagéré, de faux, parut bien manifestement par ses drames ; ce qu'elle contenait de vrai, par quelques passages des écrits destinés à les annoncer, à les soutenir, par ceux notamment où il loua chez les tragiques grecs, plus qu'il n'était alors d'usage, la simplicité de l'intrigue et du dialogue, la naïveté de l'accent, le naturel hardi, l'effet frappant des tableaux. De bonne heure, en 1748, dans un ouvrage auquel on ne peut renvoyer, mais dont, heureusement, Lessing [1] a extrait quelques bonnes pages de critique, il avait avoué une préférence pour la manière des Grecs qui dut blesser chez plus d'un poëte, d'un littérateur, la conviction, en ce temps si arrêtée, de notre incontestable, de notre complète supériorité. Plus tard, en 1757, en 1759, dans les Entretiens sur le Fils naturel, dans le traité de la Poésie dramatique publié avec le Père de famille, il revint à un parallèle si délicat, et exalta, non sans cette éloquence de l'enthousiasme qu'il cherchait constamment et rencontrait quelquefois, certaines beautés tout à fait antiques du théâtre grec. J'ai cité [2] la vive peinture qu'il a retracée des grands spectacles offerts par la tragédie des *Euménides*; on peut y joindre plus d'une chaleureuse analyse du *Philoctète*, pièce qu'il semble avoir affectionnée et à laquelle il revient sans cesse. Il est fâcheux qu'il n'en ait point analysé, ni peut-être connu d'autres. Quelles heureuses inspirations eût trouvées dans ces modèles de vérité passionnée le critique, je ne dis pas l'auteur dramatique qu'a si bien inspiré Térence [3] ! Une chose encore fort regrettable, c'est que tant de délicates appréciations, de vues ingénieuses, soient comme perdues dans des ouvrages où l'on n'est guère tenté aujourd'hui d'aller les chercher, desquelles écartent une continuelle et fastidieuse apologie des drames de l'auteur, le décousu, la fantaisie qu'il affecte, l'emploi dans lequel il se complaît de cadres romanesques qui ont perdu tout intérêt [4].

1. *Dramaturgie*, art. sur *le Père de famille*.
2. T. I, p. 372 sq.
3. Diderot avait promis à M. Suard, pour ses *Variétés littéraires*, un article qui se faisait attendre. M. Suard impatienté lui envoie un matin son domestique, avec l'ordre de ne pas revenir sans l'article promis. Il faut bien que Diderot s'exécute : il se met à son bureau et y écrit tout d'une haleine, avec une verve encore animée par la mauvaise humeur, un excellent morceau sur Térence. Voyez *Variétés littéraires*, édit. de 1804, t. III, p. 387 et suiv.
4. Dans deux articles du *Journal des Débats* (15 et 19 janvier 1858), que les *Œuvres complètes* de l'auteur ont reproduits en 1859 (t. II, p. 184), H. Rigault, rendant compte, avec autant d'esprit que de bien-

Ces défauts ne sont point ceux du livre plus franchement, plus sévèrement, plus exclusivement didactique dans lequel Marmontel, en 1787, reproduisit, fort améliorées, les idées qu'il avait exposées sur la littérature, en 1763, dans sa Poétique française, de 1751 à 1772 dans l'Encyclopédie. Je ne sais jusqu'à quel point était fondé le reproche que La Harpe lui a fait[1] de ne point savoir le grec, jusqu'à quel point ce reproche était bien placé dans la bouche de La Harpe. Quoi qu'il en soit, plusieurs articles de ses Éléments de littérature[2] contiennent, par malheur en trop petit nombre encore, sur l'art tragique des Grecs, sur quelques-uns des caractères particuliers qui le distinguent, vérité naïve des sentiments[3], familiarité noble du langage,

veillance, de ces *Études*, et s'arrêtant, particulièrement, à la présente revue, y réclamait une place, à côté de Diderot, pour Grimm, qu'il caractérisait ainsi : « .... Français d'esprit et Allemand de naissance.... élève d'Ernesti, qui appliquait à la critique littéraire une instruction classique et une liberté de goût puisées en Allemagne, avec une finesse de tour et une clarté de style empruntées à la France. » « Grimm, ajoutait-il, défendait Homère contre Fontenelle, La Motte et l'abbé Terrasson, et le défendait par les bonnes raisons, en vantant dans l'*Iliade* ce que le dix-huitième siècle y tournait en dérision, la naïveté des caractères et la simplicité des mœurs. Grimm proclamait « sublimes » l'*Alceste* d'Euripide et les beautés les plus antiques de Sophocle. Au milieu de l'enthousiasme excité par l'*Anacharsis*, Grimm, aussi calme que nous le sommes aujourd'hui, le définit une œuvre intéressante, sans vues originales, sans imagination, « où les ressemblances d'Athènes et de Paris sont si prodigieuses qu'on les pourrait croire inventées par l'auteur, si l'auteur inventait quelque chose, » et où le héros scythe, le jeune Anacharsis, n'est qu'un docte abbé français, membre de l'Académie des inscriptions (*Correspondance littéraire*, 15 janvier 1758, 15 décembre 1764, et mai 1789). Cette avance prise par Grimm sur ses contemporains, cette impartialité de goût et cette clairvoyance, font de ce Parisien allemand un précurseur du goût du dix-neuvième siècle, un des premiers vengeurs de l'antiquité méconnue.... » Je ne pouvais mieux combler que par cette citation d'H. Rigault la lacune qu'il m'a signalée, heureux en même temps de rendre hommage à sa mémoire, toujours si précieuse et si chère.

1. *Lycée.*
2. Voyez particulièrement les articles *Convenance, Dénoûment, Épopée, Exposition, Familier, Narration, Style.*
3. Je citerai ici cette phrase de l'article *Convenance*, comme complément de ce que j'ai rapporté et dit moi-même (t. III, p. 1 sqq., 31 sqq.) sur un point souvent controversé : « Je suis même persuadé qu'Iphigénie, allant à la mort d'un pas chancelant, avec la répugnance naturelle à son sexe et à son âge, comme dans Euripide, eût fait verser encore plus de larmes.... »

simplicité, grandeur, intérêt des expositions[1], des vues aussi justes que peu communes à cette époque, qui n'ont pas influé le moins du monde, on l'a pu voir par ses Héraclides[2], sur la pratique de Marmontel lui-même, et dont il eût été à souhaiter que, dans la théorie, l'auteur du Lycée profitât davantage.

Les décisions tranchantes échappées à Voltaire dans quelques moments de mauvaise humeur furent religieusement recueillies par La Harpe, qui en fit le texte d'un Essai sur les tragiques grecs, publié par lui en 1778, dans une édition complète de ses œuvres. Cet essai, il le reproduisit vers 1786 dans ses leçons au Lycée, en 1799 dans le livre où il les réunit sous le titre de Lycée ou Cours de littérature ancienne et moderne. La préface de son Philoctète en 1781, son commentaire de Racine composé en 1795 et 1795, et imprimé après sa mort, seulement en 1807, le commentaire de Voltaire, qu'on a extrait de ses notes et publié en 1814, en offrirent comme le complément. Les jugements de La Harpe sur les tragiques grecs ont exercé et exercent encore sur la manière dont on les juge dans le monde une trop fâcheuse influence, pour que je ne doive pas m'arrêter ici à faire ressortir tout ce qu'ils ont, selon moi, de léger, d'erroné. Ce sera répondre, implicitement, à beaucoup de détracteurs de la tragédie grecque; ce sera résumer quelques-unes des vues générales auxquelles peuvent se rattacher les nombreux et longs développements contenus dans ces Études.

Je commence par rendre hommage aux qualités éminentes qui distinguent la critique de La Harpe. Personne n'estime, plus que je ne le fais, le bon sens qu'il porte dans l'examen des compositions littéraires ; bon sens sévère et incorruptible, que ne peuvent séduire tous les agréments du bel esprit, tous les prestiges du faux goût, auquel ne se dérobe aucun vice de pensée ou de style, aucun

---

1. Marmontel donne de ces belles expositions des exemples qu'il prend non-seulement chez Sophocle, mais encore chez Eschyle, auquel La Harpe a fort mal à propos refusé un tel genre de mérite.
2. Voyez, plus haut, p. 228 sqq.

défaut de plan. On retrouve en lui chacun des traits de cet utile conseiller qu'Horace[1] et après lui Despréaux recommandent au poëte de chercher :

> Un sage ami, toujours rigoureux, inflexible,
> Sur vos fautes jamais ne vous laisse paisible ;
> Il ne pardonne pas les endroits négligés ;
> Il renvoie en leur lieu les vers mal arrangés ;
> Il réprime des mots l'ambitieuse emphase ;
> Ici le sens le choque, et plus loin c'est la phrase ;
> Votre construction semble un peu s'obscurcir,
> Ce terme est équivoque, il le faut éclaircir :
> C'est ainsi que vous parle un ami véritable[2].

Le zèle qu'apporte La Harpe à cet emploi n'est pas tout à fait ce zèle bienveillant de l'amitié dont parle Boileau. La Harpe ne veut pas seulement ramener le talent qui s'égare dans une fausse route, vous croiriez qu'il veut encore le punir de ses écarts. On l'a dit, et je ne puis mieux faire que de le répéter, « il poursuivait le mauvais goût avec une sorte de haine[3]. » Il le combattait à outrance, comme un ennemi personnel, et ne lâchait prise qu'après l'avoir fait expirer lentement, sous les traits redoublés d'une raison puissante et d'une éloquence toute passionnée. C'est là un de ses mérites ; c'est aussi un de ses défauts. Dans sa polémique véhémente, mais sans retenue et sans mesure, on ne retrouve pas toujours ce censeur de bonne compagnie, dont nous parle Horace[4], qui ne fait point usage de toutes ses forces, qui les modère même à dessein, comme pour se faire pardonner d'avoir raison. La Harpe n'est point arrêté par un semblable scrupule ; il use quelquefois si orgueilleusement, si cruellement de la victoire, qu'on se sent pris de pitié pour les vaincus, et qu'on se mettrait presque, contre lui, du parti des mauvais écrivains. Cette chaleur qu'il montre dans le blâme, il la porte aussi dans l'éloge ; il sait parler éloquemment des grands génies ; il trouve des paroles dignes du portrait d'un Homère, d'un Démosthène,

---

1. *Ad. Pison.*, 445 sqq. — 2. *Art poétique*, ch. I.
3. M. Villemain, *Discours sur les avantages et les inconvéniens de la critique*, 1814 ; voyez *Discours et mélanges littéraires*.
4. *Sat.*, I, x, 13 sq.

d'un Cicéron, d'un Tacite, d'un Racine, d'un Voltaire; on voit toutefois qu'il est encore moins inspiré par le sentiment de leurs beautés et par l'amour de leurs œuvres que par une vive aversion pour les détracteurs de leur gloire; il y a toujours quelque méchant auteur, quelque critique mal avisé, qui paye les frais de son admiration, et sur qui elle retombe de tout son poids. La passion, on peut le croire, a dû plus d'une fois altérer ses jugements; il faut souvent en retrancher ou y ajouter; il s'étend sur le panégyrique de ses amis, sur la censure de ses ennemis, avec un excès de complaisance qui se traduit dans son ouvrage par les plus choquantes inégalités. Mais enfin cet ouvrage, malgré ce défaut de proportion, malgré les oublis nombreux et les lacunes considérables qu'on y peut remarquer, malgré les vices nécessaires d'une composition précipitée et conduite presque sans dessein au gré de l'intérêt du moment, et du désir d'un auditoire dont il fallait étudier et suivre les caprices, malgré les préventions, inévitables sans doute dans un temps où dominait l'esprit de coterie, mais qui se mêlent sans cesse aux arrêts que la justice seule aurait dû dicter, n'en est pas moins, par le sens droit, par le goût sévère qui s'y montrent, par la clarté, la correction, l'élégance, le mouvement facile et naturel du style, un des plus beaux monuments de la critique, un des plus précieux titres de notre littérature; et, lors même qu'on se croit forcé, dans l'intérêt de la vérité, supérieur à toute autre considération, de retirer quelque chose à cet éloge, on n'en doit parler qu'avec cette réserve dont Quintilien veut que l'on use envers les productions qui font honneur à la littérature, envers les maîtres de l'art.

Après avoir protesté de mon estime pour les travaux de La Harpe, m'accordera-t-on le droit de rechercher, sans esprit de dénigrement, mais avec liberté, avec franchise, ce qui manquait à sa critique, et ce qui l'a rendue si impuissante à comprendre le génie dramatique des Grecs? Et pourquoi ce droit me serait-il refusé? Pourquoi ne me serait-il pas permis de juger celui qui se constitua le juge universel, et qui exerça ce ministère avec une rigueur dont on a pu blâmer l'excès ? Lui-même invoqua souvent contre l'autorité des grands noms les droits de l'examen. « .... Y a-t-il donc, disait-il avec une raison que n'affaiblit point la véhémence un peu déplacée qu'il porte dans les discussions de ce genre, y a-t-il donc en littérature des traditions à la fois erronées et respectables, qu'il faille conserver sous un voile que personne n'ose déchirer sans être sacrilége ? Quoi ! les opinions de l'esprit sur les arts de l'esprit ne sont pas libres ? Je conçois que les vérités qui peuvent blesser les vivants soient délicates et dangereuses ; mais celles qui ne regardent que les morts, faut-il aussi nous les défendre ? et dans les disputes purement littéraires, où il semble que le seul danger soit d'avoir tort, le danger le plus grand de tous sera-t-il d'avoir raison[1] ?... » Voilà ce que répondait La Harpe à ceux qui le blâmaient d'oser s'attaquer au grand Corneille ; voilà ce que je puis répondre aux personnes qui me reprocheraient de prendre trop de licences avec l'auteur du Cours de littérature, en lui demandant compte des principes étroits, des règles arbitraires au nom desquelles il condamnait si légèrement ce qu'avait approuvé l'antiquité.

Il n'est point d'esprit qui n'ait ses bornes ; La Harpe, qui fait preuve d'une sagacité merveilleuse dans la censure des défauts, ne possède peut-être pas au même degré le sentiment de la beauté. Le comble de l'art est trop souvent pour lui dans l'absence des fautes, dans le mérite de la difficulté vaincue. Son approbation ne fait qu'absoudre, comme on l'a dit[2] spirituellement de la critique moderne, dont il est en cela le représentant. En outre, ses observations se renferment dans un cercle fort resserré. Elles ne portent guère que sur l'artifice de la composition et du style, c'est-à-dire sur les formes extérieures de la littérature, plutôt que sur cet esprit de vie qui l'anime intérieurement, et qu'elle tient de sa conformité avec les lois générales de la nature humaine, avec le génie particulier des diverses époques. Il ne la rapporte ni à l'histoire des sociétés, ni à la

1. *Lycée.* — 2. W. Schlegel.

philosophie des arts, dont elle reçoit cependant ses règles et ses modèles. Il ne pénètre point dans son essence, il ne l'embrasse point dans sa variété; « il manque tout ensemble, a dit un écrivain[1] de grande autorité que j'ai déjà cité, et dont je ne fais ici que développer l'opinion, de profondeur et d'étendue. »

Si j'applique les observations qui viennent d'être faites sur l'esprit général de la critique de La Harpe, à la partie de son Cours qui doit plus spécialement attirer mon attention, à celle où il s'occupe de la poésie dramatique, je ne manquerai point d'exemples qui les confirment. Cette vue perçante et sûre qu'il porte sur les productions de l'esprit, et qui lui en révèle à l'instant les vices secrets, on ne peut se défendre de l'admirer, lorsqu'il examine les compositions de nos tragiques du second ordre, ou même celles de Crébillon et de Corneille. Mais il n'est personne qui ne démêle en même temps dans ses analyses cette continuelle préoccupation des défauts, où le retientde concert et la nature de son esprit, et certaines préventions personnelles, et qui le rend bien souvent insensible aux beautés. Tandis qu'il s'occupe de compter, avec un soin curieux, les fautes de l'auteur de Rhadamiste et de l'auteur de Cinna, il lui arrive d'oublier ce qui les efface toutes, ces traits d'un éclat immortel qui fixent seuls les regards de la postérité, et qui assurent aux œuvres presque toujours imparfaites du génie une durée que n'auront point les œuvres froidement irréprochables de la médiocrité.

Ce n'est point pour avoir moins failli que d'autres, que vivent les grands écrivains. Ce n'est là, pour ainsi dire, qu'un mérite négatif, dont nous jouissons à notre insu et avec ingratitude. Nous leur tenons moins compte de tout ce qu'ils épargnent, par un travail patient, à la délicatesse de notre goût, que des plaisirs plus réels offerts à notre sensibilité et à notre intelligence par ces beautés qui font le véritable prix de leurs productions.

Au reste, je l'ai déjà dit, et c'est ici l'occasion de rappeler

---

1. M. Villemain, *ibid.*

cette remarque, il serait injuste de prétendre que La Harpe n'ait pas montré quelquefois un sentiment pur et élevé du beau. Quand avec les conceptions qui excitent en nous ce sentiment s'est rencontrée l'exécution parfaite, qui permet de s'y abandonner sans trouble, La Harpe l'a ressenti vivement, et il a mis, dans l'expression de son enthousiasme, cette chaleur communicative que donne la conviction. Telle est l'éloquence qui anime ses belles analyses des tragédies de Racine et de Voltaire. Elles forment une des parties les plus considérables et certainement les plus dignes d'estime de son Cours de littérature; c'est là qu'il a vraiment accompli la haute mission du critique, qui doit s'élever par la contemplation des œuvres du génie jusqu'à l'intelligence de ses secrets, et les arracher, pour ainsi dire, à ce sanctuaire où ne peuvent pénétrer les regards de la foule.

En rendant à La Harpe ce témoignage qui lui est dû, j'y mettrai toutefois quelques restrictions. Je ne lui reprocherai pas, avec une sévérité outrée, d'avoir montré pour Voltaire une partialité excusable dans un contemporain; je rechercherai si ses jugements sur ce grand poëte et sur celui qu'on ne regarde plus aujourd'hui comme son rival, mais comme son maître, ne sont pas circonscrits dans une sphère trop étroite. On ne saurait se le dissimuler, en effet; La Harpe se borne, dans des commentaires pleins d'une sagacité et d'une justesse qu'on ne peut assez louer, à développer les procédés habiles de leur composition et l'art merveilleux de leur style; mais il néglige trop souvent d'indiquer le rapport de leurs ouvrages avec l'esprit des modèles anciens et modernes qui les ont inspirés, et avec le goût des spectateurs pour lesquels ils étaient faits; avec les mœurs des époques et des sociétés dont ils devaient présenter l'image, et avec la nature humaine, ce type éternel proposé à l'émulation de l'art, et dans la reproduction duquel se rencontrent les littératures en apparence les plus diverses. Voilà ce qu'on regrette de ne pas voir dans son livre, si riche en observations de détail, et cependant si incomplet dans ses doctrines générales. Les mots de principes et de théories, y sont à chaque instant prononcés ; mais il ne s'y trouve en effet ni théorie ni principes. On y chercherait vainement les véritables lois de l'art, je veux dire celles qui dérivent de son essence et auxquelles leur origine communique un caractère d'universalité qui les rend obligatoires dans tous les temps et dans tous les lieux. Ce qu'on peut en extraire, ce sont certaines règles empruntés à la pratique ordinaire de nos grands maîtres, aux usages de notre scène, aux habitudes de notre goût : règles qui n'ont pour elles que notre tradition et, pour ainsi dire, notre jurisprudence dramatiques auxquelles la prudence conseille de se soumettre, mais que le talent enfreint quelquefois avec bonheur, et qu'on ne peut, après tout, imposer despotiquement à des littératures dont elles contrarient le génie et sur lesquelles elles n'ont point d'autorité légitime. La Harpe a bien pu les appliquer avec succès aux ouvrages dont il les avait tirées, mais il n'en a point été de même quand il les a essayées sur la tragédie des Grecs, qui, pour nous avoir servi de premier modèle, n'en est pas moins fort différente de notre tragédie, dans son esprit et dans ses formes, et qu'on ne peut, sans une sorte de violence, vouloir plier à un système qui lui est étranger.

Avons-nous raison contre les Grecs, ou bien les Grecs auraient-ils raison contre nous ? Ce sont là des opinions bien absolues, bien exclusives, entre lesquelles heureusement on n'est point forcé de choisir. On ne pourrait le faire sans prétendre, contre l'expérience, que tous les peuples apportent au théâtre les mêmes dispositions, et qu'il y a pour chaque genre de composition dramatique un type arrêté, invariable, dont il n'est jamais permis de s'écarter. Tel est cependant le principe sur lequel se fondent la plupart des critiques que La Harpe oppose à la tragédie grecque : principe évidemment faux, qu'on réfute assez en l'énonçant, et qui doit nécessairement entraîner dans sa ruine toutes les conséquences qu'on a prétendu appuyer sur un fondement si peu solide.

Je ne me bornerai pas toutefois à une réponse si générale ; et entrant dans quelques détails, qui sont de mon sujet, j'indiquerai rapidement plusieurs de ces différences qui séparent, selon moi, notre poésie dramatique de celle des Grecs, et ne permettaient point à La Harpe, à la sagacité de qui elles n'ont point entièrement échappé, de soumettre aux règles d'une même poésie deux théâtres que le goût divers des spectateurs et la pratique variée des poëtes ont marqués de caractères si distincts.

Je l'ai déjà dit[1], en appliquant à la tragédie grecque la théorie d'Aristote, on me permettra d'y revenir et d'y insister : cet intérêt de curiosité, qui nous fait suivre, avec toutes les émotions de la crainte et de l'espérance, de l'attente et de la surprise, le développement de la fable dans les chefs-d'œuvre de Corneille et de Racine; cet intérêt que Voltaire a porté au plus haut degré en serrant plus fortement encore le nœud de l'intrigue, et en imprimant à l'action une marche plus vive, plus rapide, plus entraînante; cet intérêt que La Harpe, qui a rédigé en préceptes les procédés du génie de ce grand poëte, place au premier rang parmi les conditions de l'art, dont il comprend, dont il explique si bien la nature, lorsqu'il commente les productions de notre scène, et qu'il regrette sans cesse de ne pas retrouver dans les productions de la scène antique, n'était pas pour les Grecs, comme pour nous, le premier intérêt du spectacle tragique. Jamais, chez eux, le dénoûment n'était incertain; on ne l'attendait jamais avec cette inquiétude, cette impatience douloureuse, dans lesquelles nous trouvons tant de charme. La raison en est simple et tout le monde la devine. Les événements que retraçaient leurs tragédies étaient connus de chaque spectateur, et présentés d'ailleurs, d'après l'esprit de leur religion, comme l'effet d'une destinée irrévocable. Il n'y avait personne qui, dès l'exposition de la pièce, n'en vît clairement la fin, et si l'on était ému, ce n'était certainement pas par le sentiment de la curiosité, par celle du moins dont nous enten-

1. Voyez, plus haut, p. 326 sqq.

dons parler. C'est ce que remarquait malicieusement le poëte comique Antiphane, dans des vers[1] où il semble avoir voulu, ce qui appartient à tous les temps, rabaisser un art qui lui était étranger, dans l'intérêt de celui qu'il exerçait. Ces vers sont précieux pour nous. Ils établissent que les Grecs eux-mêmes avaient remarqué le caractère que nous attribuons en ce moment à leur tragédie. Voici donc ce que disait Antiphane :

« .... La tragédie est vraiment bien favorisée. Avant que l'acteur ait dit un mot, le sujet est déjà connu. S'adresser à la mémoire des spectateurs, voilà l'unique affaire du poëte. Je n'ai qu'à nommer OEdipe, et l'on sait déjà tout le reste. Laïus son père, Jocaste sa mère, ses fils, ses filles, tout est présent. On voit tout ce qu'il a fait, tout ce qui lui doit arriver. Au nom seul d'Alcméon, on entendra les enfants eux-mêmes s'écrier : Il a tué sa mère. »

Les poëtes tragiques s'embarrassaient fort peu d'être ainsi prévenus par les souvenirs de leur auditoire. Eux-mêmes s'empressaient quelquefois, en développant d'avance toute la suite de leur drame, de désintéresser, pour ainsi dire, la curiosité. Telle était, sinon l'intention, du moins la conséquence naturelle de ces prologues, tant reprochés à Euripide, et qui, destinés probablement à aider l'intelligence de spectateurs fort nombreux et par cela même facilement distraits, à leur expliquer les changements que le besoin de renouveler des sujets épuisés forçait de faire aux traditions reçues de la mythologie ; qui, placés à peu près hors de l'ouvrage, comme une sorte de préface, d'annonce, d'affiche poétique, ne méritaient peut-être pas d'être blâmés aussi sévèrement, et surtout aussi sérieusement qu'on l'a fait.

Quoi qu'il en soit de cette question incidente, il me paraît hors de doute que l'intérêt de curiosité, qui est devenu par degrés l'objet principal de notre tragédie, n'était pour les poëtes tragiques de la Grèce qu'un objet secondaire. Ils mettaient toute leur attention, ils employaient tous leurs efforts à produire cet autre intérêt, qui ne nous

---

1. Athen., *Deipn.*, VI. Voyez plus haut, p. 331.

est pas étranger sans doute, mais que nous ne plaçons qu'au second rang, cet intérêt que fait naître le développement de chaque situation, ou en d'autres termes la peinture variée des mœurs, des passions, des caractères. Je sais bien que dans toute tragédie doivent se rencontrer, et l'intérêt de curiosité et l'intérêt de situation, qui n'est, après tout, qu'une curiosité d'une autre nature ; je sais bien que l'un et l'autre se trouvent et dans la tragédie française et dans la tragédie grecque ; mais ils y sont différemment répartis : l'un domine sur la scène antique, l'autre règne sur notre scène ; et de cette inégale proportion résultent leurs principales différences dont La Harpe n'a jamais manqué de faire, contre la justice et la vérité, un sujet d'éloge pour nous, un sujet de blâme pour les Grecs.

Les deux tragédies se ressemblent par l'unité du dessin, la régularité du plan, la proportion des parties, l'observation exacte des vraisemblances ; en tout cela et en d'autres choses encore, nous sommes les disciples fidèles de ces Grecs dont les exemples ont retiré notre théâtre de la barbarie, que nous devons appeler nos maîtres, et qu'il était sans doute peu reconnaissant et peu respectueux de renvoyer à notre école. Pour tout le reste, nous différons ; c'est tout ce que la raison permet de dire. Si nous pouvons nous glorifier d'avoir su rester originaux en imitant les anciens, serait-il juste de reprocher à ceux-ci le caractère particulier qui appartient à leurs productions? Ils s'occupent davantage de la peinture des mœurs, et nous du développement de l'action; ils ont plus de vérité, et nous plus d'effet théâtral ; leur marche est calme et un peu lente, la nôtre est vive, rapide, mais peut-être trop précipitée ; nous attendons avec impatience le dénoûment, ou plutôt nous y courons, nous y volons, franchissant hardiment l'intervalle qui nous en sépare, et supprimant, pour arriver plus tôt, les développements et les détails ; les Grecs, qui sont moins pressés d'arriver, restent plus longtemps en chemin, et même il leur arrive quelquefois de prendre le plus long : tranquilles sur l'événement, toujours inévitable et toujours prévu, ils mettent quelque complaisance à en expliquer les causes, ils s'épanchent en toute liberté dans l'expression de la passion, dans la peinture des mœurs locales et des caractères individuels ; au lieu de hâter le mouvement de l'action, ils la retardent quelquefois, et s'arrêtent à la contempler ; le dirai-je ? ils aiment à causer, et dans ces moments de repos où le drame semble sommeiller, ils ne craignent pas que la contagion gagne les spectateurs, et que parmi ces juges qui siègent à l'amphithéâtre, il s'en trouve qui s'impatientent et leur crient d'arriver au fait. C'est que cette tragédie est conforme au génie de la nation pour qui elle est faite ; c'est que cette nation, amoureuse de la parole et toujours prête à l'écouter, se plaît à ces dialogues prolongés, à ces discours qui se suivent et se répondent, à ces récits, à ces descriptions, à ces chœurs, à tous ces développements, qui nous sembleraient des longueurs, que La Harpe ne fait pas difficulté d'appeler ainsi, qu'il flétrit même du nom de fautes, mais qui n'étaient rien de tout cela pour les Grecs, arbitres compétents de leurs plaisirs et auxquels on ne peut refuser le droit de se divertir à leur manière. Que si l'on me demande quelle espèce d'intérêt on pouvait prendre à des drames composés dans cet esprit, je répondrai qu'on y éprouvait probablement une émotion peu différente de celle qui nous attache à la représentation des tragédies lyriques. Dans ce genre d'ouvrages, en effet, l'intrigue nous occupe peu ; nous ne lui demandons autre chose que d'être raisonnable et régulière ; elle ne nous semble pas le but de l'art, mais seulement son moyen. Quel est donc le but ? Le voici : c'est l'expression musicale du sentiment et de la passion. Eh bien, lorsque les Grecs construisaient une fable, qu'ils groupaient des situations, qu'ils assemblaient des scènes, ce qu'ils se proposaient avant tout et uniquement, c'était d'exprimer aussi dans une poésie, plus puissante encore que notre musique, l'image de la nature humaine. Afin de développer ses hautes et nobles facultés, ils l'appelaient à combattre, non pas pour la victoire, mais seulement pour l'honneur du combat, l'invincible destinée. Ce n'était pas sur l'issue de la lutte qu'ils appelaient l'attention, mais sur la lutte elle-même, où se trouvaient engagées toutes les puissances de l'âme, et qui offrait à la contemplation des spectateurs remplis de terreur et de pitié, et tout ensemble ravis d'admiration, le plus sublime tableau que l'art puisse présenter aux hommes, et que, dans son enthousiasme, un philosophe ancien ne jugeait pas indigne d'attirer les regards de la Divinité[1].

De telles œuvres méritaient sans doute qu'on en parlât autrement que n'a fait La Harpe, qui tantôt témoigne pour leurs auteurs un dédain, un mépris vraiment plaisants à force d'être sincères, tantôt les honore encore plus plaisamment de cette indulgente approbation que le mérite consommé accorde comme un encouragement à la faiblesse du talent qui commence et dont les débuts promettent. Est-ce les louer d'une manière digne d'elles, que de prétendre, comme il l'a dit presque textuellement, que *nous leur avons fait*, en les imitant, *beaucoup d'honneur* ? C'est ce qu'on trouve dans ce parallèle, si plein de l'injuste prévention que nous lui avons reprochée, où il ne craint pas d'élever au-dessus de l'*Électre* de Sophocle l'*Oreste* de Voltaire, tragédie beaucoup mieux intriguée, j'en conviens, et où se rencontrent quelques peintures dignes de leur auteur, mais qui est si loin de surpasser ou même d'égaler la pièce grecque, qu'elle n'a pu même prévaloir dans notre estime sur quelques traits admirables qui restent seuls aujourd'hui du froid et absurde roman imaginé par Crébillon. La Harpe a été plus loin encore en parlant d'Euripide. Il termine une critique passionnée et violente de son admirable *Hippolyte* par ces paroles vraiment remarquables : « .... Tel est cet ouvrage, qu'il faut pourtant bien pardonner à Euripide, puisque nous

---

1. « .... Non miror, si quando impetum capiunt dii spectandi magnos viros colluctantes cum aliqua calamitate.... Ecce spectaculum dignum ad quod respiciat intentus operi suo deus, ecce par deo dignum, vir fortis cum mala fortuna compositus.... » (Senec., *De Provid.*, II.) Le philosophe ajoute : « utique si et provocavit, » ce qui ne s'applique plus à la tragédie grecque, mais bien plutôt à cette autre que lui-même y substitua.

lui devons celui de Racine¹. » Ainsi, ce qui est un honneur pour Sophocle, sert seulement d'excuse à Euripide. Est-ce là parler convenablement de ces grands poëtes, auxquels leurs imitateurs, juges plus équitables parce qu'ils étaient plus éclairés, ont rendu de si éclatants hommages ? Racine, si passionné pour le génie de l'antiquité, qui le transportait si habilement dans ses ouvrages, et l'expliquait à ses amis chargés de l'entendre avec une éloquence dont leurs lettres nous ont conservé le souvenir², eût désavoué son indiscret panégyriste, et n'eût pas souffert qu'on lui dît qu'en s'aidant d'un chef-d'œuvre pour nous donner un autre chef-d'œuvre, « il avait remplacé partout les plus grandes fautes par les plus grandes beautés. » Voltaire lui-même, si souvent injuste et ingrat envers les anciens, auxquels il devait plus d'une heureuse inspiration, mais qui avait trop le sentiment du beau pour n'être pas quelquefois ramené, par un de ces retours qui lui étaient familiers en toute chose, à l'admiration naïve et sincère de leurs immortelles productions, Voltaire en pensait autrement que La Harpe, quand il appelait l'auteur de l'*Électre* antique à la défense de son Oreste menacé par les froideurs du parterre, et que, du fond de sa loge, il criait aux spectateurs ébranlés et indécis : « Applaudissez, Athéniens ! c'est du Sophocle. »

Un système de critique, rétréci et incomplet, a produit toutes les erreurs de détail qu'on doit relever dans les jugements de La Harpe sur le théâtre grec, et que j'ai réfutées d'avance en attaquant le système lui-même. Ne considérant dans les œuvres des Grecs que la partie à laquelle ils accordaient le moins d'attention, que ce qui était pour eux uniquement un moyen, et comme une occasion, un prétexte, que l'action en un mot, cette action lui a paru si nulle dans Eschyle, si négligemment conduite dans Euripide, qu'il en est venu fort naturellement

---

1. Voyez, dans nos *Études*, t. III, p. 74 sqq., une réfutation de cette critique. Je ne crois pas devoir renvoyer à d'autres réfutations moins étendues, qui ont dû y trouver place en très-grand nombre.
2. Lettre de Valincour à d'Olivet. Voyez, plus haut, p. 344, et t. II, p. 159.

à les mépriser, tandis que la marche moins uniforme et plus régulière, mais bien calme et bien lente de Sophocle, n'a obtenu de lui qu'une assez froide estime. Quant à ces admirables développements qui remplissent leurs tragédies, et qui sont leur véritable objet, les rapportant toujours, dans sa pensée, à ce modèle de la tragédie moderne qu'il ne pouvait oublier un seul moment, La Harpe n'y a vu que de brillants accessoires, qui retardaient par leur longueur le mouvement de l'intrigue ; sans être désarmé par toutes les beautés qui y éclatent, il les a condamnés, par respect, disait-il, pour les principes de l'art, avec une rigueur inflexible, et s'il en eût été temps encore, il aurait volontiers voté leur suppression, comme on retranche d'un budget les dépenses inutiles.

Je ne suppose rien ; il faut le voir à l'œuvre, non plus seulement critiquant une pièce grecque, mais s'occupant de l'adapter à nos habitudes dramatiques, entreprise assez vaine pour le dire en passant. Racine et Voltaire composaient sur les sujets traités par les anciens des ouvrages originaux, tout pleins du souvenir de l'antiquité et en même temps du génie moderne. Mais, en arrangeant pour notre scène le *Philoctète* de Sophocle, La Harpe s'exposait à gâter une tragédie grecque, sans en faire une tragédie française. Dans ce vêtement, refait à notre taille, mais qui s'y ajuste mal, on aperçoit toujours la trace mal déguisée de sa forme première. Je ne cherche pas si La Harpe a toujours compris le texte qu'il voulait interpréter ; s'il n'en a pas altéré le caractère, en substituant presque constamment la pompe et la dignité de notre langue tragique à la naïveté grecque ; s'il s'est élevé toujours (il serait injuste de ne pas convenir qu'il a su y atteindre plus d'une fois) jusqu'à ce degré d'inspiration, permis au talent qui imite ou qui traduit, et dont le quinzième livre du Télémaque, emprunté tout entier à Sophocle, m'offre l'exemple le plus naturel que je puisse citer[1]. Je ne m'occupe que des changements principaux

---

1. Voyez dans notre t. II, pages 92 sqq., 110 sq., 149.

faits à l'économie de l'ouvrage : changements tout à fait conformes à ces principes auxquels La Harpe a cru pouvoir soumettre également nos compositions dramatiques et celles des Grecs, et qui nous montrent, pour ainsi dire, sa critique en action.

La pièce de Sophocle, comme toutes les pièces grecques, est quelquefois interrompue dans sa marche par des chœurs d'une beauté ravissante, dans lesquels des soldats de Néoptolème, qui l'ont suivi à Lemnos, déplorent la misère de Philoctète, et la triste condition de l'humanité exposée sans défense aux coups de la fortune. Ces chœurs, qui renferment toute la morale de l'ouvrage et celle de la tragédie antique, rappellent aux spectateurs que ce personnage souffrant dont la scène leur *étale les douleurs*, est le représentant de notre destinée sur la terre, et que, pour supporter les grands accidents du sort, ils doivent prendre exemple sur sa constance et sur son inflexible courage. La Harpe trouve fort beaux ces morceaux de poésie lyrique, « mais, dit-il, ils ne servaient de rien à l'action, quelquefois même ils la gênaient; je les ai retranchés tous comme inutiles et déplacés dans une pièce faite pour être jouée sur la scène française. » Un traducteur d'Esther et d'Athalie ne pourrait-il pas au même titre en retrancher ces admirables chœurs, qui sans doute ne *servent de rien à l'action*, mais que personne toutefois ne juge *inutiles* et *déplacés?* Passons à une autre suppression.

Il y a dans l'ouvrage grec une scène d'une naïveté charmante et qu'on regrette de ne pas retrouver dans l'imitation française. Pendant que Néoptolème est auprès de Philoctète, usant pour l'emmener à Troie des détours que lui a enseignés la politique astucieuse d'Ulysse, ce dernier, dans la crainte que sa proie ne lui échappe, et pour prévenir les obstacles qui pourraient naître d'un trop long retard, envoie vers les deux guerriers un soldat déguisé en marchand, qui doit hâter leur départ par de fausses alarmes. Le prétendu marchand s'approche de Néoptolème, et lui apprend que les Grecs sont à sa poursuite ; puis il lui confie, en grand secret, et avec d'apparentes précautions, destinées à prévenir les soupçons de Philoctète et en même temps à exciter plus vivement son attention, qu'Ulysse et Diomède sont partis de leur côté pour aller chercher à Lemnos le fils de Pœan, sans lequel ils ne peuvent prendre la ville de Troie. Philoctète, comme Ulysse l'avait bien prévu, redouble d'instances pour qu'on s'embarque aussitôt, tant il craint de tomber entre les mains de son ennemi mortel et des Atrides. « C'est là, dit La Harpe, un ressort superflu, puisque Philoctète n'a pas de désir plus ardent que de partir au plus tôt. Cette scène, ajoute-t-il, en répétant son refrain ordinaire, allonge inutilement la marche de l'action, et j'ai cru devoir la retrancher. » Sans doute elle n'est point indispensable; mais si l'on retranchait de la plupart de nos tragédies ce qui n'est pas absolument nécessaire à la fable, ce qui pourrait en disparaître sans la détruire, on les réduirait de beaucoup, et elles perdraient, à coup sûr, en véritable intérêt ce qu'elles gagneraient en rapidité. Or la scène qui nous occupe ajoute-t-elle à l'agrément de l'ouvrage ? Je crois qu'on ne peut le nier; c'est un artifice fort ingénieux pour rappeler aux spectateurs cet Ulysse que le poëte ne peut leur montrer, mais qu'il ne veut pas qu'on oublie, et qui, *invisible et présent*, conduit toute l'intrigue.

La Harpe s'applaudit beaucoup d'avoir, par quelques coupures, précipité le dénoûment, et fait paraître Hercule au moment même « où l'action est dans son point le plus critique; lorsque Philoctète n'a plus rien à entendre et qu'Ulysse n'a plus rien à dire[1]; lorsque enfin, malgré les efforts de Pyrrhus, la flèche fatale est prête à partir: c'est alors, dit-il, que le tonnerre gronde, et que l'intervention nécessaire d'un dieu peut seule arrêter la vengeance et la main de Philoctète. C'est ainsi que ce dénoûment, qui

1. Cela même n'est point exact. Depuis longtemps, dans la pièce grecque, Ulysse ne dit plus rien, et c'est Néoptolème qui tente les derniers efforts. La Harpe, avec une étourderie dont Voltaire lui avait donné l'exemple dans sa critique de l'*Œdipe roi*, prête au poète grec ses propres inventions, et s'en fait une arme contre lui.

semblait hasardé sur notre scène, a paru former un spectacle frappant et un coup de théâtre d'un grand effet. »
On ne peut se rendre plus franchement justice. Mais n'y a-t-il rien à reprendre dans ce perfectionnement de La Harpe? Ce *coup de théâtre* ne fait-il pas précisément ressortir le défaut assez justement reproché aux anciens, d'appeler une divinité à leur aide quand ils ne savent comment sortir d'intrigue, et de remuer alors une machine, à peu près *comme on remue le doigt*, dit cet Antiphane que j'ai déjà cité [1]. Dans l'ouvrage de Sophocle, Hercule ne descend du ciel que pour vaincre l'obstination de Philoctète, qui a résisté à tout. Cela est naturel et, selon les idées religieuses de l'antiquité, cela est vraisemblable. Mais dans l'ouvrage de La Harpe, où Hercule vient à point nommé sauver Ulysse de la fureur de Philoctète, qu'arriverait-il du premier si le dieu tardait en chemin, et ne voit-on pas que, s'il arrive si à propos, c'est que le poëte *a levé le doigt* et lui a fait signe de paraître ? En effet, il était grand temps.

Toujours poussé par cette manie d'abréger et, pour ainsi dire, d'émonder Sophocle, La Harpe a porté cette *serpe* de critique, *instrument de dommage*, jusque sur les vers délicieux qui terminent la pièce grecque, et que Fénelon n'a point oubliés. Au moment de quitter *la solitaire Lemnos*, Philoctète adresse un *adieu mélancolique à ces compagnons muets de sa vie infortunée, à ces objets inanimés que le besoin invincible d'exhaler ses plaintes a rendus les confidents de sa douleur*, et dont il ne peut s'arracher sans un sentiment de regret. Il n'oublie ni *la caverne hospitalière*, ni *la source vive*, ni *le rocher battu des vagues, dont la cime dépouillée l'a vu si souvent jeter en vain ses regards vers la mer. Telle est*, dit le critique dont je viens d'emprunter les paroles, *la pente naturelle de l'âme destinée à toujours aimer*[2].

« Partons, s'écrie le héros, dans des vers qu'on ne peut traduire sans emprunter quelque chose à l'imitation de Fénelon, et même à la traduction de Rochefort ; partons, mais avant sa-

1. Voyez, plus haut, p. 331, 366. — 2. W. Schlegel.

luors ces lieux. Adieu, rocher qui me servis de retraite ; adieu, nymphes de ces prés humides ; mer que j'entendais mugir, et dont la brume, chassée par les vents, pénétrait dans mon antre et humectait ma tête; écho de la montagne, qui tant de fois répétas mes cris ; douces fontaines, qui apaisiez ma soif, adieu, adieu ; je vous quitte pour un voyage qui était loin de ma pensée. Laisse-moi partir heureusement, ô terre de Lemnos, puisque je vais où m'appellent les décrets du destin et la volonté de mes amis, l'ordre de ce dieu suprême, auquel rien ne résiste, et qui a conduit tous ces événements [1]. »

Quel charme attendrissant dans ces paroles, et en même temps avec quel art le poëte y résume tout son ouvrage, nous rappelant les longues souffrances de son héros, et son invincible fermeté qui ne cède qu'à l'amitié et à la voix du ciel! Voici par quoi La Harpe a cru devoir remplacer une telle conclusion :

Je me rends ; c'en est fait. Sous ces heureux auspices,
Partons, brave Pyrrhus, avec les vents propices.
Remplissons le destin qui nous est confié.
Je sers, en vous suivant, les dieux et l'amitié [2].

La Harpe s'efforce en vain de nous persuader que cette sécheresse est dans le génie de la tragédie. Qu'on me permette encore de le citer ; car ce dernier passage met dans tout son jour le vice des principes étroits qu'il avait adoptés.

« Je regrette, dit-il, les adieux de Philoctète dans Sophocle, et si j'avais fait un poëme, je ne les aurais pas retranchés. Mais quand le nœud principal est coupé, quand le spectateur n'attend plus rien, des apostrophes accumulées à la lumière, à la caverne, aux nymphes, aux fontaines, au rivage, peuvent fournir des vers harmonieux, et n'être pour nous qu'un lieu commun qui allonge inutilement la pièce. »

Est-il possible que l'esprit de système pervertisse à ce point le jugement d'un homme si éclairé, qu'il ne voie dans l'admirable morceau qu'on a lu tout à l'heure, que des apostrophes, des vers *harmonieux*, un *lieu commun*, et qu'il assimile la tragédie à un problème, dont la solu-

---

1. V. 1451 sqq. — 2. Acte III, sc. 5.

tion seule intéresse et qu'on doit abandonner aussitôt qu'il est résolu, et que l'inconnue est dégagée ?

Il me resterait à montrer que, dans son examen du théâtre grec, il ne s'est pas moins souvent trompé sur ce qui concerne les mœurs que sur ce qui regarde l'action. J'ai eu bien des occasions de le faire dans le cours de cet ouvrage; je me borne à dire ici qu'après avoir loué en général la simplicité, la naïveté, et même la familiarité de pinceau, qui se fait apercevoir dans les tableaux tracés par les tragiques anciens, il leur retire en détail l'éloge qu'il leur a donné, et qu'en plus d'une occasion il ne craint pas de les blâmer au nom de cette politesse et de cette dignité que notre civilisation moderne a introduites dans la tragédie, et qu'on ne peut, sans une singulière injustice, leur reprocher de n'avoir point connues. Peut-être même ne faudrait-il pas les en plaindre, puisque l'exquise vérité qui fait le charme éternel de leurs ouvrages, ils la doivent surtout à cette liberté d'expression que ne contraignent jamais les lois de notre étiquette, et qui leur permet de rendre, sans vain déguisement, tous les mouvements de la nature humaine.

Dans un des morceaux les plus piquants, mais les plus frivoles, de son Cours de littérature, La Harpe met en scène un étranger, assis au théâtre d'Athènes, auprès d'un Athénien fort complaisant, qui lui en explique les usages, et qui reçoit, en échange de sa politesse, des critiques vives et spirituelles, mais bien peu justes, bien peu raisonnables, sur le caractère singulier de l'ancienne comédie. Cet étranger témoigne en même temps une grande admiration pour les tragédies grecques ; mais il est probable que si l'auteur lui faisait suivre la représentation de quelqu'une d'elles, il en parlerait tout aussi dédaigneusement que des Chevaliers d'Aristophane dont il ne peut comprendre ni le mérite ni le succès. Car cet étranger n'est pas un contemporain de Périclès, un habitant de l'Asie Mineure, comme nous l'assure La Harpe ; c'est un critique du dix-huitième siècle, un habitué du Théâtre-Français, un professeur du Lycée; en un mot, c'est La Harpe lui-même qui croit pouvoir juger sur des traductions infidèles, quelquefois sur de simples arguments et d'après les principes de la poétique moderne, les œuvres de l'antiquité. L'Athénien, qui lui sert de truchement ou de compère, ne pourrait-il pas lui répondre : « Je ne me rends point à vos raisons, toutes spécieuses qu'elles sont. Vous paraissez avoir une intelligence parfaite de votre théâtre national; mais, souffrez que je le dise, vous comprenez bien moins le nôtre. De grâce, avant de nous juger, oubliez des systèmes et des théories dont nous ne reconnaissons pas comme vous l'autorité ; rendez-vous plus familier avec notre langue et notre poésie ; faites-vous à nos mœurs, à nos lois, à notre religion ; prenez un peu de notre goût, et alors vous vous abandonnerez, sans souvenir importun, sans prévention fâcheuse, au charme de ces compositions, que nous ne pouvons critiquer, parce qu'elles nous enchantent et nous ravissent. Vous estimerez davantage cet antique Eschyle, que n'ont point effacé de notre mémoire ses modernes rivaux, et dont nous faisons encore représenter à grands frais les ouvrages, un peu vieillis, mais toujours sublimes. Vous rendrez plus de justice à cet Euripide, dont les vers ont sauvé de l'esclavage et de la mort nos compatriotes prisonniers sur la terre étrangère, et qui, par l'ascendant de sa gloire, populaire dans toute la Grèce, fléchira peut-être un jour, en faveur d'Athènes elle-même, conquise et opprimée, le ressentiment de farouches vainqueurs[1]. Alors vous comprendrez comme nous que, sous cette apparente simplicité qui vous paraît de l'ignorance et de la barbarie, se trouve, en effet, un art profond et caché ; alors vous ne resterez point insensible à cette vérité que nos poëtes ont exprimée de la nature elle-même, et qui doit vous toucher comme homme, si elle ne vous touche pas comme Athénien. »

Tandis que La Harpe, poussé d'un zèle bien aveugle et bien malheureux, s'appliquait à rabaisser l'antiquité, un autre écrivain français réparait envers elle les torts d'une critique téméraire, et élevait à son génie méconnu un mo-

1. Voyez notre t. I, p. 64 sq.

nument en quelque sorte expiatoire. C'était l'Anacharsis, ouvrage préparé par trente ans de travaux, et publié seulement en 1788, au plus fort des succès du Lycée. Barthélemy y a parlé de la tragédie des Grecs avec une admiration éloquente, ou plutôt il y a reproduit, en termes qu'ils n'auraient pas désavoués, les éloges donnés par les anciens aux Eschyle, aux Sophocle, aux Euripide. Peut-être s'est-il trop souvent contenté de rapprocher, par l'artifice ingénieux de son style, des opinions qui ne s'accordent pas toujours entre elles, et qui ne se tiennent, dans les jugements qu'il en a composés, que par un lien factice. Ses idées manquent, en général, d'ensemble et de précision, et le vague se cache chez lui sous la grâce et l'élégance des formes. En outre, il lui arrive d'oublier le rôle qu'il s'est imposé, et de témoigner, pour certains usages de la scène antique, une surprise que n'aurait certainement pas éprouvée le personnage fictif qu'il fait parler. Anacharsis, remarquant qu'il n'y a pas de spectateurs à ce qu'il appelle « le parterre », est presque aussi moderne que le bon Baillet, lorsqu'il nous raconte, d'après les scoliastes d'Eschyle, qu'à la représentation des *Euménides*, plusieurs femmes accouchèrent de frayeur « dans les loges [1] ». Mais ce sont là de ces inadvertances qu'il ne faut pas prendre trop au sérieux. Un tort plus grave, assez récemment relevé chez Barthélemy [2], avec une évidence de raison, une sûreté de goût qui interdisent d'insister sur ce point, c'est que, malgré sa science si réelle et si profonde, il a quelquefois regardé de notre point de vue, reproduit avec nos habitudes de pensée et de style, la littérature des Grecs, et particulièrement leur tragédie. Si ce reproche, qui a paru hardi, est fondé, comme je le crois, rien ne peut mieux montrer qu'une appréciation impartiale et libre de la tragédie grecque était chose à peu près impossible à un critique français du dix-huitième siècle [3].

1. *Jugements des Savants : Poëtes grecs, Eschyle*.
2. Par M. Villemain, *Tableau du* XVIII° *siècle*, XLII° et XLIII° leçons.
3. Cette appréciation ne se trouve pas, à plus forte raison, chez un écrivain bien moins compétent, Chamfort, dans l'ouvrage posthume qui a paru de lui, en 1808, sous ce titre : *Précis de l'art théâtral dramati-*

C'est en Italie, je l'ai dit ailleurs[1], que reparut, dès le commencement du seizième siècle, la tragédie grecque, reproduite au jour par des éditions[2] auxquelles elle n'a pas depuis, beaucoup ajouté, par des traductions dont elle a au contraire, dans les siècles suivants, fort multiplié le nombre[3], enfin par des représentations savantes qui rendaient à Sophocle, à Euripide, une scène et des acteurs. Je ne sais cependant si, dans l'Italie même, dans ce pays où la longue imitation du théâtre grec était demeurée si stérile jusqu'à la *Mérope* de Maffei, où l'opéra avait à la fin supplanté la tragédie, imparfaitement représentée par l'aimable, le charmant Métastase, où la réaction entreprise par Alfieri contre la mollesse dramatique de son temps produisit, chez cet écrivain, qui ignorait les Grecs et ne les connut qu'après coup, une simplicité, une sévérité tout à fait étrangère à leur esprit; je ne sais, dis-je, si dans les ouvrages des critiques italiens on eût pu rencontrer de la scène athénienne et de ses grands poëtes des images plus complètes, plus ressemblantes[4]. Gravina les avait cités souvent et à propos, mais brièvement, dans

que des anciens et des modernes. L'exposition, superficiellement élégante, de beaucoup de détails archéologiques, de beaucoup de généralités théoriques, y amène quelquefois les noms d'Eschyle, de Sophocle et d'Euripide, et la citation de leurs œuvres, mais sans que l'esprit particulier de la tragédie grecque, à ses diverses époques, l'art de ses principaux représentants, y soient jamais caractérisés d'une manière bien précise et bien nette.

1. T. I, p. 160.
2. Celles des Alde, à dater, je crois, de 1502.
3. Parmi les traductions complètes, je citerai celles d'Eschyle par Bellotti, Milan, 1821; de Sophocle par Lenzini, Sienne, 1791; par Bellotti, Milan, 1813; par Angeletti, Bologne, 1823; d'Euripide par Carmeli, Padoue, 1743; par Bellotti, Milan, 1828. Dans la multitude des écrivains italiens qui n'ont donné de ces poëtes que des versions partielles, on distingue Cesarotti et Alfieri, traducteurs, en 1754 et dans les dernières années du siècle, le premier du *Prométhée* d'Eschyle, le second, de ses *Perses*, du *Philoctète* de Sophocle, de l'*Alceste* d'Euripide (voyez notre t. III, p. 234 sq.); Niccolini qui, depuis, en 1816 et..., a traduit *les Sept chefs devant Thèbes* et l'*Agamemnon* d'Eschyle. (Voy. t. I, p. 336; cf. I, 357, 363; II, 211; III, 137, 176, 426.) Il serait long de citer les autres, exactement rappelés dans le *Lexicon bibliographicum* d'Hoffmann, Leipzick, 1832, aux articles *Eschyle, Sophocle, Euripide.*
4. L. Racine, *Traité de la poésie dramatique*, ch. VIII, dit du P. Saverio qu'il a « mieux jugé des poëtes de la Grèce que des nôtres. »

son excellent livre sur la tragédie, lorsqu'il s'y était, en 1715, comme chez nous Corneille, constitué le juge impartial et libre des principes d'Aristote et, plus souvent encore, des commentateurs d'Aristote. Métastase, son fils adoptif et son élève, se montra peu fidèle à ses leçons, j'ajouterai à celles d'Aristote et d'Horace, ingénieusement commentés par lui, lorsque, vers la fin du dix-huitième siècle, il écrivit sur les chefs-d'œuvre d'Eschyle, de Sophocle, d'Euripide, ces notes recueillies et publiées après sa mort[1], qui passent en légèreté tranchante les décisions contemporaines de Voltaire et de La Harpe[2].

Le doute que j'exprimais tout à l'heure à l'égard des critiques italiens, et qui aujourd'hui, après les écrits de Manzoni[3], de Nicolini[4], ne serait plus permis, je l'éprouve également à l'égard des critiques anglais. Bien qu'initiés par une forte éducation classique, par les savants travaux de Stanley[5], de Barnès[6], de Markland[7], de Musgrave[8], de Wakefield[9], de Porson[10], à la connaissance d'Eschyle, de Sophocle, d'Euripide, ils me paraissent, en général, avoir été, pendant le dix-septième et le dix-huitième siècle, trop exclusivement préoccupés, en des sens divers, d'une sorte de querelle nationale entre les libertés, le mouvement, l'abandon de la scène anglaise, et la régularité plus sévère, l'expression plus contenue, plus discrète de notre scène ; trop livrés, comme nous-mêmes avant eux,

---

1. *Opere postume*, Vienna, 1795, t. I, p. 1 sqq. Voyez la dissertation déjà citée de M. V. Faguet, *Métastase considéré comme critique*, 1856. — Entre Gravina et Métastase, se place Vico, peu exact, mais quelquefois ingénieux dans ces pages du III° livre de sa *Science nouvelle* (1725) qu'il a intitulées : *Histoire des poëtes dramatiques et lyriques*.

2. J'en ai cité quelque chose, particulièrement t. I, p. 286 ; II, 84, 124 sq. ; III, 137, 198, 285, 309 ; IV, 77, 239.

3. Voyez notre t. II, p. 26, 279 sqq. ; III, 26. 293, 423.

4. Voyez, plus haut, p. 379, note 3, et les passages des volumes précédents auxquels on y renvoie.

5. Éditeur d'Eschyle en 1663. — 6. Éditeur d'Euripide en 1694.

7. Editeur d'Euripide en 1763, 1771.

8. Éditeur de Sophocle et d'Euripide en 1778, 1797, 1800.

9. Editeur d'Eschyle et d'Euripide en 1794, etc.

10. Éditeur d'Eschyle et d'Euripide en 1795, 1797, etc. Les travaux de Blomfield sur Eschyle, d'Elmsley sur Sophocle et Euripide, de Monk sur Euripide, sont de ce siècle, et datent de 1811 et années suivantes.

à des controverses passionnées sur la supériorité ou des anciens ou des modernes, pour qu'il leur soit resté le loisir de chercher dans les productions des tragiques grecs autre chose que des arguments à l'appui de leurs thèses contradictoires. Je ne vois pas qu'il ait été aucunement parlé de ces belles œuvres, au dix-huitième siècle, dans les Essais de Temple sur les anciens et les modernes, sur la poésie, de Hume sur la tragédie ; qu'il en soit beaucoup question dans le Traité de la poésie dramatique, publié par Dryden, en 1667[1], dans le Spectateur d'Addison qui commença à paraître en 1711[2]. Et véritablement, quant à ces derniers, l'esprit qui les porta, l'un à dissiper follement, pendant tant d'années, les trésors de sa brillante poésie, dans ces pièces d'un genre bâtard, romanesques jusqu'à l'invraisemblance, comme trop souvent celles des Espagnols, galantes jusqu'à la fadeur, comme trop longtemps les nôtres, et qualifiées pompeusement d'héroïques ; l'autre à défigurer systématiquement, par une imitation outrée de notre galanterie tragique, l'austère sujet de Caton ; cet esprit n'était pas de nature à leur faire rechercher, goûter les purs modèles de la Grèce, à leur en communiquer la parfaite intelligence. Chose singulière ! le grand, le vrai génie dramatique, qu'offusquèrent passagèrement ces productions d'un art factice, mais qui, reparu plus brillant, illumine seul aujourd'hui la scène tragique de Londres, ce génie inculte, dont les Grecs étaient ignorés, et qui semble si différent d'eux, se trouve précisément celui qui les a le plus vivement rappelés au souvenir, à l'attention de la critique anglaise, qui les lui a le mieux expliqués. Quand elle a cherché dans toute la suite de l'histoire littéraire un poëte qu'elle pût mettre à côté de son Shakspeare, pour l'énergie, la hardiesse, la grandeur, le merveilleux,

1. A la fin de 1667 ou au commencement de 1668, selon Walter Scott, Vie de John Dryden. L'auteur revit avec un soin particulier son ouvrage et le réimprima en 1684. M. Villemain en a donné une fort intéressante analyse dans son Tableau du XVIII° siècle, v° leçon.
2. Dans le 41° numéro du Spectateur, il est fait sur l'Electre de Sophocle quelques remarques traduites par M. Villemain, ibid., vi° leçon, et par M. Mézières, Encyclopédie morale, ou choix des Essais du Spectateur, du Babillard et du Tuteur. Paris, 1826, t. I, p. 153.

il lui a fallu remonter jusqu'au vieil Eschyle, et le rapprochement de deux hommes de génie, séparés par la distance de tant de siècles et la complète dissemblance des genres, lui a fourni le sujet d'intéressants parallèles. J'en ai donné des exemples[1] auxquels on pourrait sans doute ajouter[2]. Il y aurait à faire, je le pense, dans les ouvrages des critiques anglais, au dix-septième et surtout au dix-huitième siècle[3], dans les préfaces et les notes des traducteurs assez nombreux qui, en Angleterre, se sont appliqués à reproduire Eschyle, Sophocle, Euripide[4], une assez ample récolte d'observations ingénieuses sur certaines beautés, certains défauts, certains passages remarquables à divers titres des tragiques grecs. Mais y trouverait-on du caractère de ces poëtes et de leur art une expression plus complétement satisfaisante, plus dégagée de tout préjugé moderne, plus strictement conforme à la réalité antique, que chez les critiques italiens et français de la même époque? J'en doute fort, je le répète, et ne suis point rassuré à cet égard par ce que je lis dans les leçons que le judicieux et sage Blair a répétées à l'université d'Édimbourg, pendant vingt-quatre ans, de 1759 à 1783, époque à laquelle il les fit enfin imprimer. Blair se forme de la tragédie une idée générale, abstraite,

[1]. Voyez t. I, p. 233, 236. Cf. p. 228, 303. sq., 343, sq., 360, 364.
[2]. Un fort bon parallèle des deux poëtes a été tracé, à propos de *Macbeth*, par Cumberland, dans le 66° numéro de l'*Observateur*.
[3]. Par exemple, dans les *Éléments de critique* de lord Kaimes (voy. ch. XXIII), dans l'*Essai sur le génie et les écrits de Pope* par Warton (voyez édition de Londres, 1756, t. I, p. 75, 164, 362; II, 162); dans le *Commentaire* sur l'Art poétique d'Horace, par Hurd, 1776 (passim); dans les *Essais de morale et de littérature*, par Knox, 1779 (voyez t. I, p. 181 sqq.). Plus près de nous, on pourrait consulter les *Commentaires sur le savoir classique*, par Urquhart 1802, et les nombreuses revues anglaises, comme la *Revue d'Édimbourg*, vol. XLVII, XLIX.
[4]. Les trois tragiques grecs ont été traduits par Potter en 1777, 1781, 1788; Sophocle l'a été par Adams en 1729, par Franklin en 1758. Dans une des éditions de l'ouvrage de ce dernier, celle de 1766, se trouve une dissertation sur la tragédie des anciens. Le *Lexicon bibliographicum* d'Hoffmann, auquel j'ai déjà renvoyé, mentionne un assez grand nombre de traductions partielles, faites en Angleterre, jusqu'à nos jours, d'Eschyle, et surtout de Sophocle et d'Euripide. Le crayon de Flaxmann, qui a si énergiquement interprété Homère et Dante, a rendu le même service à Eschyle en 1795.

entièrement indépendante des diversités qu'apporte à l'art la différence des temps et des lieux ; il en exclut le merveilleux comme manquant de vraisemblance, la fatalité comme immorale, le chœur parce qu'il lui semble d'une intervention peu naturelle et gênante, c'est-à-dire qu'il ne laisse presque rien subsister de ce qui constituait la tragédie grecque. Comment s'étonner que, tout en célébrant les grands poëtes, ses représentants, il les caractérise d'une manière si vague ?

L'Allemagne, cette patrie savante de tant d'excellents éditeurs, d'excellents commentateurs des chefs-d'œuvre tragiques de la Grèce, cette patrie des Canter[1], des Valkenaer[2], des Schütz[3], des Erfurdt[4], des God. Hermann[5], des Matthiæ[6], des Dindorf[7], et de tant d'autres[8], a dû, dans la seconde moitié du dix-huitième siècle, à des circonstances qui lui sont propres, les jugements les plus libres, les plus vrais, qu'on eût encore portés, chez les modernes, sur ces antiques monuments. Elle voulait sortir de l'ornière où la retenait depuis des années l'imitation servile de la France ; elle préludait par la critique à la création d'une littérature, s'il était possible, plus originale ; elle fut naturellement amenée à jeter sur les tragédies des Grecs un regard plus dégagé des préoccupations particulières qui en avaient rendu ailleurs l'intelligence difficile, à ne les rapporter qu'à leur règle, les lois générales de l'art, à leur modèle, les traits universels de la nature humaine, les mœurs de la société grecque. Une autre cause, et puissante, contribua à la pousser dans cette bonne voie. Les arts de la Grèce se tiennent de si près, et forment entre eux une chaîne si étroite, qu'on ne peut en éclairer un seul sans que les autres ne brillent à l'instant

1. Éditeur de Sophocle et d'Euripide en 1751, 1579.
2. Éditeur d'Euripide en 1755, 1767, 1768.
3. Éditeur d'Eschyle en 1782, etc.
4. Éditeur de Sophocle en 1802, etc.
5. Éditeur d'Eschyle et de Sophocle en 1799, etc.
6. Éditeur de Sophocle en 1825; d'Euripide en 1813, etc.
7. Éditeur de Sophocle et d'Euripide en 1825, etc.
8. Voyez-en la liste infinie, où brillent d'autres noms encore, à divers degrés célèbres, dans le *Lexicon bibliographicum* d'Hoffmann.

de la même lumière. Winckelmann, travaillant à décrire et à expliquer les belles statues que nous ont laissées les Grecs, fut naturellement conduit à s'occuper de leur tragédie, qui n'est guère, comme il l'a montré, que leur statuaire animée et transportée vivante sur la scène. Cette vue nouvelle ne fut point perdue pour la critique littéraire ; elle produisit, dans les écrits de Winckelmann lui-même [1], dans ceux de Lessing [2] qui sont tout à fait de la même époque, un peu après chez Herder, chez Schiller [3], ces belles études de la vérité tragique des Grecs, où ils ont si bien analysé le mélange, divers selon les poëtes et les époques, d'idéal et de réel, de grandiose, de beauté, d'expression, qui la constitue.

A ces études se rattachent les idées plus complètes, exposées de nos jours, sur le même sujet, par un des plus grands critiques de l'Allemagne, habile, entre tous, à pénétrer le génie de toutes les littératures, une seule exceptée. C'est dans l'espèce de pamphlet littéraire, qu'il publia à Paris même, en fort bon français, contre l'une des gloires les plus brillantes et les plus pures de la scène française, c'est dans sa Comparaison entre la Phèdre de Racine et celle d'Euripide, comparaison savamment, spirituellement partiale, dont j'ai ailleurs dénoncé l'artifice [4], que M. Guillaume de Schlegel annonça, en 1807 [5], son système sur la tragédie grecque. Il ne tarda pas à lui donner plus de développement dans les premières, et, selon moi, les plus remarquables leçons d'un cours de littérature dramatique, professé, je crois, en 1808, imprimé en 1809 et 1811, et dont Mme Necker de Saussure a donné une bonne tra-

1. Particulièrement dans l'*Histoire de l'Art*, 1764.
2. Son *Laocoon*, 1766 ; sa *Dramaturgie*, 1767, 1768, etc.— Voyez, avec ces ouvrages, le livre publié en 1863 par un de nos professeurs, M. L. Crouslé, sous ce titre : *Lessing et le goût français en Allemagne*.
3. Voyez leurs œuvres mêlées. J'ai rappelé quelques-unes de leurs observations, par exemple, t. II, p. 115 sqq.
4. T. III, p. 84 sqq.
5. Ce morceau a été réimprimé avec d'autres également écrits en français, également remarquables, dans les *Essais historiques et littéraires* de l'auteur, Bonn, 1842, 1 vol. in-8.

duction française en 1814, vers l'époque où Mme de Staël en faisait, dans son livre de l'Allemagne[1], un si magnifique éloge. Cet ouvrage produisit dans l'Europe littéraire une grande sensation; il y souleva de vives et fécondes controverses sur le divers génie de la poésie, et, en particulier, de la poésie dramatique chez les anciens et chez les modernes, sur les traits distinctifs des théâtres qu'ont suscités l'admiration, l'imitation de l'antiquité, et de ceux qui se sont formés sous d'autres influences[2]. Nos justes griefs contre un livre où sont étrangement, malignement rabaissés les plus grands poëtes de la France, ne doivent pas nous empêcher de convenir que nulle part encore n'avaient été expliqués avec autant de sagacité, de profondeur même, dans un langage aussi vif, aussi élevé, aussi éloquent, l'esprit général de la tragédie grecque, le caractère particulier de ses divers âges, de ses principaux représentants. Peut-être cependant le très-habile critique a-t-il eu le tort de prendre trop à la lettre les sarcasmes d'Aristophane contre Euripide tombé alors, d'autres censures[3] et certaines réclamations[4] le confirment, dans la disgrâce de la critique alle-

1. IIe partie, ch. XXXI.
2. Il serait long de rappeler les écrits nés de ces controverses. Elles forment, par exemple, le fond d'un ouvrage en trois volumes in-8 qu'a fait paraître à Paris, en 1834, M. Martine (de Genève) : *Examen des tragiques anciens et modernes, dans lequel le système classique et le système romantique sont jugés et comparés*. On peut y rapporter encore un livre où sont discutées avec étendue, et quelquefois spirituellement combattues, les principales idées de Schlegel, où se trouvent sur les théâtres qu'il a jugés, et en particulier sur le théâtre grec, des vues souvent personnelles à l'auteur et très-dignes d'intérêt; c'est celui que M. Bozzelli a publié en 1838, à Lugano, sous ce titre : *Della imitazione trajica presso gli antichi e pressi moderni*, 3 vol. in-8. A la même classe d'ouvrages appartient une dissertation que je me reprocherais d'oublier, celle que, dans cette même année 1838, M. Zündel a présentée au concours pour la chaire de littérature grecque dans l'Académie de Lausanne. Il y est traité en français *De la tragédie grecque comparée à la tragédie française classique*. L'auteur y développe savamment et ingénieusement quelques idées de Schlegel; mais moins prévenu, moins partial, il ne rapproche point les deux scènes pour sacrifier l'une à l'autre : il ne veut que les distinguer par des traits caractéristiques et il y réussit.
3. Voyez nos *Études*, t. I, p. 62 sq., etc.
4. Il y en a de très-vives dans la dissertation de Bœttiger *de Medea*

mande. Cet Euripide à qui Schlegel avait jugé bon d'immoler Racine, il l'a immolé à son tour, en quelque sorte, sur l'autel de Sophocle, sur l'autel d'Eschyle, qui n'avaient nul besoin d'une telle victime. Moins de passion eût donné à ce que ses censures ont d'incontestablement vrai plus d'autorité.

L'Allemagne n'a cessé jusqu'à ce jour de faire de la tragédie grecque l'objet le plus habituel peut-être de ses savantes et ingénieuses investigations. Avant de lui restituer, comme récemment à la cour de Prusse, dans des représentations érudites, sa scène et son orchestre, les évolutions et l'appareil de ses chœurs, une image de sa mélopée, de son accompagnement musical, la simplicité de son ordonnance, et ce que le talent d'un habile traducteur, M. Tieck, a pu reproduire de sa poésie, que de travaux de toutes sortes elle lui a religieusement consacrés! Elle en a publié des traductions, en nombre incomparablement supérieur à celles qui ont paru chez nous, chez les Italiens, chez les Anglais[1]. Ceux de ses monuments qui se sont conservés, elle en a soumis incessamment les textes, les mètres à la discussion, pour épurer les uns et constituer les autres : ceux, au contraire qui ont péri, elle les a reconstruits, par conjecture, d'après les rares souvenirs, les traces effacées qu'ils ont laissés; elle s'est appliquée à les distribuer en trilogies, en tétralogies, à leur assigner une date précise dans l'histoire de la scène ; elle les a rapportés à leurs origines épiques, à leur sens mythologique et symbolique : tâche en partie nouvelle, ou

Euripidea cum priscæ artis operibus comparata, publiée par lui à Weimar, en 1802 et 1803. Voyez ses *Opuscula*, Dresde, 1837, p. 364 sq. Assez récemment M. Hartung, dans son *Euripides restitutus*, 1843, a, par ses véhémentes apologies d'Euripide, donné la mesure de la violence des attaques.

1. Le *Lexicon bibliographicum* d'Hoffmann mentionne quatre traductions complètes d'Eschyle, dont une de J. H. Voss, 1827 ; huit traductions de Sophocle, et une d'Euripide, également complètes. Quant aux traductions partielles, la liste en est bien longue. Parmi les noms plus ou moins célèbres qu'elle fait passer en revue, on distingue ceux de Schiller, de Guillaume de Humboldt, traducteurs d'*Électre* et d'*Iphigénie en Aulide*, en 1780; d'*Hélène*, d'*Ion* et du *Cyclope*, en 1793, 1803, 1805 ; d'*Agamemnon* et des *Euménides*, en 1793, 1816.

du moins renouvelée de la docte Alexandrie, tâche pleine d'intérêt, mais aussi quelquefois de hasards, à laquelle, depuis bien des années, se sont consacrés, dévoués sans interruption, un nombre vraiment innombrable de critiques allemands[1]. Je n'en rappellerai que quatre, placés, ce me semble, au premier rang par des mérites divers ; j'a bien souvent rapporté leurs opinions, invoqué leur autorité; ce sont MM. Bœckh[2], God. Hermann[3] et Welcker[4]; le non moins illustre et si regrettable Ch. Otfried Müller[5].

1. C'est encore dans le *Lexicon bibliographicum* d'Hoffmann qu'il faut aller chercher la liste de leurs ouvrages. On se servira utilement pour la compléter des notes de l'*Histoire de la poésie grecque, tragédie*, de Bode. Parmi les écrits assez récents qu'il y ajoute, les plus souvent cités sont ceux de Schœll et de Gruppe, *sur la Poésie tragique*, sur l'*Art tragique des Grecs*, le second portant en outre le titre particulier d'*Ariane*; je m'y suis référé plus haut, p. 150 sqq. Il est bien difficile de choisir sans injustice dans une littérature si riche en excellentes choses. J'indiquerai, comme les ayant consultés fort utilement, les livres suivants : *Theologumena Æschyli*, Klausen, 1829. *De Græcorum tragœdia qualis fuerit circum tempora Lemosthenis*, Grysar, 1830; *Quæstiones Œdipodeæ*, C. Fr. Hermann, 1837 *Euripides restitutus*, J. A. Hartung, 1843; *Historia critica tragicorum græcorum*, W. Ch. Kayser, 1845. Je ne reproduis pas d'autres titres que j'ai eu plus d'une occasion de transcrire dans mes notes.
2. *Græcæ tragœdiæ principum*, ÆSCHYLI, SOPHOCLIS, EURIPIDIS, num ea quæ supersunt, et genuina omnia sint et forma primitiva servata, an eorum familiis aliquid debeat ex iis tribui (insunt alia quædam ad crisin tragicorum pertinentia, 1808.
3. Nombreuses dissertations publiées séparément à dater, je crois, de 1812, et rassemblées dans le recueil de ses *Opuscules* de 1827 à 1839. Elles ont toutes été citées, et souvent, dans ces *Études*.
4. Son ouvrage intitulé : *Die Æschylische Trilogie Prometheus*, et le supplément à cet ouvrage, 1824, 1826; deux volumes dont l'un renferme sur les trilogies en général, des idées nouvelles qui ont fort agité la critique allemande, et l'autre, outre quelques explications, quelques additions, un traité complet du drame satyrique chez les Grecs. J'ai fait à ces deux excellents volumes bien des emprunts, notamment, t. I, p. 26 sqq.; IV, 273 sqq. En 1839-1841, dans un nouvel ouvrage, non moins remarquable par la science et la sagacité *Die griechische Tragoedien mit Rücksicht auf den epischen Cyclus geordnet*, M. Welcker a rapporté toutes les tragédies grecques connues aux épopées d'où elles étaient tirées, et a rapproché sous ce rapport un certain nombre de compositions d'Eschyle, de Sophocle, d'Euripide.
5. *Histoire de la littérature grecque jusqu'à l'époque d'Alexandre le Grand*, en anglais, Londres, 1840, en allemand, Breslaw, 1841. M. K. Hillebrand, professeur de littérature étrangère à la Faculté des lettres de Douai, que sa nationalité première et ses études ont de bonne heure rendu familier avec les produits si nombreux, si divers, souvent si peu

Introduit en France, je l'ai dit, dès 1814, et malgré ce qu'il avait de blessant pour nos sentiments et nos idées, peut-être à cause de cela même, accueilli avec beaucoup de curiosité et d'intérêt, l'ouvrage de Schlegel y aida puissamment à une révolution commencée depuis quelques années déjà dans notre manière de considérer, d'apprécier les tragiques grecs.

Un nouveau siècle avait commencé, qui, réparant les ruines faites par le siècle précédent, était porté à juger avec quelque sévérité sa philosophie, sa politique, sa littérature même et ses principes de goût. Ce penchant des esprits et probablement aussi les invitations d'un pouvoir intéressé à le favoriser, engagèrent un critique de ce temps, qui s'occupait avec un grand succès de l'analyse quotidienne des productions dramatiques, dans une guerre très-vive et très-hardie contre les tragédies, naguère si adorées, de Voltaire. Il s'avisa contre elles d'un moyen d'attaque dont il ne paraît pas que son maître Fréron ait fait grand usage, non plus que les autres adversaires de la littérature philosophique. A ce qu'il pouvait y avoir dans ces tragédies de trop roide, de trop factice, il opposa, c'était précisément le contre-pied de la critique en crédit dans l'âge précédent, la simplicité, le naturel, la vérité des tragiques grecs. Bientôt, avec des intentions moins hostiles, il étendit ce genre de parallèles à d'autres encore qu'à Voltaire, et ce qu'il avait commencé en 1800 par ses feuilletons[1], il le compléta en 1808, par son commentaire de Racine. Geoffroy portait dans des rapprochements de ce genre plutôt des souvenirs de collége, des habitudes de théâtre, un bon sens spirituel, de piquantes

accessibles pour nous, de la critique allemande, en a donné récemment (septembre 1865, deux forts volumes in-8), une traduction qui sera fort utile à nos études françaises. Elles tireront également grand profit des notes courantes et des notes complémentaires, où le traducteur a expliqué, rectifié, complété par des rapprochements avec des travaux analogues, particulièrement en Allemagne, les idées de son auteur; ajoutons du morceau considérable par lequel s'ouvre l'ouvrage, une *Étude sur Otfried Müller et son école.* — On a rappelé, t I, p. 362 sqq., la traduction et le commentaire que Otfried Müller avait donnés en 1833 des *Euménides* d'Eschyle.

1. On en a formé, sous le titre de *Cours de littérature dramatique*, un recueil imprimé deux fois, en 1819 et 1825.

saillies, qu'un sentiment bien pur, bien élevé de la beauté
antique. Ce sentiment ne paraît guère, en effet, dans ses traductions, tantôt, quand il écrit un feuilleton, d'une grossièreté, d'une trivialité volontaires, afin de mieux faire ressortir par le contraste la pompe officielle, la dignité convenue
de notre scène; tantôt, quand il commente Racine, de cette
élégance vulgaire dont il avait autrefois défiguré Théocrite.
Aucun de ces deux styles n'atteste une intelligence bien
intime du modèle. On doit le dire cependant, Geoffroy contribua beaucoup à répandre dans le public ces idées, nouvelles alors: que la tragédie grecque et la tragédie française,
malgré leur étroite parenté, ne sont rien moins que semblables; que les différences qui les séparent, ne doivent pas
nécessairement paraître chez l'une des défauts, chez l'autre
des mérites; que, si nous avons, en certains points, la supériorité sur les anciens, il n'est nullement évident qu'ils ne
nous surpassent pas eux-mêmes en quelques autres où la
victoire est d'un grand prix; qu'on doit tenir compte,
en les jugeant, précisément de leur qualité d'anciens, se
garder de les condamner légèrement d'après une manière
de sentir, des mœurs, des convenances qui n'étaient pas
les leurs; qu'en se plaçant dans leur point de vue on
trouvera que, pour les beautés essentielles de l'art qui
ne dépendent ni des temps et des lieux, pour les grands
traits directement exprimés de la nature, ils sont souvent
incomparables. Une telle impartialité de jugement est
aujourd'hui chose ordinaire; mais il n'en était pas de
même à cette époque, et il faut en savoir beaucoup de
gré à Geoffroy, quand bien même la partialité choquante
de Voltaire et de La Harpe l'aurait en grande partie produite.

Ce sage esprit avait déjà présidé aux Considérations sur
les trois grands tragiques de la Grèce, insérées dans les
Mémoires de la classe de littérature de l'Institut [1], par Lévesque, en 1798, et qu'il a depuis, en 1811, reproduites
dans ses Études de l'Histoire ancienne et de celle de la

1. T. I, p. 305.

Grèce[1]. Il y avait indiqué judicieusement entre la tragédie grecque et la tragédie française, particulièrement en ce qui regarde le développement de l'intrigue et l'effet moral de la fable, des différences fondamentales, qui s'opposent à la parfaite justesse des comparaisons qu'on en peut faire et ne permettent pas surtout de leur assigner des rangs, comme on en a eu souvent la très-vaine prétention. Ces différences, il n'y avait vu, et avait conseillé de n'y voir, que des différences, sans en rien conclure en faveur de la supériorité, si évidente pour les esprits prévenus, si douteuse pour ceux qui ne le sont pas, d'une des deux scènes sur l'autre.

Deux écrivains dont les rares talents, dont les grands ouvrages ont honoré notre siècle, et chez l'un desquels nous révérions encore, il n'y a pas longtemps, le plus glorieux représentant des lettres françaises, Mme de Staël, en 1800[2], Chateaubriand en 1802[3], recherchant par des voies diverses quels changements, soit le progrès de la civilisation, la perfectibilité humaine, soit l'influence des idées chrétiennes, ont pu introduire dans la nature des sentiments et dans la manière de les rendre, furent conduits à cette opinion, digne assurément de grande considération, qu'il a été donné aux tragiques modernes de pénétrer dans les secrets de l'âme plus intimement, plus profondément qu'on ne l'avait encore fait. Mais, en nous accordant cet avantage, ils le rapportèrent uniquement à des circonstances plus heureuses, sans prétendre que les tragiques grecs eussent été au fond moins habiles que nous dans le grand art d'exprimer l'homme par le drame.

A un ordre analogue de vues appartiennent les chapitres[4]

1. T. V, p. 46 sqq. J'ai eu plus d'une occasion de les citer; voyez t. I, p. 71, 116.
2. *De la littérature considérée dans ses rapports avec les institutions sociales*; voyez Ire partie. 2e chapitre : *Des tragédies grecques*.
3. *Génie du christianisme*; voyez liv. II, ch. VI : *La Mère, Andromaque*; ch. VIII : *La Fille, Iphigénie et Zaïre*; liv. III, ch. III : *La Phèdre de Racine*. J'ai cité plusieurs de ces chapitres pleins d'intérêt, t. III, p. 91, 292 sqq.
4. *De la religion considérée dans sa source, ses formes, ses développements*, 1824-1831, livre XII, ch. VII et VIII.

où Benjamin Constant a suivi, dans le théâtre tragique des Grecs, de poëte en poëte, et quelquefois, chez un même poëte, d'ouvrage en ouvrage, le progrès des idées religieuses et morales, non sans quelque excès de sévérité, d'origine germanique, je pense, à l'égard d'Euripide et aussi de Voltaire, objets l'un et l'autre pour le spirituel écrivain d'un piquant parallèle.

Je ne dois point oublier de rappeler ici qu'en 1813 Ginguené[1], à l'occasion de la tragédie italienne, dont il devait raconter l'histoire, avait résumé en quelques pages élégantes et distinguées, en outre, par l'exactitude et la justesse, l'histoire de la tragédie grecque.

C'est une chose remarquable combien, d'année en année, grâce aux directions meilleures de la critique, s'accrurent pour les tragiques grecs notre estime et notre admiration. En 1810 et 1811, dans la chaire du Lycée, à la place même d'où La Harpe avait laissé tomber sur ces grands poëtes son dédain ou son indulgente approbation, le plus célèbre, avec Chénier, de ses successeurs, Lemercier, osant le contredire ouvertement, remit les génies dramatiques qu'il avait rabaissés au rang qui leur appartient, au premier rang des maîtres de l'art; il leur demanda, avant tous, des règles et des exemples; il les expliqua avec la sagacité, il en parla avec la chaleur d'un homme instruit à les comprendre et à les louer par une expérience personnelle des grands effets de la scène. La partie de son Cours analytique de littérature où il a traité de la tragédie est en cela, comme en d'autres choses, fort digne d'éloges. Malheureusement ce Cours, auquel, dans sa nouveauté, avaient valu de grands succès l'intégrité des doctrines, la franchise des jugements, l'abondance et le choix des citations, enfin la juste considération qui s'attachait au talent et au caractère du professeur, a perdu quelque peu de sa valeur depuis qu'en 1817 il a été reproduit par l'impression. Les défauts d'un style trop souvent négligé et bizarre, le vice d'un procédé d'exposition trop sévèrement scientifique pour des idées simple-

1. *Histoire littéraire d'Italie*, 2ᵉ partie. ch. xix, t. II, p. 6 sqq.

ment littéraires, y sont devenus plus apparents et en ont écarté bon nombre de lecteurs.

Le mouvement dont je cherche à marquer la trace, ne s'arrêta point. Tandis que Boissonade, reprenant la tâche des H. Estienne [1], des Vauvilliers [2], des Brunck [3], nous donnait en 1824, 1825, 1826 [4], d'excellentes éditions de ces chefs-d'œuvre dramatiques, dont ses leçons ont offert pendant tant d'années un si docte commentaire [5], des professeurs, ses collègues, qui attiraient à leurs cours, sur la poésie latine, sur la littérature française, un grand concours d'auditeurs, s'en occupaient parfois épisodiquement; M. Tissot les célébrait avec une chaleur communicative; M. Andrieux les analysait avec délicatesse. Quelque chose de leurs heureuses excursions hors de leur domaine spécial, dans le champ de la littérature grecque, nous a été conservé par les Études sur Virgile [6] de l'un, et par deux dissertations de l'autre, qui font grand honneur à la sûreté de son jugement, à l'indépendance de son goût, où se retrouve la netteté élégante de son langage. J'ai déjà [7] mentionné la première, qui a pour sujet le *Prométhée* d'Eschyle [8]; la seconde, plus générale [9], porte sur l'ensemble même, sur la constitution, le génie du théâtre tragique des Grecs, particulièrement sur ce qui distingue

1. Éditeur des trois grands tragiques grecs en 1557, 1567, 1568.
2. Éditeur de Sophocle en 1781.
3. Éditeur d'Eschyle et d'Euripide en 1779; de Sophocle en 1786.
4. Quelques années auparavant, en 1813, M. Thurot avait donné une édition estimée des *Phéniciennes* d'Euripide.
5. Il en subsiste quelques traces dans les deux volumes où, en 1863, on a rassemblé, sous le titre de *Critique littéraire sous le premier empire*, les articles insérés par lui pendant longtemps dans le *Journal des Débats* et divers recueils, ses mélanges littéraires. Voir particulièrement, t. I, p. 51 sqq.; 375 sq., 501.
6. Paris. 1825. — 7. T. I, p. 251.
8. Insérée d'abord, comme je l'ai dit, en 1820, dans le VI° volume de la *Revue encyclopédique*, elle a été reproduite en 1823 dans le IV° volume des *Œuvres* de l'auteur.
9. Elle a paru en 1824 dans la *Revue encyclopédique*, t. XXI, p. 77, 326, 569; XXII, 89, 361. C'était d'abord une suite d'articles sur la nouvelle édition donnée en 1820 de l'ouvrage de Brumoy. La réunion de ces articles a, dans la même année 1824, produit une brochure in-8, avec ce second titre : *Observations sur la tragédie grecque et la tragédie française*.

ce théâtre du nôtre; leur mutuelle originalité y est fort bien établie, comme y est aussi parfaitement démêlée la confusion, que les uns, par inattention ou ignorance, les autres par malveillance pour notre littérature, en ont trop souvent faite. Rien de plus sensé que ce qu'il dit sur les dispositions qu'il est convenable d'apporter à la lecture, à l'étude des tragiques grecs. On me saura gré de le transcrire et de marquer ainsi, plus nettement que je ne l'ai encore pu, le changement qui s'était opéré à cet égard dans les procédés de la critique.

« Il faut oublier nos mœurs, nos opinions modernes, et ne pas nous étonner de celles de ces temps reculés ; il faut admettre les croyances des anciens, leurs superstitions mêmes, leur dogme de la fatalité pesant sur certaines familles, l'importance religieuse qu'ils attachaient à la sépulture des morts, leur respect pour l'hospitalité, leur ardent amour de la patrie ; en un mot, il faut nous faire Grecs, autant que cela est possible.

« Nous devons nous garder de juger ces anciennes tragédies d'après les règles modernes et françaises. Il serait absurde de vouloir qu'Eschyle, que Sophocle, qu'Euripide, se fussent conformés aux préceptes de Boileau ; qu'ils eussent inventé, disposé leurs fables et leurs incidents comme l'ont fait et le font encore nos poëtes. Vouloir soumettre les tragiques d'Athènes aux règles introduites depuis Corneille, serait aussi absurde que prétendre motiver un arrêt d'une de nos cours royales par une loi de Dracon ou de Solon.

« Il est nécessaire de tenir compte, pour ainsi dire, aux tragédies des anciens, de l'impossibilité où nous sommes de connaître par expérience l'impression et l'effet que produisaient leurs représentations théâtrales.... »

Ces règles donnent la mesure de la justesse qui distingue l'excellent et trop court essai d'Andrieux. Elles paraissent aujourd'hui bien simples; mais on a vu combien il s'était écoulé de temps avant qu'on en vînt à les énoncer, à les appliquer. C'est un honneur qui n'est pas médiocre d'avoir si bien fait l'un et l'autre.

Après le Collége de France est venue à son tour la Faculté des lettres. Un maître illustre, qui y a donné l'heureux exemple d'interpréter les œuvres de l'esprit par la vie et le caractère de leurs auteurs, par l'inspiration qu'ils ont dû recevoir des mœurs, des événements, des spectacles de leur époque, par l'enthousiasme fécond que leur ont communiqué les belles productions étrangères, ou les modèles antiques, qui y a ainsi fondé l'enseignement véritablement historique de la littérature[1], M. Villemain n'a pu parler, en 1824, des tragédies de Racine[2], en 1827, 1828 et 1829 de celles de Voltaire, il n'a pu, aux mêmes époques, traiter de leurs écoles dramatiques, sans relever, à côté de la scène française, la scène grecque; sans y évoquer dans toute leur vérité, avec la puissance de sentiment et d'expressoin qui caractérise sa critique, et en fait comme une création, le *Prométhée*, l'*Agamemnon* et les *Euménides*, l'*Œdipe roi*, l'*Œdipe à Colone*, l'*Antigone*, l'*Électre* et le *Philoctète*, l'*Andromaque*, l'*Iphigénie en Aulide*, l'*Hippolyte* et l'*Alceste*. Une partie seulement des précieux développements que lui ont fournis des sujets de tant d'intérêt, se retrouve dans son Tableau du dix-huitième siècle[3]; des autres il ne subsiste que le souvenir encore ému, après tant d'années déjà, mais nécessairement incomplet, des heureux auditeurs de ces belles leçons ; on doit bien souhaiter, mais non pas pour ce livre, qu'il nous les rende un jour. Il s'est replacé lui-même, bien heureusement, sur la trace de ses anciennes inspirations, lorsque, en 1859, dans son beau livre Sur le génie de Pindare et sur la poésie lyrique[4], il a de nouveau commenté, à titre de

1. J'ai cherché à apprécier le caractère et l'influence de ce cours dans mes *Mélanges de littérature ancienne et moderne*, p. 152 sqq. Paris, 1840.
2. Voyez *le Globe*, t. I, p. 188, 219 sqq., numéros des 11 et 25 décembre 1824, et nos *Études*, t. III, p. 31 sqq.
3. 1re partie, IIIe, IVe, IXe, XXXVe, XLIIIe leçons.
4. Ch. x et xl. Il m'a été donné de m'étendre davantage sur ce livre dans deux articles du *Journal des Savants*, cahiers d'août 1859, p. 453; d'avril 1860, p. 230.

poètes lyriques, célébré et traduit, avec une vivacité d'émotion, une éloquence que les années n'avaient pas refroidies, Eschyle, Sophocle et Euripide.

De tels exemples ne pouvaient être perdus pour ses collègues, ses successeurs, restés ses disciples. Aussi ont-ils fait bien souvent intervenir la tragédie grecque dans leurs leçons et dans leurs livres. Sa place est particulièrement considérable, nos Études l'ont plus d'une fois rappelé, dans le Cours de littérature dramatique, où M. Saint-Marc Girardin, d'abord avec sa vive parole, depuis avec son style si naturellement spirituel et élégant, en littérateur instruit et judicieux, comme aussi en moraliste, a rapproché les théâtres anciens et modernes au point de vue spécial de l'usage des passions dans le drame[1]. Dans les volumes, malheureusement posthumes, où en 1863, en 1864 encore, J. J. Ampère continuait de retracer, avec tant d'intérêt, l'Histoire romaine à Rome, il n'a pu faire le long inventaire des œuvres de l'art grec rassemblées dans l'ancienne Rome, et passées depuis en partie dans les musées et les cabinets des modernes, sans les expliquer, comme il lui convenait, savamment, ingénieusement, par des souvenirs le plus souvent empruntés à la tragédie grecque.

L'action heureuse qu'a exercée, depuis le commencement du siècle, on vient de le voir et j'ai été heureux de le montrer, sur nos constants progrès dans l'intelligence ou philologique ou littéraire de la poésie tragique des Grecs, notre enseignement public[2], se continue sans relâche, et dans l'Université et au dehors, par l'émulation

1. *Cours de littérature dramatique ou De l'usage des passions dans le drame*, 4 vol. in-12, 1843-1860.
2. On a rappelé ailleurs la part qu'y ont prise, en 1823, M. Fauriel par la publication de la *Lettre* de Manzoni *sur l'unité de temps et de lieu dans la tragédie* (voyez notre t. II, p. 279); en 1834, M. D. Nisard par un intéressant chapitre de ses *Études de mœurs et de critiques sur les poètes latins de la décadence* (voyez notre t. II, p. 154); M. Egger, enfin, non-seulement, comme M. Rossignol, au Collège de France, par son cours de littérature grecque à la Faculté des lettres, mais, en 1849, par sa traduction de la *Poétique d'Aristote*, par son *Essai sur l'histoire de la critique chez les Grecs* (voyez plus haut, p. 324, 328, 329, etc.).

de maîtres habiles, d'hommes de lettres distingués, à en multiplier les éditions[1], les traductions, les commentaires[2]. Chez tous paraît diversement ce même sentiment de

[1]. On doit citer, dans la *Bibliothèque grecque* de MM. F. Didot, en 1824, 1843, celles de Sophocle et d'Euripide auxquelles la collaboration de M. L. Benlœw, le grand travail de critique et d'interprétation de M. Th. Fix ont ajouté beaucoup de prix; et parmi les éditions partielles incessamment publiées, dans l'intérêt des études, par nos librairies classiques, particulièrement celles de M. Guigniaut, les plus anciennes en date, de MM. Ph. Lebas, Berger, Stiévenart, Benlœw, Delzons, Marie, etc. J'ai eu plus d'une fois l'occasion d'y renvoyer mes lecteurs.
De 1858 à la présente année 1866, M. H. Weil, professeur de littérature ancienne à la Faculté des lettres de Besançon, donné à l'Université de France par la docte Allemagne, a fait paraître dans son ancienne patrie un Eschyle, aujourd'hui à peu près complet, dont le texte est établi avec beaucoup de science et de sagacité critique. Une étude approfondie de son auteur l'a conduit quelquefois à des vues nouvelles, dignes d'une très-sérieuse attention. Voyez, avec ses préfaces et ses notes latines, deux dissertations ainsi intitulées: *Restitution d'un chœur d'Eschyle; De la composition symétrique du dialogue dans les tragédies d'Eschyle* (*Journal général de l'instruction publique*, 1859, n° 50, p. 397; 1860, n°s 21, 25, 26, p. 186, 194, 201). Il y avait prélude en 1849 par un *Aperçu sur Eschyle et les origines de la tragédie grecque*; en 1845, par une thèse latine dont il sera question plus loin.

[2]. J'ai rapporté, t. I, p. 268 sqq.; 289 sqq.; II, 84, 303 sq. 321 sq., 325 sqq., quelques passages des traductions en vers qu'avaient entreprises, après Legouvé (voyez notre t. I, p. 273), après M. J. V. Le Clerc (voyez notre t. II, p. 81, sqq. et le *Journal des Débats*, du 23 juillet 1842), deux professeurs très-regrettables : M. Anceau, dont il ne reste que de courts fragments; M. Puech, qui nous a laissé deux tragédies entièrement traduites, les *Choéphores*, le *Prométhée* d'Eschyle, Paris, 1836, 1838, et se préparait, quand s'est interrompu son travail, à publier les *Sept Chefs*. Depuis on est entré en foule dans cette voie. J'ai cité en leur lieu, t. I, p. 198, 273, 351; II, 4, 94, 201, 262, 272, 293, 305, 329, 340: III, 61, 316, 330, 375, ; IV, 475 les traductions en vers, complètes d'Eschyle, par M. S. T. G. Biard, en 1837; par M. F. Robin, en 1846; de Sophocle, par M. V. Faguet, en 1848; par M. F. Robin, en 1850; par M. Th. Guillard en 1852; les traductions partielles toujours en vers, soit de morceaux choisis d Eschyle, par M. H. Terrasson, *Génie du théâtre grec primitif*, 1817; des trois tragiques grecs, par M. Magne, *Anthologie dramatique du théâtre grec*, 1846; soit de certains chefs-d'œuvre entiers d'Eschyle, de Sophocle, d'Euripide, du *Prométhée* et des *Euménides* d'Eschyle, de l'*Ajax*, de l'*Électre*, et de l'*Œdipe à Colone* de Sophocle, des *Phéniciennes*, de l'*Hippolyte*, de l'*Ion*, de l'*Alceste*, et de l'*Iphigénie en Aulide* d'Euripide par M. L. Halévy, *la Grèce tragique*, 1846-1861 : enfin beaucoup d'essais isolés dont il serait trop long de reproduire ici les titres. Une exception doit être faite pour l'*Orestie* de M. P. Mesnard, 1863; pour l'*Œdipe roi* de M. J. Lacroix, porté sur la scène française en 1858, ainsi qu'en 1863 l'*Électre* de M. L. Halévy; enfin pour le *Cyclope* de M. J. Autran, 1863. Quant aux versions en prose, on doit citer surtout, et je n'ai pas négligé de le faire dans l'occasion, avec les nombreux

l'antiquité, désormais plus libre, plus vrai, qui préside à ces sortes de travaux.

Plusieurs causes ont contribué à affranchir ainsi notre morceaux traduits d'Eschyle, de Sophocle et d'Euripide, dans un ouvrage réimprimé en 1835, sous ce titre : *De la poésie primitive et de la poésie tragique des Grecs*, par M. Fabre d'Olivet, les traductions d'Eschyle par MM. Pierron, 1841, Ad. Bouillet, 1865 ; de Sophocle, d'Euripide, par M. Artaud, 1827, 1842 ; de Sophocle, par M. Bellaguet, 1845 ; des deux *Œdipe*, de l'*Antigone*, par M. Boyer, 1842, 1843, essais qui faisaient espérer une bonne traduction complète ; de l'*Œdipe roi*, par M. Croizet ; de l'*Iphigénie à Aulis*, par M. Pottier, etc.

Je rappellerai à part des traductions de l'*Œdipe à Colone* et des *Perses* publiées à Orléans. Elles ont servi, le 29 juillet 1857, le 7 mai 1862, de livret, pour ainsi dire, aux intéressantes représentations où, comme précédemment le *Philoctète* (voyez notre t. II, p. 149) l'*Œdipe à Colone* et les *Perses*, à leur tour, et dans le texte ancien et avec l'accompagnement moderne des beaux chœurs de Mendelssohn, ont été récités, chantés, joués, non sans une émotion intelligente et sans un art naïf, par les élèves du petit séminaire d'Orléans, devant leur digne pasteur, si zélé pour le maintien des fortes études et si gracieusement empressé à faire partager aux amis des lettres le plaisir de ces fêtes classiques. Je ne négligerai pas de rappeler, épisodiquement, que quelques jours avant une de ces représentations, le 7 juillet 1857, le *Plutus* d'Aristophane, représenté de même, avec beaucoup de verve, par les élèves du petit séminaire de Paris, avait offert, par avance, comme la petite pièce de ce noble et savant spectacle.

Qu'il me soit permis de comprendre sous l'expression générale de commentaires des dissertations nombreuses et diverses présentées comme thèses à nos Facultés des lettres. J'ai bien souvent trouvé et même cherché l'occasion de les signaler à l'intérêt de mes lecteurs. On aimera peut-être à en repasser ici la liste, par ordre de dates.

Sur les chœurs des tragédies grecques, par A. J. Ducasau, Paris, 1813.

Sophocle, par Ansart, Paris, 1816.

Parallèle des Choéphores d'Eschyle, des Électre de Sophocle, d'Euripide, de Crébillon, et de l'Oreste de Voltaire, par Anceau, Paris, 1817.

Examen de l'Hippolyte d'Euripide, de l'Hippolyte de Sénèque et de la Phèdre de Racine, par Lecouturier, Paris, 1818.

La tragédie grecque considérée dans quelques-uns de ses rapports avec la tragédie française, par L. Feugère, Paris, 1829.

Dissertation sur le drame que les Grecs appelaient satyrique, par Rossignol, Paris, 1830.

De la tragédie grecque, par Raison, Dijon, 1831.

Analyse critique de la Poétique d'Aristote, par Th. H. Martin, Paris, 1837.

Examen des Perses d'Eschyle, par Boyer, Paris, 1837.

De Euripide Sophista ; des mœurs dans la tragédie grecque, par Meusy, Dijon, 1838.

Examen comparé de l'Iphigénie à Aulis d'Euripide et de l'Iphigénie en Aulide de Racine, par Siguy, Toulouse, 1838.

Du théâtre tragique des Grecs, considéré sous le rapport de la philosophie dramatique, par Maignien, Lyon, 1839.

Étude sur Sophocle, par de La Chapelle, Caen, 1842.

jugement. Les formes de la tragédie française, usées par la médiocrité, ont fini par nous paraître moins strictement obligatoires. La connaissance, de plus en plus répandue, des divers théâtres modernes a accoutumé notre goût à ce qui jusque-là le blessait. Enfin les entreprises aventureu-

De Euripidis Medea, par G. Caboche, Paris, 1844.
De tragœdiarum græcarum cum rebus publicis conjunctione, par H. Weil, Paris, 1845.
Examen des Poétiques d'Aristote, d'Horace et de Boileau, par A. Nisard, Paris, 1845.
Du merveilleux dans la tragédie grecque, par E. Roux. Paris, 1846.
De Sophocleæ dictionis proprietate, cum Æschyli Euripidis que dicendi genere comparata, par L. Benlœw, Paris, 1847.
De Euripidis vita et fabulis, par Lapaume, Dijon, 1850.
De parte satyrica et comica in tragœdiis Euripidis par E. Moncourt, Paris, 1851.
Etudes sur Eschyle, par P. L. Enault, Caen, 1851.
De Aristophane Euripidis censore, par F. Blanchet. Paris, 1855.
Parallèle d'un épisode de l'ancienne poésie indienne avec des poëmes de l'antiquité classique, par A. Ditandy, Paris, 1856.
Morale d'Euripide, par L. Maignien, Paris, 1856.
Le poëte L. Attius, Etude sur la tragédie latine pendant la République, par G. Boissier, Paris, 1856.
De varia Ulyssis apud veteres poetas persona, par Em. Gebhart, 1860.
De Iambico versu; utrum in græcarum tragœdiarum diverbiis Iambicus versus cum modulatione et ad tibias cantatus sit, an nuda recitatione, sine tibiarum concentu, sit pronuntiatus, par A. Ed. Chaignet, 1862.
Némésis et la jalousie des Dieux, par Ed. Tournier, 1863.
De celeberrima apud Germanos fabula quæ inscribitur Iphigenia Taurica, par A. Legrelle, 1864.
A cette liste j'ajouterai d'autres dissertations qui n'y appartiennent pas comme thèses, qui se sont produites hors de notre Université, et même hors de France, mais dans notre langue :
Examen critique de la tragédie de Rhésus, par Th. Borel, Genève, 1843.
Essai poétique sur l'Hercule furieux d'Euripide, par Fr. Capelle, Louvain, 1848.
Essai sur la fatalité dans le théâtre grec, par Fr. R. Cambouliu, Paris, 1855.
De tragœdiæ græcæ principibus, par M. Viangali, Paris, 1855.
Du Philoctète de Sophocle, à propos de la représentation de cette tragédie à Orléans, par Ch. Lenormant, 1855 (extrait du *Correspondant*.)
Œdipe à Colone, au petit séminaire d'Orléans, par le même, 1857 (extrait du *Correspondant*).
Etude sur Euripide, par A. Baron (voyez ses œuvres, Bruxelles, 1857).
Cette récapitulation serait incomplète si je n'y comprenais les chapitres substantiels consacrés à la tragédie grecque par M. A. Pierron dans son *Histoire de la littérature grecque*, Paris, 1850.

ses de nos auteurs dramatiques pour obtenir à tout prix *du nouveau, n'en fût-il plus au monde,* nous ont enlevé nos derniers scrupules. Nous nous sommes trouvés, un certain jour, en présence des tragiques grecs, dégagés de tout préjugé d'école, de toute prévention nationale, disposés à accepter docilement leur poétique et leurs sujets, à ne demander à leurs œuvres que les émotions universelles de la terreur, de la pitié, de l'admiration, que le plaisir de contempler, sous le costume grec, les traits de la nature humaine. Il y a des voyageurs qui ne sortent de leur pays que pour le retrouver partout, qui se cherchent avec curiosité chez les étrangers, s'admirent complaisamment dans ceux qui leur ressemblent, et sont, au retour, aussi avancés qu'avant d'être partis. Nos critiques avaient trop longtemps voyagé de même dans les littératures étrangères et dans celles de l'antiquité. Nous nous sommes à la fin gardés de leurs itinéraires ; nous avons évité soigneusement leurs traces, et, pour notre instruction, pour notre plaisir, cherché de préférence ce qui s'éloignait davantage de nos idées, de nos habitudes, étudié ces diversités de goût et de manière que produit nécessairement la différence des temps et des lieux. Nous ne nous sommes plus étonnés que les anciens, dont la religion, dont les institutions politiques et civiles, dont les usages, dont les mœurs ne ressemblaient guère aux nôtres, ne nous fussent pas entièrement semblables dans ce qui est, par tout pays et à toutes les époques, l'expression vivante de la civilisation, dans la littérature et dans les arts. Nous ne les avons plus condamnés légèrement d'après les théories de nos critiques, et même d'après les chefs-d'œuvre de nos poëtes ; et comme l'on s'était moqué avec raison de ces superstitieux adorateurs de l'antiquité qui, vivant en Grecs et en Romains, au milieu de la société moderne, paraissaient seuls ne rien comprendre au génie nouveau des Corneille et des Racine, à *la naissante merveille* du Cid et d'Andromaque, nous avons craint de porter, par une frivolité fort voisine de leur pédantisme, au théâtre de l'antique Athènes les préjugés d'un Parisien, les axiomes d'un habitué du Lycée ou de l'orchestre des Français.

Jamais nous ne nous étions trouvés dans de si favorables dispositions pour comprendre et goûter la tragédie grecque, et jamais cette tragédie, qui créa autrefois notre art dramatique, n'avait pu lui être si utile. Ce qu'il avait dans l'origine, et ce que lui ont retiré par degrés la recherche d'une régularité trop exacte, d'une dignité trop sévère, d'un effet trop souvent acheté par le sacrifice de la vérité, enfin cette foule de règles conventionnelles dans lesquelles l'ont emprisonné et mis à la gêne les faiseurs de poétiques ; ce qu'il a depuis poursuivi, mais follement, dans des routes perdues, au delà des limites de la raison et du goût, une liberté sans extravagance, un naturel sans bassesse, de l'intérêt sans ressorts factices et forcés, la tragédie grecque, mieux que d'autres modèles d'une autorité moins sûre, pourrait le lui restituer. On ne sait pas, disait Hésiode aux hommes du vieux temps, avec son langage poétiquement proverbial, ce qu'il y a de richesse dans les plantes les plus viles, dans la mauve et dans l'asphodèle[1] ; et nous, nous en sommes venus à ignorer quels trésors de beautés, d'émotions dramatiques se trouvent encore dans ce qu'on croit épuisé et vulgaire, les affections générales de l'âme, les relations ordinaires de la société, un ordre simple et naturel d'aventures ; combien, au contraire, sont indigentes ces sources où l'on puise à l'envi, les complications romanesques, les accidents étranges, les mœurs de fantaisie, les passions, les caractères d'exception, les monstruosités morales, ce qui n'est point l'homme, ce qui n'est point la vie, ce qui n'appartient ni à la nature, ni à l'histoire. Les tragiques grecs, qui nous ont tant appris, peuvent nous apprendre cela encore ; c'est une des leçons qu'ils nous gardent, et que l'auteur de ces Études voudrait avoir fait sortir de leurs œuvres.

1. *Opera et Dies*, 41.

APPENDICE.

Sur la Poétique d'Aristote et l'histoire de la critique chez les Grecs.

(Extrait du *Journal des Savants*, octobre 1850, mai 1852.)

Essai sur l'histoire de la critique chez les Grecs, suivi de la *Poétique* d'Aristote et d'extraits de ses *Problèmes*, avec traduction française et commentaire, par E. Egger, 1849. — Histoire des opinions littéraires chez les anciens et chez les modernes, par A. Théry, nouvelle édition, 1848.

I

Après les deux traductions que nous ont données de la *Poétique* d'Aristote, pour ne rappeler que les plus considérables, celles dont on a gardé le souvenir, en 1692 Dacier en 1771, Batteux[1], il y avait place encore pour une troisième. Les nombreux travaux par lesquels de savants et judicieux critiques, en tête desquels il faut citer God. Hermann[2], se sont, depuis, appliqués à rectifier et à éclaircir ce texte difficile, permettaient d'en renouveler, en bien des cas, l'interprétation littérale. Quant à son esprit, on devait y entrer avec plus de liberté, y pénétrer plus profon-

---

1. Avant Dacier, il n'avait été publié qu'une seule traduction française de la *Poétique*, celle de Norville en 1671; après Batteux, M. J. Chénier en a écrit une nouvelle insérée, en 1815 et 1825, dans diverses publications de ses œuvres posthumes.
2. Leipsick, 1802, *Aristotelis Ars poetica cum commentariis*.

dément, depuis que tant de parallèles entre la scène grecque et la scène française, entre le théâtre classique et celui qu'on appelle romantique, tant de controverses entre les écoles rivales sur les principes généraux de l'art dramatique, avaient usé les systèmes trop absolus des anciens commentateurs[1] de la *Poétique*. Enfin, sans méconnaître la valeur des versions célèbres qu'il s'agissait de remplacer, la science, le ton naturel et naïf de l'une, la facilité élégante de l'autre, on pouvait se flatter de s'approcher davantage, ou de la précision, ou de l'austérité du style d'Aristote.

Voilà, je pense, ce que s'est dit M. Egger, et c'est aussi ce qu'il a réussi à faire. Sa traduction ne doit pas être confondue avec ces remaniements faciles, rapidement exécutés pour des libraires, que l'on décore trop souvent du titre de traductions nouvelles, et dont on ne manque guère de relever dans de complaisantes préfaces, aux dépens des œuvres plus originales qui les ont devancées et leur ont servi de matériaux, la prétendue originalité. Celle de M. Egger, par l'étude sérieuse du texte, par l'intelligence exacte et fine des idées, par un effort heureux de style, lui appartient en propre et lui fait grand honneur.

Il reste encore dans la *Poétique* des passages que l'incertitude sur la leçon véritable, l'insuffisance, l'ambiguïté des termes, rendront probablement toujours difficiles à comprendre. Le nouveau traducteur, par un scrupule de fidélité, propre à lui concilier la confiance de ses lecteurs, a respecté l'obscurité de ces passages, se contentant de les signaler par un point d'interrogation. Dans d'autres, c'est une expression trop elliptique, le défaut d'une explication indispensable, la suppression d'un intermédiaire utile, qui embarrassent : le traducteur y a pourvu en suppléant, dans de discrètes parenthèses, à ce que le texte ne disait point assez. Au moyen de ces procédés, il a échappé, plus qu'on ne l'avait fait avant lui, au double inconvénient, ou de prêter à son auteur des idées qui, toutes naturelles qu'elles

---

[1] P. Vettori, Florence, 1560; L. Castelvetro, Bâle, 1570; Dan. Heinsius, Leyde, 1610; P. Beni, Padoue, 1613; Dacier, Paris, 1692; etc.

peuvent paraître, ont fort bien pu n'être pas les siennes, ou d'altérer, par la paraphrase, ce caractère de concision qui le distingue si éminemment. Par là aussi ont été conservés à la *Poétique*, dans cette reproduction nouvelle, à côté des vives clartés qui s'en échappent, ces ombres mystérieuses dont parfois elle s'enveloppe, et l'un des attraits, je n'en doute pas, de ce grand monument de la critique pour la curiosité des hommes. C'est ainsi que, dans un autre ordre de productions, certains chefs-d'œuvre dramatiques, un *Prométhée*, un *Hamlet*, un *Faust*, ont pu devoir quelque chose de leur puissance sur l'imagination, de leur fortune, à ce qui s'y mêle d'inexplicable, d'incompréhensible.

Les peines très-méritoires qu'a prises M. Egger pour arriver au sens exact de la phrase d'Aristote, à l'expression de sa vraie doctrine, sont attestées non-seulement par le meilleur de tous les témoins, sa traduction elle-même, mais par un commentaire où il a soigneusement discuté les variantes des manuscrits, les corrections, plus ou moins hardies, plus ou moins heureuses, hasardées par les éditeurs, les versions, quelquefois si opposées, si contradictoires entre lesquelles la foule des traducteurs s'est partagée, enfin les interprétations que n'a cessé de recevoir l'esprit du fameux traité, chez des littérateurs de toute époque, de tout pays, de tout système. Ce commentaire est très-plein, mais peut-être l'érudition y est-elle condensée sous une forme trop substantielle ; peut-être son savant auteur s'y est-il trop souvent contenté d'indications succinctes, qui nous mettent sur la trace de ses études, nous invitent à les recommencer pour notre compte, au lieu de nous en communiquer, avec quelque détail, les éléments et les résultats. D'un autre côté, on est dédommagé de cette sobriété par un heureux choix de citations où paraît l'action diverse de l'œuvre d'Aristote sur la diversité des esprits. Ce sont des adorateurs de la lettre, comme La Ménardière, comme d'Aubignac, qui en tirent superstitieusement le moule étroit où faillit s'enfermer et périr notre tragédie naissante. Ce sont des littérateurs d'une intelligence plus dégagée, comme Saint-Évremont, comme Fontenelle, et, inspirés par Voltaire, Marmontel et La Harpe, qui se permettent de contrôler, en certains points, par la pratique moderne, la théorie antique. Ce sont enfin des critiques étrangers, comme W. Schlegel, qui couvrent de l'autorité d'Aristote, libéralement entendu, les licences reprochées aux scènes de l'Angleterre, de l'Espagne, de l'Allemagne. Dans cette galerie se montrent aussi de grands artistes, un Tasse, un Corneille, cherchant à accorder, par une sorte d'ingénieux compromis, les libres inspirations de leur génie avec la rigueur des règles. Ajoutons-y le poëte à qui seul peut-être ces règles, docilement acceptées, n'ont point été une gêne, sur qui le joug de la théorie n'a pas plus pesé que celui des modèles, qui a porté l'un et l'autre avec une égale aisance, semblant, dans la production de ses œuvres, d'une régularité si noble et si facile, d'une passion si vraie et si élégante, n'obéir qu'à son naturel. Nos bibliothèques conservent quelques exemplaires des tragiques grecs, dont les marges, annotées par Racine, jeune encore, portent la trace précieuse de ses études poétiques, du premier développement de son goût et de son génie. Disciple et bientôt émule de Sophocle et d'Euripide, il ne négligeait pas l'école d'Aristote. C'est ce dont témoigne un exemplaire de la *Poétique*, sur la marge duquel on a recueilli [1] quelques fragments de traduction, produit rapide d'une lecture savante, et d'un jet libre et heureux. M. Egger n'a pas négligé les occasions d'en parer son commentaire.

L'autorité à laquelle il se réfère surtout, est celle d'Aristote, qu'il juge devoir être à lui-même son plus sûr commentateur. D'autres déjà avaient eu cette pensée, notamment, il a soin de le rappeler [2], Batteux et Lessing, par qui elle a été appliquée et recommandée. Mais nul, ce semble, ne l'avait encore autant mise à profit. Non-seulement lorsqu'il s'agit d'établir la légitimité contestée, de fixer le sens controversé de certains mots, de certaines expressions,

1. Voyez l'édition de Racine, donnée en 1815 par Geoffroy, t. VI, p. 545.
2. Voyez p. 181, 182.

il se décide avec facilité et certitude par les habitudes du style aristotélique ; mais il place sans cesse dans un jour frappant les idées de son auteur, celles mêmes sur lesquelles on a le plus douté, disputé, par des rapprochements avec des passages où, ailleurs, le philosophe a dit la même chose, soit dans les mêmes termes, soit sous une forme analogue. Les œuvres d'Aristote n'étaient pas des œuvres isolées ; elles formaient les parties d'un vaste ensemble destiné à comprendre la connaissance entière de la nature et de l'humanité ; elles devaient, dans son dessein, se compléter, s'expliquer mutuellement ; on le voit bien par les continuels renvois qu'il fait de l'une à l'autre. Il a donc mis lui-même ses interprètes sur la voie d'une méthode, qu'ils ont pratiquée assez tard, et dont nous louons ici une nouvelle et fort habile application.

On voit comment M. Egger a été amené à faire suivre la *Poétique* de quelques extraits du livre des *Problèmes*, qui concernent les principes, les relations mutuelles, les effets des beaux-arts, ou du moins de certains d'entre eux, la musique et la poésie, et leur concours, leur concert dans les représentations dramatiques. Il n'a pas reproduit ces morceaux sans les ranger, tout en leur conservant leurs numéros, dans un ordre plus logique, plus didactique, que celui où ils nous sont parvenus, sans en améliorer le texte par quelques corrections bien entendues, sans en éclaircir le sens par l'érudite sagacité de ses notes, et la netteté de sa traduction, la première, si je ne me trompe, qui en ait été donnée en français.

Il n'y a pas seulement entre la *Poétique* et les autres écrits d'Aristote une certaine communauté de langage et d'idées, mais quelques rapports généraux auxquels M. Egger a dû naturellement donner une grande attention.

Ce que l'on connaît et des *poésies*, et des *éloges*, des *dialogues*, par lesquels débuta, littérairement, le philosophe, fait comprendre que, plus tard, détournant sa pensée de ses graves spéculations, la ramenant à l'objet de sa préoccupation première, il ait pu songer à écrire une poétique. D'autre part, évidemment, l'auteur des trois livres *Sur les* poëtes, des *Problèmes*, des *Doutes homériques*, des *Didascalies*, etc., s'était préparé de loin par l'histoire littéraire, par la philologie, à tirer de l'expérience la théorie de l'épopée et du drame. Enfin, il manquerait quelque chose au système de ces grands ouvrages, couronnement de sa vie philosophique, dans lesquels il a poursuivi sous toutes les formes qu'elle peut affecter, la pensée humaine, si les créations poétiques de l'imagination n'y avaient eu leur place. Je résume, en quelques mots, des pages où M. Egger a exposé, avec beaucoup de science et d'intérêt, l'ordre chronologique, l'enchaînement logique des travaux d'Aristote, caractérisé ceux de ses ouvrages qui nous sont parvenus, restitué et traduit, dans ce qui en reste, ceux qui nous manquent, s'appliquant à marquer dans cet ensemble la place de la *Poétique*.

J'insisterai cependant sur l'attention particulière qu'il a donnée à un passage jusqu'à lui peu remarqué du livre *Sur le langage*. Aristote y distingue la proposition-jugement, celle qui implique erreur ou vérité, de la proposition qui n'est ni vraie ni fausse, disant que l'examen de celle-ci appartient à la rhétorique et à la poétique. De là M. Egger tire, avec nouveauté ce me semble, la classification suivante :

« Ainsi, au sommet de la science, Aristote place la *Métaphysique*, qui traite de l'être par excellence et des premiers principes ; par les *Catégories* et le *Traité du langage*, il nous conduit à l'*Analytique* ou démonstration du vrai par les infaillibles procédés du syllogisme ; puis vient, dans les *Topiques*, l'art de connaître et de démontrer le vraisemblable, c'est-à-dire l'art du dialecticien. Puis, comme le dialecticien peut prétendre à donner pour vrai ce qui n'est que vraisemblable (et alors il s'appelle sophiste), dans les *Réfutations* Aristote nous apprend les principaux moyens de résoudre ces sophismes. Jusqu'ici il n'est question que de procédés rationnels ; toutes les phrases analysées se réduisent à des propositions-jugements, à ces propositions auxquelles nos langues classiques conservent la forme du verbe appelée l'indicatif. Mais que la proposition renferme un vœu, un commandement ou une condition ; que l'idée qu'elle exprime ne soit plus une conception absolue, mais contingente, mêlée au sentiment et à la passion, ce qui, dans le langage, se marque par l'emploi des modes autres que l'indicatif, alors la proposition n'appartient plus à la logique. La parole qui persuade, non par le raisonnement seul, mais aussi par l'émotion, par la peinture des mœurs, c'est l'éloquence. L'orateur est, dans les assemblées publiques et les tribunaux, ce que le dialecticien est dans les discussions de l'école; *la rhétorique est le pendant de la dialectique*[1], et, comme telle, se range de plein droit à la suite de cette dernière. Après l'éloquence viendra la poésie, qui n'est, elle aussi, qu'une manière d'instruire les âmes en les charmant; la *Poétique* fermera donc le cercle de ces théories qui comprennent toutes les facultés rationnelles et créatrices de l'esprit humain. Pour achever l'étude de l'homme, il ne restera plus qu'à analyser sa vie morale, son rôle dans la famille et dans l'État; c'est l'objet de l'*Éthique*, de l'*Économique* et de la *Politique*[2]. »

Qu'Aristote ait composé une *Poétique*, on n'en peut douter; mais est-ce bien celle que nous possédons? M. Egger le pense, ajoutant foi aux manuscrits, qui tous la donnent au Stagirite, et y retrouvant des passages auxquels l'auteur lui-même, dans d'autres ouvrages, et quelques écrivains de l'antiquité ont fait allusion. Ces passages avaient déjà été allégués, mais M. Egger en a augmenté le nombre, d'après quelques indications du scoliaste d'Homère, publié par Villoison. C'est ici le lieu de remarquer qu'un dépouillement curieux de tout ce qu'on a récemment retrouvé et mis en lumière des scoliastes et des grammairiens grecs, lui a été d'une grande ressource pour renouveler des discussions qui, en certains points, pouvaient paraître épuisées.

L'authenticité de la *Poétique* admise en général, il y a encore lieu de se demander si tout y est bien de la main d'Aristote. C'est là une question qu'on ne pouvait manquer de se faire en ce temps-ci. La philologie a ses modes comme toute autre chose. On aime aujourd'hui à retirer aux grands écrivains de l'antiquité la propriété de leurs œuvres, ou, si on veut bien les leur laisser, à leur supposer, au moyen d'interpolations prétendues, des collaborateurs. La *Poétique* prêtait, plus peut-être que tout autre

1. *Rhét.*, I, I, passage habilement commenté par M. Rossignol dans le *Journal des Savants*, septembre 1842.
2. P. 154.

monument ancien, à ce genre d'entreprises. Dans l'édition qu'il en a donnée à Cologne, en 1839, M. Ritter y a opéré des retranchements qui réduisent cet ouvrage si court à bien peu de chose : arguant, tantôt de la contradiction que le texte lui paraissait offrir avec d'autres écrits tout à fait authentiques du même auteur, ou avec les opinions qui lui sont expressément attribuées par d'autres écrivains de l'antiquité ; tantôt d'incohérences de doctrine qu'il croyait apercevoir entre les diverses parties du livre lui-même ; tantôt, enfin, de certaines différences de méthode et de style qui, selon lui, y décelaient fréquemment l'intervention indiscrète d'un autre écrivain. Cela n'a point passé sans réclamations de la part des savants compatriotes de M. Ritter. L'auteur du volume que nous analysons s'unit à MM. Lersch[1], Düntzer[2], Spengel[3], Mommsen[4], pour défendre précisément par des raisons tirées de la conformité d'Aristote avec lui-même dans la *Poétique*, et quant aux mots et quant aux choses, les endroits incriminés. M. Egger est plus d'accord avec ceux de ses prédécesseurs auxquels il a paru que la *Poétique*, dans son état actuel, ne contient pas tout ce que son auteur avait eu le dessein d'y mettre. Il en signale çà et là, et quelquefois il en supplée aux moyens de textes anciens où peut-être a passé quelque chose de la doctrine d'Aristote, les incontestables lacunes.

Ce que le temps a pu retirer à la *Poétique*, ce que son auteur a pu lui-même y laisser d'incomplet, d'écourté, de confus, d'obscur, autoriseraient-ils à la regarder, ou comme une ébauche imparfaite, ou comme un extrait inexact de l'œuvre d'Aristote? L'une et l'autre de ces opinions ont été soutenues par des critiques de grande autorité, d'après des motifs fort spécieux.

M. Egger partant de la division reçue des ouvrages d'Aristote en *exotériques*, extérieurs, c'est-à-dire acces-

1. Bonn, 1840, *Philosophie du langage chez les anciens*, part II, p. 256-280 ; défense du chapitre xx de la *Poétique*.
2. Brunswick, 1840; *Défense de la Poétique d'Aristote*.
3. Darmstadt, 1841, *Journal philologique*, p. 1252.
4. Kiel, 1842, *De Aristotelis Poetice capp. I-IX, contra Ritterum*.

sibles, par la facilité du sujet et de la forme, aux auditeurs, aux lecteurs ordinaires, et en *ésotériques*, intérieurs [1], ou bien, comme on disait encore, *acroatiques, acroamatiques*, c'est-à-dire réservés en raison de la difficulté plus grande de la matière, d'une plus grande sévérité de méthode et de langage, à des élèves d'élite en commerce intime avec le maître, aime mieux rapporter à cette seconde classe la *Poétique*. Il ne se dissimule pas que par la nature du sujet, qui n'exigeait pas les plus sévères procédés de l'analyse, par son analogie avec la *Rhétorique*, ce traité semble plus voisin des livres de doctrine publique que des livres de doctrine réservée. Toutefois la brièveté souvent obscure du style, la rigueur des définitions, l'abondance des observations minutieuses, exprimées à demi-mot, le lui font considérer comme un manuel destiné à recevoir des leçons du professeur la lumière qui lui manque aujourd'hui. Cette vue à laquelle M. Egger est conduit par ses propres études, ses propres réflexions, n'a peut-être pas cependant toute la nouveauté qu'il lui attribue. Déjà elle s'était offerte à Dacier [1], qui l'avait tirée, il est vrai, d'une raison toute particulière, l'absence de préambule autre que la seule exposition du dessein de l'auteur, en tête de la *Poétique*. Ainsi ne commençaient point, en effet, les ouvrages exotériques d'Aristote, au rapport de Cicéron, qui dit s'être, à cet égard, modelé sur lui, *in singulis libris utor proœmiis, ut Aristoteles in iis quos exotericos vocat* [2].

Ce développement indispensable aux ouvrages ésotériques, pour y marquer la suite sous-entendue des idées, y compléter, y éclaircir des définitions, des déductions, des indications succinctes, y réduire à une juste mesure, par des exceptions, la rigueur absolue de la théorie, M. Egger l'a donné à la *Poétique* dans une analyse raisonnée des principes qu'elle contient. Il les a parcourus à peu près selon l'ordre où ils s'y produisent, sans trop se préoccuper des dispositions nouvelles proposées par plusieurs de ses prédécesseurs, par Heinsius au dix-septième siècle,

---

1. Trad. de la *Poétique*, ch. I, rem. 1. — 2. *Epist. ad Att.*, V. 16.

par God. Hermann en 1802, par M. Valett en 1821[1], par d'autres encore, dispositions ingénieuses, spécieuses, mais arbitraires, par là attaquables elles-mêmes; car, en pareille matière, il est difficile d'arriver à quelque chose d'absolument évident, de nécessaire.

Fidèle à sa méthode, c'est surtout par Aristote qu'il a expliqué et suppléé Aristote, faisant intervenir à propos, dans ce nouveau commentaire, quelquefois en les traduisant habilement, de remarquables passages de la *Rhétorique*, de la *Morale*, de la *Métaphysique*, de la *Politique*. C'est, par exemple, d'un passage de la *Politique* qu'il a fait usage pour déterminer définitivement, je le souhaite, le sens de ces expressions si controversées d'Aristote, dans sa fameuse définition de la Tragédie : « ... employant la terreur et la pitié pour *purger* les passions de ce genre, » δι' ἐλέου καὶ φόβου περαίνουσα τὴν τῶν τοιούτων παθημάτων κάθαρσιν[2]. Qu'est-ce que cette *purgation*? Vers la fin du seizième siècle on comptait déjà douze manières de l'entendre au rapport de Paul Beni, qui en ajoutait lui-même une treizième. Le nombre s'en est fort accru depuis, s'il est vrai qu'il se monte maintenant à vingt-cinq, comme le prétend un auteur de notre temps, qui, à l'exemple de Paul Beni, n'a pas manqué d'y ajouter la sienne[3], c'est-à-dire une vingt-sixième. Toutes ces explications ne sont sans doute pas absolument distinctes, et il n'y a pas longtemps qu'un de nos plus judicieux professeurs, M. Henri Weil[4], les a ramenées à quatre principales. C'est encore beaucoup, surtout si la véritable n'y est pas comprise, ainsi qu'il ressort du rapprochement fait par M. Egger, de l'énigme offerte dans la *Poétique* avec la solution que semble en donner la *Politique*[5]. Là, en effet, Aristote re-

---

1. Goslar, 1821, *De Aristotelis arte poetica liber in de re tragica commentationem revocatus*.
2. *Poét.*, V, 1.
3. Voyez en tête d'un *Théâtre choisi de Corneille*, publié, en 1848, par la librairie de M. L. Hachette, une excellente notice du savant et ingénieux éditeur et annotateur, M. Géruzez.
4. Bâle, 1848, *Mémoire* inséré dans le *Compte rendu des séances du congrès des philosophes allemands, tenu à Bâle en* 1847, p. 131-140.
5. *Politic.*, VIII, 5-7.

cherchant l'utilité sociale des arts, et particulièrement de la musique, en distingue de diverses sortes : l'une morale, propre à l'éducation ; une autre animée, propre au délassement, à la distraction ; une autre passionnée, propre à la *purgation*, κάθαρσις. Ce qu'il entend par là, il le développera, annonce-t-il, dans la *Poétique*, se contentant ici de l'indiquer. Malheureusement, par suite de cette destinée qui préside aussi aux livres, le développement s'est perdu, l'indication seule est restée, et la *Politique*, qui, en ce point particulier, devait être expliquée par la *Poétique*, nous l'explique, au contraire. Nous y lisons, je me sers de la traduction de M. Egger[1] :

.... La passion, violente dans quelques âmes, se trouve dans toutes, mais à des degrés différents ; ainsi la pitié, la crainte, l'enthousiasme. En effet quelques-uns sont vraiment entraînés par l'enthousiasme, mais lorsqu'ils viennent d'écouter une musique sacrée, où l'on s'est servi des chants qui jettent l'âme dans un religieux délire, ils en ressentent une sorte de calme qui est comme la guérison et la purgation de l'âme. Ὁρῶμεν.... καθιστα‐ μένους ὥσπερ ἰατρείας τυχόντας καὶ καθάρσεως. Il en est nécessairement de même des hommes sujets à la pitié, à la crainte, en général à quelque passion ; il en est de même des autres hommes dans la mesure de leur caractère ; tous sont purgés et agréablement soulagés : ainsi les chants qui purifient l'âme nous causent un plaisir sans danger.... ἀναγκαῖον.... πᾶσι γίγνεσθαί τινα κάθαρσιν καὶ κουφίζεσθαι μεθ' ἡδονῆς.... τὰ μέλη τὰ καθαρτικὰ παρέχει χαρὰν ἀβλαβῆ τοῖς ἀνθρώποις....

Appliquons à la poésie ce qui est dit ici de la musique, et Aristote lui-même nous y invite ; nous comprenons dans le sens aristotélique, ce qui a tant embarrassé et prêté à tant d'explications : comment la tragédie se sert de la terreur et de la pitié pour faire écouler de notre âme, et l'en soulager agréablement et sans danger, les passions de cette sorte qu'elle recèle.

La Fontaine, cela est remarquable, s'est bien approché de cette idée lorsqu'il a fait dire, dans le 1ᵉʳ livre de son roman de *Psyché*, au défenseur de la tragédie :

---

1. Page 186.

. . . . Il s'en faut bien que la tragédie nous renvoie chagrins et mal satisfaits, la comédie tout à fait contents et de belle humeur ; car, si nous apportons à la tragédie quelque sujet de tristesse qui nous soit propre, la compassion en détourne l'effet ailleurs, et nous sommes heureux de répandre pour les maux d'autrui les larmes que nous gardions pour les nôtres. La comédie, au contraire, nous faisant laisser notre mélancolie à la porte, nous la rend lorsque nous sortons. Il ne s'agit donc que du temps que nous employons au spectacle, et que nous ne saurions mieux employer qu'à la pitié....

M. Egger ne se borne pas, dans son analyse raisonnée des principes de la *Poétique*, à rapprocher Aristote de lui-même, très-souvent il le rapproche de Platon, et il surprend entre les doctrines de l'illustre maître et celles de l'illustre disciple, si divergentes qu'elles soient, ou qu'elles paraissent, des ressemblances inattendues. Ainsi, le poëte d'Aristote [1], qui n'imite pas la réalité même, mais le général, le vraisemblable, le possible, qui n'a pas son modèle hors de lui et le trouve par conséquent dans sa propre pensée, lui paraît à peu près le même que le poëte de Platon, lequel réalise un type accompli du beau résidant au fond de son âme : « Ce n'était pas la peine, dit-il à ce sujet, de proscrire si sévèrement les idées de Platon, pour être sitôt ramené, par une irrésistible logique, à les rétablir presque sans changement dans la haute région de l'art. »

Une épreuve à laquelle M. Egger soumet fréquemment les principes d'Aristote, c'est de les confronter avec les données de l'histoire littéraire, que le philosophe paraît leur avoir quelquefois trop systématiquement, trop arbitrairement accommodées ; avec les monuments de la littérature, dont il a la prétention de les tirer, et auxquels cependant ils ne s'appliquent pas toujours bien exactement. Les divers genres de la poésie se sont-ils succédé chez les Grecs absolument selon l'ordre symétrique qu'il suppose ? Est-ce bien, comme il ne paraît point en douter, Homère qui a donné, dans le *Margitès*, le modèle de cette imitation du mauvais d'où devait résulter la comédie ? Homère, d'autre

1. *Poét.* IX, I.

part, est-il bien le poëte épique savant, réfléchi qu'il se figure ? ne diffère t-il de ceux qui l'ont suivi que par une plus profonde intelligence du but et des moyens de son art, une habileté plus consommée, ou bien était-il placé dans des conditions tout autres, dans une situation particulière, aujourd'hui mieux comprise, qui ne permet plus de confondre, avec les épopées naïves des premiers âges, les épopées artificielles d'une civilisation plus polie? Les chefs-d'œuvre d'Eschyle, de Sophocle, d'Euripide, sont-ils tous bien conformes aux règles imposées par la *Poétique* à la tragédie; et pour l'explication entière du théâtre grec suffit-il d'un traité où il n'est question ni de cette forme primitive, désignée par les noms de tétralogie, de trilogie, qui donnait à la tragédie des dimensions, une allure analogues à celles de l'épopée; ni de la comédie, autrement que par une simple définition; ni enfin de ce drame singulier qui, par l'intervention de l'antique chœur des satyres, ramenait les représentations dramatiques à l'esprit bachique de leur origine, et auquel le mélange du sérieux et du bouffon a fait donner dans l'antiquité le nom de tragédie en belle humeur, παίζουσα τραγῳδία[1]? Toutes ces questions, et d'autres qui s'y rattachent, M. Egger les traite, soit dans son texte, soit dans ses notes[2], d'une manière savante, judicieuse, quelquefois élevée, et avec une louable indépendance de jugement.

C'étaient aussi les mérites d'une thèse[3] présentée il y

---

1. Demet., *de Elocut.*, § 169.
2. Voyez surtout, à la fin du volume, quelques notes de grande étendue qui sont de savants mémoires traitant de l'*Influence que l'importation du papyrus égyptien en Grèce exerça sur le développement de la littérature grecque*, de certaines *Questions de philologie homérique*, d'autres relatives au théâtre, *De la deuxième édition des Nuées d'Aristophane, Si les femmes athéniennes assistaient à la représentation des comédies*, etc. — Dans deux volumes publiés depuis, en 1862 et 1863, par M. Egger, sous ces titres : *Mémoires de littérature ancienne, Mémoires d'histoire ancienne et de philologie*, d'autres morceaux se rapportent encore à la littérature grecque et en particulier au théâtre grec : ils reproduisent, on doit s'en féliciter, certaines parties de son docte et intéressant enseignement à la Faculté des lettres.
3. Caen, 1836, *Analyse critique de la Poétique d'Aristote*. Voyez,

a quelques années à la Faculté des lettres de Paris par un jeune professeur, dont ce journal a eu depuis plus d'une occasion d'apprécier la science et le talent[1], M. Henri Martin. Seulement peut-être n'avait-il pas accordé, dans une aussi juste mesure que M. Egger, avec la déférence, le respect dus à l'autorité d'Aristote, les droits de la libre discussion.

Comme son prédécesseur, M. Egger a enfin rectifié les idées théoriques du maître par d'autres théories. Ainsi le goût naturel des hommes pour l'imitation et pour le rhythme ne lui paraît pas constituer seul la poésie ; il y ajoute cette faculté créatrice qui réalise le beau par les procédés de l'art. Ainsi encore, à la terreur, à la pitié, seuls éléments, pour Aristote, de l'impression tragique, il joint un autre sentiment plus haut auquel doivent conduire les deux premiers, celui de l'admiration, s'autorisant, pour cette addition nécessaire, non-seulement des tragiques grecs qui nous élèvent autant qu'ils nous épouvantent et nous attendrissent, mais d'Aristote lui-même. Aristote, en effet, dans le passage de la *Politique*, qui a été cité plus haut, ne compte-t-il pas l'enthousiasme au nombre de ces passions renfermées en nous, auxquelles ouvre une voie, dont nous soulage la musique ; et ce qu'il a dit de la musique ne l'a-t-il point dit aussi, implicitement, de la poésie ?

Tel est, en substance, considéré sous ses principaux aspects, le travail nouveau dont un ouvrage si souvent interprété a fourni le sujet à M. Egger. Il ne remplit pas, à beaucoup près, le volume dont j'avais à rendre compte ; il y est comme encadré dans une *Histoire de la critique chez les Grecs*, morceau considérable, à tous égards, que je me reprocherais d'analyser et de juger en passant à la fin de cet article, et auquel il me paraît plus convenable de consacrer un article à part.

---

sur cette thèse, le *Journal général de l'instruction publique*, 17 avril 1836, t. V, n° 49, p. 390.

1. Voyez, récemment, cahiers de mars, avril, mai, août 1850, p. 129, 193, 270, 502.

II

Sous le mot de Critique, qu'il préfère au mot, aujourd'hui si en faveur, d'Esthétique [1], M. Egger a compris tout l'ensemble des travaux dont la littérature et ses monuments peuvent être l'objet : jugements où s'exprime tantôt le sentiment naïf, tantôt l'intelligence réfléchie des beautés et des défauts ; théories nées soit de l'expérience, soit d'une vue spéculative du but et des moyens de l'art ; étude philosophique des textes ; recherches historiques sur les écrits et les écrivains. Ces formes diverses de la critique, M. Egger les a toutes parcourues, et dans l'ordre précisément où les lui présentait, selon leur succession naturelle et chronologique, la littérature grecque.

Le sujet n'avait pas encore été traité, que je sache, avec cette étendue, cette généralité. Sans doute les historiens des lettres grecques n'avaient pas négligé de rappeler, à leur date, les grands critiques ; sans doute aussi ceux qui, dans cette histoire, ne se sont occupés que d'un seul genre, avaient pris soin de rassembler sur ce point particulier la suite des opinions, à commencer, bien entendu, par celles des Grecs. Mais nul encore, si je ne me trompe, n'avait suivi chez eux, dans son complet développement, dans ses applications multipliées, cette faculté qui s'exerce, pour les juger, pour les rapporter à leurs lois, pour les expliquer, sur les productions de l'esprit.

Dans un livre dont j'ai transcrit le titre en tête de ces articles, livre déjà publié il y a quelques années sous une forme un peu différente [2], et dont cette reproduction atteste le juste succès, M. Théry, je ne l'oublie pas, avait touché au sujet traité par M. Egger, mais il n'avait pu qu'y toucher, d'une main sûre sans doute, mais quelque peu pressée, précipitée par la condition même de son œuvre.

1 Voyez p. 2, note 1.
2. *De l'esprit et de la critique littéraires chez les peuples anciens et modernes.* Paris, 1832.

Lorsqu'il l'entreprit, deux opinions exclusives se disputaient, avec une ardeur emportée, la direction de notre littérature : l'une la voulait asservie à des règles qui peut-être n'étaient pas toutes d'une autorité absolue, universelle, à des modèles en dehors desquels il pouvait y avoir place encore pour d'heureuses tentatives ; l'autre prétendait l'émanciper de toutes les lois, de toutes les traditions, quelles qu'elles fussent, qui avaient déterminé jusque-là les limites et le caractère des divers genres, les convenances du ton et du style, les formes de la versification et du langage. Quelle idée précise fallait-il attacher aux dénominations vagues de classiques et de romantiques par lesquelles ces opinions se désignaient elles-mêmes ? Qu'y avait-il de légitime dans leurs prétentions opposées ? Au moyen de quel tempérament parviendrait-on à les apaiser, à les concilier ? Les esprits sages se faisaient ces questions, et M. Théry, entre autres, se chargea d'y répondre par une revue de toutes les littératures connues, de celles qui avaient procédé de l'imitation, de celles qu'avait suscitées une inspiration plus spontanée ; par l'exposition de l'esprit particulier qui avait présidé au développement de chacune d'elles et des théories que la réflexion y avait fait succéder à la pratique. C'était là un plan bien vaste, bien difficile à remplir, alors même qu'on se fût borné aux littératures qui nous sont réellement connues, auxquelles on peut assigner un caractère distinct, où se sont produits en leur temps, après le libre travail des esprits, des jugements sur les monuments de l'art, des idées, des doctrines sur l'art lui-même, son but, ses moyens, ses lois. Ainsi réduit, il restait encore trop étendu pour admettre autre chose qu'une description générale et rapide du mouvement qui, en chaque lieu et à chaque époque, a amené auprès des grands orateurs, des grands poëtes, des grands écrivains en tous genres, ou à leur suite, les grands critiques. Aussi, en ce qui concerne les Grecs, M. Théry a-t-il, cela était inévitable, à peu près commencé par Platon et Aristote, à peu près concentré dans ces deux grands noms l'histoire de leur critique.

Un point de vue différent a permis à M. Egger de distinguer, dans cette histoire, une époque antérieure à celle où les philosophes s'élèvent, par la spéculation, à l'idée même de l'art, ou demandent aux données de l'expérience la connaissance de ses lois. Aussitôt que, dans des concours solennels, les rhapsodes, ces antiques interprètes de l'épopée, et plus tard les poëtes lyriques, tragiques, comiques se disputent le prix de la poésie ; aussitôt que des hommes doctes, des hommes de goût, s'occupent officiellement de rassembler en corps d'ouvrage les vers jusque-là dispersés, confiés à la seule mémoire et récités au hasard, d'Homère, d'Hésiode, des autres chantres du cycle épique, ou bien encore de protéger, par l'établissement d'un exemplaire authentique, contre les altérations qu'y introduisaient le caprice des comédiens et l'industrie des arrangeurs, le texte des chefs-d'œuvre dramatiques, mesures littéraires, si l'on peut s'exprimer ainsi, qui marquèrent le gouvernement de Pisistrate et l'administration de l'orateur Lycurgue ; aussitôt, selon M. Egger, et il est difficile de n'être pas de son sentiment, entrent en exercice chez les Grecs et la critique qui juge du mérite des œuvres, et même celle qui s'y associe par l'intelligence délicate de leur caractère et le soin curieux d'en assurer l'intégrité. Déjà on peut pressentir de loin tout ce travail d'appréciation, de classification, de restauration, d'explication par lequel finira, dans Alexandrie, la critique grecque. Son premier éveil est raconté par M. Egger dans des pages fort intéressantes, et que recommande un heureux mélange d'érudition et de sagacité.

S'arrêtant avec quelques détails à l'institution fort démocratique de ces cinq juges tirés au sort dans tout le peuple d'Athènes pour faire en son nom ce qu'il faisait primitivement lui-même, c'est-à-dire pour décerner le prix de la tragédie, de la comédie, se demandant comment on avait pourvu à ce que ces cinq juges, ainsi improvisés, fussent garantis des erreurs auxquelles pouvaient les entraîner, comme l'a dit Platon[1], les acclamations irréfléchies

---

1. *De Leg.*, II ; t. VII, p. 88 de la traduction de M. Cousin.

de la foule ou leur propre ignorance, M. Egger suppose qu'ils n'étaient pas choisis au moment du spectacle, mais quelque temps auparavant; qu'une connaissance préliminaire des pièces, acquise soit aux répétitions, soit par la lecture de copies distribuées à cet effet, les avait préparés d'avance à l'exercice de leur difficile ministère; que la représentation publique n'était pour eux qu'une dernière et solennelle épreuve où leur opinion quelquefois se confirmait, quelquefois aussi se corrigeait au contact d'une opinion moins savante, mais plus sympathique et plus soudaine, celle de l'immense auditoire convié aux fêtes de Bacchus. Cette conjecture est ingénieuse, mais c'est une simple conjecture : M. Egger en convient, et elle a contre elle précisément ce qu'il raconte un peu plus loin, d'après Plutarque[1], de la représentation fameuse où le jeune Sophocle l'emporta sur le vieil Eschyle. Dans son récit, c'est bien évidemment sur le lieu même du combat, quand la lutte va s'engager, que les juges sont institués d'une façon tout extraordinaire : « L'auditoire,
« dit-il, était partagé entre les deux rivaux; on allait en
« venir aux mains. L'archonte Aphepsion n'osait plus
« tirer au sort, selon l'usage, les noms des cinq juges.
« Cimon, tout couvert de la gloire d'un de ses récents
« triomphes (c'était quelques jours après qu'ayant paci-
« fié les mers de Grèce il venait de rapporter à Athè-
« nes les ossements de Thésée), arrive au théâtre avec
« ses neuf lieutenants. A peine eurent-ils fait aux dieux
« leur prière accoutumée, que l'archonte, par une inspi-
« ration soudaine, ordonne à ces dix juges de désigner le
« vainqueur : ils nommèrent Sophocle. L'auditoire ému
« respecta néanmoins l'arrêt des généraux victorieux, et
« l'éclat du jugement fit taire les jalousies et les rivalités.
« Il est vrai que le lendemain Eschyle, humilié, partit
« pour Syracuse[2]... »

1. *Vie de Cimon*, c. 8.
2. Dans une note de mon t. I, p. 41, j'ai déjà fait mention et à peu près dans les mêmes termes de l'opinion de M. Egger. On me pardonnera ce double emploi, et je demande également grâce pour d'au-

Mais revenons à ces débuts de la critique grecque dont M. Egger s'est appliqué savamment, ingénieusement, à restituer l'histoire. Il eût pu, ce me semble, en chercher la trace, non-seulement chez les premiers juges, les premiers éditeurs des anciens poëtes, mais chez les poëtes eux-mêmes, qui d'une inspiration d'abord toute naïve ont passé à la conscience de leur art, et par certains traits, qu'il eût été intéressant de recueillir, en ont quelquefois révélé le secret.

Ainsi, quand à l'épopée héroïque succède, par une progression naturelle, l'épopée historique, l'auteur ou l'un des auteurs de cette révolution, un contemporain d'Hérodote, selon les autres de Thucydide, Chérilus, se plaint au début d'un poëme consacré à célébrer la victoire des Athéniens sur Xerxès, de sa *Perséide*, en poëte sans doute, mais aussi un peu en critique, de la nécessité qui le contraint, comme quelquefois avant lui les poëtes dramatiques, de chercher, hors des sujets épuisés de la fable, un sujet nouveau dans l'histoire :

« Heureux le serviteur des Muses habile à chanter en ce temps où le champ poétique n'était pas encore moissonné. Maintenant que les partages sont faits, que les arts ont reçu leurs limites, venus les derniers dans le stade, nous sommes laissés en arrière. En vain nos yeux cherchent de toutes parts, point de char nouveau à monter[1]. »

Ainsi encore, pour passer de la poésie épique à ce qui lui a succédé, à la poésie lyrique, Pindare, aux mouvements, aux transports en apparence involontaires, se possède assez cependant pour nous faire en certains endroits comme confidence de sa poétique.

Tantôt il distingue ou rapproche des monuments de l'art ceux qu'il élève dans ses vers :

« Je ne suis point un sculpteur qui travaille à des statues toujours fixées sur leurs bases immobiles. Partez sur tous les

---

tres répétitions du même genre qui pourront se rencontrer dans la suite de cet article.

1. Voyez Aristot., *Rhet.*, III, 14, 4, et, à la suite de l'*Hésiode* de MM. Firmin Didot, 1840, p. 21 et suivantes, les fragments de Chérilus rassemblés et commentés par M. Fr. Dübner.

vaisseaux, sur toutes les barques, vers harmonieux, et d'Égine allez annoncer partout que le fils de Lampon, le robuste Pythéas, a emporté aux jeux de Némée la couronne du double combat[1]. »

« Veux-tu (ô Timasarque) que je consacre au frère de ta mère, à Calliclès, une colonne d'une blancheur plus éclatante que le marbre de Paros[2] ? »

« Ramener ton âme sur la terre, je ne le puis, Mégas. Ce serait un fol espoir, une vaine entreprise ; mais il m'est permis d'ériger, en l'honneur de ta tribu, des Chariades, le sonore monument des Muses[3]. »

Tantôt rapportant, sans vouloir y ajouter foi, une histoire injurieuse pour la divinité, il semble discuter les devoirs et les droits du poëte à l'égard des traditions mythologiques :

« Il est certes bien des merveilles véritables, mais souvent aussi les récits des hommes sont emportés au delà de la vérité par les séduisants mensonges de la fable. La grâce du discours, qui nous rend toutes choses agréables et douces, répand sur ces récits une beauté persuasive, et l'incroyable même y devient digne de foi. Aux jours à venir les témoignages véridiques. Il convient toutefois que l'homme ne prête aux dieux que du bien : moindre alors est la faute[4]. »

Ces élans rapides, ces sortes de bonds poétiques qui le portent à tout instant vers les sujets divers groupés par son art autour de son sujet principal, Pindare les définit par d'admirables images :

« S'il faut célébrer leur prospérité, la force de leurs bras, les combats rendus par leur épée, si loin que s'imprime sur le sable l'élan de mes rivaux, j'ai des genoux souples et forts, et les aigles s'élancent au delà de la mer[5]. »

Les épisodes où il s'engage ne sont jamais si longs qu'il en perde le souvenir de son point de départ, qu'il ne sache et ne dise quand et comment il en doit revenir.

« De plus longs discours me sont interdits par la loi de mon sujet et les heures qui se hâtent. »

1. *Nem.*, V, 1. — 2. *Nem.*, IV, 130. — 3. *Nem.*, VIII, 75. Cf. Schol.
4. *Olymp.*, I, 43. Cf. *Olymp.*, XIV, 7 ; *Nem.*, VII, 33.
5. *Nem.*, V, 34.

« N'avançons point au delà de Gadès, vers les ténèbres du couchant. Tournons vers l'Europe la proue de notre navire. Comment, en effet, tout dire sur les enfants d'Éacus [1] ?

« Bien long serait le retour par la route des chars, car déjà le temps me presse ; mais je sais un sentier plus court, et c'est un art où je l'emporte sur beaucoup d'autres [2]. »

Je rapporte ces passages comme ils me viennent, un peu au hasard, regrettant d'avoir eu à les rendre moi-même et de ne pouvoir les citer dans la belle traduction que nous promet une plume illustre, et qu'il est à souhaiter qu'elle ne nous fasse pas trop attendre. On pourrait, je m'imagine, en rassembler bien d'autres de cette sorte, où Pindare paraîtrait, sans cesser d'être un grand lyrique, le commentateur de ses odes.

Peut-être cette intelligence distincte, cette ingénieuse explication de son œuvre, ne se trouveraient-elles pas chez le poëte qui, au temps du Thébain Pindare, fondait à Athènes la tragédie grecque, Il y aurait plus de chances de la rencontrer chez son successeur, qui précisément a dit de lui, comme on le rapporte : « Eschyle fait ce qui est bien, mais il le fait sans le savoir. » Un tel mot est d'un artiste initié aux secrets de son art et qui a dû, en plus d'une occasion, les révéler. Il s'accorde assez avec la tradition qui attribuait à Sophocle un traité en forme *sur le chœur* [3].

Mais des traités à cette date n'offrent qu'une exception ; la poésie a été, chez les Grecs, la première forme de la critique. Leur littérature, tout animée, toute vivante, ne s'exprimait guère par les livres ; elle s'exprimait surtout par la parole à la tribune, dans les écoles, dans les temples, sur le théâtre. Quand la critique, à son tour, produisit de cette manière ses jugements et ses vues, ce fut par l'organe des poëtes dramatiques, d'Euripide d'abord, chose étrange, et, ce qui l'est moins, d'Aristophane, comme en général des poëtes de l'ancienne, de la moyenne, et même de la nouvelle comédie. Ce fait curieux avait déjà attiré

---

1. *Nem.*, IV, 53, 112.
2. *Pyth.*, IV, 439. — 3. Voyez Suidas, au mot *Sophocle*.

l'attention de quelques-uns des écrivains qui, de notre temps, se sont spécialement occupés de l'histoire et de l'appréciation du théâtre grec[1]. M. Egger l'a mis dans une lumière nouvelle par une exposition que la richesse de son érudition et la spécialité de son sujet lui permettaient de rendre plus complète, et sur laquelle des détails bien choisis et groupés avec art, des citations piquantes, qu'on voudrait seulement plus nombreuses, ont répandu beaucoup d'intérêt. Résumons, un peu d'après ses devanciers, et beaucoup d'après lui, les principaux traits de l'histoire de la critique grecque au temps où les critiques proprement dits n'étaient point encore venus, où le feuilleton, pour ainsi parler, se produisait au théâtre même, encadré dans quelque belle œuvre dramatique.

Nous avons eu nous-mêmes de ces feuilletons quand Molière, dans la *Critique de l'École des femmes*, dans l'*Impromptu de Versailles*, dans quelques scènes du *Misanthrope* et des *Femmes savantes*, réclamait contre d'injustes censures, invoquait les vraies, les simples lois de l'art, châtiait par le ridicule le pédantisme et l'affectation; ou bien encore, en remontant plus haut, quand Rotrou, par la bouche de l'acteur *Genest*, parlant du théâtre et de ses récents auteurs, à Dioclétien, rendait un noble hommage aux chefs-d'œuvre de Corneille :

> Ces poëmes sans prix, où son illustre main
> D'un pinceau sans pareil a peint l'esprit romain [2].

Ce qui n'est dans la tragédie de Rotrou qu'une allusion, et une allusion bienveillante, a chez Euripide un tout autre caractère, quelque chose de plus direct, de plus développé et quelquefois de bien amer. Par une infraction condamnable aux vraisemblances de son art, il se permit très-fré-

---

1. Voyez particulièrement, en 1808, le *Cours de littérature dramatique* de W. Schlegel, leçon V[e]; en 1843, les *Études sur les tragiques grecs*, de l'auteur de cet article, livre V; en 1845, Un *Mémoire* de M. Hamel, professeur de littérature ancienne à la Faculté des lettres de Toulouse, inséré dans les Mémoires de l'Académie de cette ville, et qui a pour titre : *Sur la critique littéraire dans Aristophane.*
2. Rotrou, *Saint-Genest*, 1, 5.

quemment des dissertations et des censures, qui faisaient de lui un critique ingénieux et mordant.

Dans une scène de son *Antiope*, scène célèbre, perpétuellement citée par les anciens, mais pour autre chose assurément que pour son caractère tragique, Amphion et Zéthus disputaient ensemble sur les avantages réciproques de la musique, c'est-à-dire de la culture de l'esprit et des exercices du corps.

Çà et là se rencontre dans son théâtre la peinture satirique des sophistes et des orateurs du temps.

Mais c'est dans ses *Phéniciennes*, dans son *Électre*, qu'il fit véritablement office de critique, au sens littéraire de ce mot, y tournant en ridicule, y parodiant les portraits des Sept chefs et la reconnaissance des Choéphores, se vengeant ainsi, sur le grand poëte que lui opposait la malveillance, des attaques de ses détracteurs.

Si la critique littéraire a pu se montrer sous la forme de la parodie, de la satire, dans la tragédie des Grecs, il ne faut pas s'étonner de la rencontrer avec ce caractère dans leur comédie. C'était un des éléments principaux de celle qu'on appelle du nom d'*ancienne*. Celle-ci toute personnelle dans ses attaques, qui, ne respectant pas les dieux mêmes de l'État, forcés comme les citoyens d'entendre la plaisanterie, faisait une guerre si vive aux orateurs, aux généraux, aux philosophes, n'épargnait pas, on le conçoit, les rhéteurs, les écrivains, les poëtes. Les œuvres d'Aristophane en offrent presque à chaque scène des témoignages.

Par exemple, il poursuit partout de ses sarcasmes les poëtes dithyrambiques, ne pouvant se lasser de reproduire l'image grotesque de leur style amphigourique. Le poëte dithyrambique Cinésias, volant, dit-il, vers l'Olympe sur ses ailes légères, allant à travers l'espace chercher dans les nues des idées aériennes et vaporeuses, puiser à la source d'un genre qu'il appelle nébuleux, ténébreux, Cinésias vient des premiers demander droit de cité dans la ville des *Oiseaux*.

D'autres fois, ce sont les poëtes comiques, ses confrères, qu'Aristophane prend à partie ; il leur reproche leurs plagiats, leurs redites, leurs éternels lieux communs de plaisanterie, leur comique vulgaire, et sans en avoir trop le droit, leur grossièreté, leur obscénité. Il se vante d'avoir relevé, agrandi, épuré la scène comique.

Mais ce qui fait surtout les frais de cette satire littéraire, ce sont les poëtes tragiques.

Et qui saurait sans moi que Cotin a prêché ?

a dit Boileau : sans Aristophane, nous ignorerions tout un peuple d'auteurs de tragédies dont il a traduit en ridicule les ouvrages et même la personne. Et ce n'est pas seulement à ce vulgaire qu'il en veut, c'est à ses chefs reconnus, à des poëtes justement applaudis, à de grands poëtes : Agathon, par exemple, dont il reprend, mais sans trop d'amertume, avec quelque mélange d'estime et d'éloge, la poésie efféminée, l'afféterie, la coquetterie ; par exemple encore, Euripide, qu'il a poursuivi au même titre que Socrate. Aristophane est du parti des vieilles mœurs contre les nouvelles ; au nom de l'antiquité il fait la guerre aux nouveautés politiques, philosophiques, littéraires. Il n'a pas tort assurément avec le démagogue Cléon, avec les sophistes qu'il a représentés sous le masque, si injustement choisi, de Socrate. De même, malgré l'emportement de sa haine et les exagérations de ses censures, il a quelquefois raison contre Euripide, contre ses raisonnements subtils, ses fausses maximes, ses peintures séduisantes d'égarements coupables, l'abus qu'il fait du pathétique, les moyens matériels par lesquels il excite la pitié, la négligence expéditive de ses plans, la mollesse de sa poésie et de son style. Il démêle tous ces défauts avec une singulière sagacité, les met plaisamment en relief par la raillerie, la parodie ; mais il ne se croit pas chargé de faire valoir les beautés, qui les compensent et les effacent ; il ne remplit qu'à moitié son rôle de critique.

Dans *les Acharniens*[1], Dicéopolis veut attendrir le

---

1. V. 407.

peuple d'Athènes ; il va trouver Euripide et lui emprunter force pièces de cette friperie dramatique par laquelle il est en possession d'émouvoir le public d'Athènes : les habits en lambeaux de *Phénix* aveugle, de *Philoctète* mendiant, du boiteux *Bellérophon*; les haillons de *Télèphe* surtout, placés dans la garde-robe tragique du poëte au-dessus des guenilles de *Thyeste*, parmi celles d'*Ino*. Il demande tant de choses de cette sorte, qu'Euripide se plaint qu'on lui enlève toute une tragédie.

Un des meilleurs passages de la comédie des *Nuées*[1] est celui où Strepsiade raconte comment a commencé sa querelle avec son fils Philippide, par une contestation littéraire. Strepsiade a demandé à son fils de lui chanter, à la fin du repas, quelque chose de Simonide : « Vieille cou-« tume ridicule, méchant poëte, » a répliqué le jeune homme, peu respectueux pour les usages et la littérature du temps passé. « Eh bien ! a repris le père, quelque « chose d'Eschyle. Méchant poëte encore, dur, ampoulé, « bruyant. — Quelque chose donc de plus moderne. — « Ah ! bien volontiers. » Et le jeune homme a chanté des vers du poëte favori de la jeunesse, du poëte à la mode, des vers d'Euripide sur un inceste. De là la dispute, et Strepsiade battu par son fils, qui prétend être dans son droit, et le prouve même au moyen de la science nouvelle que l'insensé Strepsiade l'a envoyé apprendre chez les sophistes; ne disons pas, comme Aristophane, chez Socrate, qui ne lui eût certes enseigné rien de pareil. N'est-ce pas là une image spirituelle et plaisante de ces querelles du temps passé et du temps présent, des anciens et des modernes, qu'amènent partout, entre les diverses générations, le renouvellement de l'art et la succession des écoles, l'avénement des talents nouveaux, des formes nouvelles?

Cette querelle a été pour Aristophane le sujet d'une comédie entière, *les Grenouilles*. Bacchus a été chercher aux enfers un poëte pour son théâtre qui en manque depuis

1. V. 1347 sqq.

la mort d'Euripide et le départ d'Agathon, enlevé à Athènes par le roi de Macédoine, Archélaüs. Devant lui se disputent le sceptre tragique le vieil Eschyle et Euripide. Ainsi est introduite, sous des formes bouffonnes, une comparaison pleine de sagacité, de profondeur même entre les deux formes de l'art que représentent l'un et l'autre poëte; le parallèle, partial sans doute, mais exagérations à part, frappant de vérité, de ces génies divers. Un trait négatif, qu'il ne faut point oublier, c'est que Sophocle, dont la pure beauté tient comme le milieu entre le grandiose d'Eschyle et les réalités d'Euripide, est mis hors de cause et ne reçoit que des hommages.

La pièce d'Aristophane ne fut point couronnée, mais elle a survécu à celle qui a obtenu la couronne, *les Muses* de Phrynichus, où, devant ces déesses, se plaidait un procès analogue entre Euripide et Sophocle.

Avant Phrynichus, avant Aristophane, on avait fait de même. Un vieux poëte comique, Phérécrate, dans ses Κραπάταλοι, avait déjà montré dans les enfers le grand Eschyle et l'avait fait parler magnifiquement de lui-même. Voici, entre autres, une des paroles qu'il mettait dans sa bouche :

« Je leur ai construit, je leur ai donné un art plein de grandeur[1]. »

Ces attaques, ces parallèles passionnés se continuèrent dans la comédie *moyenne*. Cette comédie à laquelle était interdite la politique, trouvait un dédommagement dans les choses philosophiques et littéraires; les philosophes et les poëtes payaient pour les hommes d'Etat désormais à l'abri. Un Alexandrin, Antiochus, a consacré tout un livre à la revue des poëtes tournés en ridicule par la *moyenne* comédie[2]. C'étaient particulièrement des poëtes tragiques, Denys de Syracuse entre autres, ce poëte à la façon de Frédéric, dont les comiques raillaient

---

1. Schol. Aristoph. *Pac.*, 758. Voyez Meineke, *frag. com. græc.*, t. II, p. 289.
2. Athen. *Deipn.*, XI.

volontiers les prétentions littéraires et les faux succès. Euripide, bien que mort depuis quelque temps déjà, avait toujours sa place dans les parodies, les satires littéraires de la *moyenne* comédie. L'admirateur fanatique d'Euripide, le *Phileuripide*, devint même un de ses personnages favoris [1].

Plus tard, la comédie nouvelle, qui relève d'Euripide, semble lui rendre plus de justice. Chez Diphile, on l'appelle « un poëte d'or ». On dit chez Philémon : « Si « j'étais sûr que les morts, comme quelques-uns le pré- « tendent, eussent encore du sentiment, j'irais me pendre « aussitôt pour voir Euripide [2]. » Peut-être, il est vrai, n'est-ce ni Diphile, ni Philémon qui s'expriment ainsi pour leur compte, mais encore quelque *Phileuripide*. Toutefois, avec le temps, Euripide devenait à son tour un ancien, et c'est à lui que désormais allaient être immolées les gloires contemporaines. Quoique certains passages conservés d'Antiphane, de Timoclès, sur le caractère de la tragédie et de la comédie, montrent l'inclination des comiques de cet âge pour la dissertation littéraire, les poëtes occupent chez eux moins de place que les philosophes. M. Meineke [3] avait déjà fait cette observation qui a été pour M. Egger le point de départ d'une revue piquante des ouvrages composés alors dans cet esprit. Il les analyse, il les extrait et a la bonne fortune de pouvoir reproduire une tirade morale de Simylus [4] échappée à la diligence de M. Meineke.

Cependant, depuis assez longtemps déjà, la critique, ainsi qu'auparavant l'histoire et la philosophie, avait passé de la poésie à la prose, par Platon, Aristote, Théophraste. De la censure individuelle des poëtes on en était venu, dans les écoles philosophiques, à la recherche des lois de l'art, à la classification, à la définition, à la théorie des genres.

---

1. Axionicus, Philippide ou Philippe avaient composé des comédies sous ce titre. Voyez Meineke, *Hist. crit. com. græc.*, p. 341, 417, 474.
2. Thom. magist. *Vita Eurip.*
3. *Hist. crit. com. græc.*, t. I, p. 438.
4. Stob. *Florileg.*, LX, 4

Une troisième période devait suivre, celle des critiques alexandrins, critiques érudits, s'occupant du catalogue des ouvrages, de la biographie des écrivains, de la discussion des textes, de l'histoire générale et particulière des lettres : travail savant, plus philologique encore que littéraire, dont Homère et les tragiques étaient particulièrement l'objet....

FIN.

TABLE ALPHABÉTIQUE

DES AUTEURS DRAMATIQUES ANCIENS ET MODERNES

ET DES PIÈCES DE DIVERS GENRES,

DU GENRE TRAGIQUE PARTICULIÈREMENT,

dont il est parlé dans cet ouvrage.

A

Abufar, tragédie de Ducis, II, 241; III, 328.
ACESTOR, I, 74 sq , 89.
ACHÆUS (d'Érétrie), I, 80, 91 sq., 93 ; IV, 306 sq.
ACHÆUS (de Syracuse), I, 86, 91.
Acharniens (les). comédie d'Aristophane, II, 82, 127 ; IV, 322, 424.
Achille, tr. d'Aristarque, I, 81.
Achille, tr. d'Ennius, I, 81,
Achille, tr. d'Auguste, 11, 48.
Acrisius, tr. de Sophocle, III, 213.
ADDISON, IV, 380 sq.
Adélaïde du Guesclin, tr. de Voltaire, III, 421.
Adonis, tr. de Denis l'Ancien, I, 119.
Adonis, tr. de Ptolémée Philopator, I, 119.
ÆANTIDÈS, I, 119.
Agamemnon, tr. d'Eschyle, I, 24, 29, 38, 142, 144, 170 178, sq., 189, 234, 241, 286 sq , 299, 306-332, 335, 342, 359, 369, 381 ; II, 24, 56, 65, 71 ; III, 56, 255, 346, 387 ; IV, 31, 61, 113, 198 sq., 328, 349, 378, 386, 394.
Agamemnon, tr. d'Ion. I, 306.
Agamemnon, tr. de Sénèque, I, 306, 318, 324 ; IV, 35, 37.
Agamemnon, tr. de L. Dolce, III, 323.
Agamemnon, tr. de Ch. Toutain, I, 307.
Agamemnon, tr. de Duchat, I, 307.
Agamemnon, tr. de Brisset, I, 307.
Agamemnon, tr. d'Arnaud, I, 307.
Agamemnon, tr. de Pader d'Assézan, II, 288.
Agamemnon, tr. de Boyer, I, 307.

Nota. Le chiffre romain indique le volume, le chiffre arabe la page.

Agamemnon, tr. de Thompson, I, 306 sqq.
Agamemnon, tr. d'Alfieri, I, 306 sqq.
Agamemnon, tr. de Lemercier, I, 306 sqq.
Agamemnonides (Les), tr. d'Attius, I, 334; IV, 116.
AGATHON, I, 79, 87, 92 sqq., 106; III, 148; IV, 424.
Agavé, tr. de Stace, I, 156; IV, 271.
Ajax, tr. de Sophocle, I, 108, 133, 157, 320, 359, 372, 377; II, 1-54, 55 sq., 59, 66, 69, 193, 194, 255 sq., 272; III, 128, 217, 378, 388, 392; IV, 160, 245, 342, 350, 396.
Ajax, tr. d'Astydamas (le jeune), II, 40.
Ajax, tr. de Théodecte, I, 101; II, 41 sq.
Ajax, tr. d'Ennius, II, 44 sq.
Ajax, tr. d'Auguste, II, 48 sq.
Ajax, tr. trad. de Sophocle, p. Jos. Scaliger, IV, 341.
Ajax, tr. de Lachapelle, II, 52.
Ajax, tr. de Poinsinet de Sivry, II, 62 sqq.
Ajax, tr. de Chateaubrun, III, 425.
ALAMANNI, I, 162.
ALCÉE (de Mytilène), IV, 306.
Alceste, tr. de Thespis, I, 19 sqq.; III, 221.
Alceste, tr. de Phrynichus, I, 21; III, 221.
Alceste, tr. d'Euripide, I, 28, 31, 49, 55, 144; II, 78, 275; III, 33, 148, 197-240, 270, 301, 380; IV, 160, 177, 217, 288, 307, 329, 330, 341, 346, 378, 394, 396.
Alceste, com. d'Antiphane, III, 221; IV, 331.
Alceste, tr. de Névius, III, 220.
Alceste, tr. d'Ennius, III, 221.
Alceste, tr. d'Attius, III, 221.
Alceste, tr. trad. d'Euripide par Buchanan, III, 221; IV, 341.
Alceste, tr. de Hardy, III, 222 sq.
Alceste, opéra de Quinault, III, 223 sqq.
Alceste, tr. projetée de Racine, III, 225 sq.
Alceste, tr. de Lagrange-Chancel, III, 225 sqq., 233; IV, 125.
Alceste (Admète et), tr. de Boissy, III, 228 sqq.; IV, 230.
Alceste, tr. de Coypel, III, 229 sq.
Alceste, de Sainte-Foix, III, 230.
Alceste, tr. de Dorat, III, 330.
Alceste, opéra de Gluck, III, 330.
Alceste, tr. d'Alfieri, III, 234 sqq.
Alceste, tr. de M. H. Lucas, III, 238 sqq.
Alceste, tr. de M. L. de Vauzelles, III, 240.
ALCESTIS, I, 74.
Alcide (ou le Triomphe d'Hercule), tr. opéra de Campistron, II, 89.
Alcide (La mort d'), tr. de Dancourt, II, 89.
ALCIMÈNE, I, 79.
Alcmène, tr. d'Euripide, I, 144.
Alcméon, tr. de Sophocle, II, 320; IV, 367.

Alcméon, tr. d'Euripide, I, 31, 70, 72; III, 254; IV, 96, 238, 335, 366.
Alcméon, tr. d'Astydamas, I, 101; II, 332.
Alcméon, tr. de Théodecte, I, 101.
Alcméon, tr. d'Ennius, III, 254.
Alétès, tr. de Sophocle, IV, 116.
Alexandra, de Lycophron, III, 348.
ALEXANDRE (d'Étolie), I, 119; IV, 334.
Alexandre, tr. de Sophocle, III, 346 sqq.
Alexandre, tr. d'Euripide, I, 31, 73, 76; III, 346 sqq.
Alexandre, tr. d'Ennius, III, 346 sqq.
ALFIERI, I, 163, 338; II, 289 sqq.; III, 234 sqq. 322, 326 sq.; IV, 136, 379, etc.
Alphésibée, tr. d'Attius, III, 254.
Alzire, tr. de Voltaire, III, 66,
Amants d'Achille (Les), drame satyrique de Sophocle, IV, 277, 283.
Amasis, tr. de Lagrange-Chancel, IV, 127.
Amour tyrannique (L'), de Scudéri, IV, 343.
Amphiaraüs, tr. de Carcinus, I, 100.
Amphiaraüs, dr. sat. de Sophocle, II, 320; IV, 282.
Amycus, dr. sat. de Sophocle, IV, 282, 285.
Amymone, dr. sat. d'Eschyle, I, 170 sq.; IV, 280.
AMYNIAS, IV, 308.
Andromaque, tr. d'Euripide, I, 45, 49, 61, 139, 144, 157; II, 65 275; III, 148, 272-296, 337, 338, 353, 380, 406; IV, 3, 6, 31, 182, 225 sq., 329, 349, 390, 394.
Andromaque, tr. d'Ennius, III, 276, 288, 355.
Andromaque, tr. d'Attius, III, 288.
Andromaque. tr. de Racine, II, 68, 343; III, 134 sq., 272 sqq., 288 sqq., 292 sqq., 385, 398, 400, 423; IV, 40, 87, 94, 124, 132, 344, 348, 390.
Andromaque, opéra de .... et Grétry, III, 425.
Andromède, tr. ou dr. sat. de Sophocle, IV, 282, 285.
Andromède, tr. d'Euripide, I, 63, 135, 144, 151; II, 339; IV, 86, 282.
Andromède, tr. de Lycophron, III, 99.
Antigone, tr. de Sophocle, I, 100, 116 sq., 133, 144, 202; II, 29, 58, 199, 222, 249-293, 294, 308, 323; III, 53, 306 sq., 314, 383 408; IV, 79, 202, 342, 350, 394, 396.
Antigone, tr. d'Euripide, II, 276 sqq,
Antigone, tr. d'Alexandre (d'Étolie), II, 281.
Antigone, tr. d'Attius, II, 281 sqq.
Antigone, tr. d'Alamanni, II, 284.
Antigone, tr. de J. A. de Baïf, II, 284 sqq.
Antigone, tr. de Rob. Garnier, II, 286 sq.; III, 324 sqq.
Antigone, tr. de Rotrou, II, 286; III, 324 sqq.
Antigone, tr. de Pradon, II, 363.
Antigone, tr. de Pader d'Assézan, II, 283 sq.
Antigone, tr. de Chateaubrun, III, 425.
Antigone, tr. d'Alfieri, II, 289 sqq.

Antigone, tr. trad. d'Euripide. de MM. Paul Meurice et Auguste Vacquerie, II, 262, 272, 293 ; III, 238.
Antiope, tr. d'Euripide, I, 31, 55, 142 sq., 150, 152; III, 271, 301, 306 ; IV, 423.
ANTIPHANE, IV, 331 sq., 465, 373, 423 sqq., 427.
ANTIPHON (Les trois), I, 85.
APHARÉE, I, 103.
APOLLINAIRE (d'Alexandrie), I, 157.
Archélaüs, tr. d'Euripide, I, 87.
ARCHESTRATE, I, 75.
Argiens (Les), tr. d'Eschyle, I, 201.
Ariane, dr. sat. de Pomponius, IV, 314.
Ariane, tr. de Th. Corneille, II, 64, 73; IV, 34 .
ARISTARQUE, I, 80.
ARISTIAS, I, 79; IV, 279, 289.
ARISTON, I, 69.
ARISTOPHANE, I, 207 sqq., 226, 234, 347; IV, 319, 378, 387, 423 sqq. etc.
Armide, opéra de Quinault, IV, 236.
ARTABAZE, I, 122.
Assemblée des Grecs (L'), tr. ou dr. sat. de Sophocle, IV, 283.
Astyanax, tr. d'Attius, III, 394 sqq.
Astyanax, tr. de Bongianni Grattarolo, III, 414 sq.
Astyanax, tr. de Chateaubrun, III, 425.
Astyanax, tr. de Richerol, III, 425.
Astyanax, tr. de Halma, III, 425.
Astyanax, opéra de Jaure et Kreutzer, III, 425.
Astyanax, tr. projetée de Chateaubriand, III, 427.
ASTYDAMAS (Les deux), I, 69, 100, 103; II, 332.
Atalante, dr. sat. de Pomponius, IV, 314.
Athalie, tr. de Racine, II, 9, 68, 162, 183; III, 26, 228, 399; IV, 69 sq, 92, 372.
Athamas, tr. d'Eschyle, I, 149; IV, 236.
Athamas, tr. de Sophocle, I, 149; IV, 236.
Athamas, dr. sat. de Xénoclès, I, 31.
Atrée, tr. de Sophocle, I, 144.
Atrée, tr. de Mamercus Émilius Scaurus, III, 313.
Atrée et Thyeste, tr. de Crébillon, II, 131; IV, 92.
ATTILIUS, II, 361 sq.; III, 327.
ATTIUS, I, 123, 141; IV, 336, 398, etc.
Augé, tr. d'Euripide, I, 372.
Autoclide-Oreste, com. de Timoclès, I, 371 ; IV, 331;
Autolycus, dr. sat. d'Euripide, IV, 285.
AUTRAN, I, 42 ; IV, 316, 396.
AXIONICUS, IV, 331, 426.

TABLE ALPHALÉTIQUE. 433

B

Bacchantes (Les), ou *Penthée*, tr. d'Eschyle, IV, 235, 244.
Bacchantes (Les), tr. de Xénoclès, I, 31 ; IV, 237.
Bacchantes (Les), tr. d'Euripide, I, 13, 46, 59, 70, 72, 122 sqq. 134 sq., 138 sq., 142 ; III, 10, 148 ; IV, 33, 233-272, 273, 287, 288, 302.
Bacchantes (Les), tr. d Iophon, IV, 237.
Bacchantes(Les), tr. de Cléophon, IV, 237.
Bacchantes (Les), tr. d'Attius, IV, 239 sqq.
Bajazet, tr. de Racine, I, 211 ; II, 9, 73 ; III, 355.
Bassarides (Les), tr. d Eschyle, IV, 234.
Beaucoup de bruit pour rien, drame de Shakspeare, I, 343 sq.
Bellérophon, tr. d'Euripide, I, 44, 46, 136 ; III, 95 ; IV, 425.
BION, I, 68 ; IV, 311.
BIOTUS (?), 111, 154.
Briséis, tr. de Poinsinet de Sivry, 11, 52 ; IV, 148.
Brutus, tr. d'Attius, I, 123, 128.
Busiris, dr. sat. d'Euripide, IV, 286.

C

CALLIMAQUE, I, 119.
Captives de Thrace (Les), tr. d'Eschyle, II, 37 sq.
Captives (Les), tr. de Sophocle, III, 381.
CARCINUS (Les deux), I, 75, 86, 99 sq., 133, 154.
Carlos (Don), tr. de Schiller, III, 103.
Carmagnola (Le comte de), tr. de Manzoni, II, 26.
Cassandréens (Les), tr. de Lycophron, I, 96.
Caton, tr. d'Addison, IV, 381.
Cédalion, dr. sat de Sophocle. IV, 282.
Cercyon, dr. sat. d'Eschyle, IV, 281, 285.
Chasseresses (Les), tr. d'Eschyle, I, 46.
CHÉNIER (M. J.), II, 200 sq., 211, 199, 374.
CHÉRÉMON, I, 99 ; III, 22.
CHÉRILUS, I, 5, 17, 23, 27 sq.
Chevaliers (Les), com. d'Aristophane, II, 227 sq.; IV, 376.
Choéphores (Les), tr. d'Eschyle, I, 24, 38, 286 sq., 333-363, 370 ; II, 56, 295, 297, 299, 300, 309, 311, 314, 320, 324, 330, 333 sq., 336, 339, 344, 349 sqq., 355, 385 sqq.; III, 245 ; IV, 32, 90, 94, 328, 351, 396 sq.

EURIPIDE. II. — 28

Chrysès, tr. de Pacuvius, IV, 117.
Chrysippe, tr. d'Euripide, I, 48, 87; III, 139 sq.; IV, 283.
Chrysippe, tr. de Lycophron, III, 99.
Chrysippe, com. de Stattis, IV, 330.
Cid (Le), tr. de P. Corneille, II, 5, 86, 88.
Cinna, tr. de P. Corneille, IV, 193, 347, 362.
Cinyras, tr. grecque, I, 89.
Circé, dr. sat. d'Eschyle, IV, 280, 285, 292.
CLÉÉNÈTE, I, 75.
CLÉOMAQUE, I, 73.
CLÉOPHON, I, 98.
Clovis, tr. de Lemercier, III, 388 sq.
Clytemnestre, tr. de Sophocle, I, 306.
Clytemnestre, tr. d'Attius, I, 306, 334.
Clytemnestre, tr. de P. Matthieu, I, 307.
Clytemnestre, tr. du comte de Lauraguais, II, 373.
Clytemnestre, tr. de Soumet, II, 310, 382 sqq.
Comus, dr. sat. de Sophocle, IV, 282.
Conte d'hiver (Le), pièce de Shakspeare, III, 219.
Convives (Les), tr. ou dr. sat. de Sophocle, IV, 283.
Corneille (P.), I, 48, 163, 238; II, 7, 30, 61 sqq., 263; III, 151, 170, 420; IV, 345, 365, etc.
Coupeuses de racines (Les), Ῥιζοτόμοι, tr. de Sophocle, III, 152.
CRATÈS, I, 135.
CRATINUS, I, 6, 154.
CRÉBILLON, I, 338, 348; II, 363 sqq.; IV, 364, etc.
Crétoises (Les), tr. d'Euripide, I, 31.
Créuse, tr. de Sophocle, IV, 68.
Créuse, tr. de W. Whitehead, IV, 72.
CRITIAS, I, 64 sq., 75 sq., 265.
Cromwell, drame de M. V. Hugo, IV, 277.
CURIATIUS MATERNUS, I, 124.
Cyclope (Le), dr. sat. d'Aristias, IV, 289.
Cyclope (Le), dr. sat. d'Euripide, IV, 273-316, 386.
Cyclope (Le), de Philoxène, IV, 292.
Cypriens (Les), tr. de Dicéogène, III, 40.

D

Danaé, tr. d'Euripide, I, 61, 144.
Danaïdes (Les), tr. de Phrynichus, I, 166.
Danaïdes (Les), tr. d'Eschyle, I, 26, 169, 180 sqq.
Danaïdes (Les), tr. de Gombaud, I, 184.
Danaïdes (Les), opéra de Salieri (et de Spontini), I, 185.
Daphnis ou *Lityerse*, dr. sat. de Sosithée, IV, 309 sqq.

Décius ou les Énéades, tr. d'Attius, I, 123.
DELAVIGNE (Casimir), I, 198 sq.; II, 213, 271; III, 85, 357 sqq., 375 sqq.
DÉMÉTRIUS, IV, 311.
DENYS L'ANCIEN, I, 84 sqq.; IV, 276, 426.
DICÉOGÈNE, I, 104.
Dictys, tr. d'Euripide, I, 31; III, 118.
Dieux emportant leurs statues (Les), tr. de Sophocle, III, 343.
DIOGÈNE ŒNOMAUS, I, 75.
DIONYSIADÈS ou DIONYSIDÈS (de Tarse), I, 119; IV, 336.
Dionysus, tr. de Chérémon, I, 99.
DIPHILE, IV, 331, 427.
DOLCE (L.), I, 162.
Don Sanche d'Aragon, tragi-comédie de P. Corneille, II, 182.
DORILLUS, I, 75.
DRYDEN, II, 155 sqq.; IV, 380 sq.
DUCIS, I, 337, 357, 361, 375; II, 208 sqq., 239 sqq.; III, 230 qq., 327 sq.
Dulorestes, tr. de Pacuvius, I, 359; IV, 117, 128.

E

Édoniens (Les), tr. d'Eschyle, IV, 234, 253 sq., 261.
Égée, tr. de Sophocle, III, 188.
Égée, tr. d'Euripide, III, 188, 191 sqq.
Égisthe, tr. de Livius Andronicus, I, 306.
Égisthe, tr. d'Attius, I, 306, 329, 334.
Egmont (Le comte d'), tr. de Goethe, II, 26.
Égyptiens (Les), tr. de Phrynichus, I, 170.
Égyptiens (Les), tr. d'Eschyle, I, 170, 180.
Électre, tr. de Sophocle, I, 112, 117, 144, 151, 152, 161, 339, 340 sq.; II, 58, 222, 259, 294-389; III, 124, 145, 245, 388; IV, 32, 90, 94, 220, 328 sq., 342, 346, 350, 369 sq., 380, 386, 394, 396 sq.
Électre, tr. d'Euripide, I, 61, 64, 152, 234, 339, 343, 347 sqq., 368, 381, 383; II, 297, 306, 334, 339 sqq.; III, 124; IV, 32, 77, 85, 87, 90, 128, 151, 271, 319, 350, 397, 423.
Électre, tr. d'Attilius, II, 361 sq.
Électre, tr. de Q. Cicéron, II, 361; III, 394.
Électre, tr. trad. d'Euripide, par L. de Baïf, II, 362; IV, 340.
Électre, tr. de Pradon, II, 363.
Électre, tr. de Longepierre, II, 366.
Électre, tr. de Crébillon, I, 338, 346 sq., 352; II, 301, 323, 363 sqq.; IV, 92, 128, 369, 397.
Électre, tr. de Rochefort, II, 374 sq.
Électre, opéra de Guillard, II, 374.

Électre, tr. de M. J. Chénier, II, 302, 308, sq.; 310, 374.
Électre, tr. de L. Halévy, IV, 396.
Éleusiniens (Les), tr. d'Eschyle, I, 201; IV, 185 sq., 195.
EMPÉDOCLE (Les trois), I, 84.
ENNIUS, I, 79, 81, 123, 141, 365, etc.
Éole, tr. d'Euripide, I, 48, 144.
Éole, tr. de Lycophron, III, 99.
Épigones (Les), tr. d'Eschyle, I, 108, 136, 201.
Épigones (Les), tr. de Sophocle, I, 108, 136; II, 320.
Épigones (Les), tr. d'Attius, II, 320.
Érechtée, tr. d'Euripide, I, 61, 130 sqq.; IV, 67, 192, 225.
Érigone, tr. de Phrynichus, IV, 233.
Érigone, tr. de Sophocle, IV, 116.
Érigone, tr. d'Attius, IV, 116.
Érigone, tr. de Q. Cicéron, III, 394.
Éryphile, tr. de Sophocle, II, 320.
Éryphile, tr. de Voltaire, II, 320; IV, 354.
ESCHYLE, I, 5, 9, 16, 20, 21, 24 sqq., 37 sq., 46 sq., 60, 52, 66, 68, 78, 81, sqq., 95 sq., 101, 106, 116, 139, 165-385; II, 14, 16 sq., 72, 258, 262; III, 117, 383; IV, 345, 357, 370, 376, 378, 380, 395 sqq., 426.
Esculape, tr. d'Aristarque, I, 81.
Esther, tr. de Racine, I, 228; II, 161, IV, 372.
Étéocle, tr. de Legouvé, III, 327 sqq.
Etnéens (Les), tr. d'Eschyle, I, 83, 271.
Euménides (Les), tr. d'Eschyle, I, 24, 38, 82, 166, 260, 296, 315, 333, 335, 343, 362 sq., 364-385; II, 21, 56, 171, 247, 360, 382, sqq.; III, 217, 241 sqq., 262; IV; 67, 108, 110, 151, 160, 244, 330, 356, 377, 386 sq., 394, 396.
Euménides (Les), tr. d'Ennius, I, 306, 334, 365, 382 sq.
Euménides (Les), com. de Cratinus, I, 371.
EUPHANTUS, I, 105.
EUPHORION, I, 68; III, 117.
EURIPIDE, I, 25, 26, 30, 43 sqq., 72, 79, 86 sq., 94, sq., 98, 101, 103, 106, 112 sq., 116, 130, 133, 138 sq., 140, 240, 328 sq., 347 sqq.; II, 14, 83, 262; III, 1-427; IV, 1-316, 338, 345, 349, 366, 370, 376, 385 sq., 395 sqq., 421 sqq. etc.
Euripide (l'ancien), I, 70.
Euripide (le jeune), I, 70.
Eurysacès, tr. de Sophocle, II, 39, 46.
Eurysacès, tr. de Livius Andronicus (?), II, 49.
Eurysacès, tr. d'Attius, II, 46, 49.
Eurysthée, dr. sat. d'Euripide, IX, 286.
Évocation (L'), Ψυχαγωγία, dr. sat. d'Eschyle, IV, 281.
ÉZÉCHIEL, I, 159.

F

Faust, de Gœthe, IIe partie, IV, 113 sq., 403.
Femmes de la Colchide (Les), tr. de Sophocle, I, 299; III, 151; IV, 283.
FERREIRA (Ant.), I, 162.
Fête de Néron (Une), tr. de MM. Soumet et Belmontet, II, 362.
Fiancée de Messine (La), tr. de Schiller, I, 302.
Filets (Les Faiseurs ou les Traîneurs de), Δικτυργοί, Δικτυουλκοί, tr. d'Eschyle, IV, 236.
Fille d'Eschyle (La), étude antique de M. J. Autran, I, 42; IV, 316.
Filles de Scyros (Les), tr. de Sophocle, II, 12.
Frères ennemis (Les), tr. de Racine, III, 299, 325.

G

GARNIER (Rob.), I, 162; II, 286 sq.; III, 106 sqq., 324 sq., 416 sqq.; IV, 342
Gigantomachie (La), d'Hégémon (de Thasos), IV, 306.
GIRALDI-CINTIO, I, 162.
Glaucus de Potnie, tr. d'Eschyle, I, 28, 216, 288; II, 197, 317.
Glaucus dieu marin, tr. ou dr. sat. d'Eschyle, I, 129, 235, 298; IV, 280.
GŒTHE, II, 26; IV, 113 sq., 135 sqq., 403.
GNÉSIPPE, I, 73.
GRÉGOIRE DE NAZIANZE, I, 57.
Grenouilles (Les), com. d'Aristophane, I, 94, sqq., 207 sqq., 210, 226, 328, 341, 381; IV, 304, 320, 323, 425.
Guêpes (Les), com. d'Aristophane, I, 231.

H

Hamlet, tr. de Shakespeare, I, 234, 236, 337, 360, 363, 375; II, 373 sq.; III, 415; IV, 403.
Hamlet, tr. de Ducis, I, 337, 357; II, 373 sq.
HARDY, I, 163; III, 222.
Heautontimorumenos, com. de Térence, IV, 152.
Hector, tr. d'Astydamas, I, 101.
Hécube, tr. d'Euripide, I, 49, 55, 59, 62; II, 116, 157, 234, 315; III, 273, 231-427; IV, 1, 89, 113, 176, 225 sq., 305, 329, 341, 350.
Hécube, tr. d'Ennius, III, 384, 393.

Hécube, tr. d'Attius, III, 394.
Hécube, tr. trad. d'Euripide par Érasme, III, 414 ; IV, 341.
Hécube, tr. trad. d'Euripide par L. de Baïf, III, 414 ; IV, 340.
Hécube, tr. de L. Dolce, III, 414.
Hécube, tr. de Bongianni Grattarolo, III, 414 sq.
Hécube, tr. de Bouchetel, III, 416.
Hélène, tr. de Sophocle, II, 12 ; III, 337 ; IV, 113.
Hélène, tr. d'Euripide, II, 39 sq., 51, 339, 360 ; III, 148, 250 ; IV, 75-147, 207, 386.
Hélène, tr. de Diogène Œnomaus, IV, 113.
Hélène, tr. de Théodecte, I, 101.
Hélène, tr. de Timésithée, IV, 113.
Hélène, tr. de Livius Andronicus (?), IV, 113.
Hélène, tr. imitée d'Euripide par Wieland, IV, 113.
Hélène, dans la 2ᵉ partie du *Faust* de Gœthe, IV, 113 sq.
Henri IV, tr. de Shakspeare, I, 228.
Henri V, tr. de Shakspeare, I, 233.
Héraclides (Les), tr. d'Euripide, I, 49, 61, 133 ; II, 247 ; IV, 67, 180-232.
Héraclides (Les), tr. de de Brie, IV, 228.
Héraclides (Les), tr. de Danchet, IV, 228 sqq.
Héraclides (Les), tr. de Marmontel, IV, 228 sqq., 357.
Héraclius, tr. de P. Corneille, IV, 36, 119.
Hercule furieux, tr. d'Euripide, I, 45, 62 ; II, 83 ; IV, 1-45, 49, 71, 89, 176, 225, 226, 340, 398.
Hercule, tr. de Diogène Œnomaus, I, 75.
Hercule au Ténare, dr. sat. de Sophocle, IV, 282, 285.
Hercule, dr. sat. d'Astydamas, IV, 276.
Hercule, dr. sat. de Denys, IV, 276.
Hercule au bûcher, tr. de Spintharus, II, 87.
Hercule furieux, tr. de Sénèque, III, 222, 416 ; IV, 34 sqq.
Hercule au mont Œta, tr. de Sénèque, II, 88.
Hercule furieux, tr. trad. d'Euripide, par Bouchetel, IV, 340.
Hercule, tr. de J. Prévost, II, 89.
Hercule mourant, tr. de Rotrou, II, 88 sq., 145 ; IV, 40.
Hercule furieux, tr. de Nouvellon, IV, 36.
Hercule, tr. de l'abbé Abeille, II, 89.
Hercule (Alcide ou le triomphe d'), tr. opéra de Campistron, II, 89.
Hercule (La mort d'), tr. de Renou, II, 89.
Hercule mourant, opéra de Marmontel, II, 89.
Hercule au mont Œta, tr. de Lefèvre, II, 89.
Hercule (La mort d'), tr. de Lafond, II, 89.
Hermione, tr. de Sophocle, III, 283 sqq., 337.
Hermione, tr. de Livius Andronicus, III, 283.
Hermione, tr. de Pacuvius, III, 283, 285.
Herodes infanticida, tr. de Heinsius, IV, 343.
HIÉRONYME, I, 75.
HIPPIAS, 103, 104.

Hippolyte, tr. d'EURIPIDE, I, 48, 57, 58, 59, 142, 144, 152, 262, 315; II, 11, 172, 219 ; III, 42-115, 116 sqq., 129 sqq., 140, 146, 165, 184, 198, 202, 203, 207, 301; IV, 58, 60, 79, 104, 258, 346, 348 sq., 369, 384, 390, 394, 396 sq.
Hippolyte, tr. de LYCOPHRON, III, 99.
Hippolyte, tr. de SOPATER, III, 100.
Hippolyte, tr. de SÉNÈQUE, I, 161; III, 50 sqq., 222, 354 sq.; IV, 35, 39, 270, 397.
Hippolyte, tr. de ROB. GARNIER, III, 106 sqq.
Hippolyte, tr. de LA PINELIÈRE, III, 109.
Hippolyte, tr. de GILBERT, III, 109 sq.
Hippolyte, tr. de DORAT-CUBIÈRES, III, 114.
Hippolyte, tr. ballet de SEGRAIS, III, 114.
Hippolyte et Aricie, tr. opéra de l'abbé PELLEGRIN, III, 114 sq.
Hipponoüs, tr. de SOPHOCLE, I, 61.
HOMÈRE (d'Hiérapolis), I, 119.
Horace, tr. de P. CORNEILLE, I, 238; II, 72; IV, 345.
Hydrophores (Les) ou *Sémélé*, tr. d'ESCHYLE, IV, 235.
Hydrophores (Les), tr. de SOPHOCLE, II, 87.
Hypermnestre, tr. de RIUPEROUX, I, 184.
Hypermnestre, tr. de LEMIERRE, I, 183 sqq.
Hypsipyle, tr. d'ESCHYLE, II, 129.
Hypsipyle, tr. d'EURIPIDE, I, 31 ; III, 271, 307.

I

Idoménée, tr. de CRÉBILLON, IV, 128.
Ilione, tr. d'ENNIUS, III, 368.
Inachus, dr. sat. de SOPHOCLE, IV, 282, 285.
Inès de Castro, tr. d'Ant. FERREIRA, I, 162.
Inès de Castro, tr. de LA MOTTE, III, 228.
Ino, tr. de SOPHOCLE, IV, 236.
Ino, tr. d'EURIPIDE, I, 149; IV, 425.
Ino, tr. de LAGRANGE-CHANCEL, IV, 127.
Io, tr. d'ATTIUS (?), I, 290.
ION, I, 80, 90 sq.; III, 74.
Ion, tr. d'EURIPIDE, I, 45, 59, 156 ; IV, 46-74, 89 sq., 97, 329, 386, 396.
Ion, tr. trad. d'Euripide, par WIELAND, IV, 70.
Ion, tr. de W. SCHLEGEL, IV, 71 sqq.
Ion, tr. de TALFOURD, IV, 72 sqq.
IOPHON, 1, 69 ; III, 74.
Iphigénie, tr. d'ESCHYLE, I, 46 ; III, 5.
Iphigénie, tr. de SOPHOCLE, III, 5 sq.
Iphigénie en Aulide, tr. d'EURIPIDE, I, 31, 43, 49, 70, 72, 142, 148, 234, 316; II, 50; III, 1-41, 42 sq., 84 sq., 371 sq., 378 ; IV, 43, 86,

89, 107, 150, 151, 216, 225, 238, 245, 329 340 sq., 346, 348, 357, 386, 390, 394, 396 sq.
Iphigénie. tr. de Névius, d'Ennius, III, 6 sqq.; IV, 117.
Iphigénie, tr. de L. Dolce, III, 6, 323.
Iphigénie, tr. trad. d'Euripide, par Th. Sibilet, IV, 122, 340.
Iphigénie, tr. trad. d'Euripide, par Érasme, IV, 341.
Iphigénie, tr. de Rotrou, III, 6 sqq.
Iphigénie en Aulide, tr. de Racine, III, 2 sqq., 272, 293, 378, 398; IV, 124, 136, 229, 344, 348, 353, 357, 390, 397.
Iphigénie, tr. de Leclerc et Coras, III, 6 sqq.
Iphigénie en Aulide, opéra de Gluck, III, 6.
Iphigénie en Tauride, tr. d'Euripide, I, 145, 152, 370, 377, 381; III, 8, 30, 124; IV, 75-147, 258, 329, 346, 349, 351.
Iphigénie en Tauride, tr. de Polyidus, I, 104; IV, 114 sq., 135.
Iphigénie en Tauride, tr. projetée de Racine, IV, 122 sqq.
Iphigénie en Tauride, opéra de Duché et Danchet, IV, 127.
Iphigénie en Tauride, tr. de P. J. Martello, IV, 122.
Iphigénie en Tauride, de Guimond de La Touche, IV, 127 sqq, 354.
Iphigénie en Tauride, tr. de Vaubertrand, IV, 135.
Iphigénie en Tauride, opéra de Guillard et de Gluck, I, 362; IV, 127.
Iphigénie en Tauride, tr. de Gœthe, IV, 135 sqq.
Iphigénie à Delphes, tr. projetée de Gœthe, IV, 146 sq., 398.
Iphigénie à Delphes, tr. de M. Halms, IV, 147.
Ixion, tr. d'Euripide, I, 46.

J

Jean-Baptiste (St), tr. de Buchanan, III, 221 sq.
Jean (Le roi), tr. de Shakspeare, III, 36, 144.
Jephté, tr. de Buchanan, III, 222.
Jeunes Gens (Les), Νεανίσκοι, tr. d'Eschyle, IV, 234.
Jocaste, tr. de L. Dolce, III, 323.
Jocaste, tr. du comte de Lauraguais, II, 373.
JODELLE, I, 162; III, 108; IV, 344.
Jugement des armes (Le), tr. d'Eschyle, I, 147; II, 32, 36 sq.
Jugement (Le), dr. sat. de Sophocle, IV, 282.
Jugement des armes (Le), tr. de Pacuvius, d'Attius, I, 147; II, 32, 42 sqq., 362.
Jugement des armes (Le), tr. de Pomponius Secundus, II, 44.
Jugurtha, tr. de Lagrange-Chancel, IV, 125.
Jules César, tr. de Shakspeare, I, 234; II, 69 sq.; III, 21.

K

KYDE (Thomas), I, 368.

L

Laconiennes (Les), tr. de Sophocle, II, 12.
Laïus, tr. d'Eschyle, I, 29, 201.
Laocoon, tr. de Sophocle, I, 151.
LEBRUN (P.), I, 273; II, 236, 278.
LEGOUVÉ, III, 299, 327 sqq., 426; IV, 396.
LEGOUVÉ (E.), III, 51, 177 sqq., 207.
LEMERCIER. 1, 306 sqq.; III, 388 sq.; IV, 391.
LEMIERRE, I, 183 sqq.
Lityerse ou *Daphnis*, dr. sat. de Sosithée, IV, 309 sqq.
LIVIUS ANDRONICUS, I, 79, 123, 153, 155.
Lucrèce, tr. de Ponsard, II, 66 sq.; III, 103.
Lycaon, tr. de Xénoclès, I, 31.
LYCOPHRON, I, 96, 119; IV, 309.
Lycurgie (La), trilogie d'Eschyle, I, 26, 29; IV, 234 sq., 261, 280.
Lycurgie (La), tétralogie de Polyphradmon, I, 29.
Lycurgue, dr. sat. d'Eschyle, I, 29; IV, 234 sq.
Lycurgue, tr. ou dr. sat. de Névius, IV, 314.
Lyncée, tr. de Théodecte, I, 101, 180, 183.
Lyncée, tr. de l'abbé Abeille, I, 184.

M

Macbeth, tr. de Shakspeare, I, 38, 234, 343; III, 127, 160; IV, 381.
MAFFEI, I, 162; IV, 379.
Mahomet, tr. de Voltaire, II, 176.
MAIRET, I, 163.
MAMERCUS, I, 86.
Manfred, tr. de Byron, I, 304.
Manlius, tr. de Lafosse, III, 421.
MANZONI, II, 26, 279; III, 293, 423; IV, 379 sq.
Marchand de Venise (Le), de Shakspeare, III, 129.
Marie Stuart, tr. de Schiller, IV, 108.
Marie Stuart, tr. de M. Lebrun, II, 236.
MARTELLI, I, 162.
Mausole, tr. de Théodecte, I, 96, 102.
Médée, tr. d'Euripide, I, 31, 48, 59, 86, 104, 115, 138, 140, 143 sq., 151 sq., 157; II, 127; III, 117-196, 202, IV, 37, 60, 341, 349, 385, 397.
Médée, tr. de Néophron, I, 104 sq., 115; III, 149 sqq.; 192.
Médée, tr. de Mélanthius ou de Morsimus, III, 154.

Médée, tr. de Dicéogène, III, 154.
Médée, tr. de Diogène Œnomaüs, III, 154.
Médée, tr. d'Antiphon, III, 154.
Médée, tr. de Carcinus, I, 100.
Médée, tr. d'Hérillus (?), III, 154.
Médée, tr. de Biotus (?), III, 154.
Médée, comédies de Strattis, III, 155; IV, 330; de Cantharus, d'Antiphane, Eubulus, III, 155.
Médée, tr. d'Ennius, III, 121 sqq., 155, 194.
Médée, tr. d'Attius, III, 134, 152 sqq.
Médée, tr. de Mécène (?), III, 156.
Médée, tr. d'Ovide, III, 156.
Médée, tr. de Sénèque, III, 106, 134, 147, 158 sqq.; IV, 35, 37.
Médée, tr. de Curiatius Maternus, III, 162.
Médée, centon d'Hosidius Géta, III, 156.
Médée, tr. d'Euripide par Buchanan, III, 169, 221; IV, 341.
Médée, tr. de L. Dolce, III, 159, 323.
Médée, tr. trad. d'Euripide, par J. A. de Baïf, IV, 340.
Médée, tr. de J. de La Péruse, III, 169.
Médée, tr. de P. Corneille, III, 116, 147, 168, sqq.
Médée, tr. de Longepierre, III, 169 sqq.
Médée, tr. opéra de Th. Corneille, III, 170.
Médée et Jason, tr. opéra de l'abbé Pellegrin, III, 170.
Médée, opéra italien, musique de Mayer, III, 142 sq.
Médée, tr. de Clément, III, 172.
Médée, opéra d'Hoffmann, III, 172.
Médée, opéra de Framery, III, 172.
Médée, drame de Gotter, III, 172.
Médée, tr. de Glover, III, 172 sqq.
Médée, tr. de Grillparzer, III, 172 sqq.
Médée, tr. de Niccolini, III, 176.
Médée, tr. de M. H. Lucas, III, 177.
Médée, tr. de M. E. Legouvé, III, 51, 177 sqq., 207.
Médus, tr. de Pacuvius, III, 195.
MÉLANTHIUS, I, 68.
Méléagre, tr. de Sophocle, I, 22, 152.
Méléagre, tr. d'Euripide, I, 22, 152; III, 213.
Méléagre, tr. d'Antiphon, I, 85.
Méléagre, tr. d'Attius, I, 22.
MÉLITUS, I, 76 sq.
Ménalippe, tr. d'Euripide, I, 46, 53, 55; IV, 321.
MÉNANDRE, I, 53 sqq.; III, 125.
Mérope, tr. d'Euripide, I, 109.
Mérope, tr. de Maffei, I, 162; IV, 120, 379.
Mérope, tr. de Voltaire, II, 149; IV, 36, 48, 130, 347.
MÉTASTASE, I, 163, 286; II, 84, 124 sq.; III, 137, 198, 285, 309; IV, 77, 239, 379 sq.
Militaire (Le), com. de Philémon, III, 125.

Mithridate, tr. de Racine, II, 72.
Moïse, tr. de Chateaubriand, III, 426.
Moissonneurs (Les), dr. sat. d'Euripide, III, 118; IV, 311.
MOLIÈRE, IV, 422.
Momus, dr. sat. de Sophocle, IV, 282.
MORSIMUS, I, 68.
MORYCHUS, I, 75.
MOSCHION, I, 96, 212, 245 sq., 265 sq.
Muses (Les), com. de Phrynichus, I, 94; IV, 329, 426.
MUSSATO, I, 161.
Myrmidons (Les), tr. d'Eschyle, IV, 148, 277, 283.
Myrmidons (Les), com. de Strattis, IV, 330.

N

Naissance de Jupiter (La), dr. sat. de Timésithée, IV, 306.
Nausicaa, tr. ou dr. sat. de Sophocle, I, 106, 154; II, 12; IV, 172, 284, 290.
NÉARQUE, I, 105.
Némée, tr. d'Eschyle, I, 201.
NÉOPHRON, I, 104 sq.; III, 149 sqq.
Néoptolème, tr. d'Attius, III, 394.
Néréides (Les), tr. d'Eschyle, IV, 148.
NÉVIUS, I, 123; IV, 314.
NICOLAS (de Damas), I, 159.
NICOMAQUE, I, 26 sq., 73.
Nicomède, tr. de P. Corneille, II, 263.
Niobé, tr. d'Eschyle, I, 108, 132, 147, 226; II, 205, 245 sq.
Niobé, tr. de Sophocle, I, 108, 132; II, 205; IV, 283.
Niptra, tr. de Pacuvius, II, 12, 87.
NOTHIPPUS, I, 68.
Nourrices de Bacchus (Les), tr. d'Eschyle, III, 151.
Nuées (Les), com. d'Aristophane, I, 347; IV, 322, 425.
Nyctegresia (l'Alerte nocturne), tr. d'Attius, IV, 151.

O

Octavie, tr. de Sénèque, I, 126.
Œdipe, tr. d'Eschyle, I, 29, 46, 201; II, 175, 197.
Œdipe-roi, tr. de Sophocle, I, 39, 73, 90, 161, 187; II, 65, 151-201, 216, 218, 254, 257; III, 44 sq., 84 sq., 306 sq.; IV, 53, 58, 79, 304 sq.; 327, 332, 341, 344, 346, 349 sq., 365, 373, 394, 396.
Œdipe à Colone, tr. de Sophocle, I, 39, 70, 132, 134, 139, 188, 290, 331, 381; II, 126, 199, 202-248, 254, 257 sq., 259, 317; III, 41, 136, 264, 306 sq., 309, 314; IV, 67, 82, 210, 226, 340, 349 sqq., 394, 396, 398.
Œdipe, tr. d'Euripide, II, 197.
Œdipe, tr. d'Achæus, II, 198.

Œdipe, tr. de Philoclès, II, 198.
Œdipe, tr. de Xénoclès, I, 31; II, 198.
Œdipe, tr. de Nicomaque, II, 198.
Œdipe, tr. de Carcinus, I, 100; II, 198.
Œdipe, tr. de Diogène, II, 198.
Œdipe, tr. de Théodecte, I, 101; II, 198.
Œdipe, tr. de Lycophron, III, 100.
Œdipe, tr. de J. César, II, 48.
Œdipe, tr. de Sénèque, I, 234; II, 154, 190, 192; IV, 269.
Œdipe roi, tr. trad. de Sophocle, par J. C. Scaliger, IV, 341.
Œdipe, tr de P. Corneille, II, 154 sq.
Œdipe, tr. de Voltaire, II, 149, 157 sqq., 366 sq., 372; III, 228 sq.; IV, 351, 353.
Œdipe, tr. de La Motte, II, 156 sq.; IV, 345.
Œdipe, tr. du P. Folard, II, 157.
Œdipe, tr. de Dryden, II, 155 sq.
Œdipe, tr. de W. Whitehead, IV, 72.
Œdipe chez Admète, Œdipe à Colone, tr. de Ducis, II, 208 sqq.; III, 230 sqq., 256, 324, 328; IV, 352.
Œdipe à Colone, op. de Guillard et de Sacchini, II, 210.
Œdipe roi, tr. de M. J. Chénier, II, 200 sq.
Œdipe à Colone, tr. de M. J. Chénier, II, 211 sqq.
Œdipe, tr. de Niccolini, II, 211.
Œdipe, tr. de J. Lacroix, II, 201.
Œdipodie, tétralogie de Mélitus, I, 30.
Œnomaüs (de Gadara), I, 75.
Œnomaüs, tr. de Sophocle, I, 114, 144.
Œnomaüs, tr. d'Euripide, I, 114, 144.
Oiseaux (Les), com. d'Aristophane, I, 300; IV, 423.
Olympie, tr. de Voltaire, IV, 201.
Ophis, tr. de Lemercier, I, 340,
Oreste, tr. d'Euripide, I, 28, 49, 59, 108, 144, 179, 262, 370, 378, 380; II, 51 sq.; III, 241-271, 283, 301; IV, 32, 42, 49, 63, 77, 89, 96, 110, 113, 176, 307, 329, 330.
Oreste, tr. de Carcinus, I, 380.
Oreste, tr. de Theodecte, I, 380.
Oreste, tr. de Ruccellai, IV, 120 sqq., 139.
Oreste, tr. de Leclerc et Boyer, IV, 122, 125.
Oreste et Pylade, tr. de Lagrange-Chancel, IV, 122, 125 sqq.
Oreste, tr. de Voltaire, I, 338; II, 149, 322 sq., 366 sqq., 377 sqq.; IV, 124, 229, 351, 354, 369 sq., 397.
Oreste, tr. d'Alfieri, I, 338, 346 sq.; II, 375 sqq.
Oreste, tr. de Mély-Janin, II, 382.
Orestie (L'), tétralogie d'Eschyle, I, 26, 28, 29, 30, 82, 166, 182, 333 sqq.; IV, 280, 396.
Orestie (L'), tr. de M. A. Dumas, I, 309, 341, 350 sq., 363, 377 sq., 385; II, 340, 386 sqq.

TABLE ALPHABÉTIQUE.

Orphée, tr. de POLITIEN, I, 162.
Orphelin de la Chine (L'), tr. de VOLTAIRE, I, 232; III, 421.
Othello, tr. de SHAKSPEARE, III, 144.
OVIDE, I, 124.

P

PACUVIUS, I, 123, 141, 359, 365; II, 87.
Palamède, tr. de SOPHOCLE, II, 12.
Palamède, tr. d'EURIPIDE, I, 31, 73, 76, 77 sq.
Pandionide (La), tétralogie de PHILOCLÈS, I, 26.
Pandore, dr. sat. de SOPHOCLE, IV, 282, 284.
Pandore, opéra de VOLTAIRE, I, 304.
Paria (Le), tr. de CAS. DELAVIGNE, II, 213.
Parthénopée, tr. de SOPHOCLE (?), I, 115.
Parthénopée, tr. d'ASTYDAMAS, I, 101.
Passion du Christ (La), tr. de GRÉGOIRE DE NAZIANZE, I, 157 sq.; III, 190; IV, 170, 269.
PATROCLE (de Thurium), I, 90.
Paulus, tr. de PACUVIUS, I, 123.
PAUSANIAS, I, 87.
Pélée, tr. d'EURIPIDE, I, 332.
Pélias, tr. de SOPHOCLE, III, 152, 188.
Pélias (Les filles de), tr. d'EURIPIDE, III, 188 sqq.
Pélopides (Les), tr. de LYCOPHRON, I, 119.
Penthée, tr. de THESPIS, I, 19, 20; IV, 232.
Penthée, tr. d'IOPHON, IV, 237.
Penthée, tr. de CHÉRÉMON, IV, 237, 256.
Penthée, tr. de LYCOPHRON, III, 99.
Penthée, tr. de PACUVIUS, IV, 239.
Perses (Les), tr. d ESCHYLE, I, 23, 24, 28, 83, 96, 205, 210-249 (sur *la Perséide* et *la Grèce sauvée*, poèmes de CHÉRILUS et de FONTANES, 211 sq., 245 sqq.; cf. IV, 419), 236, 278, 287 sq., 298, 313 sqq.; II, 56; III, 235, 412; IV, 31, 90, 151, 226, 293, 349, 378, 396 sq.
Phèdre, tr. de SOPHOCLE, III, 94.
Phèdre, tr. d'AGATHON (?), III, 99.
Phèdre, tr. de RACINE, II, 80, 219, 315; III, 14, 42 sqq., 46 sqq., 145, 253, 272; IV, 124, 344, 348 sq., 353, 369, 384, 390, 397.
Phèdre, tr. de PRADON, III, 111 sq., 420.
Phèdre et Hippolyte, tr. d'EDMOND SMITH, III, 113 sq.
Phèdre, tr. lyrique d'HOFFMANN, III, 115.
Phéniciennes (Les), tr. de PHRYNICHUS, I, 23, 96, 212, 217 sq.; III, 298.
Phéniciennes (Les), tr. d'ESCHYLE, I, 201; III, 300.
Phéniciennes (Les), tr. d'EURIPIDE, I, 31, 55, 59, 61, 62, 188, 192 sq., 320, 349, 359; II, 197, 199, 247, 278, 288; III, 271, 297-330; IV, 58, 110, 154, 176, 188, 198, 202, 213, 319, 349, 391, 396, 423.

Phéniciennes (Les), comédies d'ARISTOPHANE et de STRATTIS, III, 299;
IV, 329.
Phéniciennes (Les), atellane de NOVIUS, III, 295, 321.
Phénix, tr. de SOPHOCLE, IV, 149.
Phénix, tr. d'EURIPIDE, I, 108, 132; III, 96 sqq.; IV, 149, 425, 426.
Phénix, tr. d'ENNIUS, III, 97 sqq.
PHÉRÉCRATE, IV, 426.
PHILÉMON, I, 53 sq.; IV, 331, 427.
Phileuripide (le), com. d'AXIONICUS; *id.* de PHILIPPIDE, IV, 426.
PHILISCUS, I, 118 sq., 212.
PHILOCLÈS (Les deux), I, 68 sq., 73 sq., 100; II, 199.
Philoctète, tr. d'ESCHYLE, II, 127 sqq.
Philoctète, tr. de SOPHOCLE, I, 121 sq., 145, 148, 235 sq., 262; II,
12 sq., 90-150, 227, 276, 296, 339; III, 235, 252, 255, 378; IV, 329,
333, 337, 346, 349, 356, 371 sq., 378, 394, 396.
Philoctète à Troie, tr. de SOPHOCLE, II, 136 sq.
Philoctète à Troie, tr. d'ACHÆUS, II, 136 sq.
Philoctète, tr. d'EURIPIDE, I, 31, 135; II, 127 sq.; III, 118; IV, 206.
Philoctète, tr. de PHILOCLÈS, II, 137.
Philoctète, tr. d'ANTIPHANE, II, 137.
Philoctète, tr. de THÉODECTE, I, 101; II, 137.
Philoctète, com. de STRATTIS, IV, 330.
Philoctète, tr. d'ATTIUS, II, 135 sq., 137 sqq.
Philoctète, tr. de CHATEAUBRUN, II, 146 sqq.; III, 421 sq.
Philoctète, tr. de LA HARPE, II, 92 sqq.; IV, 352, 358, 371 sqq.
Philoctète, tr. de FERRAND, II, 149 sq.
PHILOSTRATE, I, 151 sq.
PHILOXÈNE, IV, 292, 308.
Phinée, tr. d'ESCHYLE, I, 28, 216, 285, 288.
Phinée, tr. ou dr. sat. de SOPHOCLE, IV, 282, 285, 332.
Phrygiens (Les), tr. d'ESCHYLE, I, 226; II, 277; IV, 148.
Phrygiens (Les), tr. de SOPHOCLE, IV, 149.
PHRYNICHUS, poëte tragique, I, 5, 17, 20, 21 sqq., 28, 78, 96, 154,
215 sqq.
PHRYNICHUS, poëte comique, I, 94; IV, 329, 426.
Phryxus, tr. d'EURIPIDE, I, 53; III, 95.
PINDARE (?), I, 80; IV, 419 sqq.
Pirithoüs, tr. d'EURIPIDE, I, 44, 59, 76, 265.
Pirithoüs, tr. de CRITIAS, I, 76, 265.
PLATON, I, 77; IV, 412, 416 sq., 427.
Pleuroniennes (Les), tr. de PHRYNICHUS, I, 22.
Plutus, com. d'ARISTOPHANE, I, 368; IV, 152, 397.
POLITIEN, I, 162.
POLLION, I, 124.
Polydore, tr. de l'abbé PELLEGRIN, III, 368 sq.
Polydore, opéra de LA SERRE, III, 369.
Polyeucte, tr. de P. CORNEILLE, II, 263.

POLYIDUS, I, 104; IV, 115.
Polymestor, tr. de l'abbé GENEST, III, 421.
Polynice, tr. d'ALFIERI, III, 299, 326 sq.
Polyphème, trad. de LELIO père par LEGRAND, IV, 316.
POLYPHRADMON, I, 23, 29.
Polyxène, tr. de SOPHOCLE, III, 369, 380 sq.
Polyxène, tr. de BILLARD. III, 420.
Polyxène, tr. de LAFOSSE, III, 421.
Polyxène et Pyrrhus, opéra de LA SERRE, III, 421.
Polyxène, opéra de JOLIVEAU, III, 421.
Polyxène, tr. de LEGOUVÉ, III, 426.
Polyxène, tr. d'AIGNAN, III, 426.
Polyxène, tr. de NICCOLINI, III, 426.
Polyxène, tr. projetée et commencée de CASIMIR DELAVIGNE, III, 375 sqq.
Polyxène, tr. de M. L. DE VAUZELLES, III, 426.
Pompée, tr. de P. CORNEILLE, II, 32, 315.
POMPONIUS SECUNDUS, I, 124; II, 44; III, 125; IV, 314.
PONSARD, II, 66; III, 103.
PRATINAS, I, 5, 17, 23, 28, 79 sq., 154.
Prêtresses (Les), tr. d'ESCHYLE, I, 46; III, 6.
Prise de Milet (La), tr. de PHRYNICHUS, I, 22, 217.
Prométhée (Les), tr. d'ESCHYLE, I, 24, 26, 29, 83, 141, 148, 158, 180 sq., 250-305, 320; II, 16 sq., 56, 115, 250, 253, 304; III, 44; IV, 25, 32, 282, 378, 392, 394, 396, 403 sq.
Prométhée, dr. sat. d'ESCHYLE, I, 28, 216, 288 sq.; IV, 280.
Prométhée et Pyrrha, com. d'ÉPICHARME, I, 303.
Prométhée, tr. d'ATTIUS, I, 289 sq., 300.
Prométhée (La statue de), pièce de CALDÉRON, I, 303.
Prométhée, tr. de SHELLEY, I, 304.
Prométhée, pièce de GŒTHE, I, 304.
Prométhée, pièce de FALK, I, 304.
Prométhée, opéra de LEFRANC DE POMPIGNAN, I, 305.
Prométhée, poëme de M. EDG. QUINET, I, 305
Prométhée délivré, dr. de M. L. DE SENNEVILLE, I, 305.
Protée, dr. sat. d'ESCHYLE, I, 29, 320, 333, 371; IV, 280.
Protésilas, tr. d'EURIPIDE, I, 142, 144.
Psychostasie (La) (la Pesée des âmes), tr. d'ESCHYLE, I, 260 sq.; III, 31; IV, 166.
PTOLÉMÉE PHILOPATOR, I, 119.
PYTHANGÉLUS, I, 75.
PYTHON, IV, 308 sq.

Q

QUINAULT, I, 375; III, 193; 223; IV, 236.

R

Rachat d'Hector (Le), tr. d'Eschyle, I, 226.
RACINE, I, 43, 48, 163, 211, 228; II, 7 sqq., 61 sqq., 100 sq., 161 sq., 241; III, 2 sqq., 42 sqq., 225 sqq., 272 sqq., 420; IV, 342 sq., 369 sq. 373, 404.
Rançon d'Hector (La), tr. de Denys l'Ancien, I, 85.
Rhadamanthe, tr. d'Euripide, 1, 59.
Rhadamiste et Zénobie, tr. de Crébillon, IV, 362.
Rhésus, tr. d'Euripide, 234, 320; II, 11; III, 8; IV, 48, 148-180, 200, 349, 398.
RHINTON, IV, 306.
Richard II (La vie et la mort de), tr. de Shakspeare, I, 233.
Richard III, tr. de Shakspeare, I, 234; III, 340.
Rodogune, tr. de P. Corneille, I, 326; III, 120, 327.
Roméo et Juliette, tr. de Shakspeare, II, 271, 272; III, 21 sq., 216.
Romulus, tr. de Névius, I, 123.
Rosemonde, tr. de Ruccellai, IV, 120.
ROTROU, I, 163; IV, 422.
RUCCELLAI, I, 162; IV, 120 sqq.
Rudens (Le Cordage), com. de Plaute, II, 269 sq.

S

Saint-Genest, tr. de Rotrou, IV, 422.
Salaminiens (Les), tr. d'Eschyle, II, 38.
Salmonée, dr. sat. de Sophocle, IV, 282.
Samson agoniste, tr. de Milton, I, 303.
Sapho, tr. de Grilparzer, III, 173.
SCHILLER, I, 202; IV, 325.
Sciron, dr. sat. d'Euripide (?), IV, 285.
Scylla, tr. d'Euripide (°), I, 12, 144.
Scythes (Les), tr. de Sophocle, III, 151 sqq.
Sémélé ou les Hydrophores, tr. d'Eschyle, IV, 235.
Sémélé, tr. d'Euripide, I, 144.
Sémélé, tr. de Carcinus, IV, 237.
Sémélé, tr. de Diogène Œnomaüs, IV, 237.
Sémélé frappée de la foudre, tr. de Spintharus, IV, 87.
Sémiramis, tr. de Voltaire, I, 234, 337, 360 sq.; II, 176, 320, 372; IV, 320, 353.
SÉNÈQUE, I, 55, 124 sqq., 157, 234, 356, 364; II, 24, 154; III, 72 sqq., 125, 252; IV, 34 sq., 341, sq., etc.
Sept Chefs (Les), tr. d'Eschyle, I, 24, 29, 38, 154, 174, 186-209, 220,

287, 320, 340 sq., 349; II, 29, 56, 242, 247, 256 sq.; III, 299, 301 sq., 306, 309, 315, 343; IV, 157, 198, 378, 396.
SHAKSPEARE, I, 38, 164, 228, 233, 234, 337; II, 155; III, 159 IV, 276, 315, 381, etc.
SIMONIDE (?), I, 80.
Sisyphe, tr. d'ESCHYLE, 1, 46.
Sisyphe, dr. sat. d'ESCHYLE, IV, 280, 285.
Sisyphe, dr. sat. d'EURIPIDE, I, 31, 73, 76; IV, 285.
Sisyphe, tr. de CRITIAS, , 76.
Sisyphe, dr. sat. de POMPONIUS, IV, 314.
SOPHOCLE, I, 5, 9, 25, 26, 30, 35 sqq., 50, 52, 57, 65 sq., 72, 81 sq., 91, 94, 101, 106, 116, 140, 338 sq.; II, 1-380; III, 117, 383; IV, 369 sqq., 395 sqq., etc.
SOPHOCLE LE JEUNE, I, 69, 105; II, 85.
SOPHOCLE (troisième poëte du nom de), I, 69, 105; II, 85.
Sophonisbe, tr. du TRISSIN, IV, 120.
Sortie d'Égypte (La), tr. d'ÉZÉCHIEL, I, 159 sq.
SOSICLÈS, I, 104.
SOSIPHANE, I, 104, 119.
SOSITHÉE, I, 119; IV, 309.
SOUMET, II, 310, 382 sqq.
Sphinx (Le), dr. sat. d'ESCHYLE, I, 29, 201.
SPINTHÉRUS, II, 87.
STACE, I, 156.
STHÉNÉLUS, I, 98.
Sthénobée, tr. d'EURIPIDE, I, 48, 144; III, 95 sq.
Suppliantes (Les), tr. d'ESCHYLE, I, 24, 26, 29, 150, 165-185, 189, 204 sq., 224, 240, 278, 287, 320; II, 56, 228, 230; IV, 79, 104, 192, 226, 235.
Suppliantes (Les), tr. d'EURIPIDE, I, 49, 59, 61, 133, 179, 188, 201, 318; II, 29, 247, 256; III, 309, 392; IV, 67, 180-232.
Suzanne, tr. de NICOLAS DE DAMAS, I, 159 sq.
Sylée, dr. sat. d'EURIPIDE, IV, 276, 287 sqq., 311.
SYLLA, IV, 314.

T

Tancrède, tr. de VOLTAIRE, III, 212.
Tantale, tr. d'ARISTARQUE, I, 81.
Tasse (Le), drame de GŒTHE, IV, 146.
Télamon, tr. d'ENNIUS, II, 44 sqq.
Téléphe, tr. d'EURIPIDE, I, 31, 50, 135; IV, 293, 332, 425.
Téléphe, tr. d'AGATHON, I, 93.
Téménides (Les), tr. d'EURIPIDE, I, 87.
Térée, tr. de SOPHOCLE, I, 144, 148; II, 69.
Térée, tr. d'ATTIUS, I, 128, 148.

TÉRENCE, III, 125.
Teucer, tr. de Sophocle, II, 39.
Teucer, tr. d'Ion, II, 41.
Teucer, tr. de Nicomaque, II, 41.
Teucer, tr. de Pacuvius, II, 44 sqq.; IV, 128.
Thamyris, tr. de Sophocle, I, 106; IV, 149, 172.
Thébaïde (La), tr. de Sénèque, III, 299, 323; IV, 37.
Thémistocle, tr. de Moschion, I, 96, 212, 245 sq.
Thémistocle, tr. de Philiscus, I, 96, 212.
THÉODECTE, I, 96, 101 sqq., 180, 183; II, 41 sq.
THÉOGNIS, I, 75.
Théores (Les) ou *les Isthmiastes*, tr. d'Eschyle, IV, 236.
Thésée, tr. d'Euripide, I, 93.
Thésée, opéra de Quinault, III, 193.
THESPIS, I, 5, 6, 8, 9, 17 sqq., 21, 115, 154, 174, etc.
Thyeste, tr. d'Euripide, IV, 425.
Thyeste, tr. de Carcinus, I, 100.
Thyeste, tr. de L. Varius, II, 49.
Thyeste, tr. de Sénèque, IV, 37.
Tibère, tr. de M. J. Chénier, III, 133.
TIMÉSITHÉE, IV, 306.
TIMOCLÈS, IV, 332 sq., 427.
TIMON (de Phlionte), I, 119; IV, 311.
Trachiniennes (Les), tr. de Sophocle, I, 141, 144, 156, 289; II, 55-89, 115, 164, 171, 188, 197; III, 15, 53, 118 sqq., 255; IV, 32, 104, 340 350.
Tragédie espagnole (La), tr. de Thomas Kyde, I, 368.
Triptolème, tr. de Sophocle, IV, 172.
TRISSIN (Le), I, 162.
Troade (La), tr. de Q. Cicéron, III, 394.
Troade (La), tr. de Rob. Garnier, III, 416 sqq.
Troade (La), tr. de Pradon, II, 363; IV, 420.
Troade (La), tr. de Sallebray, III, 420.
Troïle, com. de Strattis, IV, 330.
Troyennes (Les) tr. d'Euripide, I, 31, 59, 62, 73, 76, 109, 156, 315, 320; III, 288, 331-427; IV, 1, 3, 13, 76 sq., 176, 269, 328.
Troyennes (Les), tr. d'Attius, III, 394.
Troyennes (Les), tr. de Sénèque III, 106, 369, 396 sqq.; IV, 37.
Troyennes (Les), tr. de Chateaubrun, II, 146; III, 421 sqq.
Troyennes (Les), cantate de Casimir Delavigne, III, 357 sqq.
Tydée, tr. de Théodecte, I, 101.

U

Ulysse furieux, tr. de Sophocle, II, 12.
Ulysse blessé, tr. de Sophocle, II, 12, 87.
Ulysse, tr. de M. Lebrun II, 278.

V

VARIUS (L.), I, 124 ; II, 49.
VOLTAIRE, I, 163, 232, 234, 338, 348, 360 ; II, 7, 149, 366 sqq.; III, 212; IV, 201, 352 sqq., 365, 370 sq., 388, etc.

X

Xantries (*Les*) (les Cardeuses), Ξάντριαι, tr. d'Eschyle, IV, 16 sq., 235.
XÉNOCLÈS (Les), I, 30 sq., 73 sqq., 100.

Z

Zénobie, tr. de l'abbé d'Aubignac, II, 5.

TABLE

DES MATIÈRES CONTENUES DANS CE VOLUME.

LIVRE IV. — *Théâtre d'Euripide* (suite).

  CHAPITRE XIII. — Hercule furieux........................ 1
            XIV. — Ion................................. 46
            XV et XVI. — Hélène. — Iphigénie en Tauride.. 75, 112
            XVII. — Rhésus............................ 148
            XVIII et XIX. — Les Suppliantes. — Les Héraclides............................... 181, 205
            XX. — Les Bacchantes..................... 233

  APPENDICE sur le drame satyrique des Grecs et sur le Cyclope d'Euripide................................ 273

LIVRE V. — *Jugements des critiques sur la tragédie grecque*.... 317

  APPENDICE sur la Poétique d'Aristote et l'histoire de la critique chez les Grecs.................................. 401

  TABLE alphabétique des auteurs dramatiques, anciens et modernes, et des pièces de divers genres, du genre tragique particulièrement, dont il est parlé dans cet ouvrage................................... 429

PARIS. — TYPOGRAPHIE LAHURE
Rue de Fleurus, 9

www.ingramcontent.com/pod-product-compliance
Lightning Source LLC
Chambersburg PA
CBHW070218240426
43671CB00007B/689